Die Pflicht des Aufsichtsrats zur Offenlegung von Interessenkonflikten

Saarbrücker Studien
zum Privat- und Wirtschaftsrecht

Herausgegeben von Johann Paul Bauer,
Michael Martinek (geschäftsführender Herausgeber)
und Helmut Rüßmann

Band 93

PL ACADEMIC RESEARCH

Hans-Joachim Berner

Die Pflicht des Aufsichtsrats zur Offenlegung von Interessenkonflikten

Betrachtet im Lichte der allgemeinen Dogmatik des Interessenkonflikts im Privatrecht

PL ACADEMIC RESEARCH

Bibliografische Information der Deutschen Nationalbibliothek
Die Deutsche Nationalbibliothek verzeichnet diese Publikation in der Deutschen Nationalbibliografie; detaillierte bibliografische Daten sind im Internet über http://dnb.d-nb.de abrufbar.

Zugl.: Saarbrücken, Univ., Diss., 2016

D 291
ISSN 1433-8866
ISBN 978-3-631-71743-1 (Print)
E-ISBN 978-3-631-71795-0 (E-PDF)
E-ISBN 978-3-631-71796-7 (EPUB)
E-ISBN 978-3-631-71797-4 (MOBI)
DOI 10.3726/b10860

PL Academic Research ist ein Imprint der Peter Lang GmbH.

Peter Lang – Frankfurt am Main · Bern · Bruxelles · New York · Oxford · Warszawa · Wien

Diese Publikation wurde begutachtet.

www.peterlang.com

Meiner Familie

Vorwort

Libro completo, saltat scriptor pede laeto.

Die Zeit, in der diese Arbeit entstanden ist, war wunderbar für mich. Sie hat mich geschult, bereichert, geprägt – und in vielfältiger Weise vor Herausforderungen gestellt. Diese hätte ich ohne die Unterstützung anderer nicht meistern können. Es drängt mich, Dank zu sagen.

An erster Stelle steht dabei mein Doktorvater. Ich habe mich durch Prof. Dr. Michael Martinek hervorragend betreut gefühlt: Er stand mir zu jeder Zeit als zugewandter Ratgeber und kritischer Gesprächspartner zur Verfügung, der mich in der Entwicklung eigener Gedanken ermutigt und die hierfür notwendigen Freiheiten gewährt hat. Danken möchte ich auch dem Zweigutachter, Prof. Dr. Hönn, der sein Gutachten – genau wie Prof. Dr. Martinek – in kürzester Zeit erstellt hat. Dank gebührt ferner Prof. Dr. Tiziana J. Chiusi und Prof. Dr. Hannes Ludyga, die sich sehr kurzfristig zusammen mit den beiden Gutachtern zur Bildung meiner Prüfungskommission bereit erklärt haben. All diese Mitglieder der Fakultät für Rechtswissenschaften der Universität des Saarlandes (und ihre Mitarbeiter) haben mich in den Genuss eines außergewöhnlich reibungslosen, zügigen und von Unterstützung geprägten Vollzugs meiner Promotion gebracht.

Nicht minder bedanken möchte ich mich bei meinen Eltern, Maria-Elisabeth und Dr. Hans Berner. Sie haben mich – wie seit jeher – auch bei der Promotion in jeder nur erdenklichen Weise gefördert und diese Arbeit so überhaupt erst möglich gemacht. Dies gilt jedoch nicht nur für sie, sondern meine gesamte, wunderbare Familie. Ihr widme ich diese Arbeit. Besonders erwähnen möchte ich außerdem meine Patentante, Dr. Claudia Esser, meinen Onkel, Dr. Reinhardt Berner, und meinen Patenonkel, Dr. Christian Willmer. Sie haben mich in besonderem Maße wohlwollend begleitet, in mutigen Entscheidungen bestärkt oder für die juristische Arbeit begeistert – und das nicht nur während der Promotionszeit.

Darüber hinaus bin ich meinen Freunden Jens Gerlach, Jan Mysegades und Philipp Sahrmann zu großem Dank verpflichtet. Jeder hat auf seine Weise und mit nicht unerheblicher Mühe zum Gelingen dieser Arbeit beigetragen. Alle drei haben es zu keinem Zeitpunkt an der Bereitschaft vermissen lassen, sich in die komplizierte Dogmatik des Interessenkonflikts im Privatrecht einzudenken und mir (selbst nach langen Arbeitstagen in der Bibliothek) als konstruktiv-kritische Gesprächspartner zur Seite zu stehen. Danken möchte ich schließlich auch Lara Müller-Esch für die gründliche Durchsicht des Manuskripts.

Abschließend sei erwähnt, dass diese Arbeit mit dem Preis der Dr. Feldbausch-Stiftung für die besten rechtswissenschaftlichen Dissertationen im akademischen Jahr 2015/2016 ausgezeichnet wurde.

Gesetzgebung, Rechtsprechung und Literatur wurden bis einschließlich Februar 2016 berücksichtigt.

Hamburg, im November 2016
Hans-Joachim Berner

Inhaltsverzeichnis

Teil 2: Die Interessenkonflikte des Aufsichtsrats

Einleitung

> *„Interessenkonflikt und Unabhängigkeit: Wenige Themen haben in den vergangenen Jahren für die anwaltliche Beratung und die Unternehmenspraxis eine solche Bedeutung erlangt wie dieses Thema. Wer sich [aber mit dem Thema] in der Praxis beschäftigt, wird sehr schnell feststellen, dass die praktische Bedeutung der relevanten Fragen in einem auffälligen Missverhältnis zu ihrer dogmatischen Durchdringung steht.“*[1]
>
> *– Marc Löbbe und Jochem Reichert (2014)*

Besser als *Löbbe* und *Reichert* hätte man die Thematik der vorliegenden Arbeit nicht zusammenfassen können. Der rechtliche Umgang mit den Interessenkonflikten von Aufsichtsratsmitgliedern gehört seit einigen Jahren zum festen Kern der gesellschaftsrechtlichen Debatte. Der Strom an neuen Regelungen, Gerichtsentscheidungen und wissenschaftlichen Beiträgen zu dem Themenkomplex mag einfach nicht versiegen. Und dennoch: Auf viele wichtige Fragen wurde bislang keine befriedigende Antwort gefunden. Dies betrifft schon die Definition des aufsichtsratsspezifischen Interessenkonflikts. Gleichfalls ungeklärt bleiben Rechtsgrundlagen, Voraussetzungen und Reichweite von Stimmrechtsausschlüssen, Teilnahmeverboten und (zeitweiser) Niederlegung des Aufsichtsratsmandats. Und schließlich hat die Pflicht des Aufsichtsrats zur Offenlegung von Interessenkonflikten im Zusammenhang mit DCGK und Entsprechenserklärung in den letzten Jahren eine besondere Rolle eingenommen: Spätestens seitdem Frankfurter Richter und der BGH im Jahre 2009 die Anfechtung von Hauptversammlungsbeschlüssen zugelassen haben, gehören Fragen nach dem Auftreten und der Behandlung von Interessenkonflikten im Aufsichtsrat zu den Standardthemen in deutschen Hauptversammlungen.[2]

Die ganze Problematik würde sich wohl nicht stellen, wenn verbindliche Regelungen zum Umgang mit den Interessenkonflikten von Aufsichtsratsmitgliedern bestehen würden. Freilich hat das AktG diesen Bereich allenfalls rudimentär geregelt. Der deutsche Gesetzgeber überlässt es damit weitgehend dem Rechtsanwender, die Problematik zu bewältigen. Gleichzeitig besteht ein großes Spannungspotenzial, weil sich andere Normgeber keine derartige Zurückhaltung auferlegen: Der europäische Gesetzgeber hält Interessenkonflikte im gesamten Bereich der Corporate Governance für gefährlich und hat in verschiedenen Rechtsakten eine überaus

---

1 *Löbbe/Reichert*, ZGR 2014, S. 693 (693 f.), anlässlich des *Wolfgang Schilling-Gedächtnissymposions 2014*. (Das Zitat wurde aus Gründen der Prägnanz aus zwei verschiedenen Passagen auf S. 693 und 694 des Textes zusammengefügt, dabei jedoch nicht verändert.)

2 So die Rückmeldung des Hauptversammlungs-Spezialisten *Butzke*, in: FS Michael Hoffmann-Becking (2013), S. 229 (229).

konfliktintolerante Sichtweise zum Ausdruck gebracht. Darüber hinaus enthält der Deutsche Corporate Governance Kodex eine Vielzahl von konkreten Empfehlungen zum Umgang mit Interessenkonflikten, einschließlich einer Pflicht zur Offenlegung gegenüber dem Aufsichtsratsgremium und der Hauptversammlung.

Im Zusammenspiel lassen die Rückmeldungen aus der Praxis, die unzureichende aktiengesetzliche Normierung sowie das Spannungsfeld mit den Vorstellungen des Kodexes und des europäischen Gesetzgebers nur einen Befund zu: Die gesamte Problematik der Interessenkonflikte des Aufsichtsrats ist zwar praktisch hoch relevant, von einer abschließenden Klärung jedoch weit entfernt.

Die vorliegende Arbeit möchte einen Beitrag zu ihrer Aufarbeitung leisten. Sie ist von der Erkenntnis geleitet, dass der Bestand an aktienrechtlichem Normmaterial zu spärlich ist, um die zahlreichen Probleme auf Grundlage einfacher Gesetzesauslegung lösen zu können. Daher sucht die Arbeit in größeren dogmatischen Zusammenhängen nach Antworten. Tatsächlich folgt die Behandlung von Interessenkonflikten im gesamten Privatrecht einem einheitlichen Muster und birgt ein erhebliches Systembildungspotenzial. Ausgehend von den jüngeren Grundlagenwerken *Löhnigs*[3] und *Kumpans*[4] wird ein eigener Ansatz entwickelt. Demnach ist das Recht der Interessenkonflikte ein spezielles Gefahrenabwehrrecht, in welchem der Interessenkonflikt den zentralen Gefahrentatbestand bildet und von der Treuepflicht als abwehrrechtlicher Generalklausel adressiert wird.

Auf diesem dogmatischen Fundament wird ein konsistentes Lösungsmodell für die privatrechtlichen Interessenkonflikte vorgestellt und auf das Aufsichtsratsmandat übertragen. Die vorliegende Arbeit versucht derart, neue Antworten auf die vielen offenen Fragen auf dem Gebiet der Interessenkonflikte des Aufsichtsrats zu finden. Die Pflicht des Aufsichtsrats zur Offenlegung von Interessenkonflikten nimmt hierbei eine zentrale Stellung ein.

---

3 *Löhnig*, Treuhand (2006).

4 *Kumpan*, Der Interessenkonflikt im deutschen Privatrecht (2014).

Gang der Untersuchung

Die Arbeit gliedert sich in einen Allgemeinen (Teil 1) und Besonderen Teil (Teile 2 und 3).

Im Allgemeinen Teil wird das gesamte deutsche Privatrecht auf Gemeinsamkeiten im Umgang mit Interessenkonflikten untersucht. Die Arbeit beginnt mit der Suche nach einer einheitlichen Definition des Interessenkonflikts. Im Anschluss wird die relevante Untersuchungsmaterie abgegrenzt, in welcher solche privatrechtlichen Beziehungen identifiziert werden, in denen Interessenkonflikte im eingangs definierten Sinne vorkommen (sog. Interessenwahrungsverhältnisse). Sodann wird untersucht, inwiefern Interessenkonflikte der rechtlichen Intervention bedürfen; zu diesem Zweck wird unter anderem auf Erkenntnisse der Wirtschaftswissenschaften zurückgegriffen. Im Anschluss erfolgt eine kurze Kategorisierung der relevanten Interessenkonflikte. Der erste Teil schließt mit einer umfassenden Untersuchung zur rechtlichen Behandlung von Interessenkonflikten. Ausgehend von einem kurzen rechtsvergleichenden Exkurs wird die Treuepflicht als grundlegendes Rechtsinstrument zum Umgang mit Interessenkonflikten identifiziert. Es werden Maßstäbe zur Pflichtenstärke entwickelt und auf die typischen Regelungsprobleme in der Adressierung von Interessenkonflikten eingegangen. Abschließend wird der Kanon an einheitlichen Maßnahmen dargestellt, der sich zum Umgang mit Interessenkonflikten herausgebildet hat. Hierbei wird ein besonderes Augenmerk auf die Offenlegung des Interessenkonflikts gerichtet.

Im Besonderen Teil wird zunächst das entwickelte Modell umfassend auf die Interessenkonflikte von Aufsichtsratsmitgliedern übertragen (Teil 2). Die Untersuchung beginnt mit einem Nachweis für die Unfähigkeit des geschriebenen Rechts zu Lösung der Offenlegungsproblematik; dabei beschränkt sich die Darstellung nicht auf das deutsche Aktienrecht, sondern umfasst auch die einschlägigen Regelungen des DCGK sowie des Europarechts. Im nächsten Schritt werden die Eigenschaften des Aufsichtsratsmandats als Interessenwahrungsverhältnis erforscht. Problematisch sind hierbei insbesondere die Bestimmung des Mandanten sowie die Erfassung des aufsichtsratsspezifischen Machtspielraums. Das folgende Kapitel beschäftigt sich ausführlich mit den aufsichtsratsspezifischen Interessenkonflikten. Diese werden zunächst speziell definiert. Sodann wird die besondere Konfliktanfälligkeit des Aufsichtsratsmandats beschrieben und das Ausmaß der aktienrechtlichen Konflikttoleranz untersucht. Im Folgenden wird das im Allgemeinen Teil entwickelte Lösungsmodell auf den Aufsichtsrat übertragen, indem die spezifischen Interessenkonfliktsmaßnahmen einheitlich auf die Treuepflicht zurückgeführt werden. Hierbei wird die Eignung des gewählten Ansatzes zur Schaffung eines konsistenten Interessenkonfliktmodells demonstriert und ausführlich darauf eingegangen, inwiefern auf diese Weise bislang bestehende Widersprüche vermieden werden können. Zum Schluss des Kapitels erfolgt eine Fallgruppenbildung zu den aufsichtsratsspezifischen Interessenkonflikten. Teil 2 schließt mit einer ausführlichen Auseinandersetzung bezüglich der Pflicht des Aufsichtsrats zur Offenlegung von Interessenkonflikten. Ein besonderes Augenmerk wird darauf gerichtet, wem gegenüber der Interessenkonflikt offenzulegen ist. Die Fokussierung auf das Schutzbedürfnis der Gesellschaft erlaubt hierbei die Schaffung einer einheitlichen Zuständigkeitsordnung.

In Teil 3 wird der Verstoß gegen die Pflicht zu Offenlegung von Interessenkonflikten untersucht. Aus Gründen der Vollständigkeit wird außerdem auf die Folgen eingegangen, die ein Verstoß gegen die Offenlegungsempfehlungen des DCGK bei nicht-eingeschränkter Entsprechenserklärung zeitigen kann.

Teil 1: Der Interessenkonflikt im Privatrecht

§ 1 Der Begriff des Interessenkonflikts

Der Begriff „Interessenkonflikt" (lat. confligere = zusammentreffen, kämpfen) wird regelmäßig als bekannt vorausgesetzt. Sowohl die Gesetzgebung als auch zahlreiche wissenschaftliche Untersuchungen beschränken sich weitgehend darauf, an den Interessenkonflikt anknüpfende Regelungen zu schaffen bzw. zu untersuchen. Daher ist es nicht verwunderlich, dass sich bisher noch kein einheitliches Verständnis des Begriffs „Interessenkonflikt" entwickelt hat.[5]
– Christoph Kumpan (2014)

A. Interesse und Interessenkonflikt im allgemeinen Sinne

Auf der Suche nach einer Definition des Begriffs „Interessenkonflikt" wird man schnell fündig: Interessen und ihre Konflikte stehen im Mittelpunkt unserer von der Interessenjurisprudenz geprägten Auslegungslehre. Die Begehren unterschiedlicher Rechtskreisteilnehmer erfordern dann eine gesetzliche Regelung, wenn sie miteinander in Konflikt geraten; damit werden die Interessen zur Ursache eines jeden Rechtsgebots und die Interessenabwägung zum Maßstab jeder Rechtsanwendung.[6]

Die angesprochene Universalität der rechtlichen Kategorie „Interessenkonflikt" erfordert eine weitere Eingrenzung dahingehend, welche Regelungssituationen die im Untertitel dieser Arbeit angesprochene „allgemeine Dogmatik des Interessenkonflikts im Privatrecht konkret erfasst. In diesem Zuge ist es erforderlich, die Begriffe des Interesses und des Interessenkonfliktes grundlegend zu bestimmen.

Hierzu kann auf die aktuelle und grundlegende Untersuchung von *Kumpan*[7] zurückgegriffen werden. Demnach ist zwischen dem subjektiven und dem verobjektivierten Interesse zu unterscheiden: Das subjektive Interesse lässt sich aus dem allgemeinen Sprachgebrauch entwickeln und beschreibt die Situation, „dass ein bestimmtes geistiges oder materielles Objekt für ein Subjekt von Bedeutung

---

5 *Kumpan*, Der Interessenkonflikt im deutschen Privatrecht (2014), S. 11.

6 Die von Heck entwickelte Interessenjurisprudenz stellt die erste umfassende Auslegungslehre für die Rechtsanwendung dar und entspricht noch heute in weiten Teilen der gelebten Rechtsmethodik (vgl. *Rüthers/Fischer/Birk*, Rechtstheorie mit juristischer Methodenlehre (2015), Rdnr. 545). Die Interessenjurisprudenz begreift Rechtsnormen als verbindliche Entscheidung von Interessenkonflikten; Rechtsanwendungsprobleme löst sie durch Auslegung und ggf. Rechtsfortbildung von Gesetzen anhand einer Interessenabwägung.

7 *Kumpan*, Der Interessenkonflikt im deutschen Privatrecht (2014), *passim*.

ist und von ihm oder einem Dritten als erstrebenswert für das Sein des Subjekts gehalten oder erkannt wird“[8], kurzum die „positive Bezogenheit, die ein bestimmtes Subjektiv zu bestimmten Gegenständen tatsächlich hat.“[9] Ein Interesse erfordert demnach stets ein Subjekt, das ein Interesse hat und ein Objekt, auf welches dieses Interesse gerichtet ist.[10] So hat etwa das Subjekt „Mensch“ ein Interesse am Objekt „Macht“. Während die Subjekte als Interessenträger regelmäßig eindeutig zu bestimmen sind (zum Beispiel Menschen oder Gesellschaften), gibt es bezüglich der denkbaren Objekte der Begierde keine Begrenzung: Das „Interesse“ ist im Ausgangspunkt ein rein tatsächliches und individuelles Phänomen, das sich lediglich empirisch erfassen lässt.[11]

Für eine rechtliche Betrachtung eignet sich ein derartiger, zwangsläufig unbestimmbarer Begriff freilich nicht. Erforderlich ist stattdessen eine verobjektivierende Typisierung: Das Objekt der Begierde wird „anhand eines objektiven Maßstabs und bezogen auf bestimmte Bedürfnisse, Zwecke und Ziele [...] eingeschätzt“.[12] Die Bildung solcher Maßstäbe sowie die Bestimmung der Bedürfnisse, Zwecke und Ziele erfolgt je nach Gegenstand der rechtlichen Regelung.

Kommt es zur einer „jedem aus Erfahrung bekannten Lebenslage, in der es nicht möglich ist, alle bestehenden Wünsche zugleich zu befriedigen, sodass die Notwendigkeit eintritt, auf gewisse Wünsche zugunsten anderer zu verzichten“[13], liegt im Allgemeinen ein Interessenkonflikt vor. Der Interessenkonflikt in dieser allgemeinen Form sei als *Interessenkonflikt im Sinne der Interessenjurisprudenz* definiert.

B. Interessenkonflikt: Weitere Eingrenzung des Begriffs

Die Suche nach einer weiteren begrifflichen Eingrenzung beginnt im Vertragsrecht. Die in der deutschen Rechtsordnung verankerte Privatautonomie gestattet es, dass aus privaten Willenserklärungen Rechtsfolgen erwachsen. Mit jedem Vertrag verfolgen die Parteien ihre eigenen Interessen. Dabei bleibt es ihnen im Ausgangspunkt selbst überlassen, ihre Interessen in einen Ausgleich zu bringen. Mit anderen Worten dürfen und sollen sie ihre Interessenkonflikte (im Sinne der Interessenjurisprudenz) selbst regeln.

---

8 *Kumpan*, Der Interessenkonflikt im deutschen Privatrecht (2014), S. 15.
9 *Kumpan*, Der Interessenkonflikt im deutschen Privatrecht (2014), S. 17, m.V.a. *Stober/Kluth*, Verwaltungsrecht I (2007), S. 295.
10 *Kumpan*, Der Interessenkonflikt im deutschen Privatrecht (2014), S. 17.
11 Vgl. *Kumpan*, Der Interessenkonflikt im deutschen Privatrecht (2014), S. 17, 19.
12 *Kumpan*, Der Interessenkonflikt im deutschen Privatrecht (2014), S. 17.
13 *Heck*, AcP 142 (1936), S. 129 (180).

I. Die vertraglichen Interessenstrukturtypen

Im Anschluss an *Jhering*[14], *Beyerle*[15], *Würdinger*[16] *und Martinek*[17] lassen sich die BGB geregelten Vertragstypen in drei grundlegende Interessenstrukturtypen einteilen: die Verträge des Interessengegensatzes, der Interessengemeinschaft und der Fremdinteressenwahrung.[18]

1. Verträge des Interessengegensatzes (Koordinationsverträge)

Verträge des Interessengegensatzes zeichnen dadurch aus, dass die Parteien den geschuldeten Leistungsaustausch aus offen eigennützigen Motiven durchführen. Es gibt folglich zwei Interessensubjekte, deren Interessenkonflikt dem Vertrag immanent ist: Jeder Vorteil der einen Partei führt zu einem Nachteil der anderen. Der Vertrag führt zu einer unmittelbar interessenausgleichenden Koordination; die jeweiligen Rechte und Pflichten aus dem Vertrag stehen im Synallagma (*do ut des*). Beispiele sind der Kauf, der Tausch oder die Miete.[19]

Es zeichnet unsere Privatrechtsordnung aus, dass die Lösung der hierbei auftretenden Interessenkonflikte in erster Linie den Parteien selbst nach Treu und Glauben überlassen bleibt. Der Gesetzgeber kann sich also darauf beschränken, den Parteien ein „*level playing field*"[20] zur Verfügung zu stellen und im Falle von strukturell ungleichen Verhandlungspositionen – wie zum Beispiel im Verbraucherschutzrecht – behutsam einzugreifen. Die Untersuchung von Verträgen des Interessengegensatzes kann daher für die Entwicklung einer allgemeinen Interessenkonflikts-Dogmatik weitgehend ausgeklammert bleiben.

2. Verträge der Interessengemeinschaft (Konföderationsverträge)

Bei Verträgen der Interessengemeinschaft werden gleichrangige[21] und gleichgerichtete[22] Interessen der Parteien zum Vertragsinhalt verdichtet.[23] Sie werden daher auch als Konföderationsverträge bezeichnet.[24] Hierunter fallen insbesondere Gesellschaften.

---

14 *Jhering*, Der Zweck im Recht – Bd. I (1893), S. 214.

15 *Beyerle*, Die Treuhand im Grundriß des deutschen Privatrechts (1932), S. 16 ff.: „Grundformen persönlicher Verkettung".

16 *Würdinger*, Gesellschaften, Bd. I (1937), S. 9 ff.: „Grundtatbestände des Rechtsverkehrs".

17 *Martinek*, in: Staudinger BGB (2006), Vorb. zu §§ 662 ff. BGB, Rdnr. 23.

18 Vgl. *Martinek*, in: Staudinger BGB (2006), Vorb. zu §§ 662 ff. BGB, Rdnr. 23; *Weller*, ZBB 2011, S. 191 (192); *Ulmer*, in: Münch. Komm. BGB (2013), Vorb. zu §§ 705 ff. BGB, Rdnr. 104 ff.; *Rittner*, Ausschließlichkeitsbindungen (1957), S. 112 ff., 141 ff., 160 ff.

19 *Martinek*, in: Staudinger BGB (2006), Vorb. zu §§ 662 ff. BGB, Rdnr. 24.

20 *Kumpan*, Der Interessenkonflikt im deutschen Privatrecht (2014), S. 24.

21 Vgl. *Weller*, ZBB 2011, S. 191 (197).

22 *Martinek*, in: Staudinger BGB (2006), Vorb. zu §§ 662 ff. BGB, Rdnr. 25.

23 *Kumpan*, Der Interessenkonflikt im deutschen Privatrecht (2014), S. 25.

24 *Martinek*, in: Staudinger BGB (2006), Vorb. zu §§ 662 ff. BGB, Rdnr. 27.

Die Interessen der an dem Vertrag beteiligten Subjekte überschneiden sich primär, also in dem für den Vertragszweck wesentlichen Punkt. Dies schließt jedoch nicht aus, dass sekundäre Interessen der Parteien in Konflikt geraten. Zur Bewältigung derartiger Interessenkonflikte existiert neben speziellen gesetzlichen Regelungen das Institut der (gesellschaftsrechtlichen) Treuepflicht, welche die Vertragspartner zu erhöhter Rücksichtnahme auf die Interessen der anderen Parteien verpflichtet.[25] Für die Entwicklung einer allgemeinen Interessenkonflikts-Dogmatik sind Konföderationsverträge zwar interessanter als Koordinationsverträge. Dennoch führt der primäre Interessengleichklang zu einer insgesamt geringen Tauglichkeit der Konföderationsverträge für die Suche nach einer allgemeingültigen Interessenkonfliktsdogmatik.[26] Auch die Verträge des Interessengleichklangs können für die Untersuchung daher weitgehend vernachlässigt werden.

3. Verträge der Fremdinteressenwahrung (Subordinationsverträge)

Verträge der Fremdinteressenwahrung schließlich sind dadurch gekennzeichnet, dass sich eine Partei (der Mandatar) zur Wahrung der Interessen einer anderen Partei (dem Mandanten) verpflichtet.[27] Beim Mandatar vereinigen sich damit genuine Eigeninteressen mit der rechtlichen Verpflichtung zur Wahrung von Fremdinteressen in einem einzigen Subjekt; dieses Phänomen wird im Folgenden als *Interessenkumulation* bezeichnet. Die beiden kumulierenden Interessenpositionen stehen hierbei in einem klaren Rangverhältnis: Der Mandatar muss seine Eigeninteressen den Fremdinteressen des Mandanten unterordnen. Diese Form von Verträgen wird daher auch als *Subordinationsvertrag* bezeichnet.[28]

Zwar schließt diese Konstellation keineswegs aus, dass die Vertragsabwicklung auch der Interessenbefriedigung des Mandatars dient – erhält er beim typischen Fremdeninteressenwahrungsvertrag der Geschäftsbesorgung[29] doch etwa ein Entgelt. Eine vollkommene synallagmatische Verknüpfung der Leistungspflichten, die zu einem vermutet richtigen Interessenausgleich unter den Parteien führt, ist damit jedoch nicht verbunden. Denn die Befriedigung der Interessen des Mandatars schließt stets nur mittelbar an die Interessenbefriedigung des Mandanten an.

Das Zusammentreffen der oben beschriebenen subjektiven Interessenkumulation mit dieser eingeschränkten „vertragsimmanenten Richtigkeitsgewähr"[30] macht die Fremdinteressenwahrungsverträge zu einem wertvollen Untersuchungsgegenstand für die allgemeine Interessenkonfliktsdogmatik. Dies gilt in besonderem Maße dann, wenn zur eingeschränkten vertragsimmanenten Richtigkeitsgewähr – wie häufig – ein

25 *Kumpan*, Der Interessenkonflikt im deutschen Privatrecht (2014), S. 25, m.w.N.
26 Vgl. *Kumpan*, Der Interessenkonflikt im deutschen Privatrecht (2014), S. 27.
27 *Martinek*, in: Staudinger BGB (2006), Vorb. zu §§ 662 ff. BGB, Rdnr. 26.
28 *Martinek*, in: Staudinger BGB (2006), Vorb. zu §§ 662 ff. BGB, Rdnr. 27.
29 S. § 675 BGB.
30 *Martinek*, in: Staudinger BGB (2006), Vorb. zu §§ 662 ff. BGB, Rdnr. 30.

Machtgefälle zugunsten des Mandatars hinzutritt.[31] Ein solches kann sich etwa aus einem strukturellen wirtschaftlichen Ungleichgewicht[32], einem Vorsprung an Sachkunde und Information oder der fehlenden Möglichkeit einer Kontrolle ergeben.[33] All dies macht den rechtlichen Umgang mit Konflikten des Interesses von Mandant und Mandatar besonders komplex und interventionsbedürftig.[34]

Abschließend lässt sich feststellen, dass die geschilderte Situation große Ähnlichkeit zu vielen organschaftlichen und gesetzlichen Rechtsverhältnissen aufweist.[35] Auch dies trägt zur besonderen Fruchtbarkeit des Rechts der Fremdinteressenwahrungsverträge für die Suche nach grundlegenden Regeln im Umgang mit Interessenkonflikten bei.

II. Definition des Interessenkonflikts als konfligierende Interessenkumulationen

Die Untersuchung der Interessenkonflikte bei Verträgen erlaubt eine nähere Bestimmung derjenigen Interessenkonflikte, welche Gegenstand der allgemeinen Interessenkonfliktsdogmatik im hier verstandenen Sinne sein sollen. Wie in den obigen Ausführungen bereits angedeutet, machen vor allem solche Interessenkonflikte eine rechtliche Intervention notwendig, die aus einer subjektiven Interessenkumulation resultieren.

Die Vereinigung verschiedener Interessen in einer Person begründet jedoch für sich genommen noch kein Regelungsbedürfnis. Erforderlich ist zudem, dass dem Interessenträger eine vollständige Wahrung der kumulierten Interessen im entscheidenden Zeitpunkt nicht gleichzeitig möglich ist. Denn erst dann geraten die Interessen in einen Konflikt. In dieser Situation der *konfligierenden Interessenkumulation* muss der Interessenträger Prioritäten setzen, denn die Wahrung des einen Interesses geht stets mit der Vernachlässigung des anderen einher. Liegt eine konfligierende Interessenkumulation vor, stellt sich stets die Frage: Welches Interesse wird der Mandatar zu welchem Ausmaß befriedigen? Aus Sicht des Mandanten ist dieser Zustand freilich besorgniserregend, da auf diese Weise die adäquate Wahrnehmung seiner Interessen durch den Mandatar bedroht wird.[36]

Mit dem Begriff der konfligierenden Interessenkumulation ist die Abgrenzung zum rechtstheoretischen *Interessenkonflikt im Sinne der Interessenjurisprudenz*

---

31 Vgl. *Martinek*, in: Staudinger BGB (2006), Vorb. zu §§ 662 ff. BGB, Rdnr. 30.

32 Zum Beispiel im Verhältnis des Kunden zum Bankinstitut.

33 Vgl. hierzu auch die Ausführungen zur *pricinpal-agent*-Theorie, unten, Teil 1: § 3 C (= S. 48 ff.); vgl. auch *Kumpan*, Der Interessenkonflikt im deutschen Privatrecht (2014), S. 26.

34 So auch *Martinek*, in: Staudinger BGB (2006), Vorb. zu §§ 662 ff. BGB, Rdnr. 31.

35 Vgl. auch *Kumpan*, Der Interessenkonflikt im deutschen Privatrecht (2014), S. 26; vgl. ausführlich unten, Teil 1: § 2 C. III (= S. 20 ff.).

36 Zum Bedürfnis nach rechtlicher Intervention bei derartigen Interessenkonflikten s. ausführlich unten, Teil 1: § 3 (= S. 30 ff.).

gefunden: Diese Arbeit beschäftigt sich ausschließlich mit dem rechtlichen Umgang mit Interessenkonflikten im Sinne einer konfligierenden Interessenkumulation; die Begriffe werden im Folgenden synonym verwendet.

Zusammenfassend ergibt sich damit folgende allgemeingültige Definition des Interessenkonflikts: Ein Interessenkonflikt liegt vor, wenn sich in einem Subjekt mehrere Interessen (Eigen- und/oder zu wahrende Fremdinteressen) vereinen und in Konflikt geraten, weil im entscheidenden Zeitpunkt die gleichzeitige vollständige Wahrung aller beteiligten Interessen nicht möglich ist.[37]

Ein Beispiel aus dem Recht der Handelskommission[38] veranschaulicht den Begriff des Interessenkonflikts: Ein Einkaufs-Kommissionär kann von einem Kommissiongut am Markt maximal 100 Einheiten erhalten. Er verpflichtet sich gegenüber einem Mandanten zur Abgabe von 70 Einheiten. Begehrt er nun für sich selbst 50 Einheiten oder verpflichtet sich gegenüber einem Zweitmandanten zu dieser Abgabe, gerät er in einen Interessenkonflikt.

C. Zusammenfassung des Kapitels

1. Der „Interessenkonflikt" ist ein Grundlagenbegriff aus der Interessenjurisprudenz und macht eine weitere Eingrenzung erforderlich.
2. Zur Eingrenzung ist ein Blick auf das Vertragsrecht notwendig. Das deutsche Recht gibt den privatautonomen Rechtssubjekten die grundlegende Möglichkeit, ihre Interessenkonflikte (im Sinne der Interessenjurisprudenz) selbst zu regeln.
3. Die Vertragsverhältnisse des deutschen Privatrechts lassen sich einem von drei Strukturtypen zuordnen: Interessengegensatz, Interessengemeinschaft oder Fremdinteressenwahrung. Für die Untersuchung sind in erster Linie die Verträge der Fremdinteressenwahrung interessant. Denn bei diesen besteht weder ein offener Gegensatz, noch ein Gleichklang der Interessen, so dass die zu wahrenden Mandanteninteressen eines besonderen rechtlichen Schutzes bedürfen.

---

37 Ähnlich *Kumpan*, Der Interessenkonflikt im deutschen Privatrecht (2014), S. 57, der den Interessenkonflikt wie folgt allgemein definiert: „[Konflikte zwischen Interessen, die] in ein und derselben Person – dem Interessenwahrer – aufeinander treffen und von dieser miteinander nicht zu vereinbarende Handlungen fordern, von denen sich mindestens eine nachteilig auf einen Dritten auswirken kann, dessen Interessen die Person zu wahren übernommen hat." Vgl. aber auch die weniger spezifische Definition von *Lutter*, in: FS Priester (2007), S. 417 (423): „[Der Interessenkonflikt] bezeichnet diejenige Situation weiterer und einander objektiv entgegenstehender Interessen in der Person eines Organmitglieds einschließlich der ihm nahestehenden Personen und Unternehmen, von der man bei objektiver Betrachtung nicht sicher sein kann, dass das betreffende Organmitglied dennoch und unbedingt allein die Interessen seiner Gesellschaft verfolgen wird.

38 Vgl. *Löhnig*, Treuhand (2006), S. 372 ff., der diese Form der Interessenkollision hingegen als „Pflichtenkonkurrenz" definiert.

4. Ein solcher rechtlicher Schutz ist nicht schon *per se* erforderlich, nur weil der Interessenwahrer auch andere Interessen verfolgt. Problematisch wird es erst dann, wenn diese anderen (Fremd- oder Eigen-)Interessen mit den Mandanteninteressen in Konflikt geraten (konfligierende Interessenkumulation).
5. Dies führt zu der Definition des Interessenkonflikts, wie er dieser Arbeit im Folgenden zugrunde liegt: Ein solcher besteht, wenn sich in einem Subjekt mehrere Interessen (Eigen- und/oder zu wahrende Fremdinteressen) vereinen und in Konflikt geraten, weil im entscheidenden Zeitpunkt die gleichzeitige vollständige Wahrung aller Interessen nicht möglich ist.

§ 2 Das Interessenwahrungsverhältnis *alias* das Treuhandverhältnis

> *So bleibt als Grundgedanke aller Treuhandfälle der: fremde Belange an Personen, Sachen, an Vermögen, Rechtsbeziehungen wahrzunehmen. Die dafür eingeräumte Rechtsstellung des Handelnden ist das Mittel, der angestrebte Zweck fremder Belangwahrung das Wesen.*[39]
>
> *– Franz Beyerle (1932)*

Mit der Definition des Interessenkonflikts wurde die erste wichtige Voraussetzung zur Erforschung einer allgemeinen privatrechtlichen Interessenkonfliktsdogmatik geschaffen: Das zu untersuchende rechtliche Phänomen wurde klar bestimmt. Um nunmehr den rechtlichen Umgang mit Interessenkonflikten auf gemeinsame rechtliche Regelungsstrukturen hin erforschen zu können, muss das Umfeld identifiziert werden, indem derartige konfligierende Interessenkumulationen vorkommen können.

A. Interessenwahrungsverhältnis und Innenverhältnis der Treuhand

Die Leitfrage zur Identifikation dieses Umfelds lautet: Können konfligierende Interessenkumulationen auftreten, die eine besondere rechtliche Regelung erforderlich machen? Dies ist immer dann der Fall, wenn eine Person nicht nur ihre eigenen Interessen, sondern in irgendeiner Form auch die Interessen eines anderen zu wahren hat. Solche Verhältnisse seien *Interessenwahrungsverhältnisse* genannt. Die Verpflichtung zur Wahrung fremder Interessen kommt dabei keinesfalls nur auf vertraglicher Grundlage zustande. Zu den Interessenwahrungsverhältnissen zählen mit anderen Worten nicht nur die oben aufgeführten Subordinationsverträge, sondern zum Beispiel auch das Verhältnis eines Organs zur Gesellschaft (und ggf. auch Gesellschaftern), des Richters zur Prozesspartei, eines (rechts-) beratenden Berufsträgers zum Mandanten oder des Insolvenzverwalters zu den Verfahrensbeteiligten.

Die deutsche Rechtswissenschaft hat bereits, wenngleich weithin unbeachtet, einigen Aufwand hinsichtlich der Untersuchung von Interessenwahrungsverhältnissen betrieben: *Beyerle*, *Grundmann* und *Löhnig* haben das Innenverhältnis der Treuhand fruchtbar gemacht, um Interessenwahrungsverhältnisse systematisch zu vergleichen und einheitliche Muster in der rechtlichen Behandlung aufdecken zu können. Dies wird im Folgenden nachgewiesen.

---

39 *Beyerle*, Die Treuhand im Grundriß des deutschen Privatrechts (1932), S. 7.

B. Traditionelle Sicht auf die Treuhand: Außenverhältnis im Mittelpunkt

Auf den ersten Blick mag die Erwähnung der Treuhand an dieser Stelle überraschen. Denn das nicht explizit normierte Institut der Treuhand wird nach tradierter Sichtweise vor allem als sachenrechtliches Problem betrachtet. Der Bezug zur Problematik des privatrechtlichen Interessenkonflikts erschließt sich daher nicht ohne Weiteres.

Zunächst sei dennoch ein Blick auf die traditionelle Betrachtung der Treuhand geworfen. Die entsprechende Definition von *Siebert*[40] aus dem Jahre 1933, von diesem schon damals als „uralt" bezeichnet, hat sich bis heute durchgesetzt:

> *„Der Begriff des Treuhänders bezeichnet nach allgemeinem Rechtsverständnis eine natürliche oder juristische Person, die von einem anderen oder für ihn von einem Dritten Vermögensrechte zu eigenem Recht erworben hat, diese aber nicht nur in eigenem, sondern zumindest auch in fremdem Interesse ausüben soll."*[41]

Der traditionelle Treuhandbegriff geht also davon aus, dass ein Treuhandverhältnis durch zwei Rechtsverhältnisse gekennzeichnet ist: Der Treuhänder erhält unmittelbar vom Treugeber ein Recht (sog. echte Treuhand)[42] bzw. die Verfügungsbefugnis über ein Recht (sog. unechte Treuhand)[43], sodass er im Außenverhältnis hierüber ohne Beschränkung verfügen kann (dingliche bzw. quasidingliche Komponente). Gleichzeitig sind die beiden Treuhand-Parteien über eine schuldrechtliche Vereinbarung miteinander verbunden, die den Treuhänder im Innenverhältnis in der Rechtsausübung auf Handlungen im Interesse des Treugebers beschränkt (schuldrechtliche Komponente). Die Rechtsmacht in Bezug auf das Treugut im Außenverhältnis übersteigt die im Innenverhältnis vereinbarten Beschränkungen, denn letztere wirken als Schuldverhältnis nur relativ[44]. Es kommt folglich zu einem Auseinanderfallen von rechtlichem Können und Dürfen.[45]

Diese Dualität von schuldrechtlichem und dinglichem Element sowie die überschießende Außentendenz werden von vielen bis heute als konstitutives Element

---

40 *Siebert*, Das rechtsgeschäftliche Treuhandverhältnis (1933), S. 1.

41 BGH, Urteil vom 24.06.2003 – IX ZR 75/01, BGHZ 155, 227–240, zit. n. juris, Rdnr. 17; vgl. schon RG, Urteil vom 06.03.1930 – VI 296/29, RGZ 127, 341–350 (344); vgl. *Martinek*, in: Staudinger BGB (2006), Vorb. zu §§ 662 ff. BGB, Rdnr. 40, m.w.N.

42 Zum Begriff der echten Treuhand nur BGH, Urteil vom 09.04.1992 – IX ZR 304/90, BGHZ 118, 70–82, zit. n. juris, Rdnr. 13; aus dem Schrifttum statt vieler *Schubert*, in: Münch. Komm. BGB (2015), § 164 BGB, Rdnr. 52, m.w.N.

43 Zum Begriff der unechten Treuhand nur BGH, Urteil vom 09.04.1992 – IX ZR 304/90, BGHZ 118, 70–82, zit. n. juris, Rdnr. 13; aus dem Schrifttum statt vieler *Schubert*, in: Münch. Komm. BGB (2015), § 164 BGB, Rdnr. 53, m.w.N.

44 § 137 BGB.

45 *Martinek*, in: Staudinger BGB (2006), Vorb. zu §§ 662 ff. BGB, Rdnr. 40; *Ganter*, in: Münch. Komm. InsO (2013), § 47 InsO, Rdnr. 356b.

eines jeden Treuhandverhältnisses angesehen.[46] Hintergrund dieser Sichtweise ist die geschichtliche Entwicklung der Treuhand, welche in Ermangelung einer eigenständigen Kodifikation weder geordnet noch umfassend-systematisch verlief. Wegen des *numerus clausus* des Sachenrechts sind die Parteien des Treuhandverhältnisses seit jeher dazu gezwungen, zur Erreichung des Treuhandzwecks eine Vollrechtsübertragung vorzunehmen.[47] Hiermit stellt sich eine existenzielle Frage: Auf welcher rechtlichen Grundlage und unter welchen Voraussetzungen kann der Treugeber vor einem Zugriff der Treuhand-Gläubiger auf das Treugut geschützt werden? Ein derartiger Zugriff ist zwar die eigentliche Folge der Vollrechtsübertragung auf den Treuhänder, widerspricht aber erkennbar dem Zweck des Treuhand-Verhältnisses, so, wie er anhand des Innenverhältnisses zum Ausdruck kommt. Außerdem führt er zu einer unverdienten Besserstellung der Gläubiger des Treuhänders.

Die Bewältigung dieses zentralen Problems (sog. Treuhänderproblem) wurde in den Mittelpunkt der dogmatischen Entwicklung der Treuhand gestellt.[48] Seine Ursache liegt im strengen Typenzwang des Sachenrechts, der eine wirksame Beschränkung der Rechtsmacht des Treuhänders nicht zulässt.[49] Folglich widmeten sich Rechtspraxis und -wissenschaft in erster Linie dem Außenverhältnis und versuchten, dem (echten) Treugeber durch die (Quasi-)Verdinglichung seiner Rechtstellung ein Aussonderungsrecht bei Zwangsvollstreckung und Konkurs/Insolvenz zu verschaffen[50]. Mit anderen Worten wurden die Drittbeziehungen einer Treuhand in den Mittelpunkt der Betrachtung gestellt.[51] *Löhnig* fasst Anlass, Zielsetzung und Verlauf der Entwicklung prägnant zusammen:

> *„Der traditionelle enge Treuhandbegriff dient allein dazu, die Güterzuordnung im Kontakt zu Dritten (Gläubigern) zu klären, weil wirtschaftliche und rechtliche Güterzuordnung in bestimmten Fällen divergieren können und begründet werden muß, daß und in welchen Fällen einem Gläubiger gegenüber ausnahmsweise die Berufung auf eine von der rechtlichen Zuordnung abweichende wirtschaftliche Zuordnung möglich sein soll."*[52]

---

46 Das „Mißverhältnis zwischen Zweck und Mittel" wurde erstmalig von *Regelsberger*, AcP 1880, S. 157 (173) als konstitutives Element der Treuhand aufgeführt und seitdem in allen großen Abhandlungen aufgenommen, umfangreiche Nachweise bei *Grundmann*, Der Treuhandvertrag (1997), S. 87 (FN 35). Aktuell: BGH, Urteil vom 03.04.2014 – IX ZR 201/13, juris, Rdnr. 19; BGH, Urteil vom 24.06.2003 – IX ZR 75/01, BGHZ 155, 227–240, zit. n. juris, Rdnr. 17; *Martinek*, in: Staudinger BGB (2006), Vorb. zu §§ 662 ff. BGB, Rdnr. 40; *Ganter*, in: Münch. Komm. InsO (2013), § 47 InsO, Rdnr. 356 ff.; vgl. *Schilken*, in: Staudinger BGB (2014), Vorb. zu §§ 164 ff. BGB, Rdnr. 48.

47 So schon RG, Urteil vom 19.02.1937 – V 205/36, RGZ 152, 366–371 (368); *Henssler*, AcP 1996, S. 37 (45).

48 Vgl. *Schubert*, in: Münch. Komm. BGB (2015), § 164 BGB, Rdnr. 56.

49 RG, Urteil vom 19.02.1937 – V 205/36, RGZ 152, 366–371 (368 f.); *Henssler*, AcP 1996, S. 37 (46).

50 BGH, Urteil vom 29.05.1952 – IV ZR 167/51, juris, Rdnr. 19; *Henssler*, AcP 1996, S. 37 (85 f.)

51 Vgl. *Flämig*, WissR 2008, S. 86 (90).

52 *Löhnig*, Treuhand (2006), S. 115.

C. Moderne Sicht auf die Treuhand: Innenverhältnis im Mittelpunkt

Die folgenden Ausführungen werden jedoch zeigen, dass die Treuhand auch vom Innenverhältnis her betrachtet werden kann. Auf dieser Grundlage bietet sie einen Rahmen für die Untersuchung der privatrechtlichen Interessenkonflikte.

I. Das Treuhandmodell von *Beyerle*

In der Entwicklung der deutschen Treuhand wurde das Innenverhältnis insgesamt wenig gewürdigt.[53] *Beyerle* ging hiergegen schon 1932 an und erweiterte den Blick auf die Treuhand vom Innenverhältnis her. Die Fixierung der Forschung auf die Rechtstellung des Treuhänders im Außenverhältnis verstelle den Blick darauf, dass es mit dem Innenverhältnis einen „festen Fußpunkt“ der Treuhand gebe, der sich über die Zeiten kaum gewandelt habe.[54] Das Außenverhältnis existiere hingegen in vielfachen Variationen, nämlich von dinglicher Vollberechtigung bis hin zu bloßer Vertretungsmacht, und zeige nur die verschiedenen Entwicklungsstufen des Treuhandrechts auf.[55] Durch die Betrachtung aus dem Blickwinkel des schuldrechtlichen Innenverhältnisses entgrenzte *Beyerle* die Bedeutung der Treuhand. Daneben ordnete er sie sogar als eine von drei „Grundformen persönlicher Verkettung“ ein: Als „vertretungsweise uneigennützige Belangwahrung“ trete sie neben den gegenseitigen Vertrag (gegenläufig-eigennützige Belangwahrung) und die Gesamthand (gleichläufig-eigennützige Belangwahrung).[56]

Die innovative Sichtweise *Beyerles* stieß seinerzeit auf heftige Kritik[57] und sollte lange Zeit keinen Einfluss auf die weitere dogmatische Entwicklung der Treuhand nehmen. Erst *Martinek* knüpfte im Rahmen seiner Erörterungen zu den Grundformen des Schuldrechts im Staudinger-Kommentar wieder an die *Beyerle'sche* Arbeit an.[58]

---

53 *Löhnig*, Treuhand (2006), S. 12 ff., 106 und *Grundmann*, Der Treuhandvertrag (1997), 85 ff.; jeweils mit umfangreichen Herleitungen und historischen Nachweisen; vgl. auch *Siebert*, Das rechtsgeschäftliche Treuhandverhältnis (1933), S. 2: „die Gestaltung des obligatorischen Innenverhältnisses [... erscheint] wenig problematisch.“

54 *Beyerle*, Die Treuhand im Grundriß des deutschen Privatrechts (1932), S. 8.

55 *Beyerle*, Die Treuhand im Grundriß des deutschen Privatrechts (1932), S. 19 f.

56 *Beyerle*, Die Treuhand im Grundriß des deutschen Privatrechts (1932), S. 16 ff.

57 Vgl. RG, Urteil vom 06.03.1930 – VI 296/29, RGZ 127, 341–350 (345); *Siebert*, Das rechtsgeschäftliche Treuhandverhältnis (1933), S. 25, in Bezug auf die Weite und Vielfalt der Treuhandverhältnisse nach *Beyerle*: „Was soll dann aber aus dem Begriff des Treuhänders werden?“; *Hönsch*, Mittelbare Stellvertretung und Treuhand (1933), S. 13.

58 Aktuell *Martinek*, in: Staudinger BGB (2006), Vorb. zu §§ 662 ff. BGB, Rdnr. 23; s. hierzu bereits oben, Teil 1: § 1 B. I (= S. 9 ff.).

II. Das Treuhandmodell von *Grundmann*

Umfassende Zustimmung und Fortentwicklung erfuhr die am Innenverhältnis orientierte Sichtweise auf die Treuhand allerdings erst 1997 durch *Grundmann*. Dieser beklagt ein anachronistisches Festhalten an einer sachenrechtlich dominierten Sicht auf die Treuhand, obwohl diese zu zahlreichen dogmatischen Inkonsistenzen führe und der Ursprung der Treuhand unzweifelhaft rein schulvertragsrechtlicher Art sei.[59] Eine am Innenverhältnis orientierte Betrachtung vermeide dogmatische Unstimmigkeiten und eröffne in fruchtbringender Weise die Anwendung neuer Methoden wie der ökonomischen Analyse des Rechts und der Vergleichung zum anglo-amerikanischen Trust-Recht.[60]

Grundmann setzt folglich am Innenverhältnis an und stellt zur Typenbildung des Treuhandvertrages auf die charakteristische Hauptpflicht ab.[61] Diese sieht er in der sog. *Interessenwahrungspflicht stricto sensu*, einer zur Hauptpflicht verdichteten Ausprägung der allgemeinen Treuepflicht.[62] Diese Verhaltenspflicht trete neben die Leistungspflichten aus dem Treuhandverhältnis, das regelmäßig von dienst- oder werkvertraglichen Elementen geprägt sei. Das Charakteristikum von Treuhandverhältnisses sei nun, dass sich das Verhältnis von Leistungs- und Tätigkeitsverhältnissen im Gegensatz zu den anderen üblichen Vertragsverhältnissen wie dem Kauf- oder Darlehensvertrag umkehre: Während dort für die Tätigkeitskomponente wegen der Dominanz der Leistungspflicht kaum Raum sei und sich allenfalls als Nebenpflicht i.S.v. § 242 BGB niederschlage, dominiere im Treuhandverhältnis die Verhaltenspflicht in Form der Interessenwahrungspflicht *strictu senso*; letztere verleihe den Leistungspflichten überhaupt erst Konturen.[63] Auf diese Weise spaltet *Grundmann* das Treuhandverhältnis in einen Tätigkeitsteil – bestehend aus Dienst-, Werk- oder Geschäftsbesorgungsvertrag – und einen Verhaltensteil in Form des Treuhandvertrages auf.[64]

Im Ergebnis liegt ein Treuhandverhältnis nach *Grundmann* dann vor, wenn zwischen Treuhänder und Treugeber ein Vertrag besteht, aufgrund dessen der Treuhänder die Verwaltung des ihm ohne Gegenleistung oder Einsatz eigenen Vermögens

59 *Grundmann*, Der Treuhandvertrag (1997), S. 88 f.
60 *Grundmann*, Der Treuhandvertrag (1997), S. 90.
61 *Grundmann*, Der Treuhandvertrag (1997), S. 93.
62 *Grundmann*, Der Treuhandvertrag (1997), S. 92.
63 Zum Ganzen *Grundmann*, Der Treuhandvertrag (1997), S. 92 ff.
64 *Grundmann*, Der Treuhandvertrag (1997), S. 94: „Die Pflicht, eigene Interessen gänzlich hintanzustellen, findet sich also durchaus auch unabhängig von jedem Tätigkeitselement. Entscheidend ist jedoch nicht einmal, daß das Gegenseitigkeitsverhältnis, das §§ 662 ff. BGB primär regeln, und das treuhänderische Rechtsverhältnis auch tatsächlich einmal getrennt vorliegen können, sondern daß es konzeptionell notwendig (und daher sinnvoll) ist, beide Verhältnisse voneinander zu trennen, um den Tatbestand der Interessenwahrungspflicht herausarbeiten zu können."

übertragenen Treuguts allein an den Interessen des Treugebers auszurichten hat;[65] als Treugut kommen dabei nicht nur Rechtsinhaberschaften, sondern auch sonstige geldwerte Positionen wie Informationen und Entscheidungs- und Kontrollmacht in Betracht.[66]

III. Das Treuhandmodell von *Löhnig*

Im Jahre 2006 legte *Löhnig* sein beachtliches Werk zur Treuhand vor, in dem er sich ebenfalls der am Innenverhältnis orientierten Sichtweise anschließt.

Er grenzt sich hierbei jedoch bewusst vom *Grundmann'schen* Modell ab. *Löhnig* bemängelt das Konzept der Aufspaltung des Treuhandverhältnisses in Tätigkeits- und Interessenwahrungsvertrag als „künstlich“[67]. Außerdem kritisiert er die zentrale Abgrenzung anhand der besonderen Treuepflicht *stricto sensu*, die abgesehen vom Hinweis auf den selben Wortstamm („Treu-“) nicht begründet werde[68] und willkürlich gewählt sei, um die strengen Treuepflichten im Gesellschaftsrecht erklären zu können. *Grundmann* begehe durch die Verengung auf dieses eine Problem im Grunde den gleichen methodischen Fehler wie zahlreiche Autoren vor ihm, die das Treuhandverhältnis auf das Treuhänderproblem reduziert hätten.[69] Schließlich bezweifelt *Löhnig* die Eignung der *Grundmann'schen* Erklärung als vollständig-konsistentes Treuhand-Modell: Zum einen liefere es wegen der Fixierung auf die strenge Interessensubordination des Treuhänders keinen Beitrag zur Herstellung des Interessenausgleichs zwischen den Parteien des Treuhandverhältnisses. Zum anderen erlaube die Festlegung einer derart einheitlichen Hauptpflicht keine Einordnung als Grundform des Schuldrechts.[70]

Löhnig selbst wählt für sein Treuhand-Modell einen außerordentlich weiten Ansatz. Auf diese Weise möchte er den Blick auf Gemeinsamkeiten verschiedener Rechtsinstitute ermöglichen und allgemeine Lösungsansätze für Interessenkonflikte im Treuhandrecht insgesamt aufzeigen.[71] Nach der weiten Definition *Löhnigs*[72] zeichnet sich ein Treuhandverhältnis vor allem durch drei Merkmale aus: Die Universalität der Treuhand-Causa, die Verpflichtung zur fremdnützigen und „stellvertretenden“ Interessenwahrung und die Einräumung eines Machtmittels.

---

65 Dieser Definitionsansatz des *Grundmann'schen* Treuhandbegriffs entspricht im Wesentlichen den Ausführungen von *Tebben*, Unterbeteiligung und Treuhand an Gesellschaftsanteilen (2000), S. 51, der *Grundmann* zustimmt; allerdings beschränkt *Tebben* die Definition entsprechend der Themenstellung seiner Arbeit auf das Treugut des Gesellschaftsanteils. Vgl. auch *Löhnig*, Treuhand (2006), S. 151.

66 *Grundmann*, Der Treuhandvertrag (1997), S. 79 ff., 541.

67 *Löhnig*, Treuhand (2006), S. 151.

68 *Löhnig*, Treuhand (2006), S. 149.

69 *Löhnig*, Treuhand (2006), S. 151.

70 *Löhnig*, Treuhand (2006), S. 152.

71 *Löhnig*, Treuhand (2006), S. 832.

72 *Löhnig*, Treuhand (2006), S. 832 ff.

1. Universalität der Treuhand-Causa

Erstens kann das Treuhandverhältnis nicht nur auf einem Schuldverhältnis (meist einem Dauerschuldverhältnis), sondern auch einer Organbestellung, einer gerichtlicher Entscheidung oder dem Gesetz beruhen. Die Treuhand-Causa ist mit anderen Worten universell.

2. Erstes Element: Verpflichtung zur „stellvertretenden" Interessenwahrung

Zweitens verpflichtet die Treuhand-Causa zu einer fremdnützigen und „stellvertretenden"[73] Interessenwahrnehmung. Interessenträgerschaft und Interessenwahrnehmung fallen auseinander: Der Treuhänder tritt als *alter ego* an die Stelle des Treugebers und übernimmt die Wahrnehmung von dessen Interessen.

3. Zweites Element: Machtmittel

Drittens wird dem Treuhänder ein treuhänderisches Machtmittel übertragen, das ihm einen eigenständigen Zugriff auf die Interessensphäre des Treugebers verschafft und so die Wahrnehmung der Fremdinteressen ermöglicht.[74] Klassischerweise erhält der Treuhänder ein dingliches Treugut, zum Beispiel das Eigentum an einem gewissen Gegenstand. Dies ist allerdings nicht zwingend notwendig. Ausreichend ist vielmehr jede rechtliche oder tatsächliche Position, die einen Zugriff auf die Interessen des Treugebers ermöglicht, also etwa Vertretungsmacht, Besitz oder Information.

In aller Regel beruhen die Machtmittel-Übertragung und die Verpflichtung zur treuhänderischen Interessenwahrung auf unterschiedlichen Rechtsgeschäften: Die Machtmittel-Übertragung erfolgt regelmäßig durch Übereignung, Abtretung, Ermächtigung oder Bevollmächtigung. Die Pflicht zur Interessenwahrung folgt hingegen aus dem eigentlichen Treuhandverhältnis, also etwa dem Geschäftsbesorgungsvertrag oder einem hoheitlichen Legitimationsakt.

a) Treuhandrechtlicher Trennungs- und Abstraktionsgrundsatz

Machtmittel-Übertragung und die Verpflichtung zur treuhänderischen Interessenwahrung sind nicht nur voneinander zu trennen, sondern laufen regelmäßig auch in puncto Rechtswirksamkeit auseinander. Das heißt: Sie sind in ihrer rechtlichen Wirksamkeit abstrakt voneinander zu beurteilen.[75] Im Folgenden wird daher vom

---

73 Die Verwendung der Bezeichnung „stellvertretender Interessenwahrnehmung" bezieht sich keineswegs auf die Stellvertretung i.S.d. §§ 164 ff. BGB und wurde daher in Anführungszeichen gesetzt.

74 *Löhnig*, Treuhand (2006), S. 159 ff.

75 *Löhnig*, Treuhand (2006), S. 168.

treuhandrechtlichen Trennungs- und Abstraktionsgrundsatz gesprochen, wenngleich *Löhnig* diesen Begriff selbst nicht verwendet[76].

Es muss betont werden, dass diese Abstraktion für die Annahme eines Treuhandverhältnisses nach *Löhnig* nicht konstitutiv ist, sondern lediglich mit großer Regelmäßigkeit auftritt.[77] So stellen etwa gesellschaftsrechtliche Organstellungen und gesetzliche Interessenwahrungsverhältnisse treuhandrechtliche Verhältnisse im *Löhnig'schen* Sinne dar, obwohl hierbei die Verpflichtung zur Fremdinteressenwahrung und die Machtmittel-Einräumung *uno acto* erfolgt.[78]

Auch wenn Treuhand-Causa und Machtmittel in manchen Treuhandverhältnissen auf einem einheitlichen Rechtsakt beruhen und ihr rechtliches Schicksal daher keine getrennten Wege gehen kann, sind sie dennoch zumindest inhaltlich abstrakt zu würdigen. So können die Geschäftsführungsbefugnisse eines Gesellschaftsorgans (zum Beispiel der GmbH-Geschäftsführer oder der AG-Vorstand) durch Satzung oder Gesellschafterbeschluss beschränkt sein, ohne dass dies die Vertretungsmacht im Außenverhältnis berührt.[79]

b) Auseinanderfallen von rechtlichem Können und Dürfen mit überschießender Könnens-Tendenz

Die Machtmittel-Übertragung ermöglicht regelmäßig einen weitergehenderen Zugriff auf die Interessensphäre, als dies nach dem Inhalt oder Zweck der Treuhand-Causa erforderlich wäre. Es handelt sich um einen Fall des „Auseinanderfallens von rechtlichem Können und Dürfen mit überschießender Könnens-Tendenz"[80]. Auch dieses Element ist für die Annahme eines *Löhnig'schen* Treuhandverhältnis nicht konstitutiv, sondern nur regelmäßig zu beobachten.[81] So ist denkbar, dass ein Geschäftsbesorgungsvertrag genau so ausgestaltet wird, dass sich die Interessenwahrungsverpflichtung mit dem parallel eingeräumten Machtmittel exakt deckt; dies dürfte allerdings nur ausnahmsweise vorkommen[82].

---

76 Der Begriff vom *treuhandrechtlichen Trennungs- und Abstraktionsgrundsatz* wird – soweit ersichtlich – an dieser Stelle eingeführt und zum ersten Mal verwendet. Die Parallele zum bürgerlich-rechtlichen Trennungs- und Abstraktionsprinzip drängt sich auf: Die Verpflichtung zur Fremdinteressenwahrung und die Machtmitteleinräumung sind – wie schuldrechtliches Kausalgeschäft und dingliches Verfügungsgeschäft – voneinander zu trennen und in ihrem rechtlichen Bestand voneinander unabhängig. Allerdings gilt diese Trennung und Abstraktion nach *Löhnig* nur im Grundsatz, ist für die Annahme eines Treuhandverhältnisses aber nicht konstitutiv. Daher handelt es sich nicht um ein (zwingendes) Rechtsprinzip, sondern einen Grundsatz.

77 *Löhnig*, Treuhand (2006), S. 168 ff.

78 *Löhnig*, Treuhand (2006), S. 170.

79 § 37 GmbHG, § 82 AktG.

80 Angelehnt an *Martinek*, in: Staudinger BGB (2006), Vorb. zu §§ 662 ff. BGB, Rdnr. 40.

81 *Löhnig*, Treuhand (2006), S. 171.

82 Vgl. *Martinek*, in: Staudinger BGB (2006), Vorb. zu §§ 662 ff. BGB, Rdnr. 77.

Für den grundsätzlichen Machtüberschuss gibt es zwei Gründe:

aa) Begrenzte rechtliche Möglichkeiten zur Machtmitteleinschränkung

Zunächst wird die Möglichkeit zur Einschränkung beim Umfang der Übertragung vieler Machtmittel im Außenverhältnis von der deutschen Privatrechtsordnung durch Typizitätsvorschriften eingeschränkt.[83] Überwiegend dient dies dem Schutz des Rechts- und Wirtschaftsverkehrs. So lässt sich etwa Eigentum nur „ganz oder gar nicht" übertragen[84] und Vertretungsbefugnisse der Leitungsorgane von Kapitalgesellschaften können im Außenverhältnis nicht wirksam beschränkt werden.[85]

Beschränkungen in der Machtausübung können häufig nur im schuldrechtlichen Parallelverhältnis vereinbart werden. Dies bindet den Treunehmer freilich nur im Innenverhältnis und schützt den Treugeber nicht vor einer treuhandwidrigen Weiterveräußerung, Belastung oder anderweitigen Beeinträchtigung des Treuguts.

bb) Erfordernis eines Ermessensspielraums

Daneben erfordert die adäquate Interessenwahrung häufig, dass der Treuhänder mit einem hohen Maß an Selbstständigkeit und Eigenverantwortlichkeit ausgestattet wird, um auf wechselnde Anforderungen schnell und problemlos reagieren zu können.[86] *Löhnig* bringt dies wie folgt zum Ausdruck: „Die Treuhand zeichnet sich durch eine variable, situationsangepaßte Interessenwahrnehmung aus".[87] Es lässt sich nicht *ex ante* bestimmen, was der Treuhänder konkret tun muss, um die Interessen des Treugebers adäquat wahrzunehmen und den Zweck des Treuhandverhältnisses zu erfüllen.[88] Denn der Treugeber bedient sich gerade deshalb eines Treuhänders, weil er den Aufwand für die eigene Interessenwahrnehmung auslagern möchte oder ihm hierzu die erforderlichen Fähigkeiten oder Zulassungsvoraussetzungen fehlen.[89] Es wäre mit dieser Zielsetzung in aller Regel nicht vereinbar, wenn dem Treuhänder kein bzw. nur ein geringer Handlungsspielraum eingeräumt würde und er sich für

---

83 Vgl. *Löhnig*, Treuhand (2006), S. 171 ff.; ausführlich zum Phänomen der Typizität im Privatrecht und seiner Begründung *Kern*, Typizität als Strukturprinzip des Privatrechts (2013), S. 508 ff.

84 Die umfassenden Befugnisse des Eigentümers gemäß § 903 BGB gehen mit Übereignung stets vollständig auf den neuen Eigentümer über.

85 § 82 Abs. 1 AktG; § 37 Abs. 2 GmbHG.

86 *Löhnig*, Treuhand (2006), S. 171; vgl. *Esser/Weyers*, Schuldrecht Bd. II – Besonderer Teil (1998), § 35 I 1 d); vgl. *Cahn*, in: FS Günther Wiese (1998), S. 71 (79); vgl. *Martinek*, in: Staudinger BGB (2006), Vorb. zu §§ 662 ff. BGB, Rdnr. 74.

87 *Löhnig*, Treuhand (2006), S. 196.

88 *Kumpan*, Der Interessenkonflikt im deutschen Privatrecht (2014), S. 96.

89 Statt vieler *Hopt*, ZGR 2004, S. 1 (2); vgl. außerdem, dass diese Offenheit des Vertragsgegenstands das wesentliche Definitionsmerkmal der unvollständigen Verträge i.S.d. ökonomischen Theorie der relationalen Verträge ist, hierzu unten Teil 1: § 3 C (= S. 48 ff.).

jede bzw. viele Vorgänge eine gesonderte Ermächtigung beim Treugeber einholen müsste.[90] In vielen Situationen würden sich schon aus der zeitlichen Verzögerung Nachteile für die Interessen des Treugebers folgen.

Mit anderen Worten legt die Interessenwahrungsverpflichtung des Treuhänders in diesen Fällen keinen ex-ante bestimmbaren, absoluten Verhaltensstandard fest, sondern verhält sich dynamisch (im Folgenden: *dynamische Treuhandverhältnisse*[91]). Es kann nicht pauschal davon gesprochen werden, dass das rechtliche Können (nach außen) das Dürfen (nach innen) übersteigt. In dynamischen Treuhandverhältnissen schlägt sich die rechtliche bzw. inhaltliche Abstraktion von Treuhand-Causa und Machtmittel vielmehr in einem Ermessensspielraum des Treuhänders nieder.[92]

Dynamische Treuhandverhältnisse sind von solchen Treuhandverhältnissen abzugrenzen, in denen rechtliches Können und Dürfen eindeutig auseinanderfallen. Dies ist etwa bei der Sicherungsübereignung der Fall, bei welcher die Treuhand-Causa (also die Sicherungsabrede) dem Interessenwahrer eindeutig und präzise vorschreibt, in welchen Fällen der Treuhänder das vollwertig übertragene Eigentum am Sicherungsgut zur eigenen Befriedigung nutzen darf. Einen Ermessenspielraum hat der Sicherungseigentümer hierbei nicht.

4. Grundtatbestand und Ausprägungen

Grundtatbestand aller Treuhandverhältnisse ist die Treuhand auf schuldrechtlicher Grundlage (kurz: Treuhand).[93] In ihrer allgemeinen Ausprägung lässt sie sich nicht grundformenrein einordnen. Im Kern ist die Treuhand stets eine Geschäftsbesorgung i.S.d. § 675 BGB: Der Treuhänder verpflichtet sich zum selbstständigen Handeln im Interesse und der Interessensphäre des Treugebers.[94] Im Regelfall übernimmt der Treuhänder nicht das Erfolgsrisiko der Interessenwahrnehmung, sondern schuldet nur entsprechendes Tätigwerden. Folglich ist die Treuhand eine Geschäftsbesorgung mit Dienstvertragscharakter.[95] *Löhnig* bezeichnet § 675 S. 1 BGB. daher als „treuhandrechtliche Generalnorm“, als „Kern eines allgemeinen Treuhandrechts“.[96]

---

90 Vgl. *Martinek*, in: Staudinger BGB (2006), Vorb. zu §§ 662 ff. BGB, Rdnr. 77 (Zu den Gründen für einen weitgehenden Verzicht auf genaue Vertragsplanung und deren Durchsetzung in Geschäftsbesorgungsbeziehungen).

91 *Löhnig* gebraucht den Begriff des *dynamischen Treuhandverhältnisses* selbst nicht. Er wird – soweit ersichtlich – an dieser Stelle zum ersten Mal eingeführt und verwendet.

92 Ähnlich *Löhnig*, Treuhand (2006), S. 196 ff.

93 *Löhnig*, Treuhand (2006)

94 *Löhnig*, Treuhand (2006), S. 135 ff.

95 *Löhnig*, Treuhand (2006), S. 146 ff.; vgl. auch den Wortlaut von § 675 Abs. 1 BGB: „Dienstvertrag [...], der eine Geschäftsbesorgung zum Gegenstand hat“.

96 *Löhnig*, Treuhand (2006), S. 135; vgl. speziell zur Anwendbarkeit von § 675 BGB auf die Organverhältnisse von juristischen Personen *Teichmann*, in: BO GroßKomm. (2015), § 675 BGB, Rdnr. 94 f.

Die Treuhand existiert jedoch nicht nur als allgemeiner Tatbestand. Es gibt eine ganze Fülle von besonderen Treuhandverhältnissen, die auf Gesetz, hoheitlichem Legitimationsakt oder Rechtsgeschäft beruhen. Hierbei treten jeweils besondere Regelungen neben die Grundnorm des § 675 BGB. Beispiele für besondere Treuhandverhältnisse sind:[97]

- Die gesetzliche Vertretung von geschäftsunfähigen natürlichen Personen und die Organverhältnisse von nicht-natürlichen, und daher handlungsunfähigen Personen (*Treuhand kraft gesetzlicher Anordnung*);
- die Vormundschaft, die Liquidation einer Gesellschaft und die Insolvenzverwaltung (*Treuhand kraft hoheitlicher Legitimation*);
- die Kommission gemäß §§ 383 ff. HGB, die Handelsvertretung gemäß §§ 84 ff. HGB, der Girovertrag gemäß § 676 BGB. sowie verschiedene in der Rechtspraxis herausgebildete Vertragstypen wie zum Beispiel der Kapitalanlagevertrag[98] oder der Baubetreuungsvertrag[99].

IV. Zwischenfazit: Treuhandmodell von *Löhnig* als taugliche Arbeitsgrundlage

Die Frage, ob das Treuhand-Verhältnis zuvörderst aus dem Blickwinkel des Außen- oder Innenverhältnis zu betrachten ist, ist so komplex wie abstrakt. Sie kann und muss an dieser Stelle nicht weiter erörtert werden. Es ist nämlich unerheblich, ob sich durch das *Löhnig'sche* Modell tatsächlich alle treuhandrechtlichen Probleme im Hinblick auf die Inkongruenz von Innen- und Außenverhältnis konsistent erklären und lösen lassen.[100] Die vom Innenverhältnis ausgehende dogmatische Durchwirkung der Treuhand schafft ungeachtet dessen ein Modell, welches sich für Zwecke der vorliegenden Arbeit furchtbar machen lässt.

Die von *Löhnig* eingeführte, weite Definition der Treuhand umschließt gerade solche Verhältnisse, in der Interessenkonflikte im oben beschriebenen Sinne auftreten und rechtliche Lösungsstrategien erfordern. Dies ist nämlich dann der Fall, wenn die rechtliche Verpflichtung zur fremdnützigen Wahrung fremder Interessen und der eigenständige Zugriff auf die fremde Interessensphäre („Machtmittel") in einer Person zusammen treffen; worauf diese Verpflichtung beruht, ist im Ausgangspunkt unerheblich. Der *Löhnig'sche* Treuhandbegriff steckt auf diese Weise die rechtliche Untersuchungsmaterie ab, aus der sich die allgemeinen Regeln für den Umgang

---

97 Sämtliche Beispiele nach *Löhnig*, Treuhand (2006), S. 152 ff.

98 Zur typologischen Einordnung *Köndgen/Schmies*, in: Schimansky/Bunte/Lwowski, Bankrechts-HdB. (2011), § 113, Rdnr. 115.

99 Zur typologischen Einordnung *Schwab*, in: Nomos-Komm. BGB (2012), § 675 BGB, Rdnr. 160 ff.

100 Kritisch im Hinblick auf die Fruchtbarkeit der dogmatischen Durchwirkung anhand des Innenverhältnisses *Henssler*, AcP 1996, S. 37 (46 ff.); *Ganter*, in: Münch. Komm. InsO (2013), § 47 InsO, Rdnr. 355 ff.

mit Interessenkonflikten ableiten lassen. Für die Entwicklung einer allgemeinen Interessenkonfliktsdogmatik ist die Abgrenzung des Untersuchungsgegenstandes ein erster Meilenstein. Hiermit ist auch das Verhältnis von *Löhnigs* „allgemeinem Treuhandrecht“[101] und der hier entwickelten Interessenkonfliktsdogmatik geklärt: Sie sind – jedenfalls im Ausgangspunkt – gleichzusetzen.

D. Weitere definitorische Bestimmungen

Das obige Ergebnis gibt Anlass zu zwei definitorischen Bestimmungen:

Erstens ist der oben[102] eingeführte Begriff vom Interessenwahrungsverhältnis mit dem am Innenverhältnis orientierten Treuhandverhältnis von *Löhnig* gleichzusetzen. Zusammenfassend ist hierunter ein Verhältnis zu verstehen, in denen die eine Partei – der Interessenwahrer – auf beliebiger rechtlicher Grundlage zur fremdnützigen und „stellvertretenden“ Interessenwahrung für die andere Partei – den Mandanten – verpflichtet ist und hierfür ein Machtmittel übertragen bekommt, welches den eigenständigen Zugriff auf die Interessen des Mandanten ermöglicht.

Aus der Gleichsetzung von Treuhand- und Interessenwahrungsverhältnis folgt im Übrigen, dass auch die oben eingeführten treuhand-akzessorischen Begriffe übersetzt werden können. So erklären sich die im Folgenden gebrauchten Begriffe vom interessenwahrungsrechtlichen Trennungs- und Abstraktionsgrundsatz, der Interessenwahrungs-Causa und dem dynamischen Interessenwahrungsverhältnis.

Zweitens wird für die Parteien eines Interessenwahrungs- bzw. Treuhandverhältnisses folgende allgemeine Bezeichnung eingeführt: Derjenige, dessen Interessen zu wahren sind, wird als *Mandant, Interessenoriginär* oder *Treugeber* bezeichnet; die Partei, die zur fremdnützigen Interessenwahrung verpflichtet ist, heißt *Mandatar, Interessenwahrer* oder *Treunehmer.*

E. Zusammenfassung des Kapitels

1. Die eingrenzende Definition des Interessenkonflikts ist nur der erste Schritt in der Entwicklung einer privatrechtlichen Interessenkonfliktsdogmatik. Um Gemeinsamkeiten im rechtlichen Umgang aufdecken zu können, muss das Umfeld identifiziert werden, in welchem Interessenkonflikte auftreten können.
2. Allgemein kommen Interessenkonflikte in jeder Form von Interessenwahrungsverhältnissen vor. Diese bestehen nicht nur aufgrund vertraglicher Vereinbarungen, sondern können insbesondere auch aus gesetzlicher Anordnung, hoheitlichem Legitimationsakt oder gesellschaftsrechtlichen Organverhältnissen folgen.
3. Für die weitere Untersuchung lässt sich das Innenverhältnis der Treuhand fruchtbar machen. In dieser Hinsicht wurde nämlich von *Beyerle, Grundmann* und *Löhnig* mit Blick auf die Untersuchung der Gemeinsamkeiten von Inte-

101 *Löhnig*, Treuhand (2006), S. 8.
102 S. oben, Teil 1: § 2 A (= S. 15 ff.).

ressenwahrungsverhältnissen bereits einiger Aufwand betrieben. Diese Mühen blieben bislang jedoch weitgehend unbemerkt, weil die Treuhand traditionell als sachenrechtliches Problem begriffen und vom Außenverhältnis her betrachtet wird: Nahezu die gesamten rechtswissenschaftlichen Ressourcen wurden dazu aufgewendet, um tragfähige Lösungen für das sog. Treuhänderproblem zu entwickeln. Die entscheidende Frage lautete, wie der Treugeber vor einem Zugriff der Gläubiger des Treuhänders auf das vollwirksam übertragene Treugut geschützt werden kann. Durch die Verengung auf dieses Thema blieb der Blick auf das Innenverhältnis verstellt und sein Potenzial für die privatrechtliche Strukturbildung – insbesondere im Hinblick auf Interessenkonflikte – ungewürdigt.

4. Nach *Löhnigs* weiter Definition zeichnet sich die Treuhand durch drei Merkmale aus: Die Universalität der Treuhand-Causa, die Verpflichtung zur fremdnützigen und „stellvertretenden" Interessenwahrung und die Einräumung eines Machtmittels. Die Verpflichtung zur Interessenwahrung aufgrund der Treuhand-Causa und die Machtmittelübertragung sind getrennt voneinander zu betrachten: *Zum einen* teilen sie in aller Regel – jedoch nicht zwangsläufig – ein getrenntes rechtliches Schicksal (sog. treuhandrechtlicher Trennungs- und Abstraktionsgrundsatz). *Zum anderen* reicht der Machtmittelzugriff regelmäßig weiter, als es die erfolgreiche Durchführung der Interessenwahrung eigentlich erfordert („Auseinanderfallens von rechtlichem Können und Dürfen mit überschießender Könnens-Tendenz"). Dies hat im Wesentlichen zwei Gründe: Entweder lässt die Rechtsordnung eine Beschränkung des Machtmittels aus Gründen des Verkehrsschutzes nicht zu, oder die Interessenwahrung erfordert einen dynamischen Ermessensspielraum des Treuhänders.
5. Grundtatbestand der Treuhandverhältnisse ist die Treuhand auf schuldrechtlicher Grundlage (kurz: Treuhand). Es handelt sich in aller Regel um eine Geschäftsbesorgung mit Dienstvertragscharakter. Insofern kann § 675 S. 1 BGB als treuhandrechtliche Generalnorm bezeichnet werden. Neben der allgemeinen Treuhand existiert eine Vielzahl von besonderen Treuhandverhältnissen, insbesondere die Treuhand kraft gesetzlicher Anordnung sowie die Treuhand kraft hoheitlicher Anordnung.
6. Das *Löhnig'sche* Treuhandmodell dient der weiteren Untersuchung als taugliche Grundlage. Es gibt den Rahmen für all diejenigen Privatrechtsverhältnisse vor, in denen Interessenkonflikte aufgrund des abstrakten Machtspielraums des Treuhänders eine besondere rechtliche Regelung erfordern. Ob das Treuhandmodell von *Löhnig* darüber hinaus dazu geeignet ist, alle traditionellen (sachenrechtlichen) Treuhandprobleme zu lösen, ist für die Zwecke dieser Arbeit nicht von Belang.
7. Die Begriffe „Interessenwahrungsverhältnisse" und „Treuhandverhältnisse im *Löhnig'schen* Sinne" werden im Folgenden umfassend synonym verwendet. Im Übrigen wird derjenige, dessen Interessen zu wahren sind, im Folgenden als *Mandant, Interessenoriginär* oder *Treugeber* bezeichnet; die zur Interessenwahrung verpflichtete Partei wird *Mandatar, Interessenwahrer* oder *Treunehmer* genannt.

§ 3 Das Interventionsbedürfnis bei Interessenkonflikten

Niemand kann zwei Herren dienen: entweder er wird den einen hassen und den andern lieben, oder er wird dem einen anhangen und den andern verachten.

– Matthäus, Kapitel 6, Vers 24

Sowohl bei der Definition des Interessenkonflikts als auch der der Entwicklung des Interessenwahrungsverhältnisses wurde zur Abgrenzung maßgeblich darauf abgestellt, dass beim Zusammentreffen mehrerer zu wahrender Interessen in einer Person ein qualifiziertes Regelungsbedürfnis besteht. Der Verweis auf das Erfordernis rechtlicher Intervention konnte dabei jedoch abstrakt verbleiben. Im Folgenden wird ausgeführt, inwiefern Interessenkonflikte ein besonderes Regelungsbedürfnis in Interessenwahrungsverhältnissen begründen. Hierbei wird insbesondere auch auf ökonomische Erkenntnisse Zurückgegriffen.

A. Der Interessenkonflikt als zentraler Gefahrentatbestand

Das Vorliegen eines Interessenkonflikts sagt nicht zwangsläufig etwas darüber aus, ob sich der Mandatar im betreffenden Interessenwahrungsverhältnis tatsächlich pflichtwidrig verhalten hat oder verhalten wird: Kollidieren die zu wahrenden Interessen des Mandanten mit dem Eigeninteresse des Mandatars, hat Letzterer es selbst in der Hand, seine Eigeninteressen hintanzustellen und seiner Verpflichtung vollständig nachzukommen. Hat sich der Mandatar gegenüber zwei Mandanten zur kollidierenden Interessenwahrung verpflichtet, lässt sich *ex ante* nicht bestimmen, wessen Interessen er den Vorzug gibt und sich damit zugleich dem anderen gegenüber pflichtwidrig verhält. In einem der beiden Interessenwahrungsverhältnissen kann er sich jedoch pflichtgemäß verhalten. Dem Interessenkonflikt ist folglich ein Element des Potentiellen immanent.

Dies macht die Einführung eines weiteren Begriffes erforderlich, der die Situation beschreibt, in der sich das schädliche Potenzial tatsächlich realisiert. Mit anderen Worten: diejenige Situation, in welcher auf den Interessenkonflikt tatsächlich ein pflichtwidriges Verhalten des Mandatars im betreffenden Interessenwahrungsverhältnis folgt. Hierfür wird an dieser Stelle der Terminus (*interessen-)konfliktbeeinflusstes Verhalten* eingeführt. Ein konfliktbeeinflusstes Verhalten muss nicht immer in einer aktiven schädigenden Handlung bestehen. Es reicht aus, dass der Mandatar eine Beeinträchtigung der Interessensphäre des Mandanten durch Dritte duldet, eine adäquate Interessenwahrnehmung unterlässt oder schlichtweg in seiner erforderlichen Objektivität beeinträchtigt ist. Eine trennscharfe Abgrenzung zwischen aktiv interessenwidrigem Tun, Dulden oder Unterlassen ist regelmäßig weder möglich, noch erforderlich: In qualitativer Hinsicht handelt es sich um ein- und dasselbe.

Interessenkonflikt und konfliktbeeinflusstes Verhalten sind also strikt voneinander zu unterscheiden und stehen in einem Stufenverhältnis. Es ist offensichtlich, dass das Recht den Umgang mit konfliktbeeinflusstem Verhalten regeln muss: In aller Regel wird eine konfliktbeeinflusste Verhaltensweise gleichzeitig eine sanktionsbewährte Pflichtwidrigkeit des Mandatars darstellen. An dieser Stelle sei angemerkt, dass sich eine konfliktbeeinflusste Handlung nicht immer in einem aktiven, vorsätzlichen Missbrauch des Machtspielraums äußert. Dem Mandanten werden etwa Schadenersatzansprüche oder die Möglichkeit zur (außerordentlichen) Beendigung des Interessenwahrungsverhältnisses eingeräumt. Derart kompensatorische Vorkehrungen sind beinahe selbstverständliche Folge des durch die Pflichtwidrigkeit gescheiterten Interessenwahrungsverhältnisses.

Das rechtliche Interventionsbedürfnis bei Interessenkonflikten erschließt sich indes erst auf den zweiten Blick. Interessenkonflikte führen zwar nicht zwangsläufig zum Eintritt eines „harten Schadens". Sie begründen jedoch eine entsprechende Gefahr für die Interessensphäre des Mandanten, weil eine erhöhte Neigung des Mandatars zum Missbrauch seines Machtspielraums, möglicher Pflichtwidrigkeiten oder sonstiger Unzulänglichkeiten in der Wahrnehmung der Interessenwahrung besteht. Außerdem beschädigen Interessenkonflikte die Vertrauensbeziehung im Interessenwahrungsverhältnis. Wegen des Machtspielraums, welcher dem Interessenwahrer in nahezu jedem Interessenwahrungsverhältnis eingeräumt werden muss,[103] spielt Vertrauen eine besonders große Rolle.[104] Der Mandant hat ein legitimes Interesse daran, sich vor dieser Gefahr zu schützen.

Zusammenfassend betrachtet ist der Interessenkonflikt der zentrale Gefahrentatbestand eines jeden Interessenwahrungsverhältnisses.

B. Erster Beitrag der Wirtschaftswissenschaften: Die Gefährlichkeit von Interessenkonflikten

I. Die allgemeine wirtschaftliche Bedeutung von Interessenwahrungsverhältnissen und Interessenkonflikten

Wirtschaftliche Abläufe werden stetig komplizierter und sind zunehmend von Arbeitsteilung beherrscht.[105] Schon diese beiden Allgemeinposten genügen, um die überragende gesamtwirtschaftliche Bedeutung von Interessenwahrungsverhältnissen

103 S. hierzu oben, Teil 1: § 2 C. III. 3 (= S. 21 ff.).

104 Vgl. *Cahn*, in: FS Günther Wiese (1998), S. 71: „funktionsnotwendiges Vertrauen"; *Kumpan*, in: Hopt, eur. Wirtschaftsrecht vor neuen Herausforderungen (2014), S. 119 (120).

105 Statt vieler vgl. *Martinek*, in: Staudinger BGB (2006), § 675 BGB, Rdnr. A 3.

zu erklären. Denn die Einschaltung eines kompetenteren Interessenwahrers ist die natürliche Folge dieser Wandlungsprozesse.[106]

Da Interessenkonflikte die ordnungsgemäße Durchführung von Interessenwahrungsverhältnissen bedrohen, nehmen sie einen besonders hohen wirtschaftlichen Stellenwert ein. Während die Gefahr einer inadäquaten Interessenwahrnehmung durch den Mandatar vor allem für den einzelnen Mandanten relevant ist, kann der Verlust an Vertrauen schnell Systemrelevanz erlangen. Misstrauen kann dazu führen, dass wohlfahrtserzeugende arbeitsteilige Transaktionen ganz unterlassen werden. Erreicht dieser Effekt einen gewissen Schwellenwert, können Marktineffizienzen bis hin zum Marktversagen die Folge sein.[107] Die Finanzkrise von 2008 hat dies auf eindrucksvolle Weise veranschaulicht: Diese sog. *Subprime-Krise* ging im Wesentlichen auf die gemeinsame Verbriefung von Immobilienkrediten zurück, bei deren Vergabe das Kreditrisiko und die erforderlichen Sicherheiten nur unzureichend bewertet und eingefordert wurden. Dennoch wurden diese strukturierten Finanzprodukte stark nachgefragt und gehandelt, weil sie von Ratingagenturen ohne angemessene Risikoprüfung mit guten Ratings versehen wurden.[108] Bei dem komplizierten Vorgang aus Verbriefung, Bewertung und Handel waren eine Reihe von Akteuren beteiligt, die zwar in gewisser Hinsicht durch ein Interessenwahrungsverhältnis verbunden waren. Allerdings unterlag jeder dieser Akteure hierbei multiplen Interessenkonflikten, die im Ergebnis eine Selbstregulierung der Situation durch die Markkräfte vereitelte.[109] Das verlorene Vertrauen im System ist bis heute bei der Kreditvergabe[110] durch Banken spürbar.

II. Verhaltensökonomik *(behavioral economics)*

Die wirtschaftliche Bedeutung von Interessenwahrungsverhältnissen und darin vorkommenden Interessenkonflikten unterstreicht das Bedürfnis für rechtliche Intervention. Gleichzeitig hat sie dazu geführt, dass sich die Wirtschaftswissenschaften schon länger als die Rechtswissenschaften grundlegend mit Interessenkonflikten befasst haben. Die hierbei gewonnenen Erkenntnisse lassen sich auch für die allgemeine Interessenkonfliktsdogmatik heranziehen.

---

106 Vgl. *Hopt*, ZGR 2004, S. 1 (2).

107 *Kumpan*, Der Interessenkonflikt im deutschen Privatrecht (2014), S. 58.

108 Gute Darstellung zur Entwicklung der Subprime-Krise bei *Wagner*, IRZ 2008, S. 163 (164).

109 Ausführliche Darstellung der Interessenkonflikte der Akteure bei der Subprime-Krise und ihre Kausalität für das Marktversagen bei *Kumpan*, JCLS 2009, S. 261 (269 ff.).

110 Übersicht über die Kreditvergabepraxis der europäischen Banken seit 2008 bei EZB, Jahresbericht 2014, S. 35.

Neben der bekannten *principal-agent*-Theorie[111] lässt sich vor allem das Gebiet der Verhaltensökonomik heranziehen.[112] Deren eindrucksvolle Ergebnisse vermögen zu erklären, inwiefern beide –Mandatar *und* Mandant – daran gehindert sind, auf Interessenkonflikte adäquat zu reagieren. Die Verhaltensökonomik bietet so eine weitere Antwort auf die Frage, warum der Umgang mit Interessenkonflikten nicht (alleine) den jeweiligen Parten im Interessenwahrungsverhältnis überlassen bleiben kann. Sie ist mit anderen Worten besonders geeignet, die Notwendigkeit einer rechtlichen Intervention bei Interessenkonflikten zu rechtfertigen.[113]

1. Ausgangspunkt: Kritik am Leitbild des homo oeconomicus

Lange Zeit war die Erwartungsnutzentheorie mit ihrem Leitbild des *homo oeconomicus* die wohl wichtigste Gesetzeshypothese der ökonomischen Theorie. Die Hypothese dient dazu, menschliches Verhalten zu erklären und vorherzusagen. Dies ermöglicht die Beschreibung und Analyse von Makrophänomenen einer Gesellschaft – wie zum Beispiel die Funktionsweise einzelner Märkte, Volkswirtschaften oder Institutionen – auf Grundlage des Verhaltens des Einzelnen.[114]

Das Modell des *homo oeconomicus* beruht auf der Annahme, dass der Mensch zur Befriedigung seiner Bedürfnisse im Falle von Ressourcenknappheit rational vorgeht (sog. *resourceful, evaluating, maximizing man* – REMM oder *rational-choice*-Modell).[115] Man unterstellt, dass ein derart rational handelnder Akteur über ein vollständiges, nicht-widersprüchliches, transitives und stabiles Präferenzsystem verfügt.[116] Weiterhin nimmt man an, dass der *homo oeconomicus* egoistisch handelt, also die Auswirkungen seiner Entscheidung auf seine Mitmenschen außen vor lässt (keine sog. Nutzen-Interdependenz). Schließlich unterstellt man, dass der Entscheidungsträger alle für seine Entscheidung relevanten Informationen ermitteln und verarbeiten kann. Unter diesen Prämissen ist eine Entscheidung rational, wenn sie nutzenmaximierend ist, mithin den individuellen Präferenzen unter den gegebenen Umständen am besten entspricht.[117]

In der Rechtswissenschaft ist das Modell des *homo oeconomicus* kritisiert worden, weil es die „sittliche Autonomie des Menschen" verkenne und mit dem Menschenbild des „verfassungsgestalteten Privatrechts einer offenen Gesellschaft der Grundrechtsdemokratie" nicht vereinbar sei.[118] Diese Einwände sind zweifellos zutreffend,

---

111 S. hierzu unten, Teil 1: § 3 C (= S. 48 ff.).
112 *Kumpan*, Der Interessenkonflikt im deutschen Privatrecht (2014), S. 59.
113 Ähnlich *Kumpan*, Der Interessenkonflikt im deutschen Privatrecht (2014), S. 5.
114 *Schäfer/Ott*, Lehrbuch der ökonomischen Analyse (2012), S. 95.
115 *Schäfer/Ott*, Lehrbuch der ökonomischen Analyse (2012), S. 95, m.w.N.
116 Zum Ganzen ausführlich *Schäfer/Ott*, Lehrbuch der ökonomischen Analyse (2012), S. 97 f.; *Eidenmüller*, JZ 2005, S. 216 (217); *Steinbeck/Lachenmaier*, NJW 2014, S. 2086 (2087).
117 *Beck*, Behavioral Economics (2014), S. 101 ff.
118 *Fezer*, JZ 1986, S. 817 (822).

gehen aber fehl: Der *homo oeconomicus* hat nämlich gar nicht den Anspruch, ein normatives Menschenbild zu formulieren, wie es etwa in den Entscheidungen des BVerfG[119] herangezogen wird. Es handelt sich um ein typisierendes Verhaltensmodell, welches hypothetische Annahmen trifft, um Makrophänomene beschreiben, analysieren und erklären zu können. Es ist einem jeden wissenschaftlichen Modell immanent, dass es sich von der unfasslichen Komplexität der Realität löst, um gewisse Zusammenhänge zu erklären.[120] Auch bei dem *rational-choice*-Modell handelt es sich um ein solches abstrahierendes Analysekonstrukt.[121] Einziger Gradmesser für die Beurteilung dieses Modells ist folglich die Fähigkeit zur Erklärung der untersuchten Metaphänomene. Wenn nun empirisch nachgewiesen werden kann, dass der Einzelne nicht immer rational bzw. nutzenmaximierend handelt, stellt dies die Eignung des typisierend-abstrakten Modells vom *homo oeconomicus* nicht zwangsläufig in Frage.[122]

Anders sieht es hingegen aus, wenn systemrelevante Einwände gegen das Modell oder eine seiner tragenden Hypothesen vorgebracht werden. Dies ist der auf *Kahneman* und *Tversky*[123] zurückgehenden Verhaltensökonomie gelungen: Sie hat durch qualifizierte und empirisch relevante Untersuchungen nachgewiesen, dass Menschen bei komplexen wirtschaftlichen Entscheidungen keinesfalls immer rational abwägen. Vielmehr tendiert die menschliche Psyche bei Entscheidungen unter Unsicherheit und Risiko zu systematischen und reproduzierbaren Anomalien (sog. *biases*). Diese gehen regelmäßig darauf zurück, dass der Mensch zur Beantwortung komplexer Fragestellungen, die einen hohen Aufwand an rationaler Denkenergie erfordern, unbewusst auf simplifizierende Entscheidungsregeln zurückgreift.[124] Diese sog. Heuristiken vereinfachen den Entscheidungsprozess drastisch, führen aber

---

119 Etwa in BVerfG, Urteil vom 04.05.2011 – 2 BvR 2333/08, 2 BvR 2365/09, 2 BvR 571/10, 2 BvR 740/10, 2 BvR 1152/10 ("Sicherungsverwahrung"), BVerfGE 128, 326–409, zit. n. jurisRdnr. 104, m.w.N.

120 Vgl. *Frigg/Hartmann*, in: The Stanford Encyclopedia of Philosophy (2012), Stichwort "Models in Science".

121 *Janson*, Ökonomische Theorie im Recht (2004), S. 46 f., m.w.N.; *Steinbeck/Lachenmaier*, NJW 2014, S. 2086 (2087).

122 *Steinbeck/Lachenmaier*, NJW 2014, S. 2086 (2087).

123 Wegweisend waren insbesondere die Beiträge *Kahneman/Tversky*, Econometrica 1979, S. 263 und *Kahneman/Tversky*, American Psychologist 1984, S. 341. Besondere Bedeutung erlangte auch die Zusammenfassung der Untersuchungsergebnisse in der Monographie *Kahneman/Tversky*, Choices, values, and frames (2000). Die Autoren wurden für ihre Ergebnisse im Jahre 2002 mit dem Nobelpreis ausgezeichnet. Die Ergebnisse der Studien wurden ferner in popularwissenschaftlicher Form aufgearbeitet (*Kahneman*, Thinking, fast and slow (2011)) und so einer breiten Öffentlichkeit bekannt gemacht.

124 Prägnanter, aber umfangreicher Überblick über die verschiedenen Heuristiken und Anomalien in Bezug auf Finanzanlage-Entscheidungen bei *Oehler*, ZBB 1992, S. 97 (100 ff.).

gleichzeitig meist zu Abweichungen vom rationalen Entscheidungsbild.[125] Diese Anomalien wiederum beeinträchtigen die Fähigkeit zur Beurteilung von Wahrscheinlichkeiten und anderer wirtschaftlicher Schätzwerte.[126] Gleichfalls konnte belegt werden, dass sich viele dieser Heuristiken nicht bei jedem Mensch individuell ausprägen, sondern universell in der menschlichen Psyche angelegt sind. Somit hat die Verhaltensökonomie einen *systemrelevanten* Einwand gegen das *rational-choice*-Modell vorgebracht und neue, universelle Regeln zur Analyse und der Vorhersagbarkeit von wirtschaftlichen Entscheidungen des Menschen aufgestellt.[127] *Tversky* und *Kahneman* haben ihre vielfältigen verhaltenswissenschaftlichen Erkenntnisse zu einer eigenständigen ökonomischen Theorie verdichtet, der sog. *prospect theory.*[128]

Die vorliegende Untersuchung verzichtet auf eine eingehende ökonomische Analyse des Rechts. Daher ist das nähere Verhältnis von *prospect theory* und *rational-choice*-Modell für den weiteren Untersuchungsgang nicht weiter relevant.[129] Die Ergebnisse der Verhaltensökonomie liefern jedoch für sich genommen wertvolle Erkenntnisse für die Gestaltung und Auslegung des Privatrechts. Dies hat – wenn auch zögerlich – auch die Rechtswissenschaft erkannt und den Einfluss der Verhaltensökonomie auf zahlreiche Rechtsgebiete untersucht.[130] Für das Recht des Interessenkonflikts sind sie sogar von besonderem Interesse, da die Unsicherheit der Entscheidungsgrundlage wegen des potenziellen Charakters des Interessenkonflikts besonders hoch ist. Gleichzeitig eröffnet die Situation des Interessenkonflikts den Anwendungsbereich außergewöhnlich vieler Heuristiken und Anomalien. An dieser Stelle werden daher ausgewählte verhaltensökonomische Erkenntnisse der prospect theory und anderer Forschungen dargestellt und ihre Auswirkungen auf die Akteure des Interessenwahrungsverhältnisses im Zustand des Interessenkonflikts untersucht.[131]

---

125 Grundlegend *Tversky/Kahneman*, Cognitive Psychology 1973, S. 207 (207).

126 *Beck*, Behavioral Economics (2014), S. 26.

127 So auch *Steinbeck/Lachenmaier*, NJW 2014, S. 2086 (2087).

128 Grundlegend *Kahneman/Tversky*, Econometrica 1979, S. 263, *passim*; *Kahneman/Tversky*, Choices, values, and frames (2000), *passim*.

129 Hierzu ausführlich *Schäfer/Ott*, Lehrbuch der ökonomischen Analyse (2012), S. 103 ff.

130 Vgl. etwa *Eidenmüller*, JZ 2005, S. 216 (Schuldrecht); *Klöhn*, in: Fleischer/Zimmer, Beitrag der Verhaltensökonomie (2011), S. 83 (Kapitalmarktrecht); *Engel*, in: Fleischer/Zimmer, Beitrag der Verhaltensökonomie (2011), S. 100 (Kartellrecht); *Engel*, in: Das Urhebervertragsrecht im Lichte der Verhaltensökonomik (2010), S. 17 (Urhebervertragsrecht); *Steinbeck/Lachenmaier*, NJW 2014, S. 2086 (Zivilprozessrecht).

131 Hierbei wird – im Ausgangspunkt – auf die entsprechende Untersuchung von Kumpan zurückgegriffen, *Kumpan*, Der Interessenkonflikt im deutschen Privatrecht (2014), S. 71 ff.

2. *Verhaltensökonomik: Ausgewählte Abweichungen vom rationalen Entscheidungsbild*

a) Selektive Wahrnehmung (selective perception)

Erstens tendieren Menschen dazu, Informationen nicht vollständig aufzunehmen, sondern nach einem eigenen Werte-, Erfahrungs-, und Vorstellungssystem zu selektieren.[132] Je komplexer die Informationen und je kleiner der Zeithorizont der Informationsgewinnung, desto größer ist der sog. Effekt der selektiven Wahrnehmung (engl. *selective perception*).

b) Rahmungseffekt (framing)

Zweitens wird die Erfassung von Informationen stark von deren Präsentation beeinflusst. Die Information wird mit anderen Worten nicht absolut, sondern relativ – in Abhängigkeit ihrer Darstellung sowie des Kontextes – aufgenommen; diese bilden in gewisser Hinsicht einen Rahmen, weswegen diese Anomalie als Rahmungseffekt (engl. *Framing*) bezeichnet wird.[133] Menschen tendieren insbesondere dazu, gleiche Sachverhalte anders wahrzunehmen, je nachdem ob das hieraus folgende Ergebnis als Gewinn oder Verlust dargestellt wird.[134]

c) Verfügbarkeitsheuristik (Availability Bias) und Repräsentativitätsheuristik (Representativeness Heuristic)

Drittens korreliert die Wahrnehmung und Bewertung von Informationen positiv mit deren Verfügbarkeit (sog. Verfügbarkeitsheuristik, engl. *Availability bias*).[135] Ist eine Information einfach verfügbar – etwa weil sie erst in kürzerer Vergangenheit erworben wurde, aktuell in den Medien verbreitet wird oder aus dem Familien- und Bekanntenkreis bekannt ist – wird sie überproportional gewichtet. Dies führt etwa dazu, dass bei Anlageentscheidungen neuere gegenüber älteren Informationen

---

132 *Oehler*, ZBB 1992, S. 97 (100), m.w.N. (Fn. 30).

133 Grundlegend *Tversky/Kahneman*, Science 1981, S. 453; *Schäfer/Ott*, Lehrbuch der ökonomischen Analyse (2012), S. 105; *Beck*, Behavioral Economics (2014), S. 153 f.

134 Ein gutes Beispiel für den Rahmungseffekt bildet eine Studie an der Universität von Nottingham (veröffentlicht in: *Gächter/Orzen/Renner/Starmer*, Journal of Economic Behavior & Organization 2009, S. 443): 93 % der Promotionsstudenten immatrikulierten sich rechtzeitig, sofern eine zusätzliche Gebühr für verspätete Einschreibungen erhoben wurde. Als die rechtzeitige Immatrikulation hingegen mit einem wirtschaftlich gleichwertigen Rabatt belohnt wurde, sank die Rate der rechtzeitigen Einschreibungen auf 67 %. Diese Studie ist gleichfalls dazu geeignet, darzulegen, wie schwer es dem Menschen fällt, solchen Anomalien zu widerstehen: Die Studienteilnehmer forschten sämtlich zum Gebiet der experimentellen Ökonomik und waren daher mit dem Rahmungseffekt bestens vertraut.

135 Grundlegend *Tversky/Kahneman*, Cognitive Psychology 1973, S. 207, *passim*; *Oehler*, ZBB 1992, S. 97 (101), m.w.N. (Fn. 31).

unabhängig von deren tatsächlicher wirtschaftlicher Aussagekraft übergewichtet werden.[136] Ebenso schätzt ein Mensch die statistische Wahrscheinlichkeit eines gewissen Ereignisses höher ein, wenn ihm die Information über das Auftreten eines solchen Ereignisses aus irgendeinem Grund besonders nahe ist.[137]

Eine ähnliche Wirkung hat die Repräsentativitätsheuristik (engl. *Representativeness heuristic*): Die Wahrscheinlichkeit eines Ereignisses oder der Zugehörigkeit eines Objekts zu einer Gruppe wird überschätzt, wenn dieses vermeintlich charakteristische Merkmale der Gruppe aufweist.[138] Zum Beispiel wird die Wahrscheinlichkeit, dass ein ruhiger und intelligenter Brillenträger den Beruf des Bibliothekars ausübt, hoch eingeschätzt. Dies ist hingegen schon deswegen unwahrscheinlich, weil es nur sehr wenige Bibliothekare gibt. Die Repräsentativitätsheuristik steht in Zusammenhang mit einer falschen Einschätzung der A-priori-Wahrscheinlichkeiten (sog. *base rate fallacy*) und der vorschnellen Erkennung von Mustern in zufälligen Ereignisreihen; die erforderliche Größe des Stichprobenumfangs zur Herausbildung repräsentativer Muster wird ebenso unterschätzt wie die Wirkung des Zufalls.[139]

d) Der Ankereffekt (anchoring) und seine Folgen

Die menschliche Psyche neigt dazu, positive oder negative Auswirkungen von (ökonomischen) Entscheidungen nicht nach absoluten, objektiv nachvollziehbaren Kriterien zu bewerten. Vielmehr sucht sich der Mensch einen Referenzwert und bewertet die Folgen seiner Entscheidung relativ (sog. Ankereffekt, engl. *Anchoring*).[140] So wird die Umgebungstemperatur regelmäßig nicht auf einer absoluten Skala, sondern als „warm oder kalt" in Bezug auf einen bestimmten Referenzwert – wie zum Beispiel die unmittelbar zuvor erlebte Temperatur – beurteilt. Dies gilt indes nicht nur für sensitiv wahrnehmbare Phänomene, sondern auch für abstraktere Eigenschaften wie Gesundheit, Prestige oder Wohlstand.[141]

Die Auswahl dieses Referenzwertes folgt keinesfalls zwingend einem rationalen Prozess. Häufig wird er schlicht durch die zeitliche Reihenfolge der Informationsaufnahme

---

136 *Oehler*, ZBB 1992, S. 97 (101).

137 Ein klassischer Fall der Verfügbarkeitsheuristik konnte 2010 nach der Beschädigung des japanischen Atomkraftwerks in Fukushima durch ein Erdbeben beobachtet werden: Obwohl die Wahrscheinlichkeiten für Erdbeben in Deutschland um ein vielfaches geringer sind, kam es in Folge des Ereignisses zu einem gravierenden Umschwung in der öffentlichen Meinung in Richtung eines Atomausstiegs.

138 Grundlegend *Tversky/Kahneman*, Science 1974, S. 1124 (1124 ff.); *Oehler*, ZBB 1992, S. 97 (102), m.w.N. (Fn. 37).

139 Zum Ganzen *Beck*, Behavioral Economics (2014), S. 28 ff.

140 Grundlegend *Tversky/Kahneman*, Science 1974, S. 1124 (1128); *Schäfer/Ott*, Lehrbuch der ökonomischen Analyse (2012), S. 107; *Oehler*, ZBB 1992, S. 97 (102), m.w.N. (Fn. 36); *Beck*, Behavioral Economics (2014), S. 145 f.

141 *Kahneman/Tversky*, Econometrica 1979, S. 263 (277).

bestimmt: Die zuerst erlangte Information bildet einen Ankerpunkt und wird im Einschätzungs- oder Entscheidungsprozess übergewichtet.[142]

aa) Status-Quo-Präferenz (status quo bias)

Einen besonderen Referenzwert nimmt allgemein der ökonomische Status Quo ein. Menschen tendieren bei allen Formen von Entscheidungen dazu, den momentanen Status nicht zu verlassen, auch wenn dies auf einfache Weise möglich und nützlich wäre (sog. Status-quo-Effekt, engl. *Status quo bias*).[143]

bb) Verlustaversion (loss aversion), Sicherheitseffekt (certainty effect) und Reflektionseffekt

Im Mittelpunkt der *prospect theory* stehen drei Erkenntnisse:

---

142 Beispiel nach *Tversky/Kahneman*, Science 1974, S. 1124 (1128): *Tversky* und *Kahneman* gaben in einem ihrer ersten Experimente einer Gruppe von Personen auf, das Ergebnis der Multiplikation von 1 x 2 x 3 x 4 x 5 x 6 x 7 x 8 zu schätzen. Eine andere Gruppe von Personen sollten hingegen das Ergebnis von 8 x 7 x 6 x 5 x 4 x 3 x 2 x 1 schätzen. Die Schätzungen der Gruppe 1 waren im Durchschnitt signifikant niedriger als die der Gruppe 2. Dies lag daran, dass die jeweils erste Zahl der Aufgabenstellung als Anker gesetzt wurde
Weiteres Beispiel nach *Beck*, Behavioral Economics (2014), S. 146: Ein weiteres Experiment zeigt, dass zwischen der eigentlichen Schätzungs- bzw. Entscheidungsaufgabe und dem Referenzwert häufig sogar überhaupt kein rationaler Zusammenhang besteht: Man ließ die Versuchsgruppe vor einer Schätzungsfrage an einem Glücksrad drehen. Erlangten die Probanden hierbei einen hohen Wert, schätzten sie auch bei der anschließenden Schätzfrage hohe Werte; entsprechendes galt bei niedrigen Werten im Glücksrad-Drehen.

143 Grundlegend *Samuelson/Zeckhauser*, Journal of Risk and Uncertainty 1988, S. 7, *passim*; *Kahneman/Knetsch/Thaler*, Journal of Economic Perspectives 1991, S. 193 (197 ff.); *Beck*, Behavioral Economics (2014), S. 163 ff.
Beispiel: Der Status Quo Effekt konnte exemplarisch in den USA beobachtet werden: Die beiden Bundesstaaten New Jersey und Pennsylvania führten zeitgleich eine Versicherungsreform durch, in der den Autoversicherungs-Unternehmen nunmehr die Möglichkeit gegeben wurde, Leistungspakete ohne Klagerecht anzubieten. Die Gesetze sahen dabei unterschiedliche Standardfälle vor: In New Jersey war das teure Paket inklusive Klagerecht „voreingestellt" und die Kunden mussten gegen das Klagerecht optieren, wenn sie eine günstigere Versicherung haben wollten. In Pennsylvania war es genau umgekehrt: Das günstige Paket war der Standardfall, für das Paket inklusive Klagerecht mussten die Kunden optieren. In beiden Staaten wählte jeweils die Mehrheit für den Standardfall, auch wenn keine unterschiedlichen Bedürfnisse der Versicherungsnehmer festgestellt werden konnten. Beispiel bei *Kahneman/Tversky*, Choices, values, and frames (2000), S. 294; *Sunstein*, American Law and Economics Review 1999, S. 115 (124); *Kumpan*, Der Interessenkonflikt im deutschen Privatrecht (2014), S. 76.

Erstens zeigt die menschliche Psyche eine irrationale Aversion gegen Verluste (sog. Verlustaversion, engl. *loss aversion*).[144] Infolge des Ankereffektes beurteilt der Mensch die Auswirkungen seiner Entscheidung hinsichtlich eines gewünschten Gutes (zum Beispiel Geld) nicht absolut, sondern relativ in Bezug auf einen Referenzpunkt als „Gewinn oder Verlust". Dieser Referenzpunkt ist häufig der momentane materielle Status-Quo oder ein Soll-Zustand (zum Beispiel ein gewisses Umsatzziel). Die Funktion, nach welcher er die Bewertung von Gewinn und Verlust vornimmt, ist jedoch nicht gleichförmig. Vielmehr schreibt der Mensch der Vermeidung von Verlusten einen erheblich höheren Wert zu als der Erzielung von Gewinnen;[145] mit anderen Worten übersteigt der Schmerz über einen Verlust die Freude an einem Gewinn erheblich. Befragt man etwa eine Personengruppe danach, welchen möglichen Gewinnbetrag eine Lotterie bieten müsse, um eine 50 %-Chance auf den Verlust von 100 € auszugleichen, liegt die häufigste Antwort bei 200 €; dies bedeutet eine Verlustaversionsrate von 2.[146] In mehreren reproduzierbaren Experimenten hat sich gezeigt, dass die durchschnittliche Verlustaversionsrate zwischen 1,5 und 2,5 liegt.[147]

Zweitens bewerten Menschen bei Entscheidungen unter Unsicherheit den Unterschied zwischen zwei Wahrscheinlichkeiten signifikant höher, wenn hierdurch absolute Gewissheit erreicht wird: Zwischen der 99-prozentigen Chance des Ereigniseintritts und dem sicheren Ereigniseintritt (100 %) besteht mit anderen Worten nicht nur ein geringfügiger quantitativer, sondern ein gewichtiger qualitativer Unterschied (sog. Sicherheitseffekt, engl. *certainty effect*).[148] In Folge des Sicherheitseffekts vernachlässigen Menschen die rational-wirtschaftliche Bewertung von Entscheidungsalternativen nach dem mathematischen Erwartungswert, also der Kombination aus Wahrscheinlichkeit und Gewinnmöglichkeit. So ziehen reproduzierbar etwa 78 % der Menschen einen hundertprozentigen Gewinn von 30 € einer 80-prozentigen Gewinnchance von 45 € vor, obwohl der wirtschaftliche Erwartungswert bei 0,8 x 45 € = 36 € liegt.[149] Spiegelbildlich hierzu existiert der sog. Möglichkeitseffekt (engl. *possibility effect*), nachdem der sichere Ausschluss eines Ereignisses (zu 100 %) viel höher bewertet wird, als eine sehr geringe Eintrittswahrscheinlichkeit (zum Beispiel 1 %).[150]

---

144 Grundlegend *Kahneman/Knetsch/Thaler*, Journal of Economic Perspectives 1991, S. 193 (199); *Beck*, Behavioral Economics (2014), S. 167; *Oehler*, ZBB 1992, S. 97, S. 104, m.w.N. (Fn. 45).

145 Grundlegend *Kahneman/Tversky*, American Psychologist 1984, S. 341, *passim*.

146 Vgl. *Kahneman/Tversky*, American Psychologist 1984, S. 341 (342 f.)

147 Zur Wertefunktion der Prospect Theory *Kahneman/Tversky*, Choices, values, and frames (2000), S. 134 ff.

148 *Kahneman/Tversky*, Choices, values, and frames (2000), S. 20, m.w.N.; *Oehler*, ZBB 1992, S. 97 (104), m.w.N. (Fn. 44).

149 *Tversky/Kahneman*, The Journal of Business 1986, S. 251 (267).

150 *Kahneman/Tversky*, Choices, values, and frames (2000), S. 20 m.w.N.

Drittens verhalten sich Menschen bei Gewinnen risikoavers und bei Verlusten risikofreudig (sog. Reflektionseffekt, engl. *reflection effect*).[151] So bevorzugen Menschen mit großer Mehrheit eine 80-prozentige Chance auf einen Verlust von 4.000 € gegenüber einem sicheren Verlust von 3.000 €, obwohl der wirtschaftliche Erwartungswert der ersten Alternative deutlich schlechter ist – nämlich 3.200€.[152] Der Reflektionseffekt ist eine Folge von Verlustaversion und Sicherheitseffekt: Während Gewinne sicher realisiert werden sollen, versucht der Mensch, die sichere Realisierung eines Verlustes zu vermeiden. Dies erklärt beispielsweise das weit verbreitete Finanzanlagemuster, den Gewinn einer Aktienanlage (zu) früh zu realisieren, während die Realisierung eines Verlustes (zu) lange aufgeschoben wird.[153]

cc) Geistige Kontenführung (mental accounting) und die Anomalie versunkener Kosten (sunk-cost effekt)

Menschen neigen dazu, nicht alle relevanten Umstände einer Situation in den Entscheidungsprozess einzubeziehen, sondern die Konsequenzen gewisser Handlungen verschiedenen mentalen Konten zuzuordnen.[154] Diese Konten bilden sodann den Rahmen für die Entscheidung; außenstehende Faktoren und Interdependenzen werden vernachlässigt.[155]

Eng verbunden mit der geistigen Kontenführung, aber auch der Status-Quo-Präferenz und der Verlustaversion, ist die sog. Anomalie der versunkenen Kosten (engl. *sunk-cost effect*).[156] Demnach bezieht der Mensch bei einer wirtschaftlichen Entscheidung auch solche Kosten mit ein, die bereits getätigt wurden und irreversibel sind. Nach rationalen ökonomischen Maßstäben dürften solche bereits

---

151 Grundlegend *Kahneman/Tversky*, Econometrica 1979, S. 263 (268); *Oehler*, ZBB 1992, S. 97 (104); *Jeske*, Risikoentscheidungsverhalten (2008), S. 136, m.w.N.

152 *Kahneman/Tversky*, Econometrica 1979, S. 263 (268).

153 *Schäfer/Ott*, Lehrbuch der ökonomischen Analyse (2012), S. 107 f.

154 Grundlegend *Kahneman/Tversky*, American Psychologist 1984, S. 341 (347 ff.); *Kahneman/Tversky*, Choices, values, and frames (2000), S. 248 ff.; *Oehler*, ZBB 1992, S. 97 (106), m.w.N. (Fn. 55); *Beck*, Behavioral Economics (2014), S. 178.

155 Veranschaulichung durch das Theaterexperiment, *Kahneman/Tversky*, American Psychologist 1984, S. 341 (347 f.): In einem Experiment entschieden sich 46 % der Theaterbesucher für den Kauf einer neuen Eintrittskarte (Wert: 10 €), sofern sie ein bereits erworbenes Ticket auf dem Weg verloren hatten. Wollten sie sich die Karte indes erst an der Abendkasse kaufen und bemerkten dort, dass sie 10 € verloren hatten, waren 88 % dazu bereit, die Investition in ein neues Ticket zu tätigen. Wirtschaftlich betrachtet handelt es sich zwar um dieselbe Situation. Im ersten Fall hatte die Versuchsperson die Ausgabe für den Theaterbesuch allerdings bereits auf ein mentales Budget verbucht, das nun erschöpft war.

156 Grundlegend *Kahneman/Tversky*, American Psychologist 1984, S. 341 (347 f.) und *Arkes/Blumer*, Organizational Behavior and Human Decision Processes 1985, S. 124, *passim*; *Oehler*, ZBB 1992, S. 97 (105), m.w.N. (Fn. 52); *Beck*, Behavioral Economics (2014), S. 182 f.

„versunkenen" Kosten bei einer Entscheidung allerdings keine Rolle spielen; entscheidend ist lediglich die zukünftige Nutzenerwartung. Der Mensch bindet sich derart an eine bereits getroffene Entscheidung und stützt sie ggf. sogar mit weiteren Ressourcen, obwohl sie sich als ineffektiv erweisen hat. Dies führt dazu, dass an unrentablen Projekten und Finanzanlagen nur deswegen festgehalten wird, weil hierfür bereits Mittel aufgewendet wurden.[157]

dd) Enttäuschungsaversion (regret aversion)

Die Aversion des Menschen gegen Verluste geht mit einer Vermeidungsstrategie einher: Die Enttäuschung über eine verlustreiche Entscheidung wird vermieden, indem der Verlust entgegen ökonomischer Vernunft nicht realisiert oder vollständig verdrängt wird (sog. Enttäuschungsaversion, engl. *regret aversion*).[158] Folge der Enttäuschungsaversion ist folglich ein irrationales Untätigbleiben bzw. Passivität, die sich insbesondere bei Finanzanlage-Entscheidungen zeigt.

ee) Besitztumseffekt (endowment effect)

Ferner schreibt der Mensch seinem gegenwärtigen Besitzstand einen irrational hohen Wert zu (Besitztumseffekt, engl. *endowment effect*).[159]

e) Überoptimismus

Der Mensch neigt systematisch dazu, egozentrisch zu denken und seine Fähigkeiten und sein Glück zu überschätzen.[160] Dies führt im Wesentlichen zu fünf Ausprägungen

---

157 *Schäfer/Ott*, Lehrbuch der ökonomischen Analyse (2012), S. 108.

158 *Seiler/Seiler/Traub/Harrison*, Journal of Real Estate Research 2008, S. 461, *passim*; *Oehler*, ZBB 1992, S. 97 (106), m.w.N. (Fn. 53); vgl. *Beck*, Behavioral Economics (2014), S. 121 f.; vgl. *Kahneman/Tversky*, Choices, values, and frames (2000), S. 371 ff.

159 Grundlegend *Kahneman/Knetsch/Thaler*, Journal of Economic Perspectives 1991, S. 193 (194 f.); *Oehler*, ZBB 1992, S. 97 (105), m.w.N. (Fn. 47); *Beck*, Behavioral Economics (2014), S. 170 ff.
Veranschaulichung durch folgendes Experiment, *Beck*, Behavioral Economics (2014), S. 170: Es werden drei vergleichbare Gruppen gebildet: Gruppe 1 erhält einen Krug, Gruppe 2 einen Schokoriegel und Gruppe 3 darf zwischen Krug und Schokoladenriegel wählen. In Gruppe 3 zeigt sich, dass keiner der Gegenstände gegenüber dem anderen eine wesentlich höhere Attraktivität besitzt: Die Präferenzen für die beiden Gegenstände in gleichen sich nahezu genau aus (56 % wählen den Krug, 44 % den Schokoladenriegel). Trotzdem lehnen es lehnen es jeweils rund 90 % der Personen in den Gruppen 1 und 2 ab, den Krug gegen den Schokoriegel (bzw. vice versa) zu tauschen. Sobald Schokoriegel und Krug einmal besessen wurden, schreibt ihnen der Besitzer einen irrational hohen Wert zu.

160 Zum Ganzen grundlegend *Fischhoff/Slovic/Lichtenstein*, Journal of Experimental Psychology 1977, S. 552; *Beck*, Behavioral Economics (2014), S. 58 ff.; *Englerth*, in: Engel, Recht und Verhalten (2007), S. 60 (95 f.).

von Anomalien: *Erstens* schreibt er Erfolge seinen Fähigkeiten, Verluste hingegen dem Zufall zu (sog. *self-serving bias*).[161] *Zweitens* glaubt eine große Mehrheit, in Bezug auf wünschenswerte Eigenschaften (zum Beispiel Leistungsfähigkeit, Gesundheitszustand und Gehaltserwartungen) überdurchschnittlich zu sein, obwohl dies der anwendbaren *Gauß'schen*-Normalverteilung in hohem Maße widerspricht (sog. Selbstüberschätzungs-Anomalie, engl. *overconfidence bias*).[162] *Drittens* unterliegt die menschliche Psyche häufig der Illusion, auf zufallsgesteuerte Ereignisse einen Einfluss zu haben (sog. Kontrollillusion, engl. *illusion of control*).[163] *Viertens* wird Verhalten, das der eigenen Interessenlage zuträglich ist, tendenziell als moralisch vertretbar und normgerecht eingestuft.[164] *Fünftens* gehen Menschen im Übrigen davon aus, in überdurchschnittlicher Weise vom Glück begünstigt zu sein und deswegen von negativen Ereignissen besonders häufig verschont zu bleiben.[165]

f) Primäreffekt (primacy effect) und Bestätigungsirrtum (confirmation bias)

Menschen neigen nicht nur dazu, sich bei ihrer Entscheidungsfindung stärker auf frühe Informationen zu fixieren und vorschnell Urteile zu bilden (sog. Primäreffekt, engl. *primacy effect*).[166] Vielmehr ist die menschliche Psyche bei der Umstrukturierung von Meinungen und Erwartungshaltungen zudem zurückhaltend (sog. Konservativitäts-Anomalie, engl. *conservatism bias*).[167]

Diese Charakteristika menschlicher Informations- und Entscheidungsfindung ergänzen sich verhängnisvoll mit einer speziellen Ausprägung der eingangs erwähnten selektiven Wahrnehmung: Informationen werden nämlich derart gesucht und interpretiert, dass sie vorgefasste Meinungen bestätigen (sog. Bestätigungsirrtum, engl. *confirmation bias*).[168] Zwar kommt es meist nicht zu einer vollständigen Verdrängung entgegenstehender Informationen, wohl aber zu einer drastischen Fehlgewichtung derselben (sog. *my-side-Bias*).[169]

---

161 Grundlegend *Miller/Ross*, Psychological Bulletin 1975, S. 213, *passim*.

162 *Kahneman/Tversky*, Choices, values, and frames (2000), S. 414 ff.; *Schäfer/Ott*, Lehrbuch der ökonomischen Analyse (2012), S. 105 f.

163 *Oehler*, ZBB 1992, S. 97 (104), m.w.N. (Fn. 43).

164 *Kumpan*, Der Interessenkonflikt im deutschen Privatrecht (2014), S. 82, m.V.a. *Gross*, Georgetown Journal of Legal Ethics 2006, S. 111;

165 Grundlegend *Weinstein*, Journal of Personality and Social Psychology 1980, S. 806, *passim*; *Beck*, Behavioral Economics (2014), S. 60.

166 *Beck*, Behavioral Economics (2014), S. 49, m.w.N.

167 *Hoppe/Kusterer*, Behavioral biases and cognitive reflection (2010) (430).

168 Grundlegend *Nickerson*, Review of General Psychology 1998, S. 175, *passim*; *Beck*, Behavioral Economics (2014), S. 47 ff.

169 *Beck*, Behavioral Economics (2014), S. 51.

g) *Zeitinkonsistentes Verhalten*

Die Auswirkung der Zeit auf wirtschaftliche Wahrnehmungen und Entscheidungen des Menschen ist überaus kompliziert und kann an dieser Stelle nur in ihren Grundzügen dargestellt werden.

Ausgangspunkt der Überlegungen bildet folgende Annahme: Menschen verschieben etwas, das sie jetzt haben können, nur dann auf einen späteren Zeitpunkt, wenn sie dafür entschädigt werden. In der Zwischenzeit kann der Gegenstand des Verzichts nämlich nicht nutzenstiftend eingesetzt werden (sog. Opportunitätskosten). Außerdem kann sich der Mensch nicht sicher sein, den Gegenstand bei Rückgabe noch verwenden zu können – sei es aufgrund allgemeiner Entwertung (sog. Inflation), veränderter Präferenzen oder gar seines Todes.[170] Zum Ausgleich für den Nutzenverlust werden daher Zinsen fällig, welche am Ende der Nutzungsperiode zuzüglich zur Rückgabe des Gutes zu zahlen sind.

Die klassische ökonomische Theorie geht unter Heranziehung des REMM-Modells davon aus, dass Menschen ihren Gesamtlebensnutzen maximieren wollen. Überträgt man diese Hypothese auf den hergeleiteten Grundgedanken, ergibt sich, dass zukünftiger Konsum nicht den gleichen Nutzen stiftet wie gegenwärtiger Konsum. Wenn der Nutzen zukünftigen Konsums daher mit dem Nutzen gegenwärtigen Konsums verglichen werden soll, muss er mit der jeweiligen Zeitpräferenzrate abgezinst werden. Das klassische Modell zur Bestimmung menschlicher Präferenzen in der Zeit nennt sich daher *discounted-utility*-Modell. Der Gesamtkonsum verteilt sich entsprechend des Nutzens jetzigen Konsums und des abgezinsten Nutzens zukünftigen Konsums derart über die Zeit, dass der größtmögliche Gesamtnutzen erzielt wird. Hieraus darf jedoch nicht geschlossen werden, dass der Mensch stets dem jetzigen Konsum dem Vorzug gibt: Auch wenn das Verschieben von Konsum auf einen späteren Zeitpunkt zu einer Abzinsung führt, kann der zukünftige Nutzen größer sein. Das *discounted-utility*-Modell basiert außerdem auf einer wichtigen Annahme: Die Zeitpräferenzrate als Abzinsungsfaktor bleibt über die gesamte Länge des Verzichtszeitraums konstant. Mit anderen Worten:

> *„Der Diskontfaktor, mit dem [im discounted-utility-Modell] zukünftige Zahlungen abgezinst werden, ist unabhängig von der Entfernung, in der die beiden Entscheidungen getroffen werden – entscheidend ist nur der zeitliche Abstand zwischen den beiden Optionen, solange diese gleich bleiben, ändert sich die Entscheidungssituation nicht.“*[171]

Demnach müsste sich jemand, der bereit ist, 13 Monate auf 1010 € zu warten statt 1000 € direkt zu erhalten, auch in 12 Monaten dafür entscheiden, einen weiteren Monat zu warten, um 1010 € zu erhalten, statt 1000 € sofort.[172]

---

170 Vgl. ausführlich *Beck*, Behavioral Economics (2014), S. 197 ff.
171 *Beck*, Behavioral Economics (2014), S. 213.
172 Beispiel nach *Beck*, Behavioral Economics (2014), S. 212.

Die Verhaltensökonomie hat indes in zahlreichen Experimenten nachgewiesen, dass sich der Mensch systematisch zeitinkonsistent verhält.[173] Menschen verlangen für unterschiedliche Zeiträume eine unterschiedlich hohe Entschädigung. Der Abzinsungsfaktor variiert also je nach Länge des Verzichtszeitraum – und zwar dergestalt, dass der Zinssatz für kurze Zeiträume deutlich höher ausfällt, als für längere Zeiträume. Präziser ausgedrückt stehen Länge des Verzichtszeitraums und Abzinsungsfaktor nicht in einem proportionalen, sondern exponentiellen Verhältnis. Daher wird die intertemporale Nutzenfunktion als Hyperbolisches Diskontieren bezeichnet. Folge dieses Effekts ist, dass der Nutzen kurzfristigen Konsums gegenüber dem Nutzen zukünftigen Konsums exponentiell überschätzt wird.

Hinzu treten weitere Anomalien, die zeitinkonsistentes Verhalten auslösen können. *Erstens* können ungesteuerte, impulsive Gefühle wie Gier und Missgunst zu einer weit überproportionalen Bevorzugung des gegenwärtigen Nutzens gegenüber dem zukünftigen Nutzen führen können, auch wenn sich der Handelnde dieser Emotionen bewusst ist.[174] *Zweitens* irren sich Menschen systematisch bei der Schätzung ihres zukünftigen Präferenzen: Selbst wenn sie die Veränderung ihrer Präferenzen erahnen, unterschätzen sie häufig die Größe dieser Veränderung (sog. Projektionsanomalie, engl. *projection bias*).[175] Daher werden zukünftige Präferenzen gegenüber gegenwärtigen Präferenzen unangemessen hintangestellt, wenn sie miteinander in Konflikt geraten. *Drittens* überschätzen Menschen die ihnen in Zukunft zur Verfügung stehenden gegenüber den gegenwärtig verfügbaren Ressourcen (sog. Ressourcenverfügbarkeits-Anomalie, engl. *ressource slack bias*).[176] So kommt es dazu, dass Aufgaben in die Zukunft verschoben werden, weil die dort zur Verfügung stehenden Mittel an Zeit und Geld größer scheinen. Dieser Ressourcenvorteil in der Zukunft wird aber häufig unterstellt, ohne dass handfeste Anhaltspunkte für sein Vorliegen bestehen.

3. Folgerungen aus der Verhaltensökonomie für das Recht des Interessenkonflikts: Erforderlichkeit rechtlicher Intervention

Die von der Verhaltensökonomie ermittelten Abweichungen des Menschen vom rationalen Entscheidungsbild können nicht ohne Folgen für den rechtlichen Umgang mit Interessenkonflikten bleiben. An dieser Stelle wird untersucht, inwieweit die

---

173 Zum Ganzen *Huber/Runkel*, WiSt 2005, S. 76, *passim*, m.w.N.; *Beck*, Behavioral Economics (2014), S. 213 ff.

174 Grundlegend *Loewenstein*, Organizational Behavior and Human Decision Processes 1996, S. 272, *passim*.

175 Grundlegend *Loewenstein/O'Donoghue/Rabin*, The Quarterly Journal of Economics 2003, S. 1209, *passim*; *Beck*, Behavioral Economics (2014), S. 231; *Englerth*, in: Engel, Recht und Verhalten (2007), S. 60 (81).

176 Grundlegend *Zauberman/Lynch*, Journal of experimental psychology. General 2005, S. 23, passim; *Beck*, Behavioral Economics (2014), S. 232.

verhaltensökonomischen Anomalien auf die Parteien des Interessenwahrungsverhältnisses einwirken und derart eine rechtliche Intervention erforderlich machen.

a) Anomalien auf Seiten des Interessenwahrers

Dem Interessenwahrer kommt im Rahmen des rechtlichen Umgangs mit Interessenkonflikten eine besondere Bedeutung zu. Denn meist kann nur er selbst beurteilen, ob in seiner Person ein Eigen- oder Drittinteresse mit dem zu wahrenden Mandanteninteresse in Konflikt tritt. Außenstehenden bleiben die relevanten Umstände indes meist verborgen.

Vom Interessenwahrer ist daher grundlegend zu erwarten, eigene Interessenkonflikte zu erkennen und hierauf angemessen zu reagieren. Was als angemessene Reaktion auf einen Interessenkonflikt anzusehen ist, hängt freilich vom jeweiligen Interessenwahrungsverhältnis ab.[177] Es gibt jedoch einen verallgemeinerungswürdigen Grundkanon an Verhaltensweisen, zu denen die Offenlegung des Interessenkonfliktes gegenüber dem Mandanten sowie die Unterlassung konfliktbeeinflussten Verhaltens (einschließlich der Nichteingehung konfligierender Interessenwahrungsverhältnisse) gehört.

aa) Beeinträchtigung der Selbstwahrnehmung von Interessenkonflikten

Die dargestellten Anomalien beeinträchtigen zunächst in vielfacher Weise die Fähigkeit des Mandanten zur Erkennung eigener Interessenkonflikte.

Zunächst kann die Fähigkeit des Interessenwahrers zur Selbsterkennung eines Interessenkonflikts wegen des Rahmungseffekts stark davon abhängen, wie sich ihm die verdachtsbegründenden Umstände darstellen. Vergleichbares bewirkt die Verfügbarkeitsheuristik: Je nachdem, wie häufig und intensiv der Interessenwahrer die Situation des Interessenkonflikts bei sich oder in seiner näheren Umgebung erlebt hat, desto höher ist die mentale Verfügbarkeit und damit die Erkennbarkeit.[178]

Geht man weiterhin davon aus, dass der Mandatar bei Eingehung des Interessenwahrungsverhältnisses noch frei von Interessenkonflikten war, bildet dieser Zustand die übergewichtete Primärinformation (Primäreffekt) und den abweichungsresistenten Status Quo. Die Freiheit von Interessenkonflikten bildet einen Anker und wird zur Ausgangshypothese. Von dieser Hypothese wird er entsprechend der Konservativitätsanomalie tendenziell nur schwer abzubringen sein. Dies gilt umso mehr, als entgegenstehende Informationen systematisch ausgeblendet bzw. heruntergespielt werden (Bestätigungsirrtum).

Ferner ist der Auftritt eines Interessenkonflikts nicht nur für den Mandanten gefährlich, sondern auch für den Mandatar mit allerlei negativen Konsequenzen behaftet: Er verlangt ihm besondere, aufwendige Verhaltensweisen ab (wie etwa die Konfliktoffenlegung), bringt ihn in die Gefahr von Auftragsverlust sowie

---

177 S. hierzu ausf. unten, Teil 1: § 5 (= S. 59 ff.).
178 Vgl. *Kumpan*, Der Interessenkonflikt im deutschen Privatrecht (2014), S. 82.

Reputationseinbußen und führt ihn außerdem in die Versuchung, haftungsbewährte Pflichtverletzungen zu begehen. Infolge des Hangs zum Überoptimismus wird der Mandatar davon ausgehen, von Interessenkonflikten überdurchschnittlich oft verschont zu bleiben. Dies kann seine Wachsamkeit beeinträchtigen. Dieser Effekt wird verstärkt durch eine Kontrollillusion: Obwohl der Eintritt von Interessenkonflikten häufig vom Zufall abhängt, wird der Interessenwahrer tendenziell davon ausgehen, hierauf Einfluss zu haben.

bb) Beeinträchtigung in der Fähigkeit zur angemessener Reaktion

Auch wenn der Interessenwahrer seinen Interessenkonflikt erkennt, kann er durch verhaltensökonomische Anomalien an einer angemessenen Reaktion gehindert sein. Dazu zählen etwa die Nichteingehung konfliktgefährdeter Interessenwahrungsverhältnisse, die Konflikt-Offenlegung, die (zeitweise) Mandatsniederlegung sowie die Unterlassung konfliktbeeinflusster Handlungen.

Zunächst sei unterstellt, dass die Eingehung des Interessenwahrungsverhältnisses für den Interessenwahrer erstrebenswert und vorteilhaft ist. Denn im Regelfall wird er für „den Auftrag“ bezahlt (so insbesondere bei allen Formen der Geschäftsbesorgung) und/oder zieht hieraus soziales bzw. professionelles Prestige (so etwa bei der Berufung in die Organstellung des Geschäftsführers, Vorstands oder Aufsichtsrats). Aus wirtschaftlicher Perspektive ist die Mandatierung für den Mandatar also ein Gewinn. Infolge der zeitinkonsistenten Verhaltensanomalien wird er die Realisierung dieses Gewinns bei Anbahnung des Interessenwahrungsverhältnisses unverhältnismäßig stark anstreben und die erst in Zukunft infolge eines Interessenkonflikts auftretenden Schwierigkeiten – kurzum: den Verlust – untergewichten.[179] Ist bei Mandatierung nicht das sichere Eintreten, sondern nur die Möglichkeit eines Interessenkonflikts absehbar, wird der Interessenwahrer aufgrund der Projektionsanomalie außerdem unterschätzen, wie stark sich seine Präferenzen durch den Interessenkonflikt ändern können. Gleichfalls wird er dazu neigen, seine zukünftig verfügbaren Ressourcen zu überschätzen, die zur angemessenen Reaktion auf den Interessenkonflikt erforderlich sind (zum Beispiel Zeit, Willensstärke und finanzielle Rückstellungen für den Fall des Auftragswegfalls).

Ferner wird der Mandatar aufgrund der Selbstüberschätzungs-Anomalie seine Willensstärke und Fähigkeiten zum professionellen Umgang mit Interessenkonflikten überschätzen.[180] Dies kann dazu führen, dass er die Offenlegung oder zeitweilige Niederlegung seines Mandats unterlässt, obwohl dies aus objektiver Sicht geboten wäre.

Weiterhin folgt aus der Verlustaversion, dass der Interessenwahrer insbesondere bei schweren Interessenkonflikten zögern wird, den Konflikt offenzulegen oder sein Mandat niederzulegen: Auch wenn mit einer solchen Verhaltensweise der Gewinn von Professionalität und Ansehen verbunden wäre, wiegt der sichere Verlust des

---

179 Ähnlich *Kumpan*, Der Interessenkonflikt im deutschen Privatrecht (2014), S. 83.
180 So auch *Kumpan*, Der Interessenkonflikt im deutschen Privatrecht (2014), S. 81.

„Auftrags" schwerer und soll tendenziell vermieden werden. Verstärkt wird diese Verhaltensweise durch den Besitztumseffekt, nachdem der bereits akquirierte Auftrag als besonders wertvoll eingeschätzt wird. Selbst wenn er klar vor Augen hat, dass ein Mandatsverlust angesichts des Interessenkonflikts unerlässlich ist, kann ihn die Enttäuschungsaversion davon abhalten, diesen Verlust zu realisieren. Er bleibt stattdessen in verhängnisvoller Weise untätig.

Schließlich ist auch die Widerstandsfähigkeit des Mandatars gegen konfliktbeeinflusste Handlungen eingeschränkt. Auch an dieser Stelle führen die Zeitinkonsistenz-Anomalien dazu, dass die zukünftigen negativen Folgen eines konfliktbeeinflussten Verhaltens (etwa die persönliche Haftung, die Reputationseinbuße oder der Mandatsverlust) gegenüber dem kurzfristigen Vorteil vernachlässigt werden. Gleichzeitig besteht bei Interessenwahrungsverhältnissen wegen des häufigen Kompetenzgefälles in besonderer Weise die Möglichkeit, dass der Mandant von der Pflichtwidrigkeit des Mandatars nie erfährt. Während dem Interessenwahrer die Früchte des konfliktbeeinflussten Verhaltens sicher zuwachsen, ist der Eintritt des kehrseitigen Verlustes unsicher. Die Risikofreude des Menschen im Verlustbereich infolge seiner Verlustaversion begünstigt die Bereitschaft des Mandatars zur Eingehung solcher Pflichtwidrigkeiten. Auch der Überoptimismus des Menschen wirkt sich negativ aus: Da die Verlustfolge unsicher ist, nimmt ihre präventive Wirkung ab, weil sich der Interessenwahrer als besonders glücklich und vor Aufdeckung geschützt wähnt.[181] Abschließend wird der Mensch insbesondere in Grenzbereichen der Pflichtwidrigkeit dazu neigen, die ihm nützliche Handlungen als normgerecht einzuordnen.

b) Anomalien auf Seiten des Geschäftsherrn

Auch auf Seiten des Geschäftsherrn verhindern Anomalien die Wahrnehmung des Interessenkonflikts beim Interessenwahrer und die Einleitung der gebotenen Schritte.

aa) Beeinträchtigung der Wahrnehmung von Interessenkonflikten des Mandatars bzw. entsprechender Warnzeichen

Freilich kann der Mandant einen Interessenkonflikt des Mandatars wegen dessen subjektiver Qualität nicht mit Sicherheit bestimmen. Allerdings kann sich ein Interessenkonflikt in objektiven Warnzeichen manifestieren – wie etwa einer schlechten Qualität der Interessenwahrung oder der Nähebeziehung zu bestimmten Personen bzw. Institutionen. In der Wahrnehmung dieser Warnzeichen ist der Geschäftsherr durch die verhaltensökonomischen Anomalien tendenziell beeinträchtigt.

Zunächst kann der Rahmungseffekt auch auf Seiten des Mandanten dazu führen, dass die Warnzeichen nur deswegen nicht wahrgenommen werden, weil sie sich in einem hierfür ungünstigen Licht darstellen. Selbst wenn der Mandant diese

---

181 So auch *Kumpan*, Der Interessenkonflikt im deutschen Privatrecht (2014), S. 81.

Warnzeichen wahrnimmt und daraufhin beim Interessenwahrer Nachforschungen anstellt, hat die Form der Darstellung durch den Mandatar großen Einfluss auf die Entscheidung des Geschäftsherrn.[182]

Unterstellt sei weiterhin, dass der Mandant den Mandatar nur mandatiert, wenn er von dessen Eignung zur Interessenwahrnehmung überzeugt ist; dies schließt die momentane Freiheit von Interessenkonflikten sowie das Vertrauen in ein ordnungsgemäßes Verhalten des Mandatars im Falle eines Interessenkonfliktes ein. Die Eignung des Mandatars wird somit zur Ausgangshypothese. Von dieser Hypothese ist der Mandant wegen des Primäreffekts sowie der Konservativitäts-Anomalie schwer abzubringen und wird entgegenstehende Informationen in Folge des Bestätigungsirrtums systematisch ausblenden oder untergewichten.[183] Möglich ist im Übrigen, dass sich eine gewisse Identifikation des Mandanten mit „seinem" Interessenwahrer einstellt, die einen Besitztumseffekt auslöst.

Schließlich stellt der Interessenkonflikt des Mandatars für den Mandanten ein negatives Ereignis dar, denn er gefährdet die adäquate Wahrnehmung seiner Interessen und macht eine aufwändige Beschäftigung mit der Thematik erforderlich. Infolge des menschlichen Überoptimismus glaubt der Mandant, hiervon in besonderer Weise verschont zu bleiben. Dies verringert seine Wachsamkeit.

bb) Beeinträchtigung in der Fähigkeit zur angemessener Reaktion

Selbst wenn der Geschäftsherr vom Interessenkonflikt seines Interessenwahrers erfährt, hindern ihn verhaltensökonomische Anomalien an der Einleitung adäquater selbstschützender Maßnahmen.

Zunächst stellt eine Anpassung der Zusammenarbeit eine Abweichung vom Status-Quo dar, welche der Mandant scheuen wird.[184] Gleichzeitig ist jede selbstschützende Maßnahme mit Aufwand verbunden: Die möglichen Konsequenzen des Interessenkonflikts und ihre Tragweite müssen evaluiert werden, organisatorische Vorkehrungen zur besonderen Verhinderung konfliktbeeinflussten Verhaltens sind zu etablieren und unter Umständen muss ein neuer Interessenwahrer gefunden und eingearbeitet werden. Dieser Aufwand bedeutet für den Geschäftsherrn einen sicheren Verlust. Gleich eine ganze Reihe von Anomalien beeinträchtigt ihn darin, diesbezüglich eine rationale wirtschaftliche Entscheidung zu treffen. *Erstens* ist der Aufwand im Moment des Handelns gewiss, während der Eintritt einer schädigenden Folge durch den Interessenkonflikt ausbleiben kann. Der Verlustaversion zufolge wird der Mandant diesen sicheren Verlust zu vermeiden suchen und sich in Bezug auf den nur möglichen Schaden in der Zukunft risikofreudig zeigen. *Zweitens* kann es durchaus dazu kommen, dass der Geschäftsherr die ursprüngliche Entscheidung für den nun konfliktbehafteten Interessenwahrer als eigenen Fehler auffasst. In diesem Fall wird die Enttäuschungsaversion dazu führen, dass er den mit seiner

---

182 Ähnlich *Kumpan*, Der Interessenkonflikt im deutschen Privatrecht (2014), S. 85.
183 So auch *Kumpan*, Der Interessenkonflikt im deutschen Privatrecht (2014), S. 85.
184 So auch *Kumpan*, Der Interessenkonflikt im deutschen Privatrecht (2014), S. 84.

Entscheidung später verbundenen Verlust nicht realisieren möchte; lieber bleibt er untätig. *Drittens* werden die Anomalien der Zeitinkonsistenz dazu führen, dass er den kurzfristigen Nutzen aus der Vermeidung des Aufwands gegenüber der längerfristig gewonnenen Sicherheit überbewertet.[185] Gleichfalls ist damit zu rechnen, dass der Geschäftsherr eine Auseinandersetzung mit dem Interessenkonflikt auf die Zukunft verschiebt, weil er irrigerweise davon ausgeht, dass ihm dann größere (Zeit-)Ressourcen zur Verfügung stünden (Ressourcenverfügbarkeits-Anomalie).

Darüber hinaus wird der Geschäftsführer bei seiner Entscheidung dazu geneigt sein, den bereits in die Auswahl und Einarbeitung seines Mandatars investierten Aufwand bei seiner Entscheidung über den Umgang mit dessen Interessenkonflikt einzubeziehen (Anomalie der versunkenen Kosten). Dies wird ihn dazu veranlassen, die Zusammenarbeit mit dem Interessenwahrer irrational lange aufrecht zu erhalten, auch wenn der Nutzen eines Wechsels auf einen anderen Mandatar wirtschaftlich geboten wäre.

Schließlich wirkt sich auch das Phänomen des Überoptimismus negativ aus. Zum einen wird es den Mandanten zu der fahrlässigen Annahme verleiten, „es werde schon alles gut gehen" und dem Interessenkonflikt kein konfliktbeeinflussten Verhaltens folgen. Zum anderen wird der Geschäftsherr einer Kontrollillusion unterliegen und seinen Einfluss auf die Eintrittswahrscheinlichkeit des interessenkonfliktbeeinflussten Handelns überschätzen.

C. Zweiter Beitrag der Wirtschaftswissenschaften: Problembeschreibung durch *principal-agent-Modell*

Die verhaltensökonomischen Forschungsergebnisse sind nicht die einzigen wirtschaftswissenschaftlichen Erkenntnisse, die für das vorliegende Thema fruchtbar gemacht werden können. Die Wirtschaftswissenschaft hat mit der *principal-agent*-Theorie außerdem ein wichtiges Modell zur Beschreibung und Analyse von Interessenwahrungsverhältnissen und den Auswirkungen von Interessenkonflikten geschaffen.[186]

Um das *principal-agent*-Theorem richtig zu verstehen, ist zunächst ein Blick auf die eng verwandte Theorie der relationalen Verträge (*relational contract theory*) zu werfen, die im Wesentlichen durch die grundlegenden Arbeiten von *Macauly*[187]

---

185 So auch *Kumpan*, Der Interessenkonflikt im deutschen Privatrecht (2014), S. 85.

186 Grundlegend zum prinicple-agent-Theorem: *Martinek*, in: Staudinger BGB (2006), Vorb. zu §§ 662 ff. BGB, Rdnr. 68 ff., m.w.N.; *Cooter/Freedman*, New York University Law Review 1991, S. 1076, *passim*; *Grossman/Hart*, Econometrica 1983, S. 7, *passim*; *Fama/Jensen*, Journal of Law and Economics 1983, S. 327, *passim*; *Steininger*, Interessenkonflikte des Verwaltungsrates (2011), S. 35 ff.; *Arnold*, Die Steuerung des Vorstandshandelns (2007), S. 13 ff.

187 *Macaulay*, Law and the balance of power (1966), *passim*; *Macaulay*, American sociological review 1963, S. 55, *passim*.

und *Macneil*[188] beeinflusst und in den 1970er Jahren in den USA entstanden ist. Kurzgefasst differenziert diese Theorie zwischen den klassischen vollständigen und den unvollständigen Verträgen.[189] Vollständige Verträge zeichnen sich dadurch aus, dass sämtliche Rechte und Pflichten klar definiert und alle Risiken der Vertragsdurchführung klar zugeordnet sind. Unvollständige Verträge hingegen haben ein offenes Ende, weil die vertraglichen Vereinbarungen bewusst Lücken enthalten, die im Laufe der Vertragsdurchführung geschlossen werden. Hintergrund solcher Verträge ist die zunehmende Komplexität wirtschaftlicher Vorgänge und das Eingehen langfristiger Vertragsbeziehungen, bei denen eine abschließende Regelung aller vertragsrelevanter Details im Vorfeld nicht nur zu hohen Transaktionskosten führen würde, sondern oft gar nicht möglich ist. Interessenwahrungsverhältnisse sind in aller Regel den unvollständigen Verträgen zuzuordnen.

Die *principal-agent*-Theorie knüpft hieran an und untersucht das typische Verhalten der Vertragsparteien in unvollständigen Verträgen aufgrund/anhand von soziologischen und ökonomischen Annahmen. Das Theorem geht im Wesentlichen auf einen Aufsatz von *Jensen* und *Meckling* aus dem Jahre 1976 zurück. Diese definieren eine *agency*-Beziehung wie folgt:

> „*We define an agency relationship as a contract under which one or more persons (the principal(s)) engage another person (the agent) to perform some service on their behalf which involves delegating some decision making authority to the agent.*"[190]

Interessenwahrungsverhältnisse stellen folglich beinahe klassische *principal-agent*-Beziehungen dar.

Das ökonomische Kernproblem der *principal-agent*-Beziehung besteht in der Gefahr von eigennützigem, opportunistischen Verhalten des *agents*, das den Interessen des *principals* entgegenläuft.

> „*If both parties to the relationship are utility maximizers there is good reason to believe that the agent will not always act in the best interests of the principal.*"[191]

Das grundlegende Problem aller *principal-agent*-Verhältnisse besteht in einer Bedrohung ihrer wohlfahrtssteigernden Durchführung durch eine Informationsasymmetrie zugunsten des *agents*.[192] Dies hat mehrere Ursachen: Häufig kann der *principal* schon im Vorfeld die Eignung des agents aufgrund mangelnder Sachkunde gar nicht beurteilen, was zum Risiko einer negativen Auslese (*adverse selection*)

---

188 *MacNeil*, Southern California Law Review 1973, S. 692; *MacNeil*, Virginia Law Review 1974, S. 589; *MacNeil*, Southern California Law Review 1974, S. 629; *MacNeil*, Northwestern University Law Review 1977, S. 854, jeweils *passim*.

189 Ausf. zum Ganzen *Martinek*, in: Staudinger BGB (2006), Vorb. zu §§ 662 ff. BGB, Rdnr. 68 ff., m.w.N.

190 *Jensen/Meckling*, Journal of Financial Economics 1976, S. 305 (308).

191 *Jensen/Meckling*, Journal of Financial Economics 1976, S. 305 (308); vgl. auch *Martinek*, in: Staudinger BGB (2006), Vorb. zu §§ 662 ff. BGB, Rdnr. 73.

192 Zum Ganzen *Fleischer*, Informationsasymmetrie im Vertragsrecht (2001), S. 138 ff.

führt. Darüber hinaus kann der *principal* häufig nur schlecht beurteilen, ob der *agent* Entscheidungen trifft, die tatsächlich an seinem Interesse ausgerichtet sind (*hidden actions*). Schließlich erlangt der *agent* im Laufe der Vertragsdurchführungen viele Informationen, die dem *principal* verborgen bleiben (*hidden information*). Die gesamte Informationsasymmetrie birgt das große Risiko, dass der *agent* sich nicht so verhält, wie die Interessen des *principals* es eigentlich erfordern (*moral hazard*).

Der *principal* kann bzw. muss hiergegen gewisse Anreiz-, Schutz- und Überwachungsvorkehrungen treffen, die für ihn jedoch mit Transaktionskosten verbunden sind (sog. *agency*-Kosten):

> *„The principal can limit divergences from his interest by establishing appropriate incentives for the agent and by incurring monitoring costs designed to limit the aberrant activities of the agent. In addition in some situations it will pay the agent to expend resources (bonding costs) to guarantee that he will not take certain actions which would harm the principal or to ensure that the principal will be compensated if he does take such actions. However, it is generally impossible for the principal or the agent at zero cost to ensure that the agent will make optimal decisions from the principal's viewpoint.“*[193]

Die *agency*-Kosten setzen sich im Grunde aus drei Komponenten zusammen: Den Kosten für die Überwachung des *agents* (*monitoring costs*), den Kosten für das Setzen positiver Anreize für erwünschtes Verhalten (*bonding costs*) sowie den Wohlfahrtseinbußen durch eigennütziges Verhalten des *agents*, das sich nicht durch *monitoring* und *bonding* verhindern lässt (*resudial loss*).[194]

In *principal-agent*-Beziehungen stellt sich folglich das grundlegende ökonomische Problem, wie eine wohlfahrtssteigernde Durchführung mit möglichst geringen *agency*-Kosten in Einklang zu bringen ist.[195] Insofern können die Erkenntnisse der *principal-agent*-Theorie wertvolle Hinweise auf den Umgang mit Interessenkonflikten in Interessenkonflikten liefern.[196] Denn mit dem Interessenkonflikt ist letztlich ein Tatbestand beschrieben, der ein eine erhöhte Wahrscheinlichkeit für wohlfahrtswidriges Verhalten des agents offenbart und als solcher bereits eine rechtliche Adressierung erfährt. Es wird daher an verschiedenen Stellen in dieser Arbeit auf die *principal-agent*-Theorie zurückgegriffen.

D. Zusammenfassung des Kapitels

1. Die Tatsache, dass sich der Interessenwahrer in einem Interessenkonflikt befindet, führt alleine noch nicht zu einer Beeinträchtigung der Interessensphäre des Mandanten. Erst wenn der Mandatar den Konflikt der in seiner Person kumulierten Interessen zulasten des konkreten Mandanten auflöst, entsteht diesem

193 *Jensen/Meckling*, Journal of Financial Economics 1976, S. 305 (308).
194 *Jensen/Meckling*, Journal of Financial Economics 1976, S. 305 (308).
195 Vgl. *Kumpan*, Der Interessenkonflikt im deutschen Privatrecht (2014), S. 63.
196 So auch *Kumpan*, Der Interessenkonflikt im deutschen Privatrecht (2014), S. 64 ff.

ein Schaden. Für diesen Fall wird im Folgenden die Bezeichnung *(interessen-) konfliktbeeinflusstes Verhalten* verwendet.

2. Ein Bedürfnis für rechtliche Regelung wird allerdings nicht erst durch eine konfliktbeeinflusste Verhaltensweise ausgelöst. Das Recht muss möglichst sicherstellen, dass es zu einer Beeinträchtigung der Interessensphäre des Mandanten gar nicht erst kommt. Daher knüpfen zahlreiche Regelungen bereits an das Vorliegen eines Interessenkonflikts an: Sobald ein solcher vorliegt, besteht eine qualifizierte Gefahr für die Interessen des Mandanten. Der Interessenkonflikt ist folglich der zentrale Gefährdungstatbestand des Interessenwahrungsverhältnisses. Darüber hinaus greift bereits das Vorliegen eines Interessenkonflikts die Vertrauensbeziehung im Interessenwahrungsverhältnis an.
3. Aufgrund eines allgemeinen Wirtschaftswandels nehmen Interessenwahrungsverhältnisse eine immer wichtigere Rolle ein. Befinden sich in einem komplexen System zu viele Akteure im Interessenkonflikt, kann es sogar zu einem systemrelevanten Vertrauensverlust kommen. Dies zeigte die Finanzkrise von 2008. Schon deshalb kommt dem adäquaten rechtlichen Umgang mit Interessenkonflikten eine stetig wachsende Bedeutung zu. Im Übrigen hat die besondere wirtschaftliche Relevanz dazu geführt, dass Interessenkonflikte schon früh zum wirtschaftswissenschaftlichen Forschungsobjekt gemacht wurden.
4. Die Erkenntnisse der wirtschaftswissenschaftlichen Forschung sind in besonderem Maße dazu geeignet, das Bedürfnis für rechtliche Intervention bei Interessenkonflikten zu erklären.
5. Die Forschungsergebnisse der Verhaltensökonomie haben gezeigt, dass Menschen bei wirtschaftlichen Entscheidung keinesfalls immer rational handeln. Vielmehr kommt es durch den Rückgriff auf simplifizierende Entscheidungsregeln (Heuristiken) zur Abweichung des nutzenmaximierenden Entscheidungsbildes. Die Situation des Interessenkonflikts im Interessenwahrungsverhältnis eröffnet den Anwendungsbereich dieser Heuristiken in besonderer Weise: Sowohl der Mandatar als auch der Mandant sind in vielfältiger daran gehindert, einen Interessenkonflikt zu erkennen und angemessen zu reagieren.
6. Die mit der Theorie relationaler Verträge eng verwandte *principal-agent*-Theorie hilft dabei, die grundlegenden Probleme des Interessenwahrungsrechts zu beschreiben und Lösungen zu entwickeln. Demnach besteht zwischen *agent* und *principal* eine grundlegende Informationsasymmetrie, die der *agent* für opportunistisches Verhalten ausnutzen kann. Der *principal* muss daher Schutzmaßnahmen ergreifen, welche mit *agency*-Kosten verbunden sind. Das *principle-agent*-Theorem trägt dazu bei, Lösungen für einen Ausgleich von *agency*-Kosten und Wohlfahrtsgewinn bei reibungsloser Durchführung des relationalen Verhältnisses zu finden. Es steht daher in unmittelbarem Zusammenhang zum Interessenkonflikt, der einen Tatbestand der erhöhten Gefahr für opportunistisches *agent*-Verhalten beschreibt.

§ 4 Kategorien von Interessenkonflikten

Eine umfassende Auflistung aller Aspekte, die ein Risiko für die Unabhängigkeit von [Interessenwahrern] darstellen können, ist nicht möglich.[197]
– Europäische Kommission (2005)

Freilich ist jeder Versuch der abschließenden Kategorisierung aller denkbaren Interessenkonflikte in Interessenwahrungsverhältnisse zum Scheitern verurteilt. Dennoch lassen sich die für diese Untersuchung relevanten Interessenkonflikte nach verschiedenen Kriterien weiter einteilen.

Diese Systematisierung spielt für Entwicklung der allgemeinen Interessenkonfliktsdogmatik keine wesentliche Rolle, kann aber bei der später vorzunehmenden Fallgruppenbildung in Bezug auf die Interessenkonflikte des Aufsichtsrats hilfreich sein. Sie wird daher in der gebotenen Kürze angerissen.

A. Einteilung nach Herkunft der Kollision: interne und externe Interessenkonflikte

Resultiert ein Interessenkonflikt aus dem konfligierenden Zusammentreffen des Mandanteninteresses mit einem anderen Fremdinteresse, das der Mandatar zu wahren hat, wird im Folgenden von einem *externen Interessenkonflikt* gesprochen.[198] Ein externer Interessenkonflikt führt – der Definition des Interessenkonflikts[199] entsprechend – stets dazu, dass eines der beiden Interessen nicht vollständig befriedigt

---

197 Empfehlung der EU-Kommission vom 15.02.2005 – (Aufgaben des Aufsichtsrats), ABl. Nr. L 52 v. 25.02.2005, S. 51, Anhang II, Nr. 1: Das Zitat ist speziell auf den Aufsichtsrat bezogen und wurde hier verallgemeinert dargestellt. Statt [Interessenwahrern] bezieht es sich im Original auf „Mitglieder der Unternehmensleitung".

198 *Kumpan*, Der Interessenkonflikt im deutschen Privatrecht (2014), S. 38, m.w.N, verwendet hierfür den Begriff der „Pflichtenkollision",. Diese Bezeichnung ist tatsächlich insbesondere im Aktiengesellschaftsrecht verbreitet (*Lutter/Krieger/Verse*, Rechte und Pflichten des Aufsichtsrats (2014), Rdnr. 896; *Hopt/Roth*, in: Großkomm. AktG (2006), § 100 AktG, Rdnr. 133). Aus zwei Gründen erscheint die Bezeichnung als *externer Interessenkonflikt* allerdings vorzugswürdig: Es tritt auf diese Weise schon auf den ersten Blick hervor, dass es sich um eine besondere Form des Interessenkonflikts handelt. Darüber hinaus ist auf den ersten Blick erkennbar, dass es sich bei internem und externem Interessenkonflikt um ein Gegensatzpaar handelt. Dies verhält sich dem Wortlaut nach bei „Interessenkonflikt im engeren Sinne" und „Pflichtenkollision" anders.

199 S. oben: Teil 1: § 1 B. II.

wird.[200] Gibt die Rechtsordnung – wie es nahezu immer der Fall ist – keine Regelung vor, nach welcher ein Interessenwahrer das eine Interesse gegenüber dem anderen vernachlässigen darf, begeht der Interessenwahrer stets eine Pflichtverletzung im Verhältnis zum vernachlässigten Mandanten. Besteht außerdem eine gesetzliche Rangfolge der Interessen, gegen die der Interessenträger verstößt, folgt aus dem externen Interessenkonflikt eine konfliktbeeinflusste Verhaltensweise. An dieser Stelle sei erwähnt, dass eine Differenzierung zwischen Fremd- und Eigeninteressen nicht immer trennscharf möglich ist: Spätestens über den Umweg, dass die Vernachlässigung einer Interessenwahrungspflicht zu persönlichen Konsequenzen[201] für den Interessenwahrer führt, sind dessen Eigeninteressen angesprochen.

Geht ein Interessenkonflikt auf das Zusammentreffen von Eigeninteresse und zu wahrendem Mandanteninteresse zurück, wird er im Folgenden als *interner Interessenkonflikt* bezeichnet.[202] Solche Interessenkonflikte sind im Vergleich zu externen Interessenkonflikten tendenziell schwieriger festzustellen, da das tatsächliche Vorliegen eines Eigeninteresses eine innere Tatsache ist. Darüber hinaus führen interne Interessenkonflikte weniger zwingend zur Pflichtverletzungen und konfliktbeeinflusstem Verhalten als externe Interessenkonflikte. Der Interessenträger hat es nämlich selbst in der Hand, seine eigenen Interessen gegenüber den vorrangig zu wahrenden Fremdinteressen zurückzustellen.

B. Einteilung nach der Wahrscheinlichkeit interessenkonfliktbeeinflussten Verhaltens: Die Stärke des Interessenkonflikts

Die Wahrscheinlichkeit, dass sich ein Interessenkonflikt in konfliktbeeinflusstem Verhalten des Interessenträgers niederschlägt, hängt einzig von der inneren Neigung des betroffenen Interessenträgers ab. Es existieren jedoch gewisse Erfahrungssätze, die dieses Verhalten vorhersehbarer machen.

In Bezug auf interne Interessenkonflikte wird sich allgemein feststellen lassen, dass der Hang zu konfliktbeeinflusstem Verhalten steigt, je wertvoller der eigennützige Vorteil ist und je harmloser die Konsequenzen der Pflichtwidrigkeit ausfallen. So ist die Wahrscheinlichkeit, dass ein GmbH-Geschäftsführer ein für ihn vorteilhaftes Eigengeschäft zum Nachteil der Gesellschaft durchführt größer, wenn ihm hierdurch nicht nur ein Gewinn von 5 % sondern 25 % entsteht; gleiches gilt, wenn er davon ausgehen kann, dass seine konfliktbeeinflusste Verhaltensweise

---

200 So auch *Kumpan*, Der Interessenkonflikt im deutschen Privatrecht (2014), S. 39.

201 Zum Beispiel Haftungsfolgen.

202 Zur Begründung der Begriffswahl s. bereits FN. 198. Kumpan wählt hierfür im Übrigen den Begriff des „Interessenkonflikts im engeren Sinne", *Kumpan*, Der Interessenkonflikt im deutschen Privatrecht (2014), S. 27 f., 38. Diese Bezeichnung deutet weder den Inhalt der hinter ihr stehenden Definition noch das Bestehen eines Gegensatzbegriffes an.

unbemerkt bleibt. Bei dem externen Interessenkonflikt, in dem ein pflichtwidriges Handeln gegenüber einer der Mandanten vorprogrammiert ist[203], wird regelmäßig die Härte der Konsequenzen aus der jeweiligen Pflichtverletzung über die Entscheidung zugunsten einer der beiden Interessen entscheiden.

Oben wurde dargelegt, dass ein Interessenkonflikt deswegen ein Bedürfnis für rechtliche Intervention erzeugt, weil er das Eintreten der negativen Folge des konfliktbeeinflussten Verhaltens befürchten lässt. Die Wahrscheinlichkeit, dass ein Interessenkonflikt in eine konfliktbeeinflusste Verhaltensweise umschlägt, trifft den Regelungsanlass daher im Kern und ist für die Regelungen zum Umgang mit Interessenkonflikten regelmäßig ein besonders wichtiges Kriterium. Sie wird im Folgenden als *Stärke des Interessenkonflikts* definiert: Ein Situation, in der ein Interessenkonflikt mit hoher Wahrscheinlichkeit zu konfliktbeeinflusstem Verhalten führt, wird als *starker Interessenkonflikt* bezeichnet; bei geringer Wahrscheinlichkeit wird von einem *schwachen Interessenkonflikt* gesprochen.

C. Einteilung nach Konfliktdauer: Dauerhafte und punktuelle Konflikte

Interessenkonflikte können danach unterschieden werden, ob sie lediglich dauerhaft oder punktuell auftreten.[204] So befindet sich etwa ein GmbH-Geschäftsführer, der als Privatperson mit „seiner“ GmbH ein einmaliges Geschäft durchführen möchte, lediglich in einem punktuellen Interessenkonflikt. Ein Beispiel für einen dauerhaften Interessenkonflikt bietet eine Person, die in den Aufsichtsräten zweier konkurrierender Aktiengesellschaften sitzt.

Häufig entscheidet die Konfliktdauer im Zusammenspiel mit der Stärke des Interessenkonflikts über die Ausgestaltung der rechtlichen Regelungen zum Umgang mit Interessenkonflikten. So wird ein starker dauerhafter Interessenkonflikt einer Person regelmäßig zur Unvereinbarkeit mit der Stellung als Interessenwahrer führen, während bei einem starken punktuellen Konflikt möglicherweise ein kurzes Aussetzen der Interessenwahrungsfunktion ausreicht.

D. Einteilung nach ausdifferenzierten Konfliktursachen

Es wurde bereits dargestellt, dass Interessenkonflikte ihre Ursache stets in der Kumulation konfligierender Eigen- und/oder Fremdinteressen in einer Person haben. Die präzisen Konfliktursachen sind folglich so unüberschaubar vielfältig wie die möglichen Interessen. Gewisse Konstellationen treten allerdings insbesondere im Wirtschaftsleben besonders häufig auf[205] und sollen daher an dieser Stelle kurz

---

203 S. oben: Teil 1: § 4 A.

204 *Kumpan*, Der Interessenkonflikt im deutschen Privatrecht (2014), S. 41.

205 So auch Empfehlung der EU-Kommission vom 15.02.2005 – (Aufgaben des Aufsichtsrats), ABl. Nr. L 52 v. 25.02.2005, S. 51 (63).

dargestellt werden. Hierbei kann auf die Ausführungen der EU-Kommission im Rahmen ihrer Empfehlungen zur Unabhängigkeit von Abschlussprüfern[206] und den Aufgaben der Aufsichtsratsmitglieder[207] zurückgegriffen werden.[208] In diesen wurden in grundlegender Weise Risikofaktoren für Interessenkonflikte zusammengestellt:

Eine erste Kategorie bilden unmittelbare Eigeninteressen materieller Art.[209] Diese können direkter oder indirekter Natur sein. Erhält beispielsweise ein Aufsichtsratsmitglied von einem Dritten finanzielle Zuwendungen, damit es sich für die Wahl eines bestimmten Vorstandsanwärters entscheidet, geraten seine Pflicht zur Wahrung des Gesellschaftsinteresses und ein direktes finanzielles Eigeninteresse miteinander in Konflikt. Ein Beispiel für eine Konfliktsituation mit indirektem finanziellen Eigeninteresse bietet das Aufsichtsratsmitglied einer AG, das an einer Konkurrenzgesellschaft beteiligt ist und so indirekt von schlechten unternehmerischen Entscheidungen der AG profitiert.

In die zweite Kategorie fallen Konstellationen, in denen ein Interessenträger seine eigenen Leistungen zu überprüfen hat.[210] Das typische Beispiel für diese Situation ist das Vorstandsmitglied einer AG, das in den Aufsichtsrat wechselt.[211] Es steht hier zu befürchten, dass dem Interessenträger die nötige Objektivität fehlt, um etwaige Schwächen seiner vorherigen Leistung aufzudecken, weil dies negative Folgen –wie etwa eine persönliche Haftung oder einen Reputationsverlust – nach sich ziehen würde.

In einer dritten Kategorie lassen sich Konflikte zusammenfassen, die aus einer nahen persönlichen Beziehung des Interessenträgers zu einer anderen Person resultieren.[212] Aus einer derartigen Nähebeziehung ergibt sich ein vielseitiges Potenzial für Interessenkonflikte. Es ist einerseits naheliegend, dass sich der Interessenwahrer die Interessen der nahestehenden Person aus freundschaftlicher oder familiärer Loyalität zu eigen macht. So liegt es beispielsweise auf der Hand, dass Geschäfte zwischen einer GmbH und einem nahen Familienmitglied ihres Geschäftsführers (etwa Ehefrau,

---

206 Empfehlung der EU-Kommission vom 16.05.2002, ABl. Nr. L 191 v. 19.07.2002, S. 22 (37).

207 Empfehlung der EU-Kommission vom 15.02.2005 – (Aufgaben des Aufsichtsrats), ABl. Nr. L 52 v. 25.02.2005, S. 51.

208 So auch, wenngleich nur auf die Empfehlung zur Unabhängigkeit der Abschlussprüfer zurückgreifend und in den Wertungen teilweise verschieden, *Kumpan*, Der Interessenkonflikt im deutschen Privatrecht (2014), S. 42 ff.

209 Vgl. Empfehlung der EU-Kommission vom 16.05.2002, ABl. Nr. L 191 v. 19.07.2002, S. 22 (37): Anhang A, Lit. 3, 2. Absatz, Spiegelstrich 1 („Eigeninteresse“).

210 Empfehlung der EU-Kommission vom 16.05.2002, ABl. Nr. L 191 v. 19.07.2002, S. 22 (37): Anhang A, Lit. 3., 2. Absatz, Spiegelstrich 3 („Überprüfung eigener Leistungen“).

211 Dieser Situation begegnet der Gesetzgeber durch die sog. Cooling-off-Periode von zwei Jahren, § 100 Abs. 2 S. 1 lit. 4. AktG. Die Regelung greift allerdings nicht ein, wenn der Wahlvorschlag auf Vorschlag einer Aktionärsmehrheit von 25 % erfolgt.

212 Vgl. Empfehlung der EU-Kommission vom 15.02.2005 – (Aufgaben des Aufsichtsrats), ABl. Nr. L 52 v. 25.02.2005, S. 51 (63): Anhang II, lit. 1., sublit. i).

Bruder oder Tochter) kaum weniger konfliktanfällig sind als Eigengeschäfte mit dem Geschäftsführer. Andererseits steht zu befürchten, dass die Urteilsfähigkeit des Interessenwahrers aufgrund von großer persönlicher Vertrautheit eingeschränkt ist. So liegt es etwa durchaus nahe, dass ein Aufsichtsratsmitglied die Leistung eines Vorstandsmitglieds unbegründet besser beurteilt, wenn es sich bei diesem um seinen Bruder handelt.

Die Konfliktursachen der vierten Kategorie weisen eine Ähnlichkeit zu denen der dritten Kategorie auf. Allerdings ergibt sich das Konfliktpotenzial hier nicht aufgrund einer persönlichen Beziehung, sondern einer gewissen Form von professioneller Vertrautheit, die sich einstellt, wenn der Interessenwahrer vormals als Interessenvertreter für eine dritte Partei aufgetreten ist und sich einmal mit deren Interessen identifiziert hatte.[213] Beispielhaft lässt sich der Abschlussprüfer anführen, der vor seiner Prüfungstätigkeit als Berater der Gesellschaft tätig war und aufgrund der hierbei erforderlichen Identifikation mit den Gesellschaftsinteressen bei der anschließenden Abschlussprüfung nunmehr einen Mangel an Objektivität zu erleiden droht.[214] Darüber hinaus können Interessenkonflikte in dieser Konstellation auftreten, weil nachwirkende Pflichten aus der früheren Interessenvertretung bestehen, die zum Beispiel zur Verschwiegenheit verpflichten.[215]

Eine letzte Kategorie bilden schließlich Fälle der Einschüchterung, in denen der Interessenwahrer durch Drohung oder anderweitige (Verlust-)Ängste von einer angemessen Interessenwahrung abgehalten werden kann.[216]

E. Einteilung nach tatsächlichem Vorliegen? Realer und potenzieller, konkreter und abstrakter Interessenkonflikt

Der Vollständigkeit halber sei an dieser Stelle erwähnt, dass sich Interessenkonflikte auch nach ihrem tatsächlichen Vorliegen einteilen lassen. Diese Kategorisierung bedarf besonderer Betrachtung. Denn sie steht in engem Zusammenhang mit den allgemeinen Problemen, die sich bei der rechtlichen Adressierung von Interessenkonflikten auftun. Sie wird daher an entsprechender Stelle[217] untersucht.

---

213 Vgl. Empfehlung der EU-Kommission vom 16.05.2002, ABl. Nr. L 191 v. 19.07.2002, S. 22 (37): Anhang A, Lit. 3, 2. Absatz, Spiegelstrich 3 („Interessenvertretung") und 4 („Vertrautheit oder Vertrauen").

214 Vgl. *Hellwig*, ZIP 1999, S. 2117 (1922); *Müller*, Die Unabhängigkeit des Abschlussprüfers (2006), S. 95.

215 *Kumpan*, Der Interessenkonflikt im deutschen Privatrecht (2014), S. 40.

216 Empfehlung der EU-Kommission vom 16.05.2002, ABl. Nr. L 191 v. 19.07.2002, S. 22 (37): Anhang A, Lit. 3, 2. Absatz, Spiegelstrich 3 („Einschüchterung").

217 S. unten, Teil 1: § 5 C. II (= S. 84 ff.).

F. Zusammenfassung des Kapitels

1. Interessenkonflikte können ob ihrer Vielfalt nicht abschließend kategorisiert werden. Dennoch lassen sich einige universelle Kategorien finden. Ihre Definition erleichtert die Darstellung der Untersuchung.
2. Resultiert ein Interessenkonflikt aus dem konfligierenden Zusammentreffen von Mandanteninteresse und Eigeninteresse des Mandatars, wird er *interner Interessenkonflikt* genannt. Konfligiert das Mandanteninteresse hingegen mit einem anderen Fremdinteressen, zu dessen Wahrung sich der Interessenwahrer verpflichtet hat, liegt ein *externer Interessenkonflikt* vor.
3. Die Wahrscheinlichkeit, dass aus einem Interessenkonflikt tatsächlich auch eine konfliktbeeinflusste Verhaltensweise folgt, bestimmt die *Stärke des Interessenkonflikts*.
4. Je nach Dauer der Konfliktsituation ist ein Interessenkonflikt *punktuell* oder *dauerhaft*.
5. In Anschluss an die EU-Kommission und ohne Anspruch auf Abgeschlossenheit lassen sich fünf grundlegende Ursachen für Interessenkonflikte identifizieren: Unmittelbare Eigeninteressen materieller Art, Überprüfung eigener Leistungen, nahe persönliche Beziehungen, zu große professionelle Vertrautheit und Verlustängste.

§ 5 Die rechtliche Behandlung von Interessenkonflikten

> *Die Interessenkonflikte, die bei den verschiedenen Interessenwahrern auftreten, werden in Rechtsprechung und Lehre herkömmlich ganz unabhängig voneinander gelöst, eben so, wie sie im Aktien- oder Bankrecht bzw. bei dem jeweiligen Vertragstyp mehr oder weniger zufällig vor die Gerichte oder in den Sinn der Kommentatoren kommen. Bei einer Zusammenschau zeigt sich jedoch rasch, dass es eine Reihe allgemeiner Grundsätze rechtlicher Behandlung von Interessenwahrung und Interessenkonflikten gibt.*[218]
>
> *– Klaus Hopt (2004)*

A. Die interessenwahrungsrechtliche Treuepflicht und ihre Herleitung

Im Folgenden wird – ausgehend von einem kurzen rechtsvergleichenden Exkurs – dargelegt, dass in Interessenwahrungsverhältnissen eine einheitliche Pflichtenbindung des Mandatars besteht. Diese sog. Treuepflicht adressiert primär den adäquaten Umgang mit Interessenkonflikten. Anschließend wird deren Bestehen in den wichtigsten Interessenwahrungsverhältnissen nachgewiesen. Daran anknüpfend erfolgt eine Erörterung der Ansätze für die rechtliche Begründung der Treuepflicht. Hierauf aufbauend werden verallgemeinerungsfähige Maßstäbe für die Stärke der Pflichtenbindung herausgearbeitet. Abschließend werden die wichtigsten Ausprägungen der Treuepflicht in Form von Handlungsvorgaben für den Interessenwahrer untersucht.

I. Rechtsvergleichender Exkurs: *fiduciary relationships* im angelsächsischen Rechtsraum

Zur Beantwortung der Frage, wie und auf welcher dogmatischen Grundlage das deutsche Recht mit Interessenkonflikten umgeht, lohnt zunächst ein kurzer rechtsvergleichender Blick in die angelsächsischen Rechtsordnungen. Durch die herausragende Rolle der treuhandähnlichen Rechtsfigur des *trust*[219] hat schon früh eine einheitliche Betrachtungsweise von Interessenwahrungsverhältnissen und der

---

218 *Hopt*, ZGR 2004, S. 1 (25).

219 Die Rechtsfigur des *trust* ist einer der auffälligsten Normenkomplexe des englischen Rechts und wird zur Bewältigung einer Vielzahl von Aufgaben herangezogen. Die deutsche Rechtsordnung kennt ein derart einheitliches Treuhand-Rechtsinstitut nicht, *Bernstorff*, RIW 2007, S. 641 (641 f.), m.ausf.w.N.

vielfältigen Konstellationen des Interessenkonflikts stattgefunden. In engem Zusammenhang mit dem *trust* hat sich nämlich das allgemeine Rechtsinstitut der *fiduciary relationship* entwickelt.[220]

Eine solche *fiduciary relationship* entsteht zwischen Interessenwahrer („*fiduciary*") und Interessenoriginär („*beneficiary*") im Allgemeinen unter drei Voraussetzungen:[221] *Erstens* muss der *fiduciary* Verfügungsmacht über die (Vermögens-) Interessen des *beneficiary* haben. *Zweitens* muss der *fiduciary* zur Loyalität verpflichtet sein, weil er es freiwillig oder aufgrund gesetzlicher Regelung übernommen hat, diese Verfügungsgewalt nicht für eigene Zwecke zu nutzen. *Drittens* muss der *beneficiary* auf die Einhaltung dieser Loyalität vertrauen. Im Ergebnis umfassen die *fiduciary relationships* die Rechtsverhältnisse des *trust* sowie der trust-ähnlichen „*trust and confidence*".[222]

Der juristische Kern der Rechtsfigur "*fiduciary relationship*" ist die *obligation of fiduciary loyalty*, eine umfassende fiduziarische Treuepflicht:[223] Der *fiduciary* verpflichtet sich, nicht im Eigeninteresse, sondern „selbstlos und mit ungeteilter Loyalität"[224] im Interesse des *beneficiary* zu handeln.[225] Die fiduziarische Treuepflicht untergliedert[226] sich dabei in zwei Unterpflichten:

Nach der „*no-conflict rule*" muss der *fiduciary* die Situation des Konflikts zwischen seinen Eigeninteressen und den Interessen des *beneficiary* bzw. zwischen den Interessen zweier beneficiaries vermeiden.[227] Sofern eine Vermeidung des Konflikts zwischen Eigen- und *beneficiary*-Interessen nicht möglich ist, muss den Interessen des *beneficiary* der Vorzug gegeben werden.[228] Ein Konflikt zwischen den Interessen zweier beneficiaries ist in jedem Fall verboten.[229]

Nach der „*no-profit rule*" ist es dem *fiduciary* verboten, die *fiduciary relationship* zur persönlichen Gewinnerzielung auszunutzen, falls ihm dies nicht ausdrücklich gestattet wurde.[230]

---

220 Ausführlich zur historischen Entwicklung von *trust* und *fiduciary relationship: Rusch*, Gewinnhaftung bei Verletzung von Treuepflichten (2003), 15 ff.

221 *Rusch*, Gewinnhaftung bei Verletzung von Treuepflichten (2003), S. 32.

222 Vgl. *Rusch*, Gewinnhaftung bei Verletzung von Treuepflichten (2003), S. 193.

223 Bristol & West Building Society v Mothew [1998] EWCA Civ 533, S. 18; Law Commission Consultation Paper Nr. 350, Fiduciary Duties of Investment Intermediaries (2014), Rdnr. 1.19; *Conaglen*, Fiduciary Loyalty (2010), S. 1, m.ausf.w.N.

224 *Finn*, in: Equity, fiduciaries, and trusts (1989), S. 1 (4).

225 *Rusch*, Gewinnhaftung bei Verletzung von Treuepflichten (2003), S. 34, m.w.N.

226 *Rusch*, Gewinnhaftung bei Verletzung von Treuepflichten (2003), S. 34, m.w.N.

227 Bray v Ford [1896] AC 44; *Conaglen*, Fiduciary Loyalty (2010), S. 39; *Rusch*, Gewinnhaftung bei Verletzung von Treuepflichten (2003), S. 34.

228 Swain v The Law Society [1983] 1 AC 598.

229 Farrington v Rowe McBride & Partners [1985] 1 NZLR 83; Boardman v Phipps [1966] UKHL 2.

230 Bray v Ford [1896] AC 44; *Conaglen*, Fiduciary Loyalty (2010), S. 39; *Rusch*, Gewinnhaftung bei Verletzung von Treuepflichten (2003), S 34 f.

Der Doktrin der *fiduciary relationships* kommt eine gewichtige Rolle im anglo-amerikanischen Rechtsleben zu: Begeht ein *fiduciary* eine Treuepflichtverletzung („*breach of fiduciary duty*"), führt dies zu einer Reihe von Sanktionen, wie insbesondere einer Abschöpfung des Gewinns aus dem treuwidrigen Geschäft[231] und Schadensersatz[232].

Mit der Zeit haben sich typische Fallgruppen der *fiduciary relationships* herausgebildet. Demnach besteht eine *fiduciary relationship* etwa zwischen *trustee* und *beneficiary* in einem *trust*, zwischen Anwalt (*solicitor*) und Mandant in einem Rechtsberatungsverhältnis, zwischen *agent* und *principal* im universellen Fremdinteressenwahrungsverhältnis (*agency*)[233], zwischen dem geschäftsführenden Organ (*director*) und seiner Gesellschaft (*company*) und zwischen den Gesellschaftern einer Personengesellschaft (*partnership*).[234] Diesen Fallgruppen kommt deswegen eine besondere Bedeutung zu, weil das wesentliche Element jeder *fiduciary relationship* – nämlich die freiwillige bzw. gesetzlich angeordnete Übernahme der Treuepflicht durch den *fiduciary* – vor Gericht nicht gesondert festgestellt werden muss.[235] Darüber hinaus kommt der Fallgruppenbildung jedoch keine einschränkende Wirkung zu: Bei den *fiduciary relationships* handelt es nicht um eine abgeschlossene Gruppe. Im Gegenteil: Die Gerichte untersuchen den gesamten Pflichtenkomplex zwischen den Parteien nach dem oben dargestellten Schema und stellen so fest, ob eine *fiduciary relationship* vorliegt (sog. *fact-based approach*).[236]

Abschließend sei auf die Funktion des Konzepts von *fiduciary relationship* und *loyalty* eingegangen. Ausgangspunkt bildet die Erkenntnis, dass Interessenkonflikte die Wahrscheinlichkeit der Verletzung von nicht-fiduziarischen Pflichten im Interessenwahrungsverhältnis erhöht. Die haftungsbewährte fiduziarische Treuepflicht

---

231 Hierzu umfassend *Rusch*, Gewinnhaftung bei Verletzung von Treuepflichten (2003), S. 70 ff. Die *equitable remedies*, die das Gericht zur Gewinnabschöpfung ansetzt, sind vor allem der *constructive trust* (Giumelli v Giumelli [1999] HCA 10) und der *account of profits* (Dart Industries Inc v Decor Corporation Pty Ltd ("Lettuce Crisper case") [1993] HCA 54).

232 Nocton v Lord Ashburton [1914] AC 932.

233 Anders als im deutschen Recht unterliegen die Fremdinteressenwahrungsverhältnisse in England einer einheitlichen Betrachtung. Eine *agency* liegt stets vor, wenn der *principal* einen *agent* beauftragt, für ihn in irgendeiner Form tätig zu werden und der *agent* hiermit einverstanden ist, vgl. *Treitel/Peel*, The Law of Contract (2011), S. 752. Die agency ist sozusagen die Regelungsgrundform aller Arten von Auftrags- und Geschäftsbesorgungsverhältnisse, s. *Rusch*, Gewinnhaftung bei Verletzung von Treuepflichten (2003), S. 64 f., m.w.N.

234 Law Commission Consultation Paper Nr. 124, Fiduciary Duties and Regulatory Rules (1992), Rdnr. 2.4.3.

235 Sog. *status based approach*, s. Law Commission Consultation Paper Nr. 124, Fiduciary Duties and Regulatory Rules (1992), Rdnr. 2.3.4 m.V.a. *Flannigan*, Oxford Journal of Legal Studies 1989, S. 285 (301).

236 *Flannigan*, Oxford Journal of Legal Studies 1989, S. 285 (301); Law Commission Consultation Paper Nr. 124, Fiduciary Duties and Regulatory Rules (1992), Rdnr. 2.3.4; *Conaglen*, Fiduciary Loyalty (2010), S. 8, m.w.N.

beugt solchen Störungen präventiv vor, indem sie Handlungen bei Interessenkonflikten verbietet (*no-conflict rule*) und den Gewinn aus interessenkonfliktgeleiteten Handlungen dem *beneficiary* zuweist (*non-profit rule*). Insofern handelt es sich bei der fiduziarischen Treuepflicht um eine dienende Pflicht.[237] Ihre einheitliche Anwendung in allen Fremdinteressenwahrungsverhältnissen verleiht dem angelsächsischen Konzept zum Umgang mit Interessenkonflikten besonderen Charme.

II. Einheitliche fiduziarische Treuepflicht im deutschen Privatrecht?

Ein Rechtsinstitut, das in seiner Entwicklung und Betrachtung einer derart großen Einheitlichkeit unterliegt wie die *fiduciary loyalty*, gibt es im deutschen Privatrecht bislang nicht.[238] Dies dürfte daran liegen, dass die deutsche Treuhand im Gegensatz zum angelsächsischen *trust* vor allem in ihrer sachenrechtlichen Dimension betrachtet wurde (und wird) und so der Blick für die Gemeinsamkeiten des Treuhand-Innenverhältnisses verstellt wurde.[239] Ein eigenständiges Treuhandrecht, das eine Leitfunktion für die Bildung eines fiduziarischen Rechtsinstrumentariums hätte übernehmen können, konnte sich so bisher jedenfalls nicht entwickeln.[240]

Dies darf jedoch nicht darüber hinwegtäuschen, dass auch das deutsche Privatrecht eine Fülle von fiduziarischen Rechtsverhältnissen kennt, die eine dogmatische Grundlage eint. Wie bereits dargelegt[241], hat *Löhnig* diese Verhältnisse durch seinen weiten Treuhandbegriff von anderen Rechtsverhältnissen abgegrenzt und zusammengefasst. Ein vergleichender Blick auf die Treuhandverhältnisse im *Löhnig'schen* Sinne offenbart, dass diese mehr eint, als nur eine gleichförmige rechtskonstruktive Struktur. In allen Interessenwahrungsverhältnissen wird – wie im folgenden Abschnitt aufgezeigt – in irgendeiner Form die Existenz von besonderen Treuepflichten angenommen.

Besonders sind diese Treupflichten deshalb, weil sie einen Pflichtenstandard fordern, der den Grundsatz von Treu und Glauben (§ 242 BGB)[242] weit

---

237 So zum Ganzen *Conaglen*, Fiduciary Loyalty (2010), S. 269.

238 *Rusch*, Gewinnhaftung bei Verletzung von Treuepflichten (2003), S. 137 ff., 273, mit ausführlicher Darstellung der historischen Entwicklung; ähnlich *Kumpan*, Der Interessenkonflikt im deutschen Privatrecht (2014), S. 45.

239 S. bereits ausf. oben, Teil 1: § 2 C. III (= S. 20 ff.).

240 Vgl. *Löhnig*, Treuhand (2006), S. 830 ff.; 13 ff.; *Rusch*, Gewinnhaftung bei Verletzung von Treuepflichten (2003), S. 137 ff., 273, mit ausführlicher Darstellung der historischen Entwicklung; ähnlich *Kumpan*, Der Interessenkonflikt im deutschen Privatrecht (2014), S. 45.

241 S. oben, Teil 1: § 2 C. III (= S. 20 ff.).

242 Freilich würde es den Rahmen dieser Untersuchung sprengen, hier die Diskussion um den Normgehalt des § 242 BGB und all seine Pflichtenausprägungen darzustellen. An dieser Stelle müssen sich die Ausführungen daher darauf beschränken, dass § 242 BGB in erster Linie in solchen rechtlichen Sonderverbindungen eine

hinausgeht.[243] Schlagwortartig umrissen fordern sie mehr als bloße Rücksichtnahme auf die Interessen der anderen Partei, nämlich deren aktive Förderung bei gleichzeitiger Subordination von konkurrierenden Eigen- oder Drittinteressen.[244]

1. Bestandsaufnahme: Treuepflichten in den wichtigsten Interessenwahrungsverhältnissen

Im Folgenden wird das Bestehen dieser besonderen Treueplichten für die wichtigsten Interessenwahrungsverhältnisse nachgewiesen.

a) Besondere Treuepflicht bei Auftrag und Geschäftsbesorgung

Für den Auftrag und die Geschäftsbesorgung, die im Zusammenspiel nicht selten als „Grundmodell“ der Interessenwahrungsverhältnisse bezeichnet werden,[245] lässt sich die besondere Treuepflicht schon am Gesetzeswortlaut anknüpfen: So sprechen die §§ 662 ff. BGB wiederholt vom „Besorgen“ eines Geschäfts „für“ den

---

Korrekturfunktion übernimmt, in denen sich der Interessenausgleich zwischen den Parteien automatisch aus deren Interessengegensatz ergibt (vgl. bereits oben, Teil 1: § 1 B. I (= S. 9 ff.). Die Loyalitätspflicht in diesen Verhältnissen kann sich auf billige Rücksichtnahme beschränken. Dies zu gewährleisten, ist die wesentliche Funktion von § 242 BGB – vgl. *Olzen/Looschelders*, in: Staudinger BGB (2015), § 242 BGB, Rdnr. 209; *Krebs*, in: Nomos-Komm. BGB (2012), § 242 BGB, Rdnr. 5; *Staudinger*Ergänzungsband (2014); *Huber*, in: Staudinger – Eckpfeiler (2014), Kap. C, Rdnr. 26 ff. Der Charakter als einfache Rücksichtnahmepflicht spiegelt sich im Übrigen deutlich in den einzelnen Fallgruppen des § 242 BGB wider, hierzu ausführlich *Olzen/Looschelders*, in: Staudinger BGB (2015), § 242 BGB, Rdnr. 210 ff.

243 Grundlegend *Lutter*, AcP 180 (1980), S. 85 (103 f.); *Cahn*, in: FS Günther Wiese (1998), S. 71 (79); *Kumpan*, Der Interessenkonflikt im deutschen Privatrecht (2014), S. 99 f.; *Carrara*, Interessenkonflikte bei Interessenwahrungsverträgen (2005), S. 68 f.

244 In Bezug auf die Treuepflichten in den einzelnen Interessenwahrungsverhältnissen lässt sich diese Aussage mit einer Fülle von Nachweisen belegen (siehe an entsprechender Stelle in diesem Abschnitt). Als übergreifendes Rechtsinstitut, das verallgemeinernd in allen Interessenwahrungsverhältnissen gilt, wird die Interessentreuepflicht jedoch bislang außerdem nur von *Kumpan* begriffen: *Kumpan*, Der Interessenkonflikt im deutschen Privatrecht (2014), S. 89. Sehr ähnlich aber auch: BGH, Beschluss vom 20.01.2009 – XI ZR 510/07, juris, Rdnr. 12 („zivilrechtlich allgemein anerkannte Grundsatz der Vermeidung von vertragswidrigen Interessenkonflikten“), *Löhnig*, Treuhand (2006), S. 185 ff., 834; *Grundmann*, Der Treuhandvertrag (1997), S. 92 f.; *Carrara*, Interessenkonflikte bei Interessenwahrungsverträgen (2005), S. 19 ff., 199 f. („Die allgemeinen Regeln der Interessenwahrungsverträge – nämlich die Loyalitätspflicht des Interessenwahrers und die Verhaltensregeln der Transparenz und der Enthaltung bei Interessenkonflikten – weisen eine Allgemeingültigkeit auf“).

245 *Berger*, in: Erman BGB (2014), § 662 BGB Rdnr. 3; vgl. *Martinek*, in: Staudinger BGB (2006), Vorb. zu §§ 662 ff. BGB, Rdnr. 33; *Kumpan*, Der Interessenkonflikt im deutschen Privatrecht (2014), S. 101.

Auftraggeber bzw. Geschäftsherrn.[246] Hiermit ist gemeint, dass der Beauftragte zu einer gewissenhaften und umfassend an den Interessen des Auftraggebers ausgerichteten Auftragsausführung, kurzum zur Loyalität, verpflichtet ist.[247]

Diese „auftrags- bzw. geschäftsbesorgungsrechtliche Treuepflicht" durchzieht entsprechend alle Ausformungen von vertraglichen Interessenwahrungsverhältnissen, die eine Geschäftsbesorgung darstellen.[248] Dies gilt etwa für die Mandatierung von Rechtsanwälten, Steuerberatern, Wirtschaftsprüfern oder bankrechtliche Geschäftsbesorgungsverträge. In manchen gesetzlich weiter ausgeprägten Geschäftsbesorgungsverhältnissen wird die auf umfassende Interessenwahrung ausgerichtete Treuepflicht vom Gesetz sogar nahezu explizit erwähnt: Dies gilt zum Beispiel für den Handelsvertreter (§ 86 Abs. 1 Hs. 2 HGB) oder den Kommissionär (§ 384 Abs. 1 Hs. 2 HGB).

Für die unüberschaubare Fülle von Geschäftsbesorgungsverhältnissen[249] kann abschließend und allgemeinverbindlich festgehalten werden: Der Mandatar[250] ist dem Geschäftsherrn zu besonderer Loyalität verpflichtet[251]; er schuldet nicht nur die „gewöhnliche" Rücksichtnahme nach Treu und Glauben bei der Wahrnehmung seiner eigenen Interessen, sondern deren strenge Subordination unter die Interessen des Mandanten.[252] Damit wird deutlich: Die auftrags- und geschäftsbesorgungsrechtliche Treuepflicht ist nicht bloß eine Ausprägung des allgemeinen Rechtsgedankens von

---

246 *Martinek*, in: Staudinger BGB (2006), § 662 BGB, Rdnr. 25.

247 Für den Auftrag: Vgl. schon RG, Urteil vom 29.10.1919 – I 125/19, RGZ 97, 61–66 (65 f.): „Von der Besorgung eines Geschäfts für einen anderen kann nur dann die Rede sein, wenn eine Tätigkeit ausgeübt wird, die an und für sich der Sorge des anderen obliegen würde, *durch die daher das Interesse des anderen gefördert wird.* Die Tätigkeit muss Gegenstand der Sorge des anderen sein, und diese Sorge muss ihm von dem Handelnden durch sein Eintreten abgenommen sein."; vgl. BGH, Urteil vom 24.02.1982 – IVa ZR 306/80, juris, Rdnr. 18 f.; *Martinek*, in: Staudinger BGB (2006), § 662 BGB, Rdnr. 25 f., mit Kritik an der Faustformel des RG; *Seiller*, in: Münch. Komm. BGB (2012), § 662 BGB, Rdnr. 36 f.
Für die Geschäftsbesorgung: Vgl. schon RG, Urteil vom 23.11.1904 – V 215/04, RGZ 59, 190–192 (192) und RG vom 12.06.1911 – II 14/11, RGZ 76, 345–350 (347 f.); BGH, Urteil vom 11.02.1960 – VII ZR 206/58, BGHZ 32, 67–72, zit. n. juris, Rdnr. 21; *Martinek*, in: Staudinger BGB (2006), § 675 BGB, Rdnr. A 4: „interessenstrukturelle Grundfigur"; *Heermann*, in: Münch. Komm. BGB (2012), § 675 BGB, Rdnr. 13.

248 Vgl. *Martinek*, in: Staudinger BGB (2006), § 675 BGB, Rdnr. A 55 f., m.w.N.

249 Der Auftrag kann bei dieser Betrachtung weitgehend außer Acht gelassen werden, da er für das wirtschaftliche Leben nur von untergeordneter Bedeutung ist. Dies dürfte daran liegen, dass die unentgeltliche Ausführung von Geschäften für einen anderen außerhalb von reinen Gefälligkeitsverhältnissen in unserer Wirtschafts- und Sozialordnung kaum vorkommt, so *Martinek*, in: Staudinger BGB (2006), § 675 BGB, Rdnr. B 1.

250 Zur Terminologie von „Mandatar" und „Geschäftsherr" s. *Esser/Weyers*, Schuldrecht Bd. II – Besonderer Teil (1998), § 35 I. 1. d).

251 *Martinek*, in: Staudinger BGB (2006), § 675 BGB Rdnr. A 55 f., m.w.N.

252 *Martinek*, in: Staudinger BGB (2006), Vorb. zu §§ 662 ff. BGB, Rdnr. 28.

Treu und Glauben, sondern setzt einen höheren Pflichtenstandard.[253] Ihr kommt eine herausgehobene, konstitutive Bedeutung zu, die mit dem nebenpflichtartigen Charakter des § 242 BGB nicht vereinbar ist. Sie ist „Quelle und Maßstab für die konkrete Rechts- und Pflichtenposition“[254] oder mit anderen Worten:

> *„In der variablen, situationsangepaßten und allgemeingültig eben nur durch das Treueverhältnis zu umschreibenden Wahrung der Interessen des Partners besteht das eigentliche Hauptleistungsprogramm“*[255].

Eine derart offene, generalklauselartige Bestimmung der eigentlichen Hauptleistungspflichten eines kodifizierten Vertragstypus mag auf den ersten Blick überraschen. Sie ist aufgrund der unüberblickbaren Vielfalt der in der Realität anzutreffenden Geschäftsbesorgungsverhältnisse und der darin vorhandenen Interessenlagen jedoch zwingend erforderlich.[256] Außerdem haben Gesetzgeber, Rechtsprechung und Literatur in jahrzehntelanger Arbeit Fallgruppen herausgearbeitet, die einen rechtssicheren Umgang mit der Treuepflicht ermöglichen; so kann sich die Treuepflicht insbesondere zur Prüfungs-, Aufklärungs-, Hinweis-, Verschwiegenheits- oder Warnpflicht konkretisieren.[257]

Indem sie die Interessen des Mandanten zum einzigen Maßstab des „Wie“[258] der Auftrags- bzw. Geschäftsbesorgungsausführung erhebt und dem Mandatar die Wahrnehmung eigener Interessen grundsätzlich verbietet, schaffen die Treuepflicht und ihre zahlreichen Ausprägungen gleichzeitig ein effektives Normprogramm zum Umgang mit Interessenkonflikten. Dies ist zwingend erforderlich, da Interessenkonflikte die erfolgreiche Vertragsdurchführung gefährden und der Auftrag sowie die Geschäftsbesorgung als Fremdinteressenwahrungsverhältnisse gleichzeitig ein großes Interessenkonfliktspotenzial bieten.[259] Damit liegt in der Vermeidung von Interessenkonflikten (und interessenkonfliktgeleitetem Handeln) ein zweiter Hauptzweck der Treuepflicht. Der BGH misst der Pflicht zur „Vermeidung von vertragswidrigen Interessenkonflikten“ sogar die Qualität eines „zivilrechtlich allgemein anerkannten Grundsatz[es]“

---

253 *Seiller*, in: Münch. Komm. BGB (2012), § 662 BGB, Rdnr. 37; für den höheren Pflichtenstandard, nicht jedoch gegen die Einordnung als Unterfall von § 242 BGB *Martinek*, in: Staudinger BGB (2006), § 675 BGB, Rdnr. A 55. Vgl. außerdem allgemein *Kumpan*, Der Interessenkonflikt im deutschen Privatrecht (2014), S. 99 und *Grundmann*, Der Treuhandvertrag (1997), S. 148 ff., jeweils m.w.N.

254 *Martinek*, in: Staudinger BGB (2006), § 675 BGB, Rdnr. A 55.

255 *Esser/ Weyers*, Schuldrecht Bd. II – Besonderer Teil (1998), § 35 I. 1. a).

256 Vgl. außerdem bereits oben, Teil 1: § 3 C (= S. 48 ff.), wo die Offenheit des Leistungsprogramms als Wesensmerkmal der unvollständigen Verträge im Sinne der Theorie der relationalen Verträge dargestellt wurde.

257 *Martinek*, in: Staudinger BGB (2006), § 662 BGB, Rdnr. 32, m.w.N. zur Rspr.

258 *Martinek*, in: Staudinger BGB (2006), § 662 BGB, Rdnr. 25.

259 Vgl. *Weller*, ZBB 2011, S. 191 (192).

bei.[260] Dies spiegelt sich vor allem in zwei Ausprägungen der auftrags- und geschäftsbesorgungsrechtlichen Treuepflicht wider: *Zum einen* in der präventiv-abschreckend wirkenden Haftung bei interessenkonfliktbeeinflusstem (und damit treuwidrigem) Verhalten, *zum anderen* in der Aufklärungspflicht des Mandatars. Gerade diese Pflicht des Mandatars zur Aufklärung über das Bestehen eines Interessenkonflikts[261] ist in den vergangenen Jahren im Zusammenhang mit der Anlageberatung[262] verstärkt in den Fokus der geschäftsbesorgungsrechtlichen Rechtsprechung gerückt.[263]

b) Treuepflichten im Gesellschaftsrecht

Weiterhin spielen Treuepflichten im Gesellschaftsrecht eine besondere Rolle, wo sie gar als „gesellschaftsrechtliche Generalklausel"[264] gelten. Im Wesentlichen sind sie in zwei Ausprägungen bekannt: Der mitgliedschaftlichen bzw. gesellschaftsrechtlichen und der organschaftlichen Treuepflicht.

aa) Mitgliedschaftliche/Gesellschaftsrechtliche Treuepflicht

Die mitgliedschaftliche (synonym: gesellschaftsrechtliche) Treuepflicht wird von Rechtsprechung und Literatur rechtsformübergreifend[265] als allgemeines Verbandsprinzip

---

260 BGH, Beschluss vom 20.01.2009 – XI ZR 510/07, juris, Rdnr. 12; bestätigt durch eine Vielzahl von OLG Entscheidungen, vgl. die Nachweise bei BGH, Beschluss vom 20.01.2009 – XI ZR 510/07, juris, vor Rdnr. 1 („Diese Entscheidung wird zitiert – Rechtsprechung"), s. etwa OLG Köln, Beschluss vom 07.02.2014 – 13 U 162/13, juris, Rdnr. 7; OLG Stuttgart, Urteil vom 04.03.2010 – 13 U 42/09, juris, Rdnr. 45; OLG Frankfurt, Urteil vom 20.10.2009 – 14 U 98/08, juris, Rdnr. 12.

261 Dass sich diese Pflicht zur Offenlegung von Interessenkonflikten aus der allgemeinen Treuepflicht ergibt, lässt sich bereits den Motiven zum BGB entnehmen, vgl. Motive zum BGB (1899), zit. n. *Mugdan*, Bd. II S. 300; vgl. außerdem *Martinek*, in: Staudinger BGB (2006), § 666 BGB, Rdnr. 6. Darüber hinaus findet sie aber auch in § 666 BGB eine normative Grundlage, statt vieler *Kumpan*, Der Interessenkonflikt im deutschen Privatrecht (2014), S. 247, m.ausf.w.N.

262 Bei der nicht-kodifizierten Anlageberatung handelt es sich nach h.M. um einen Geschäftsbesorgungsvertrag, BGH, Urteil vom 03.03.2011 – III ZR 170/10, juris, Rdnr. 7; statt vieler *Martinek*, in: Staudinger BGB (2006), § 675 BGB, Rdnr. B 7 und *Weller*, ZBB 2011, S. 191 (197 f.), jeweils m.w.N.

263 Grundlegend BGH, Urteil vom 22.03.2011 – XI ZR 33/10, BGHZ 189, 13–32, zit. n. juris, Rdnr. 34; außerdem BGH, Urteil vom 20.01.2015 – XI ZR 316/13, juris, Rdnr. 31; BGH, Urteil vom 03.06.2014 – XI ZR 147/12, BGHZ 201, 310–323, zit. n. juris, Rdnr. 20 f., m.w.N. zur Rspr.; BGH, Urteil vom 03.03.2011 – III ZR 170/10, juris, Rdnr. 14 f.; BGH, Urteil vom 19.12.2006 – XI ZR 56/05, BGHZ 170, 226-235, zit. n. juris, Rdnr. 23; umfangreiche Darstellung zur Aufklärungspflicht des Anlageberaters bei Interessenkonflikten außerdem bei *Weller*, ZBB 2011, S. 191 (195 f.)

264 *Raiser/Veil*, Recht der Kapitalgesellschaften (2010, Altauflage), § 28, Rdnr. 35; immer noch ähnlich in *Raiser/Veil*, Recht der Kapitalgesellschaften (2015), § 11, Rdnr. 45 ff.

265 So ausdrücklich BGH, Urteil vom 01.02.1988 – II ZR 75/87 ("Linotype"), BGHZ 103, 184–197, zit. n. juris, Rdnr. 18: „[Es kann] für die Annahme einer gesellschaftsrechtlichen

mit Gesetzesqualität anerkannt.[266] Sie gebietet die Wahrung der Interessen von Mitgesellschaftern und Gesellschaft in mehrerlei Form: Begrenz werden nicht nur die Rechte der einzelnen Gesellschafter bei der Ausübung ihrer Mitverwaltungs- und Kontrollrechte, sondern auch diejenigen der Gesellschaftermehrheit bei jeglicher Form der Einflussnahme auf die Gesellschaft.[267] Daneben kann die gesellschaftsrechtliche Treuepflicht in personalistisch ausgeprägten Gesellschaften sogar zur Begründung von Pflichten führen, wie etwa der Zustimmung zu einem Sanierungsversuch[268].

Insofern reicht auch das Pflichtenprogramm der mitgliedschaftliche Treuepflicht über den normalen Rücksichtnahmestandard des § 242 BGB hinaus.[269] In erster Linie betrifft dies jedoch die Pflichtenkomponente der Förderung des Gesellschaftsinteresses.[270] Die Pflicht zur Unterordnung der Eigeninteressen unter die Interessen der anderen Mitglieder ist hingegen schwach ausgeprägt und trägt eher die Merkmale einer verstärkten Rücksichtnahmepflicht, als diejenigen eines strengen Subordinationsgebots: Die Verfolgung eigener Interessen ist einem Mitglied auch dann nicht *per se* verboten, wenn dadurch ein Konflikt mit den Interessen anderer Mitglieder entsteht; erforderlich ist lediglich erhöhte Rücksichtnahme.[271] Eine strenge Unterordnung der eigenen Interessen ist – anders etwa als bei der Geschäftsbesorgung – nicht geboten. Da die Interessentreuepflicht nach der hier vertretenen Auffassung die zentrale Antwort der Privatrechtsdogmatik auf die Lösung von Interessenkonflikten ist, kommt der Pflichtenkomponente der Eigeninteressensubordination allerdings eine besondere Bedeutung zu. Dies liegt daran, dass die Verpflichtung zur Unterordnung der eigenen Interessen in erster Linie ein eindeutiges Programm zur Lösung von Interessenkonflikten darstellt.

Im Ergebnis wird man die mitgliedschaftliche Treuepflicht nur in begrenztem Maße als Interessentreuepflicht deuten können.[272] Dieser Befund korreliert mit der

---

Treupflicht nicht auf die Rechtsform der Gesellschaft, sondern im Wesentlichen nur auf ihre innere Struktur ankommen"; ausführlich *Henze*, BB 1996, S. 489, *passim*, m.w.N.

266 Statt vieler *Würthwein*, in: Spindler/Stilz, AktG (2015), § 243 AktG, Rdnr. 159, m.w.N.

267 *Wiedemann*, Gesellschaftsrecht Bd. I (1980), § 8 II. 3.

268 BGH, Urteil vom 19.10.2009 – II ZR 240/08 ("Sanieren oder Ausscheiden"), BGHZ 183, 1–13.

269 BGH, Urteil vom 01.02.1988 – II ZR 75/87 ("Linotype"), BGHZ 103, 184–197, zit. n. juris, Rdnr. 18 und BGH, Urteil vom 16.02.1976 – II ZR 61/74 ("Audi/NSU"), juris, Rdnr. 9: „... Treupflicht im Sinne einer über die allgemeinen Rechtsgrundsätze der §§ 226, 242 und 826 BGB hinausgehenden Bindung zwischen Aktionären ..."; *Lutter*, AcP 180 (1980), S. 85 (103 f.), m.w.N.

270 In seiner wegweisenden Abhandlung zur Theorie der Mitgliedschaft hat *Lutter* die mitgliedschaftliche Treuepflicht als „allgemeine Förderpflicht" bezeichnet, *Lutter*, AcP 180 (1980), S. 85 (102 ff.).

271 BGH, Urteil vom 10.06.1991 – II ZR 234/89, juris, Rdnr. 7; *Fleischer*, WM 2003, S. 1045 (1047); *Bayer*, in: Lutter/Hommelhoff, GmbHG (2012), § 14 GmbHG, Rdnr. 24; *Kumpan*, Der Interessenkonflikt im deutschen Privatrecht (2014), S. 114; vlg. auch *Lutter*, AcP 180 (1980), S. 85 (123 ff.).

272 Ähnlich *Kumpan*, Der Interessenkonflikt im deutschen Privatrecht (2014), S. 114.

bereits oben[273] herausgestellten Einordnung der Gesellschaft als Interessengemeinschaftsverhältnis.

bb) Organschaftliche Treuepflicht

Auch die organschaftliche Treuepflicht ist für alle Gesellschaftsformen allgemein anerkannt und wurde durch Fallgruppenbildung in Rechtsprechung und Literatur weiter konkretisiert. Sie gilt in allen Gesellschaftsformen[274] und für alle Organe.[275]

Das Element der Eigeninteressensubordination ist im Vergleich zur mitgliedschaftlichen Treuepflicht bei der organschaftlichen Treuepflicht deutlich ausgeprägter:

> *„Die Gesellschaft darf erwarten, daß ihre Organe bei der Wahrnehmung der ihnen übertragenen Aufgaben allein das Wohl des Unternehmens und nicht ihren eigenen wirtschaftlichen Nutzen verfolgen."*[276] *Daher „muß ein Geschäftsführer in allen Angelegenheiten, die das Interesse der Gesellschaft berühren, allein deren Wohl und Wehe und nicht seinen eigenen Nutzen oder den Vorteil anderer im Auge haben."*[277]

Dieser Pflichtenstandard geht über die allgemeinen Rechtsgrundsätze von Treu und Glauben weit hinaus.[278]

---

273 S. oben, 0 (= S. 9 ff.).

274 Grundlegend zur Rechtsformunabhängigkeit *K. Schmidt*, Gesellschaftsrecht (2002), S. 589 ff.

275 Für den Geschäftsführer der GmbH: BGH, Urteil vom 21.02.1983 – II ZR 183/82, juris, Rdnr. 7; statt aller *Kleindiek*, in: Lutter/Hommelhoff, GmbHG (2012), § 43 GmbHG, Rdnr. 19 und *Fleischer*, in: Münch. Komm. GmbHG (2012), § 43 GmbHG, Rdnr. 152, jeweils m.w.N.
Für den Vorstand der AG: BGH, Urteil vom 26.03.1956 – II ZR 57/55, BGHZ 20, 239–250, zit. n. juris, Rdnr. 40; statt vieler *Hopt*, in: Großkomm. AktG (2008), § 93 AktG, Rdnr. 145 und *Fleischer*, in: Fleischer, HdB. Vorstandsrecht (2006), § 9 Rdnr. 1, jeweils m.w.N.
Für den Aufsichtsrat von AG und GmbH: allg.M., hier nur OLG Stuttgart, Urteil vom 29.02.2012 – 20 U 3/11, juris, Rdnr. 190, m.w.N. Umfassende Untersuchung der Treuepflicht des Aufsichtsrats unten, xxx. m.ausf.w.N. (Fn. Xxx).
Für den Geschäftsführer bei Personengesellschaften: BGH, Urteil vom 23.09.1985 – II ZR 257/84, juris, Rdnr. 18; BGH, Urteil vom 04.12.2012 – II ZR 159/10, juris, Rdnr. 20 f.; *Schäfer*, in: Münch. Komm. BGB (2013), § 709 BGB, Rdnr. 28, 30; *Roth*, in: Baumbach/Hopt, HGB (2015), § 114 HGB, Rdnr. 15; *Westermann*, in: Erman BGB (2014), § 709 BGB, Rdnr. 17 („... Treupflicht [...],die als allg. Institut auch für eine nicht unternehmerisch tätige Gesellschaft besteht...").

276 BGH, Urteil vom 08.05.1967 – II ZR 126/65, juris, Rdnr. 10.

277 BGH, Urteil vom 10.02.1977 – II ZR 79/75, juris, Rdnr. 13 und BGH, Urteil vom 21.02.1983 – II ZR 183/82, juris, Rdnr. 7.

278 BGH, Urteil vom 01.02.1988 – II ZR 75/87 ("Linotype"), BGHZ 103, 184–197, zit. n. juris, Rdnr. 18; vgl. *Olzen/Looschelders*, in: Staudinger BGB (2015), § 242 BGB, Rdnr. 992 ff., m.w.N.; *Fleischer*, in: Fleischer, HdB. Vorstandsrecht (2006), § 9, Rdnr. 3.

Hauptzweck der organschaftlichen Treuepflicht ist die Vermeidung von Interessenkonflikten bzw. interessenkonfliktgeleitetem Handeln des Gesellschaftsorgans.[279] Dies spiegelt sich in den verschiedenen fallgruppenartigen Ausprägungen der allgemeinen Pflichtenstellung wider, die von der Rechtspraxis entwickelt wurden, um der generalklauselartigen Treuepflicht zur Subsumtionsfähigkeit zu verhelfen[280]. So folgen aus der allgemeinen Treuepflicht insbesondere die konkreten Gebote, Geschäftschancen der Gesellschaft nicht an sich zu ziehen,[281] Interessenkonflikte gegenüber der Gesellschaft bzw. den Gesellschaftern offenzulegen[282] und Eigengeschäfte mit der Gesellschaft nur *„at arm's length“* durchzuführen[283].

---

279 So *Fleischer*, WM 2003, S. 1045 (1049); *Fleischer*, in: Münch. Komm. GmbHG (2012), § 43 GmbHG, Rdnr. 161; *Haas/Ziemons*, in: Michalski, GmbHG (2010), § 43 GmbHG, Rdnr. 87; *Schneider/Crezelius*, in: Scholz, GmbHG (2013), § 43 GmbHG, Rdnr. 152; *Altmeppen*, in: Roth/Altmeppen, GmbHG (2012), § 43 GmbHG, Rdnr. 27; *Bayer/Scholz*, ZIP 2015, S. 1853 (1858); *Kumpan*, in: Hopt, eur. Wirtschaftsrecht vor neuen Herausforderungen (2014), S. 119 (123 ff.). *Fleischer*, in: Fleischer, HdB. Vorstandsrecht (2006)

280 Zur Konkretisierung der Treuepflicht-Generalklausel durch Fallgruppen s. *Fleischer*, in: Münch. Komm. GmbHG (2012), § 43 GmbHG, Rdnr. 161.

281 Zur sog. Geschäftschancenlehre statt vieler BGH, Urteil vom 04.12.2012 – II ZR 159/10, juris, Rdnr. 20 ff. m.w.N. und *Fleischer*, in: Spindler/Stilz, AktG (2015), § 93 AktG, Rdnr. 136 ff., m.ausf.w.N.

282 Allgemein *Hopt*, ZGR 2004, S. 1 (25), *Fleischer*, WM 2003, S. 1045 (1050).
Organe von Verein und Personengesellschaften: §§ 27 Abs. 3, 713 BGB i.V.m. § 666 BGB.
Geschäftsführer der GmbH: *Fleischer*, in: Münch. Komm. GmbHG (2012), § 43 GmbHG, 163.
Vorstand der AG: KG Berlin, Urteil vom 11.03.2005 – 14 U 137/03, juris, Rdnr. 22 ff.; *Ringleb*, in: Ringleb/Kremer/Lutter/v.Werder/, DCGK Komm. (2014), 4.3.4 DCGK, Rdnr. 830 ff.; *Hopt*, in: Großkomm. AktG (2008), § 93 AktG, Rdnr. 185, m.w.N.
Aufsichtsrat der AG: *Kremer*, in: Ringleb/Kremer/Lutter/v.Werder/, DCGK Komm. (2014), Ziffer 5 DCGK, Rdnr. 1097 ff.; *Hopt/Roth*, in: Großkomm. AktG (2006), § 100 AktG, Rdnr. 165, m.w.N.; *Habersack*, in: MünchKomm. AktG (2013), § 100 AktG, Rdnr. 93.
Die Verpflichtung zur Offenlegung lässt sich für die Organe juristische Personen im Grunde nach auch aus dem Verweis von § 27 Abs. 3 BGB auf § 666 BGB herleiten. Denn der Verein ist nach allgemeiner Meinung das Grundmodell aller juristischen Personen. Freilich muss die Anwendung des bürgerlichen Vereinsrechts im Einzelfall geprüft werden, denn es wird an vielen Stellen von besonderen Regelungen überlagert. Hierzu *Raiser/Veil*, Recht der Kapitalgesellschaften (2015), § 9 Rdnr. 2, § 24 Rdnr. 2; *K. Schmidt*, Gesellschaftsrecht (2002), S. 797 („Das deutsche Aktienrecht wurzelt in dem Verständnis der AG als eines «Aktienvereins».“); *Westermann*, in: Erman BGB (2014), Vorb. zu §§ 21 ff. BGB, Rdnr. 14; *Fleischer*, in: Münch. Komm. GmbHG (2015), Vorb. zu § 1 GmbHG, Rdnr. 152 f.; *Heider*, in: MünchKomm. AktG (2008, Altauflage), § 1 AktG, Rdnr. 15 ff.

283 Statt vieler *Hopt*, in: Großkomm. AktG (2008), § 93 AktG, Rdnr. 159 und *Fleischer*, in: Münch. Komm. GmbHG (2012), § 43 GmbHG, Rdnr. 170 ff, jeweils m.w.N.

Die generalklauselartige organschaftliche Treuepflicht wird durch einige besondere gesetzliche Regelungen konkretisiert.[284] Dies betrifft zum Beispiel das Wettbewerbsverbot des Vorstands[285], die Verschwiegenheitspflichten von Vorstand[286] und Aufsichtsrat[287] oder die besonderen Vertretungsregelungen für Verträge der Gesellschaft mit ihren Organen[288]. Daneben enthält der DCGK für Vorstand und Aufsichtsrat der AG zahlreiche detaillierte Empfehlungen für den Umgang mit Interessenkonflikten.[289]

c) „Treuepflichten" von gesetzlichen Interessenwahrern

Es gibt auch Interessenwahrer, die nicht von Privatrechtssubjekten, sondern von einer besonders legitimierten Stelle zur Interessenwahrung einer anderen Partei eingesetzt werden. Hierunter fallen insbesondere der (vorläufige) Insolvenzverwalter, der (vorläufige) Gläubigerausschuss, der Testamentsvollstrecker und die familienrechtlichen Interessenwahrer (Vormund, Pfleger und Betreuer), welche allesamt vom Gericht bestellt bzw. legitimiert werden[290]. Diese Interessenwahrer werden im Folgenden als *gesetzliche Interessenwahrer* bezeichnet.

Auch bei gesetzlichen Interessenwahrungsverhältnissen liegt ein Fremdinteressenwahrungsverhältnis vor, das dem Interessenwahrer die Pflicht zur Fremdinteressenförderung auferlegt und gleichzeitig die Wahrnehmung konkurrierender Eigen- oder Drittinteressen streng verbietet.[291] Diese Pflichtenstellung ist im Vergleich zu den privatautonom bestimmten Interessenwahrern besonders häufig normativ angeknüpft. Mit anderen Worten sehen die einschlägigen Gesetzesvorschriften an vielen Stellen Pflichten oder Verbote vor, welche die Verfolgung von Eigeninteressen verbieten und

---

284 *Kumpan*, in: Hopt, eur. Wirtschaftsrecht vor neuen Herausforderungen (2014), S. 119 (125).

285 § 88 AktG.

286 § 93 Abs. 1 S. 3 AktG.

287 § 116 S. 2 AktG.

288 §§ 112, 114 f. AktG.

289 Insb. Ziffern 4.3 und 5.3 DCGK.

290 Gerichtliche Bestellung des vorläufigen Insolvenzverwalters: § 21 Abs. 2 Nr. 1, § 22 InsO; des Insolvenzverwalters: § 27 Abs. 1 InsO; des vorläufigen Gläubigerausschusses: § 21 Abs. 2 Nr. 1a, § 22a Abs. 1 InsO; des Gläubigerausschusses: § 67 InsO; des Vormunds: § 1789 BGB; des Pflegers: § 1789 i.V.m. § 1915 BGB; des Betreuers: §§ 1896 f. BGB. Der Testamentsvollstrecker wird nur zwar nur im Falle des § 2200 BGB durch das Nachlassgericht bestimmt; das Amt beginnt aber erst mit Annahmeerklärung gegenüber den Nachlassgericht, § 2202 BGB, und der Testamentsvollstrecker kann vom Nachlassgericht aus wichtigem Grund entlassen werden, § 2227 BGB.

291 Zur Interessenwahrungspflicht des Insolvenzverwalters ausführlich *Kumpan*, KTS 2010, S. 169, *passim*; zur Interessenwahrungspflicht der (vorläufigen) Gläubigerausschussmitglieder *Schulz*, Treuepflichten unter Insolvenzgläubigern (2003), S. 134 ff.

zur Förderung der Fremdinteressen aufrufen. Die Pflicht und ihre Ausprägungen gehen dabei über das Niveau bloßer Rücksichtnahme i.S.v. § 242 BGB weit hinaus. Es würde den Rahmen dieser Untersuchung sprengen, alle relevanten Normen und Ausprägungen aufzuzählen und zu untersuchen. Daher seien nur einige Regelungen exemplarisch aufgeführt: So verbietet etwa § 1805 BGB[292] den familienrechtlichen Interessenwahrern, bei der Vermögensverwaltung eigene Zwecke zu verfolgen. Gleichzeitig statuieren diverse Regelungen die Verpflichtung zur umfassenden Fremdinteressenwahrung von Mündel[293], Betreutem[294] und Pfleglings[295].

Die Ausführungen belegen: Eine allgemeine Interessentreuepflicht wird auch bei gesetzlichen Interessenwahrungsverhältnissen angenommen. Die Pflichtenausprägungen sind mit denen der auftrags- bzw. geschäftsbesorgungsrechtlichen[296] sowie organschaftlichen Treuepflicht vergleichbar: Interessenkonflikte sind offenzulegen, können zur Unvereinbarkeit mit dem Amt führen und ernste Haftungsfolgen auslösen.[297]

2. *Folgerungen für sämtliche Interessenwahrungsverhältnisse im Wege des Induktionsschlusses*

In allen untersuchten Interessenwahrungsverhältnissen wird also in irgendeiner Form das Bestehen von besonderen Treuepflichten angenommen, die eine Förderung der Mandanteninteressen und die Unterordnung der Eigen- bzw. Drittinteressen des Mandatars fordern. An dieser Stelle wird daher im Wege des Induktionsschlusses darauf geschlossen, dass der Mandatar dem Mandanten in sämtlichen Interessenwahrungsverhältnissen zu besonderer Treue verpflichtet ist. Ob der ungreifbaren Fülle der möglichen Interessenwahrungsverhältnisse kann ein restloser Nachweis dieser These zwar nicht erbracht werden. Die aufgezeigten Gemeinsamkeiten erlauben jedoch, die These von der Existenz einer universellen interessenwahrungsrechtlichen Treuepflicht im Folgenden als Arbeitshypothese aufzustellen.

---

292 § 1805 gilt für den Vormund direkt, für den Betreuer i.V.m. § 1908i Abs. 1 BGB und für den Pfleger i.V.m. § 1915 Abs. 1 BGB.

293 Insb. § 1793 Abs. 1 BGB „zu sorgen".

294 Insb. § 1901 BGB.

295 Vgl. § 1793 Abs. 1 BGB i.V.m. § 1915 Abs. 1 BGB.

296 Die Rechtsprechung hat die Vorschrift des § 667 BGB sogar explizit auf Vormundschaft und Pflegschaft angewendet, RG, Urteil vom 30.05.1940 – V 240/39, RGZ 164, 98–106, zit. n. juris, S. 103: „Die der Notwendigkeit unbedingter Redlichkeit im Verkehr entspringende Vorschrift des § 667 BGB, sowie der Gedanke, daß demjenigen, dessen Geschäfte geführt werden, die gesamten Vorteile aus der Geschäftsführung gebühren, treffen auf Vormund und Pfleger in gleicher Weise wie auf den rechtsgeschäftlich Beauftragen zu."

297 Zu den einzelnen Pflichtenausprägungen s. ausf. unten, Teil 1: § 5 C (= S. 82 ff.).

3. *Rechtsfunktionelle Begründung der allgemeinen Interessentreuepflicht*

Die vorangehenden Untersuchungen waren rein empirischer Natur. Es wurde lediglich nachgewiesen, dass in allen privatrechtlichen Interessenwahrungsverhältnissen eine gleichförmige Treuepflichtenbindung des Mandatars an die Interessen des Mandanten besteht. Die Treuepflicht ist allerdings zu abstrakt, um hieraus konkrete Pflichtenpositionen ableiten zu können. Hiermit sind Rechte gemeint, nach denen der Mandant vom Mandatar ein Tun, Dulden oder Unterlassen verlangen kann, auch wenn diese Ansprüche (§ 194 Abs. 1 BGB) nicht ausdrücklich im Vertrag oder Gesetz niedergelegt sind. Eine Konkretisierung der abstrakten Treuepflicht hin auf konkrete Ansprüche ist nur möglich, wenn ihr dogmatisches Fundament erforscht wird. Hierzu ergeben sich zwei Ansatzpunkte:

Zunächst könnte man nach dem Rechtsgrund der Treuepflicht im Sinne der Ursache ihrer rechtsverbindlichen Geltung fragen. Diese Suche führt allerdings nicht weiter. Es liegt auf der Hand, dass die Treuepflicht in irgendeiner Form auf die rechtliche Sonderverbindung zwischen Interessenwahrer und Interessenoriginär zurückgeht. Ihr Geltungsgrund liegt mit anderen Worten in der Interessenwahrungscausa. Weitere Maßstäbe für die Gestalt der konkreten Einzelpflichten und die Stärke der Pflichtenbindung lassen sich aus diesem allgemeinen Rechtsgrund jedoch nicht ableiten.[298] Mit den Worten *K. Schmidts* „[muß] man sich darüber klar sein, daß Loyalitätspflichten [...] keine Rechtsquellen oder Rechtsnormen sind, sondern daß von diesen Pflichten stets nur generalklauselhaft im Sinne konkretisierungsbedürftiger Pflichten aus einer Sonderverbindung (Vertrag, Vertragsverhandlung, etc.) die Rede ist."[299]

Als fruchtbringender erweist sich hingegen ein Blick auf die Funktion der Treuepflicht innerhalb des Interessenwahrungsverhältnisses.[300] Aus ihr lässt sich nicht nur ableiten, welche konkreten Handlungen der Interessenwahrer im Fall des Interessenkonflikts vornehmen, dulden oder unterlassen muss. Sie erlaubt es außerdem, Kriterien für die Bemessung der Pflichtenintensität im Einzelfall herzuleiten.[301]

Im Folgenden wird die interessenwahrungsrechtliche Treuepflicht daher einer rechtsfunktionellen Untersuchung unterzogen. Hierzu sei nochmals darauf hingewiesen, dass die deutsche Rechtswissenschaft das Themenfeld von Interessenwahrung und Interessenkonflikt bislang nur vereinzelt als übergreifende privatrechtliche Problematik begriffen hat. Dementsprechend muss auf der Suche nach der rechtlichen Begründung der allgemeinen Interessentreuepflicht im Wesentlichen auf die Begründungsansätze für die besonderen Treuepflichten in den oben aufgeführten Interessenwahrungsverhältnissen zurückgegriffen werden. Als fruchtbar erweist

---

298 In Bezug auf die gesellschaftsrechtliche Treuepflicht ähnlich *Henze/Notz*, in: Großkomm. AktG (2008), § 53a AktG, Rdnr. 13.

299 *K. Schmidt*, Gesellschaftsrecht (2002), S. 588.

300 Vgl. *Rhein*, Der Interessenkonflikt der Manager beim Management Buy-out (1996), S. 182 ff.

301 Vgl. *Grundmann*, Der Treuhandvertrag (1997), S. 544.

sich hierfür insbesondere die dogmatisch besonders entwickelte Treuepflichten auf dem Gebiet des Gesellschaftsrechts.[302]

a) Vorab: Kein Fall von Treu und Glauben

Vorab sei klargestellt, dass die Treuepflicht von dem bürgerlich-rechtlichen Grundsatz der Leistung nach Treu und Glauben zu unterscheiden ist.[303] Es wurde bereits bei der Herleitung der Interessentreuepflicht darauf abgestellt, dass die Intensität der Pflichtenbindung weit über das Maß einfacher Rücksichtnahme hinausreicht. Denn dieses – für eine Loyalitätspflicht vergleichsweise schwache – Normprogramm kann nur dort ausreichen, wo ein angemessener Interessenausgleich bereits durch das offene Gegenüberstehen entgegengesetzter Parteiinteressen gewährleistet wird. In diesem Fall erschöpft sich die Funktion der Loyalitätsflicht auf Randkorrekturen aus Gründen der Billigkeit.

b) Treuepflicht als Korrelat eingeräumten Vertrauens

Die moderne Treuepflichtdogmatik nahm ihren Beginn im Personengesellschaftsrecht.[304] Begründet wurde sie in erster Linie mit dem von den anderen Gesellschafter investierten Vertrauen:[305]

> *„Die Treuepflicht [...] hat ihre Grundlage in dem vom gegenseitigen Vertrauen getragenen Gemeinschaftsverhältnis, und sie empfängt von hier ihren besonderen Gehalt.“*[306]

Bei der Entwicklung der gesellschaftsrechtlichen Treuepflicht durch die Rechtsprechung wurde die personengesellschaftsrechtliche Näheverbindung entsprechend in den Mittelpunkt der Begründung gerückt:[307] Zunächst wurde die Treuepflicht nur in Personengesellschaften angenommen.[308] Dann erfolgte jedoch eine Ausdehnung auf Kapitalgesellschaften, wenn und soweit deren „innere Verhältnisse [...]auf eine deutliche Nähe zu den Personengesellschaften angelegt [sind].“[309]

---

302 Vgl. *Hopt*, ZGR 2004, S. 1 (5).

303 S. zum Ganzen bereits oben, Teil 1: § 5 A. II (= S. 62 ff.). Ausführliche Darstellung außerdem bei *Kumpan*, Der Interessenkonflikt im deutschen Privatrecht (2014), S. 98 ff. Vgl. auch *Grundmann*, Der Treuhandvertrag (1997), S. 92 f.

304 Ausführlich *Grundmann*, Der Treuhandvertrag (1997), S. 136 f.; *Cahn*, in: FS Günther Wiese (1998), S. 71 (74); vgl. *Henze*, BB 1996, S. 489 (489); vgl. *Kumpan*, Der Interessenkonflikt im deutschen Privatrecht (2014), S. 91, m.w.N.; vgl. *Henze/Notz*, in: Großkomm. AktG (2008), § 53a AktG, Rdnr. 14.

305 Insb. *Hueck*, Der Treuegedanke im modernen Privatrecht (1947), S. 12 ff.; außerdem BGH, Urteil vom 27.10.1955 – II ZR 310/53, BGHZ 18, 350–366 (365).

306 So die Umschreibung von *Fischer*, in: GroßKomm. HGB (1967), § 195 HGB, Anm. 31a.

307 *Cahn*, in: FS Günther Wiese (1998), S. 71 (76), m.w.N.

308 BGH, Urteil vom 27.10.1955 – II ZR 310/53, BGHZ 18, 350–366 (365).

309 BGH, Urteil vom 05.06.1975 – II ZR 23/74 (“ITT”), BGHZ 65, 15–21, zit. n. juris, Rdnr. 11; vergleichbare Begründung für die AG in BGH, Urteil vom 01.02.1988 – II

Im Ergebnis konnte sich der Vertrauensansatz indes nicht durchsetzen[310] und wird heute nur noch vereinzelt vertreten.[311] Dies liegt vornehmlich daran, dass die Grundidee des investierten Vertrauens in wesentlichen Anwendungsfällen auf einer unplausiblen Fiktion beruht.[312] In Interessenwahrungsverhältnissen, in denen Mandant und Mandatar jeweils einzelne natürliche Personen sind, mag Vertrauen tatsächlich eine Rolle spielen; vergleichbares *kann* bei Personengesellschaften für das Verhältnis der Gesellschafter untereinander bzw. für das Verhältnis zu deren (selbst-organschaftlichen) Organen gelten. Handelt es sich bei den Beteiligten des Interessenwahrungsverhältnisses hingegen um ein Kollektiv (zum Beispiel die Aktionäre einer AG) oder nicht-natürliche Rechtssubjekte, stößt die Vermutung eingeräumten Vertrauens an ihre Grenzen.[313] Gleiches gilt, wenn der Interessenwahrer – wie bei den gesetzlichen Interessenwahrungsverhältnissen – gar nicht vom Mandanten selbst eingesetzt wird. Der subjektive Vertrauensansatz ist damit schon im Ausgangspunkt ungeeignet, ein für alle Interessenwahrungsverhältnisse anwendbares, allgemeines Treuepflichtkonzept zu begründen.

Darüber hinaus ist die tatsächliche Vertrauensinvestition des Mandanten im Einzelfall nur schwer zu ermitteln.[314] Daher lassen sich keine konsistenten Maßstäbe für

---

ZR 75/87 ("Linotype"), BGHZ 103, 184–197, zit. n. juris, Rdnr. 18, allerdings verblasst schon hier der Verweis auf die personengesellschafts-ähnliche Nähebeziehung neben dem ebenfalls zur Begründung angeführten Kriteriums der Einflussnahme-Möglichkeiten auf die Interessen der Mit-Aktionäre – vgl. *Henze*, BB 1996, S. 489 (491 f.); vgl. auch *Cahn*, in: FS Günther Wiese (1998), S. 71 (75).

310 So auch *Dubovitskaya*, NZG 2015, S. 983 (987); vgl. materiell insbesondere die Abkehr von der personengesellschafts-ähnlichen Nähebeziehung als Begründungsmerkmal der Treuepflicht in Kapitalgesellschaften allgemein in BGH, Urteil vom 20.03.1995 – II ZR 205/94 ("Girmes"), BGHZ 129, 136–177, zit. n. juris, Rdnr. 19.

311 So, ohne selbst Vertreter dieser Auffassung zu sein, *Olzen/Looschelders*, in: Staudinger BGB (2015), § 242 BGB, Rdnr. 993, m.w.N.; s. insb. *Seiller*, in: Münch. Komm. BGB (2012), § 662 BGB, Rdnr. 37: „Grad und Inhalt der zu wahrenden Treue hängen von [...] von dem damit verbundenen Maß an Vertrauen, das der Auftraggeber dem Beauftragten entgegenbringt."

312 Ausführlich *Grundmann*, Der Treuhandvertrag (1997), S. 139 f.; *Zöllner*, Schranken mitgliedschaftlicher Stimmrechtsmacht (1963), S. 341; *Kumpan*, Der Interessenkonflikt im deutschen Privatrecht (2014), S. 91.

313 *Henze/Notz*, in: Großkomm. AktG (2008), § 53a AktG, Rdnr. 14; *Grundmann*, Der Treuhandvertrag (1997), S. 135 ff; *Zöllner*, Schranken mitgliedschaftlicher Stimmrechtsmacht (1963) , S. 341 f. Im Übrigen ist der BGH bis 1988 davon ausgegangen, dass zwischen Aktionären keine Treuepflichten bestehen, BGH, Urteil vom 27.10.1955 – II ZR 310/53, BGHZ 18, 350–366 (365) und BGH, Urteil vom 16.02.1976 – II ZR 61/74 ("Audi/NSU"), juris, Rdnr. 9. Die Kehrtwende erfolgte dann in BGH, Urteil vom 01.02.1988 – II ZR 75/87 ("Linotype"), BGHZ 103, 184–197, zit. n. juris, Rdnr. 18.

314 *Dreher*, DStR 1993, S. 1632 (1633).

die Stärke der Pflichtenbindung generieren.[315] Im Übrigen ist die bloße Investition von Vertrauen für sich genommen auch materiell kein legitimes Anknüpfungskriterium für die Begründung einer Pflicht. Denn die bloße Vertrauensgewährung ist hierfür nicht hinreichend. Hinzutreten muss außerdem die Schutzwürdigkeit dieses Vertrauens, wie es im Privatrecht ganz allgemein üblich ist.

Im Ergebnis eignet sich der subjektive Vertrauens-Ansatz somit nicht zur Begründung einer allgemeinen Interessentreuepflicht.

c) Interessentreuepflicht als Korrelat des Machtspielraums

Im (Kapital-)Gesellschaftsrecht werden Treuepflichten heute mehrheitlich objektiv begründet. Den Ausgangspunkt bildet hierbei der Gedanke, dass der Einwirkungsmacht der Gesellschafter auf die Interessensphäre der Mitgesellschafter eine entsprechende Treuepflicht gegenüberstehen muss.[316] *Wiedemann* erblickt hierin die Konkretisierung eines allgemeinen Rechtsprinzips, wonach sich Einfluss und Verantwortung entsprechen müssen.[317]

Eng verwandt mit dem Kriterium der Einwirkungsmacht ist der von einigen Autoren angeführte Gedanke, dass die Treuepflichten das notwendige Korrelat für den Ermessensspielraum des Interessenwahrers in den dynamischen Interessenwahrungsverhältnissen sei.[318]

---

315 Vgl. *Zöllner*, Schranken mitgliedschaftlicher Stimmrechtsmacht (1963), S. 341.

316 Aus der Rechtsprechung: In BGH, Urteil vom 05.06.1975 – II ZR 23/74 ("ITT"), BGHZ 65, 15–21, zit. n. juris, Rdnr. 11 und BGH, Urteil vom 01.02.1988 – II ZR 75/87 ("Linotype"), BGHZ 103, 184–197, zit. n. juris, Rdnr. 18 war der BGH noch ambivalent in seiner Begründung: Einerseits wird die Vergleichbarkeit zur personengesellschafts-rechtlichen Nähebeziehung erwähnt. Andererseits wird wesentlich auf die Einwirkungsmacht der Gesellschafter auf die Interessen der Mitgesellschafter abgestellt. In BGH, Urteil vom 20.03.1995 – II ZR 205/94 ("Girmes"), BGHZ 129, 136–177, zit. n. juris, Rdnr. 19 wird der Vergleich zur Personengesellschaft nicht mehr unternommen, sondern nur die Einflussnahme-Möglichkeiten auf die Interessen der Mitgesellschafter als „[allgemeingültiger] Kern des Treuepflichtgedankens" bezeichnet. Vgl. im Übrigen schon RG, Urteil vom 31.03.1931 – II 222/30, RGZ 132, 149–166 (163): „... gesellschaftliche Pflicht der Mehrheit, im Rahmen des Gesamtinteresses auch den berechtigten Belangen der Minderheit Berücksichtigung angedeihen zu lassen und deren Rechte nicht über Gebühr zu verkürzen." Zur Entwicklung der Rechtsprechung ausführlich *Henze*, BB 1996, S. 489 (490 f.).
Aus der Literatur: Grundlegend *Zöllner*, Schranken mitgliedschaftlicher Stimmrechtsmacht (1963), S. 341 f.; *Mestmäcker*, Verwaltung, Konzerngewalt und Rechte der Aktionäre (1958), S. 214 f.; *Wiedemann*, Gesellschaftsrecht Bd. I (1980), S. 432; *Dreher*, DStR 1993, S. 1632.

317 *Wiedemann*, Gesellschaftsrecht Bd. I (1980), § 8 II. 3. a).

318 Grundlegend *Zöllner*, Schranken mitgliedschaftlicher Stimmrechtsmacht (1963), S. 342 f.; *Lutter*, AcP 180 (1980), S. 85 (102 ff.); *Cahn*, in: FS Günther Wiese (1998), S. 71 (78 f.); *Löhnig*, Treuhand (2006), S. 196 f.; vgl. *Dubovitskaya*, NZG 2015, S. 983 (987 f.); ähnlich *Kumpan*, Der Interessenkonflikt im deutschen Privatrecht (2014), S. 94 ff.

Zunächst steht diese Deutung – wie *Wiedemann*[319] herausgestellt hat – im Einklang mit dem allgemeinen Rechtsprinzip vom Zusammenhang von Macht und Verantwortung. Dieser Gedanke erschließt sich auch juristisch nicht vorgebildeten Personen auf den ersten Blick als einsichtig und gerecht.[320] Auch wenn die leichte Zugänglichkeit der Idee zweifellos einen gewissen juristischen Wert hat,[321] ist das Argument in seiner Pauschalität zu abstrakt und allgemein, um die Funktion der Interessentreuepflicht abschließend erklären oder gar weitere Einzelpflichten ableiten zu können.[322] Hierzu müssen Macht und Verantwortung in einem qualifizierten Zusammenhang stehen, der eine besondere Erwartungshaltung des von der Machtstellung betroffenen Rechtssubjekts rechtfertigt und gleichzeitig die Ableitung von Maßstäben für die Pflichtenkonkretisierung ermöglicht.

d) Treuepflicht als notwendige Folge der rechtskonstruktiven Struktur von Interessenwahrungsverhältnissen

Im Interessenwahrungsverhältnis besteht ein derart qualifizierter Zusammenhang tatsächlich. Angesprochen ist die bereits dargestellte[323] rechtskonstruktive Struktur von Interessenwahrungsverhältnissen: Die Verpflichtung des Mandatars zur Fremdinteressenwahrung und die Einräumung des Machtmittels sind inhaltlich oder gar rechtlich abstrakt voneinander zu beurteilen. Hieraus resultiert typischerweise ein pauschaler Machtüberschuss bzw. Ermessensspielraum des Interessenwahrers. Diese Machtfülle ist für den Interessenoriginär gefährlich. Denn er kann sich gegen Übergriffe[324] im Außenverhältnis nicht bzw. kaum zur Wehr setzen, oder aber er erlangt erst überhaupt keine Kenntnis hiervon. Seine Interessen sind folglich schutzlos und in besonders verletzbarer Weise dem Zugriff des Interessenwahrers preisgegeben.[325]

Der Machtspielraum wird dem Mandatar zu einem ganz bestimmten Zweck eingeräumt: der Fremdinteressenwahrung. Wie bereits dargelegt,[326] gibt der Mandant seine Interessensphäre nicht grundlos dem Einfluss des Mandatars preis. Vielmehr ist es in aller Regel unmöglich, Interessenwahrungs-Causa und Umfang der Machtmitteleinräumung in aller Regel gleichzuschalten, weil die deutsche Privatrechtsordnung keine entsprechenden Gestaltungsmittel vorsieht oder die adäquate

319 *Wiedemann*, Gesellschaftsrecht Bd. I (1980), § 8 II. 3. a).

320 Vgl. etwa das weitläufig bekannte Zitat aus der Rede Konrad Adenauers auf dem 4. Ordentlichen Bundeskongreß des DGB am 1.10.1956 in Hamburg: „Macht und Verantwortung sind untrennbar miteinander verbunden."

321 *Rhein*, Der Interessenkonflikt der Manager beim Management Buy-out (1996), S. 180.

322 Ähnlich *Rhein*, Der Interessenkonflikt der Manager beim Management Buy-out (1996), S. 180 ff.

323 S. oben, Teil 1: § 2 C. III (= S. 20 ff.).

324 Als Übergriff gilt dabei nicht nur der vorsätzliche Missbrauch der Machtbefugnisse, sondern auch unterschwelligere Pflichtwidrigkeiten und Unzulänglichkeiten in der Interessenwahrnehmung, vgl. hierzu bereits oben, Teil 1: § 3 A (= S. 29 ff.).

325 Ähnlich *Kumpan*, Der Interessenkonflikt im deutschen Privatrecht (2014), S. 96.

326 S. oben, Teil 1: § 2 C. III. 3. b) (= S. 22 ff.).

Interessenwahrung einen weiten Handlungsspielraum des Interessenwahrers erfordert. Zugleich sind die Verteidigungsmöglichkeiten auch in tatsächlicher Hinsicht eingeschränkt, weil ihm Sachkunde und Kenntnisse zur Beurteilung der Tätigkeit des Interessenwahrers fehlen. Der Machtspielraum des Mandatars hat folglich dienenden Charakter.

Der interessenwahrungsrechtlichen Treuepflicht kommt die Aufgabe zu, Machtspielraum und Interessenwahrung in einen rechtsfunktionalen Zusammenhang zu setzen.[327] Bildlich gesprochen schlägt die Treuepflicht eine Brücke über den Abgrund des interessenwahrungsrechtlichen Trennungs- und Abstraktionsgrundsatzes. Ihre Rechtsfunktion liegt darin, sicherzustellen, dass der Interessenwahrer seinen Machtspielraum tatsächlich nur zum Zwecke der Interessenwahrung einsetzt. Dies ist erforderlich, weil der Mandant dem Mandatar seine Interessensphäre nur dann öffnen kann und wird, wenn er im Gegenzug die besondere rechtliche Absicherung in Form der Interessentreuepflicht erhält.[328] So dient die Interessentreuepflicht gleichzeitig dem Erhalt des funktionsnotwenigen Vertrauens innerhalb des Interessenwahrungsverhältnisses.

Zusammenfassend lässt sich die Treuepflicht also als funktionsnotwendige Bedingung des Interessenwahrungsverhältnisses erklären.[329] In anderen, rechtsökonomischen Worten ist die Treuepflicht die grundlegende Antwort des Rechts auf das *principal-agent*-Problem[330] in Interessenwahrungsverhältnissen.

e) Unterscheidung der einzelnen Treuepflichtausprägungen: Interessenförderpflicht und Interessenschutzpflicht

Ausgehend von dieser grundlegenden rechtsfunktionalen Bestimmung der interessenwahrungsrechtlichen Treuepflicht lassen sich grob zwei Ausprägungen der Treuepflicht unterscheiden.

---

327 Ähnlich *Cahn*, in: FS Günther Wiese (1998), S. 71 (81): „Im Gegenteil ist die Treuepflicht vielmehr die dogmatische Konsequenz aus den Unterschieden zwischen den in besonderem Maße durch ihre Offenheit für zukünftige Entwicklungen geprägten Gesellschaftsverhältnissen und anderen Vertragstypen."

328 Grundlegend *Cahn*, in: FS Günther Wiese (1998), S. 71 (79): „Dieses funktionsnotwendige Vertrauen wird er aber nur dann investieren, wenn wechselseitige Loyalität nicht lediglich Gegenstand unverbindlicher Erwartungen, sondern rechtlicher Pflichten ist."; im Anschluss *Kumpan*, Der Interessenkonflikt im deutschen Privatrecht (2014), S. 96.

329 Eine ähnliche Begründung von Treuepflichten zeigt sich, freilich begrenzt auf den Bereich des Gesellschaftsrechts, schon bei *Rhein*, Der Interessenkonflikt der Manager beim Management Buy-out (1996), S. 182 ff., insb. (184): „Die Herleitung der organschaftlichen Treuepflicht kann in gewisser Wiese als funktionslogisch bezeichnet werden Als Element des Systems zur Lösung der Agency-Problematik ist sie neben den anderen Bausteinen dieses Systems eine unverzichtbare Funktionsvoraussetzung jeder quasi-treuhänderischen Organschaft."

330 S. hierzu oben, Teil 1: § 3 C (= S. 48 ff.).

Einerseits geht es darum, den Interessenwahrer bei der Ausübung seiner ihm übertragenen Befugnisse umfassend auf die Interessen des Mandanten zu verpflichten. Diese Loyalitätskomponente der Treuepflicht deckt sich in weiten Teilen mit der Hauptpflicht des Interessenwahrungsverhältnisses: Es ist gerade das Wesen von Interessenwahrungsverhältnissen, dass sich der Mandatar sich für die Förderung der Mandanteninteressen engagiert. Dennoch muss häufig auf die allgemeine Treuepflicht zurückgegriffen werden. Denn es ist weder dem Gesetzgeber noch den Interessenwahrungsparteien möglich, alle erdenklichen Situationen im Vorfeld vorherzusehen, tatbestandlich abzubilden und an ein klar bestimmtes Pflichtenprogramm zu koppeln.[331] Mit anderen Worten ergänzt die im Folgenden als *Interessenförderpflicht* bezeichnete Komponente der Treuepflicht lediglich die allgemeine Hauptpflicht des Interessenwahrungsverhältnisses um eine generalklauselartige Komponente. Im Übrigen ist darauf hinzuweisen, dass die Hauptpflicht in einer ganzen Reihe von Interessenwahrungsverhältnissen bereits in generalklauselartiger Weise vorliegt. Dies gilt etwa für § 93 Abs. 1, § 116 AktG, § 43 GmbHG oder § 663 BGB.[332]

Andererseits steht die Treuepflicht in einem grundlegenden Zusammenhang zum Phänomen des Interessenkonflikts. Gemeint ist die Schutzfunktion der Treuepflicht für die Interessensphäre des Mandanten. Diese schützende Wirkung muss sie nämlich immer dann entfalten, wenn die Gefahr besteht, dass der Mandatar seinen Machtspielraum missbraucht. Wann eine solche Gefahrenlage besteht, wurde bereits ausführlich hergeleitet: eine solche liegt insbesondere im Fall des Interessenkonflikts vor.[333] Die Treuepflicht bezweckt, für diesen Gefahrenfall ein Programm zum Schutz der Interessensphäre zu aktivieren. Das Interessenwahrungsrecht ist mit anderen Worten ein privatrechtliches Gefahrenabwehrrecht, in welchem Interessenkonflikte die Gefahr und die Treuepflicht die gefahrenabwehrrechtliche Generalklausel darstellt.

Besinnt man sich auf die rechtsfunktionelle Begründung der Treuepflicht als funktionserhaltendes Korrelat zum abstrakten Machtspielraum des Interessenwahrers, wird Folgendes deutlich: Die primäre Funktion besteht im Schutz des Mandanten bzw. des Interessenwahrungsverhältnisses vor Interessenkonflikten des Mandatars. Im Folgenden wird in Bezug auf diese Primärkomponente von der *Interessenschutzpflicht* gesprochen; sie steht im Fokus dieser Arbeit. Die fundamentale rechtsfunktionelle Beziehung erklärt grundlegend, warum die Treuepflichten in

331 Grundlegend *Easterbrook/Fischel*, The Yale Law Journal 91 (1982), S. 698 (702), vgl. auch *Rhein*, Der Interessenkonflikt der Manager beim Management Buy-out (1996), S. 183, m.w.N.

332 Vgl. *Fleischer*, in: Münch. Komm. GmbHG (2012), § 43 GmbHG, Rdnr. 169.

333 Vgl. auch *Wiedemann*, Gesellschaftsrecht Bd. I (1980), S. 344: „[Die Fremdorganschaft] gefährdet die Kapitalanlage, wenn die Fremdverwalter uneeignet oder unzuverlässig sind und die ihnen anvertrauten Mittel vergeuden oder veruntreuen. Eine solche Gefahr wird insbesondere akut, sobald ein Geschäftsführer [...] in Interessenkonflikte kommt ...".

den einzelnen Interessenwahrungsverhältnissen so häufig mit Interessenkonflikten in Verbindung gebracht werden.[334]

B. Die Modalitäten der Treuepflicht

I. Leichte Ableitbarkeit von Einzelpflichten und Maßstäben der Pflichtenstärke

Die schlüssige Vereinbarkeit mit der allgemeinen Struktur von Interessenwahrungsverhältnissen ist nicht der einzige Grund dafür, die Rechtsfunktion der Interessentreuepflicht im Ausgleich für den Machtspieltraum des Interessenwahrers zu erblicken. Diese Sichtweise erlaubt es außerdem, konkrete Einzelpflichten herzuleiten und allgemeinverbindliche Maßstäbe für die Stärke der Pflichtenbindung aufzustellen.

Schon an dieser Stelle sei erwähnt, dass sich ein Kanon an Verhaltensstandards für den Fall des Interessenkonflikts herausgebildet hat, welche im Ausgangspunkt in jedem Interessenwahrungsverhältnis zur Anwendung gelangen (sog. *Interessenkonfliktsmaßnahmen*[335]).[336] Dies sind zum Beispiel die Offenlegung des Interessenkonflikts gegenüber dem Mandanten, Maßnahmen der Konfliktvermeidung wie *chinese walls* oder Konfliktlösungsprogramme wie die Mandatsaussetzung. Wenn davon die Rede ist, dass aus der generalklauselartigen Interessentreuepflicht Einzelpflichten abgeleitet werden, dann sind damit diese konkreten Gefahrenabwehrmaßnahmen gemeint. Es geht jeweils um die Frage, unter welchen Voraussetzungen eine solche Maßnahme zur Anwendung gelangt und welche Reichweite sie im Einzelfall hat. Angesprochen ist außerdem die richtige Auswahl der konkreten Maßnahme aus dem Mahnahmen-Katalog.

1. *Die Schutzbedürftigkeit des Mandanten als maßgebliches Kriterium*

Wie dargelegt, bezweckt die Treuepflicht, den Interessenoriginär davor zu schützen, dass der Interessenwahrer den ihm eingeräumten Machtspielraum missbraucht. Die aus der Generalklausel hergeleiteten Einzelpflichten müssen sich folglich zuvörderst an folgender Frage orientieren: Welche Maßnahme ist im Hinblick auf die Schutzwürdigkeit des Interessenoriginärs zu dessen Schutz geeignet?

Gleichzeitig muss jedoch berücksichtigt werden, dass die Maßnahmen die Durchführung des Interessenwahrungsverhältnisses beeinträchtigen. Sie sind stets mit einem gewissen Aufwand für beide Parteien des Interessenwahrungsverhältnisses verbunden, was die Transaktionskosten zum Nachteil aller erhöht. So erfordert etwa

---

334 Vgl. hierzu die Nachweise bei den Treuepflichten in den einzelnen Interessenwahrungsverhältnissen, oben, Teil 1: § 5 A. II. 1 (= S. 63 ff.).

335 Der Begriff wird an dieser Stelle das erste Mal verwendet und eingeführt. Es handelt sich jedoch nicht um eine anerkannte Bezeichnung.

336 S. hierzu im Einzelnen unten, Teil 1: § 5 D (= S. 88 ff.), sowie speziell im Hinblick auf den Aufsichtsrat Teil 2: § 4 D (= S. 170 ff.).

die Konfliktoffenlegung mindestens einen gewissen Kommunikations- und Entscheidungsaufwand. Organisatorische Vorkehrungen wie die Trennung des Informationsflusses durch verschiedene Abteilungen innerhalb eines Interessenwahrer-Kollektivs durch *chinese walls* sind schon deutlich aufwändiger. Vergleichbares gilt für zu hohe Unabhängigkeits anforderungen an die Person des Interessenwahrers: Diese vermindern die Wahrscheinlichkeit von Interessenkonflikten zwar effektiv, können aber dazu führen, dass Einbußen in der fachlichen Kompetenz des Mandatars hingenommen werden müssen. Schließlich kann die Beeinträchtigung durch die Maßnahme sogar so weit reichen, dass die Durchführung des Interessenwahrungsverhältnisses vollständig unmöglich wird. Dies gilt etwa im Falle der (zeitweisen) Aussetzung des Mandats. Die durch diese Beispiele veranschaulichte Beeinträchtigungswirkung der Interessenkonfliktsmaßnahmen hat zur Folge, dass die Eignung zum Schutz des Interessenoriginärs zwar das primäre, jedoch nicht das einzig relevante Kriterium sein kann. Die Maßnahme muss nicht nur geeignet, sondern auch erforderlich sein. Das heißt: Stehen mehrere Maßnahmen zur Auswahl, die das gebotene Schutzniveau erfüllen, muss diejenige ausgewählt werden, die die Durchführung des Interessenwahrungsverhältnisses am wenigsten beeinträchtigt.

Es kommt jedoch nicht zu einer weitergehenden Güterabwägung zwischen Schutzwürdigkeit des Interessenoriginärs und Durchführbarkeit des Interessenwahrungsverhältnisses. Denn dies würde erfordern, dass es sich in irgendeiner Weise um gleichwertige normative Güter handelt, die im Wege wertender Gewichtung in Ausgleich zu bringen sind.[337] Aus der Rechtsfunktion der Interessentreuepflicht und der Verpflichtung des Interessenwahrers folgt indes, dass der Schutzwürdigkeit des Interessenoriginärs ein über alle Maßen herausgehobener Stellenwert in Interessenwahrungsverhältnissen zukommt, sodass die beiden „Güter“ vielmehr in einem Rangverhältnis zueinander stehen.

2. *Berücksichtigung weiterer Kriterien nur im Ausnahmefall*

Einschränkungen kann dieser Grundsatz lediglich dort erfahren, wo der Gesetzgeber spezielle Wertentscheidungen getroffen und gesetzlich festgehalten hat. Entsprechende Gesetzesregelungen setzen gewissen Maßnahmen, je nach Fassung, entweder eine absolute Grenze oder rufen zur Abwägung auf. So kann insbesondere die Offenlegung von Interessenkonflikten gegen spezielle gesetzliche Verschwiegenheitsvorschriften verstoßen.

3. *Bestimmung der Schutzwürdigkeit des Mandanten: Größe des Machtspielraums und Stärke des Interessenkonflikts*

Die Schutzwürdigkeit des Interessenoriginärs bestimmt sich allgemein nach der Größe der Gefahr für die Interessen des Mandanten. Diese wiederum lässt sich grundlegend

337 Vgl. *Riehm*, Abwägungsentscheidungen (2006), S. 1.

durch zwei Faktoren ermitteln. *Zum einen* korreliert die Gefahr für den Mandanten mit der Größe des Machtspielraums, den das Interessenwahrungsverhältnis dem Mandatar einräumt. Denn mit der Größe des Machtspielraums steigt die Einwirkungsmöglichkeit auf die Interessenssphäre des Mandanten und damit auch die potenzielle Schadensgröße im Fall des Missbrauchs durch den Interessenwahrers. Der Machtspielraum ist ein statisches Kriterium, da er von Anfang an durch die von der Interessenwahrungscausa abstrakte Machtmittelübertragung festgelegt wird. *Zum anderen* erhöht sich die Gefahr mit der Stärke[338] des Interessenkonflikts, also der in der konkreten Situation bestehenden Neigung des Interessenwahrers zum Missbrauch.[339]

Bei der Maßstabsbildung offenbart sich die Stärke des gewählten rechtsfunktionalen Ansatzes: Die Deutung der Interessentreuepflicht als Korrelat des Machtspielraums fügt sich nicht nur schlüssig in die allgemeine Rechtskonstruktion von Interessenwahrungsverhältnissen ein, sondern erlaubt zugleich den Rückgriff auf *objektive* Kriterien zur Bestimmung des Pflichtenprogramms. So lässt sich der Umfang des Machtspielraums in jedem Interessenwahrungsverhältnis leicht bestimmen; ein Zugriff auf fiktive oder schwer nachweisbare innere Tatsachen bei Mandant oder Mandatar kann hingegen unterbleiben. Vergleichbares gilt für das Kriterium der Stärke des Interessenkonflikts. Denn obwohl die Neigung des Interessenwahrers zum Missbrauch seines Machtmittels tatsächlich von dessen inneren Präferenzen abhängt, lässt sich die Missbrauchs-Wahrscheinlichkeit anhand der objektiven Umstände gut ermitteln. Im Übrigen wird man davon ausgehen müssen, dass der Interessenwahrer zur Ergreifung von Gefahrenabwehrmaßnahmen ab dem Zeitpunkt verpflichtet ist, in welchem er sich nach eigener Einschätzung nur in einem „Anscheins-Interessenkonflikt"[340] befindet – wenn also das Vorliegen des Interessenkonflikts „nur" bei objektiver Würdigung der Sachlage nahe liegt.[341]

II. Der Adressat der Interessentreuepflicht

Vielen Interessenwahrungsverhältnissen liegt eine bipolare Beziehung zwischen Mandant und Mandatar zugrunde. Daher ist es leicht, den Begünstigten der Interessentreuepflicht zu identifizieren. In komplexeren Interessenwahrungsverhältnissen wie zum Beispiel im Rahmen der Insolvenzverwaltung, der Testamentsvollstreckung

---

338 Zum Begriff der Stärke des Interessenkonflikts s. oben, Teil 1: § 4 B (= S. 54 ff.).

339 Vgl. *Kumpan*, Der Interessenkonflikt im deutschen Privatrecht (2014), S. 96 f., der für die Pflichtenstärke der Interessentreuepflicht auf das objektive Kriterium der „Öffnung der Interessensphäre" abstellt. Die Stärke des Interessenkonflikts berücksichtigt er indes nicht.

340 Der Begriff spielt auf die Anscheinsgefahr im verwaltungsrechtlichen Gefahrenabwehrrecht an, vgl. nur OVG Hamburg, Urteil vom 24.09.1985 – Bf VI 3/85, NJW 1986, 2005 (2006).

341 Vgl. ausf. zu dem Problem, den Interessenkonflikt als innere Tatsache für Zwecke der rechtlichen Adressierung an objektiven Kriterien anknüpfen zu müssen („verobjektivierter Interessenkonflikt", unten, Teil 1: § 5 C (= S. 82 ff.).

oder den Verwaltungsorganen der AG fällt diese Aufgabe freilich schwerer. Denn in diesen Konstellationen treten mehrere Akteure auf und der Interessenwahrer operiert unter Umständen in einer Pluralität von Interessenssphären.

Versteht man die Treuepflicht in erster Linie als das rechtliche Instrument zum Umgang mit dem Gefährdungstatbestand „Interessenkonflikt", stellt sich die Frage nach dem Begünstigten in vielen Fällen nicht: Die Treuepflicht sichert alle interessierten Akteure vor Interessenkonflikten des Interessenwahrers ab, wenn dieser (ggf. zeitweilig) die Interessenwahrung aussetzen muss oder Maßnahmen zur Konfliktprävention ergriffen werden. Allerdings gibt es Situationen, in denen klar bestimmt werden muss, wem gegenüber der Interessenwahrer zur besonderen Treue verpflichtet ist. Dies gilt insbesondere für die Frage, welcher der Akteure in komplexen Interessenwahrungsverhältnissen gegenüber dem Interessenwahrer zur Geltendmachung von konkreten Interessenkonfliktsmaßnahmen berechtigt ist. So stellt sich beispielsweise die Frage, wem gegenüber der Aufsichtsrat von Interessenkonflikten seiner Mitglieder Bericht zu erstatten hat – und welcher Akteur diesbezüglich Auskunft verlangen kann.

Die Determinierung des Treuepflichtbegünstigten erfordert in diesem Fall eine vertiefte Analyse des Beziehungsgeflechts im Interessenwahrungsverhältnis.

C. Die rechtliche Adressierung von Interessenkonflikten – Der Interessenkonflikt als Tatbestandsmerkmal

I. Begriffliche Fortentwicklung: Der verobjektivierte Interessenkonflikt

Der Interessenkonflikt wird zum Tatbestandsmerkmal, wenn er zum Anknüpfungspunkt für eine rechtliche Regelung wird. In irgendeiner Weise erfordert die Rechtsanwendung solcher Regeln folglich immer die Feststellung, dass sich der Interessenwahrer tatsächlich in einem Interessenkonflikt befindet.

Prima facie kann das Vorliegen eines Interessenkonflikts objektiv durch Subsumption unter die Merkmale der oben gefundenen Interessenkonflikts-Definition bejaht oder verneint werden. Die Feststellung von externen Interessenkonflikten ist im Ausgangspunkt tatsächlich nach diesem Schema möglich. Denn die in der Person des Interessenwahrers kumulierten und konfligierenden Fremdinteressen beruhen jeweils auf einer Interessenwahrungscausa, deren Bestehen und Reichweite objektiv determiniert werden kann. Bei internen Interessenkonflikten stellt sich jedoch das Problem, dass festgestellt werden muss, ob der Interessenwahrer ein dem zu wahrenden Fremdinteresse gegenläufiges Eigeninteresse hat. Die Frage lautet folglich, ob der Mandatar zu einem gewissen Gegenstand tatsächlich eine positive Bezogenheit hegt.[342] Es handelt sich hierbei um eine höchst subjektive Tatsache,

342 Zur grundlegenden Definition des Interesses als „positive Bezogenheit, die ein bestimmtes Subjektiv zu bestimmten Gegenständen tatsächlich hat" s. oben: Teil 1: § 1 A (= S. 7 ff.).

die eigentlich nur der Interessenwahrer selbst verbindlich beantworten kann. Und selbst dies erscheint fraglich, wenn man aufgrund allgemeiner psychologischer Erwägungen davon ausgeht, dass sich ein Mensch seiner Bedürfnisse, Vorlieben und Interessen nicht zu jedem Moment voll bewusst ist.

Die rechtliche Adressierung von internen Interessenkonflikten erfordert daher stets die Anknüpfung an Hilfstatsachen, die objektiv feststellbar sind und den Schluss auf das Vorliegen eines Interessenkonflikts zulassen.[343] Insofern besteht eine starke Ähnlichkeit zur Feststellung subjektiver Tatsachen im Zivilgerichtsprozess, die sich ebenfalls anhand von sog. Indizien (auch Hilfstatsachen, Indizientatsachen oder Beweisanzeichen genannt) vollzieht. Hierzu hat sich infolge der berühmten *Anastasia*-Entscheidung des BGH[344] eine feste Dogmatik entwickelt.[345] Im Kern geht es im Denkprozess des Indizienbeweises darum, objektiv beweisbare Anknüpfungstatsachen zu identifizieren, die aufgrund begründeter Zusammenhänge mit einer gewissen Wahrscheinlichkeit (sog. Beweiskraft) auf das Vorliegen der subjektiven Haupttatsache (sog. Beweisrichtung) schließen lassen. Die gedankliche Hauptarbeit des Indizienprozesses liegt in der Begründung, dass und warum der Schluss von der objektiven Hilfstatsache auf die Haupttatsache gerechtfertigt ist.

So stellt sich die Lage auch bei der Anknüpfung des Zivilrechts an interne Interessenkonflikte dar. Für das jeweilige Interessenwahrungsverhältnis müssen solche objektiven Situationen identifiziert werden, in denen das Vorliegen eines Interessenkonflikts beim Interessenwahrer hinreichend wahrscheinlich erscheint. Im Übrigen stellt sich die Problematik in gewisser Weise auch bei externen Interessenkonflikten. Zwar lässt sich der Interessenkonflikt hier objektiv durch einen Blick auf die widerstreitenden Interessencausae bestimmen. Allerdings besteht im Regelfall eine Informationsasymmetrie dergestalt, dass nur der Interessenwahrer vom Bestehen der konträren Interessenwahrungsverhältnisse weiß. Für den Außenstehenden stellt sich die Situation daher wie beim internen Interessenkonflikt dar: Ob eine konfligierende Interessenkumulation vorliegt, vermag er nicht zu beurteilen. Im Übrigen kommt es schon deswegen auf die Perspektive des „objektiven Beobachters" an, weil es sich bei jeder rechtlichen Interessenkonfliktregelung um ein spezielles Gefahrenabwehrinstrument handelt. In jedem Fall ist auch für die Adressierung eines externen Interessenkonflikts die Anknüpfung an objektive Hilfstatsachen erforderlich. Die Beweisrichtung muss dann freilich nicht auf das Bestehen eines Eigeninteresses, sondern einer widerstreitenden anderen Interessencausa deuten.

Auf diese Weise erhält der Begriff des Interessenkonflikts *faktisch* eine neue Bedeutung. Steht in einem bestimmten Interessenwahrungsverhältnis die rechtliche Regelung eines Interessenkonflikts in Frage, geht es in aller Regel nicht um das

343 Vgl. auch *Löhnig*, Treuhand (2006), S. 216.

344 BGH, Urteil vom 17.02.1970 – III ZR 139 ("Anastasia"), BGHZ 53, 245–264, zit. n. juris, Rdnr. 230 f.

345 Grundlegend zum Ganzen *Huber*, ZInsO 2012, S. 53 (53 ff.) und *Berner*, ZInsO 2015, S. 2457 (2461 f.), jeweils m.w.N.

tatsächliche Vorliegen einer konfligierenden Interessenkumulation. Vielmehr wird damit eine Situation bezeichnet, in welcher das Vorliegen eines Interessenkonflikts im eingangs definierten Sinne aufgrund von objektiv festzustellenden Hilfstatsachen hinreichend wahrscheinlich erscheint. Mit anderen Worten wird der Begriff des Interessenkonflikts *verobjektiviert.*

Folgendes Beispiel soll die begriffliche Transformation veranschaulichen: Aufsichtsratsmitglied A ist der Bruder von Vorstandsmitglied V. Ob A sich aufgrund seiner engen familiären Beziehung zu V tatsächlich in einem Interessenkonflikt befindet, mit der Folge, dass die adäquate Wahrnehmung seiner Aufgabe zur Kontrolle des Vorstands gefährdet ist, kann ein Außenstehender nicht beurteilen. Möglicherweise wurden A und V bei der Geburt getrennt, sind nicht gemeinsam aufgewachsen oder stehen sich aus anderen Gründen nicht nahe. Viel wahrscheinlicher ist es jedoch, dass A die Interessen seines Familienmitglieds V hoch schätzt und seinem Bruder ungeachtet dessen tatsächlicher Vertrauenswürdigkeit vertraut. Es liegt daher nahe, dass er dessen Entscheidungen nicht wie die eines beliebigen anderen Vorstandsmitglieds kritisch überprüft und nötigenfalls hart durchgreift. Diese Wahrscheinlichkeit genügt, um davon zu sprechen, dass sich A als Aufsichtsratsmitglied in einem Interessenkonflikt befindet.

II. Weitere Kategorie? Konkreter/materieller und abstrakter Interessenkonflikt

In Anbetracht der Ergebnisse des vorstehenden Absatzes wird deutlich: Wenn von einem Interessenkonflikt als Tatbestandsmerkmal einer rechtlichen Regelung gesprochen wird, wohnt dem Begriff des Interessenkonflikts mit größter Regelmäßigkeit ein Element des Potenziellen und der Wahrscheinlichkeit inne. Die Rechtsfolge einer interessenkonfliktsadressierenden Rechtsregel tritt also grundsätzlich unabhängig davon ein, ob der Interessenkonflikt tatsächlich vorliegt. Das bedeutet: Das regelungsauslösende Moment (der tatsächliche Interessenkonflikt) und die tatbestandliche Anknüpfung sind abstrakt voneinander zu beurteilen. Insofern lässt sich von der Abstraktheit des Interessenkonflikts zu sprechen.

Tatsächlich findet sich in der raren Literatur, die sich allgemein mit dem Interessenkonflikt als privatrechtlichem Topos auseinander setzen, die Differenzierung zwischen *abstrakten* und *konkreten* bzw. *formellen* und *materiellen* Interessenkonflikten.[346] Es geht hierbei um die Beschreibung der Regelungstechnik: Je näher das Tatbestandsmerkmal an das tatsächliche Vorliegen einer konfligierenden Interessenkumulation heranrückt, desto konkreter bzw. materieller ist es. Freilich

---

346 *Kumpan*, Der Interessenkonflikt im deutschen Privatrecht (2014), S. 41, im Anschluss an *Gantenberg*, Interessenkonflikte von GmbH-Geschäftsführern (2009), S. 174 f. Vgl. speziell im Hinblick auf den Aufsichtsrat der AG auch *Hoffmann-Becking*, NZG 2014, S. 801 (806): „... Status-Regelungen, die nach Art abstrakter Gefährdungstatbestände das Risiko konkreter Interessenkonflikte indizieren sollen ...“.

ist die Kategorisierung mit keinem absoluten Aussagegehalt verbunden. Denn wie aufgezeigt, lässt sich der Interessenkonflikt als Kombination subjektiver Tatsachen von außen nicht verbindlich feststellen. Im Ergebnis werden auch bei einer konkreten/materiellen Herangehensweise lediglich die objektiven Hilfstatsachen ausgewertet, die für oder gegen das Vorliegen eines Interessenkonflikts sprechen und somit eine Wahrscheinlichkeit festgestellt.

Eine Norm gilt dann als konkret/materiell, wenn sie die Feststellung eines Interessenkonflikts im Wege einer umfassenden Interessenabwägung im Einzelfall fordert. Der Unterschied zur abstrakten/formellen Methode liegt darin, dass der Sachverhalt umfassend ausgewertet wird. Eine abstrakte/formelle Norm stellt hingegen auf starre objektive Kriterien ab und verhängt eine Rechtsfolge. Im Folgenden werden die Begrifflichkeiten konkret und materiell einerseits, sowie abstrakt und formell andererseits jeweils synonym verwendet, wenn es um die rechtliche Adressierung von Interessenkonflikten geht.

Zur Veranschaulichung der unterschiedlichen Regelungsmethodik sei wieder auf das im Vorabschnitt gebildete Beispiel von Aufsichtsratsmitglied A und Vorstandsmitglied V herangezogen: Eine abstrakte Interessenkonfliktsregelung knüpft ihre Rechtsfolge (etwa Mandatsniederlegung, Stimmverbot oder Offenlegungspflichten) schlicht an das enge Verwandtschaftsverhältnis. Eine konkrete Regel würde hingegen die Feststellung fordern, dass sich A in Bezug auf V so wahrscheinlich wie möglich tatsächlich in einem Interessenkonflikt befindet. Alle verfügbaren Informationen würden im Wege einer Einzelfallregelung herangezogen und ausgewertet. Läge etwa die atypische Situation vor, dass A und V sich kaum kennen und keinerlei Nähe zueinander verspüren, könnte der Interessenkonflikt verneint werden und die Rechtsfolge der Norm unangewendet bleiben.

In Anbetracht rechtsmethodischer Grundsätze wird man davon ausgehen müssen, dass jedes Tatbestandsmerkmal einer Rechtsnorm eine eigenständige Feststellung im Wege der Subsumption erfordert. Insofern liegt es nahe, dass für konfliktadressierende Rechtsregelungen grundsätzlich die materielle Herangehensweise einschlägig ist. Dieser Schluss wird allerdings durch zwei Erwägungen deutlich relativiert: *Erstens* existieren in der deutschen Privatrechtsordnung kaum Normen, die im Tatbestand das Vorliegen eines Interessenkonflikts ausdrücklich benennen.[347] *Zweitens* ist die Anwendung der materiellen Methode aufwändig und mit einiger

347 Soweit ersichtlich wird der Begriff des Interessenkonflikts lediglich im Bank,- Versicherungs- und Kapitalmarktrecht ausdrücklich verwendet: § 25c Abs. 3 Nr. 1 KWG, § 25d Abs. 5 KWG; § 64a Abs. 7 Nr. 2 lit. a) VAG; § 31 Abs. 1 WpHG, § 33 Abs. 1 S. 2 Nr. 3, Abs. 3a S. 2 WpHG, § 33b Abs. 3 WpHG, § 34b Abs. 1 S. 2 Nr. 2 WpHG, § 34c S. 3 WpHG, § 39 Abs. 2 Nr. 15 WpHG. Im Berufsrecht (§ 43a Abs. 4 BRAO, § 53 WiPrO) findet sich der Begriff der „widerstreitenden Interessen", der einen qualifizierten Interessenkonflikt beschreibt, vgl. *Kumpan*, Der Interessenkonflikt im deutschen Privatrecht (2014), S. 29 ff. Begreift man den Deutschen Corporate Governance Kodex als Teil der deutschen Gesellschaftsrechtsordnung im weitesten Sinne, finden sich Regelungen in den Ziffern: 4.3, 5.4.1, 5.4.2, 5.5.

Rechtsunsicherheit verbunden, weswegen sie sich in der Rechtsanwendung als wenig geeignet präsentiert.

Daher verwendet der Gesetzgeber in der Regel abstrakte Regelungen zur Adressierung von Interessenkonflikten. Sollten sich die Regelungen als zu holzschnittartig erweisen, können sie im Wege einer teleologischen Reduktion angemessen begrenzt werden. Veranschaulichen lässt sich dies am Beispiel der „klassischen" Interessenkonfliktsregelung des § 181 BGB: Der Gesetzgeber geht davon aus, dass ein Vertreter, welcher für den Vertretenen ein Geschäft mit sich selbst abschließt, typischerweise einem Interessenkonflikt unterliegt und daher eine Einschränkung der Vertretungsmacht geboten ist.[348] Ein solcher Interessenkonflikt ist aber dann ausgeschlossen, wenn das Geschäft für den Vertretenen lediglich einen rechtlichen Vorteil bringt. Daher befürwortet die ganz herrschende Meinung in solchen Fällen eine teleologische Reduktion von § 181 BGB.[349]

Auch die allgemeine Interessentreuepflicht und ihre Konkretisierungen werden im Ergebnis durch Fallgruppenbildung „abstrahiert" bzw. „formalisiert", obwohl sie im Ausgangspunkt eine möglichst konkrete Annäherung an das Tatbestandsmerkmal Interessenkonflikt gebieten. Dies trägt dem Bedürfnis nach praktischer Handhabbarkeit Rechnung. Diese Fallgruppen sind tatbestandsähnlich: Ist der Quasitatbestand der Fallgruppe erfüllt, wird hiervon auf das Vorliegen oder Nichtvorliegen eines Interessenkonflikts geschlossen und diejenige Rechtsfolge der Interessenkonfliktsmaßnahme ausgelöst, welche wiederum auf die Interessentreuepflicht zurückgeht.

Ein Beispiel hierfür bietet der Umgang mit GmbH-Geschäftsführern, die in der Praxis mit großer Regelmäßigkeit[350] von den Beschränkungen des § 181 BGB befreit werden. Neben einigen wenigen abstrakten Konfliktvermeidungsregeln[351]

---

348 Statt vieler *Schilken*, in: Staudinger BGB (2014), § 181 BGB Rdnr. 4.

349 St. Rspr.: BGH, Urteil vom 27.09.1972 – IV ZR 225/69, BGHZ 59, 236–242, zit. n. juris, Rdnr. 11; BGH, Beschluss vom 16.04.1975 – V ZB 15/74, juris, Rdnr. 10 f.; statt aller *Schilken*, in: Staudinger BGB (2014), § 181 BGB, Rdnr. 32, m.ausf.w.N. zur Rspr. und Lit.

350 So auch *Fleischer*, in: Münch. Komm. GmbHG (2012), § 43 GmbHG Rdnr. 173. Dieser Umstand lässt sich zwar lediglich empirisch belegen. Einen gewichtigen Anhaltspunkt bieten jedoch die in der offiziellen Anlage zum GmbHG enthaltenen Musterprotokolle, die eine Befreiung von den Beschränkungen des § 181 BGB jedenfalls für die Gründung einer Mehrpersonengesellschaft mit bis zu drei Gesellschaftern standardmäßig vorsehen. Gleiches gilt für die in der Praxis weit verbreiteten Vertragsmuster aus den gängigen Formularbüchern: *Schwedhelm/Wollweber*, in: Formularbuch Recht und Steuern (2014), Formular A. 6.25 (Geschäftsführerbestellung); *Stephan*, in: Beck'sches Formularbuch Bürgerliches, Handels- und Wirtschaftsrecht (2013), Formular 49.

351 So etwa die offensichtlich auf Interessenkonfliktvermeidung ausgerichteten Vorschriften der § 46 Nr. 6 und 8, § 43a GmbHG. Sofern der Geschäftsführer nicht vom Verbot des Selbstkontrahierens befreit wird, bezweckt freilich auch § 181 BGB die Vermeidung von Interessenkonflikten.

begegnet die Rechtspraxis Interessenkonflikten insbesondere über das Instrument der Geschäftsführerhaftung im Zusammenspiel mit der Treuepflicht des Geschäftsführers: Aus dieser Treuepflicht wird „zuvörderst die Kardinalspflicht“[352] zur Vermeidung von Interessenkonflikten abgleitet. Sie wird vor allem bei Geschäften des Geschäftsführers mit „seiner“ GmbH relevant: Nach herrschender Meinung und Praxis wird hier stets über eine umfassende Einzelfallabwägung determiniert, ob sich der Geschäftsführer in einem tatsächlichen Interessenkonflikt befindet.[353] Freilich ist die Durchführung einer solchen Abwägung regelmäßig impraktikabel.[354] Das Vorliegen eines tatsächlichen Interessenkonflikts wurde daher auf die Frage zugespitzt, ob es sich um einen faires und angemessenes Geschäft handelt, welches einem Drittvergleich standhält (sog. *dealing at arm's length*).[355] Dieser Drittvergleich wiederum wurde durch weitere Fallgruppen weiter ausgeformt: Ein tatsächlicher Interessenkonflikt ist etwa zu bejahen, wenn die GmbH dem Geschäftsführer ein Haus unter Verkehrswert[356] bzw. zu reinen Gestehungskosten ohne Bauzeitzinsen und Baubetreuungskosten[357] verkauft oder die Gesellschaft eine noch nicht fällige Forderung des Geschäftsführers vorzeitig begleicht[358].

III. Weitere Kategorie: Tatsächlicher und potenzieller Interessenkonflikt?

Es ist nunmehr an wiederholter Stelle darauf eingegangen worden, dass dem verrechtlichten Begriff des Interessenkonflikts stets ein Element des potenziellen anhaftet. Damit stellt sich die Frage, welchen Inhalt die Verwendung der Begrifflichkeit „potenzieller Interessenkonflikt“ in rechtlichen Regelungen haben soll. Dieser Terminus findet sich etwa in Ziffer 5.4.1 Abs. 2 DCGK sowie § 7 WpPG i.V.m. der EU-Prospektverordnung[359]. Ein Pleonasmus also?

---

352 *Fleischer*, in: Münch. Komm. GmbHG (2012), § 43 GmbHG Rdnr. 161, 163.

353 Anschauliches Beispiel für die Abwägung aus der jüngeren Rechtsprechung: OLG Naumburg, Urteil vom 23.01.2014 – 2 U 57/13, juris, Rdnr. 33.

354 Vgl. *Fleischer*, in: Münch. Komm. GmbHG (2012), § 43 GmbHG, Rdnr. 165.

355 *Fleischer*, WM 2003, S. 1045 (1052); *Fleischer*, in: Münch. Komm. GmbHG (2012), § 43 GmbHG Rdnr. 174, m.w.N.; *Haas/Ziemons*, in: Michalski, GmbHG (2010), § 43 GmbHG, Rdnr. 86 ff.; vgl. auch *Schneider/Crezelius*, in: Scholz, GmbHG (2013), § 43 GmbHG, Rdnr. 152, 198 f.; *Altmeppen*, in: Roth/Altmeppen, GmbHG (2012), § 43 GmbHG, Rdnr. 27 f.; *Gantenberg*, Interessenkonflikte von GmbH-Geschäftsführern (2009), S. 174 f. , m.w.N.

356 *Fleischer*, WM 2003, S. 1045 (1052).

357 Vgl. OLG München, Urteil vom 24.10.1997 – 23 U 2392/97, juris, Rdnr. 12.

358 OLG Koblenz, Urteil vom 12.05.1999 – 1 U 1649/97, juris, Rdnr. 26.

359 Anhang I, lit. 14.2 der Verordnung (EG) Nr. 809/2004 ("Prospektverordnung") vom 29.04.2004, ABl. Nr. L 149, v. 30.04.2004, S. 1 [aktuell in Fassung der Delegierten Verordnung (EU) 2015/1604, vom 12.06.2015, ABl. Nr. L 249, S.1, v. 25.09.2015].

Nein. Der Begriff des Interessenkonflikts erhält seine potenzielle Komponente erst durch seine Verrechtlichung. Es handelt sich dabei durchaus um ein real erfahrbares Phänomen, welches lediglich zum Zwecke der rechtlichen Anknüpfung die Heranziehung objektiver Hilfstatsachen erfordert. Vor diesem Hintergrund ist unter einem „potenziellen Interessenkonflikt“ eine Situation zu verstehen, in der nach verobjektivierter Sichtweise zwar noch kein Interessenkonflikt vorliegt, ein solcher jedoch durch das Hinzutreten bestimmter, nicht allzu fernliegender Umstände, entstehen könnte. So befindet sich Vorstandsmitglied V, der nach Ablauf der zweijährigen Abkühlungsphase (§ 100 Abs. 2 S. 1 Nr. 4 AktG) in den Aufsichtsrat gewechselt ist, solange nicht im Interessenkonflikt, wie es im Aufsichtsrat nicht um die Beurteilung früherer Vorstandsleistungen geht. Betrachtet man das Aufsichtsratsmandat in seiner Gesamtheit, so befindet sich V lediglich in einem bereichsspezifischen potenziellen Interessenkonflikt.

Zutreffend ist allerdings, dass nicht immer trennscharf zwischen potenziellen und tatsächlichen Interessenkonflikten getrennt werden kann. Befindet sich ein Aufsichtsratsmitglied der X-AG, das außerdem im Vorstand der branchenverschiedenen Y-AG sitzt, in einem potenziellen oder tatsächlichen Interessenkonflikt, wenn zwischen der X-AG und der Y-AG erste unverbindliche Verhandlungen zum Abschluss eines Austauschvertrags aufgenommen werden?

Vor diesem Hintergrund kommt der Kategorisierung von tatsächlichen und potenziellen Interessenkonflikten nur eine begrenzte Bedeutung zu.

D. Die Interessenkonfliktsmaßnahmen

Es wurde bereits erwähnt, dass sich interessenwahrungsverhältnis-übergreifend ein fester Kanon an Verhaltensstandards für den Fall des Interessenkonflikts entwickelt hat (sog. *Interessenkonfliktsmaßnahmen*). Diese lassen sich grob den Kategorien der Konfliktoffenlegung, Konfliktvermeidung oder Konfliktlösung zuordnen.

Die Darstellung beschränkt sich auf einen kurzen Überblick der allgemeinen Interessenkonfliktsmaßnahmen unter Nennung einiger Beispiele. Im zweiten Teil[360] dieser Arbeit folgt sodann eine vertiefte Auseinandersetzung.

I. Konfliktoffenlegung

„Die ungefragte Offenlegung des Interessenkonflikts [...] ist eine allgemeine Mindestanforderung an alle Interessenwahrer.“[361] Mit dieser Aussage aus seinem grundlegenden Aufsatz hat *Hopt* auf den Punkt gebracht, dass die Konfliktoffenlegung gegenüber dem Mandanten das natürlichste und universellste Instrument im Umgang mit Interessenkonflikten ist.

---

360 S. unten, Teil 2: § 4 D (= S. 170 ff.).

361 *Hopt*, ZGR 2004, S. 1 (51); vgl. auch *Teichmann*, in: BO GroßKomm. (2015), § 675 BGB, Rdnr. 26.

Dies hat im Wesentlichen drei Gründe: *Erstens* ist sie das einfachste Mittel, um die verhängnisvolle[362] Informationsasymmetrie zwischen Mandatar und Mandanten im Falle des Interessenkonflikts zu überbrücken. Ohne entsprechende Situation wird der Mandant nur in den seltensten Fällen die Möglichkeit haben, das Bestehen eines Interessenkonflikts bei seinem Interessenwahrer zu erkennen. Wurde er hingegen vom Mandatar gewarnt, kann er die Gefährlichkeit des Interessenkonflikts und die Notwendigkeit von Schutzmaßnahmen selbst evaluieren. Entsprechend der oben dargestellten[363] verhaltensökonomischen Erkenntnisse wird er hierzu in jedem Fall besser in der Lage sein, als der durch den Interessenkonflikt beeinflusste Interessenwahrer. Die Offenlegung des Interessenkonflikts ist insofern regelmäßig eine Voraussetzung dafür, dass die allgemeinen oder speziellen Instrumente der Interessenkonfliktvermeidung und -lösung überhaupt zur Anwendung finden können. Im System des rechtlichen Programms zum Umgang mit Interessenkonflikten ist die Offenlegung des Konflikts damit die regelmäßig eine Vorbedingung.

Zweitens leistet bereits die bloße Offenlegung einen wichtigen Beitrag zur Abwehr der Gefahr für die Interessensphäre des Mandanten. Denn der Mandatar steht nunmehr unter erhöhtem Rechtfertigungsdruck: Er weiß um die typischerweise gesteigerte Aufmerksamkeit des Mandanten im Hinblick auf Anzeichen für konfliktbeeinflusste Handlungen. Zur Vermeidung eigener Nachteile wird er auf diese Weise zu einer besonders vorsichtigem Verhalten veranlasst. Vergegenwärtigt man sich die Ergebnisse der Verhaltensökonomie, wird schnell deutlich, wie wertvoll eine solche gesteigerte Eigenaufmerksamkeit sein kann.

Drittens ist die Offenlegung selbst eine Maßnahme, welche die Durchführung des Interessenwahrungsverhältnisses nur wenig beeinträchtigt.[364]

Aufgrund dieser Universalität folgt die Verpflichtung zur Konfliktoffenlegung wie selbstverständlich aus dem Wesen des Interessenwahrungsverhältnisses und

---

362 Zur Informationsasymmetrie als wesentlicher Risikofaktor im Rahmen der *principal-agent*-Verhältnisse s. bereits oben, Teil 1: § 3 C (= S. 48 ff.).

363 S. oben, Teil 1: § 3 B (= S. 30 ff.).

364 Vgl. zum Ganzen die beachtlichen Ausführungen in BGH, Urteil vom 24.01.1991 – IX ZR 250/89, BGHZ 113, 262–282, zit. n. juris, Rdnr. 37 f., die sich zwar speziell auf den Konkursverwalter beziehen, jedoch vollständig auf sämtliche Formen von Interessenwahrungsverhältnissen übertragen werden können: „Skrotzki [...] ging selbstverständlich davon aus, daß der Konkursverwalter rechtlich verpflichtet ist, eine Interessenkollision dem Gericht und/oder dem Gläubigerausschuß anzuzeigen. Nach einhelliger Meinung ist das Konkursgericht nach § 83 KO befugt, vom Konkursverwalter Auskünfte zu verlangen [...].Ein Auskunftsverlangen ist aber erst möglich, wenn überhaupt ein gewisser Anhaltspunkt gegeben ist, daß Aufklärung in einer bestimmten Richtung nötig ist. [...] Eine Anzeigepflicht ist hierfür das mildeste und zugleich ein wirksames Mittel, um Mißbräuche bei der Konkursabwicklung schon vorbeugend zu verhindern."; vgl. außerdem *Hopt*, ZGR 2004, S. 1 (25); *Kumpan*, Der Interessenkonflikt im deutschen Privatrecht (2014), S. 245.

erfordert an sich regelmäßig keine explizite gesetzliche Normierung.[365] Dennoch hat der Gesetzgeber die Offenlegungspflicht an vielen Stellen expliziert gesetzlich verankert und konkretisiert; auch hierin ist ein Beweis für ihre besondere Bedeutung im Kanon der Interessenkonflikts-Maßnahmen zu erblicken. Im Geschäftsbesorgungsvertrag, dem Grundtatbestand des Interessenwahrungsverhältnisses, hat sie ihre Grundlage in der Benachrichtigungspflicht gemäß §§ 666 Var. 1, 675 BGB und gilt über §§ 311 Abs. 2, 241 Abs. 2 BGB auch schon im vorvertraglichen Bereich.[366] Zu den „erforderlichen Nachrichten an den Auftraggeber" gehören im Allgemeinen sämtliche Informationen, die der Geschäftsherr benötigt, um seine Rechte (insbesondere Weisungen nach §§ 665, 765 BGB) wahrnehmen, Pflichten erfüllen und sachgerechte Entscheidungen treffen zu können.[367] Das Bestehen eines Interessenkonflikts fällt hierunter, [368] da es die adäquate Durchführung der Geschäftsführung besonders gefährdet. Die Offenlegung umfasst alle – auch nur irgendwie möglichen – Interessenkonflikte, welche eine Besorgnis des Mandanten für seine Interessensphäre begründen. Der Interessenwahrer muss den Interessenkonflikt unaufgefordert, unverzüglich, in verständlicher und hinreichend ausführlicher Weise melden.[369] Der Maßstab für sämtliche dieser Informationsmodalitäten ist das Informationsinteresse des Mandanten im Einzelfall[370] und orientiert sich an

---

365 So schon der historische Gesetzgeber, Motive zum BGB (1899), zit. n. *Mugdan*, Bd. II S. 300 (Mot. II, 537): „[Diese] Verpflichtung folgt aus dem Wesen des Austragsverhältnisses von selbst und braucht im Gesetze so wenig ausgesprochen zu werden, als die Verpflichtung des Auftraggebers, nötigenfalls auch unaufgefordert dem Auftraggeber, wo dessen Interesse es erheischt, die erforderlichen Nachrichten zu geben."; vgl. außerdem BGH, Urteil vom 01.12.2011 – III ZR 71/11, BGHZ 192, 1–8, zit. n. juris, Rdnr. 15; *Sprau*, in: Palandt BGB (2016), § 666 BGB, Rdnr. 1; *Seiler*, in: Münch. Komm. BGB (2012), § 666 BGB, Rdnr. 3 f.

366 *Löhnig*, Treuhand (2006), S. 215 f; vgl. auch BGH, Urteil vom 19.12.2006 – XI ZR 56/05, BGHZ 170, 226-235, zit. n. juris, Rdnr. 19; BGH, Urteil vom 23.10.2007 – XI ZR 167/05, juris, Rdnr. 11 ff.

367 So identisch *Seiler*, in: Münch. Komm. BGB (2012), § 666 BGB, Rdnr. 5; *Sprau*, in: Palandt BGB (2016), § 666 BGB, Rdnr. 2; vgl. auch BGH, Urteil vom 01.12.2011 – III ZR 71/11, BGHZ 192, 1–8, zit. n. juris, Rdnr. 15; *Berger*, in: Erman BGB (2014), § 666 BGB, Rdnr. 9.

368 Ausdrücklich BGH, Urteil vom 24.01.1991 – IX ZR 250/89, BGHZ 113, 262–282, zit. n. juris, Rdnr. 38: „[Zur den nach § 666 BGB Umständen] kann insbesondere bei möglichen Interessenkollisionen die Person des in Aussicht genommenen Vertragspartners gehören."; OLG Frankfurt, Urteil vom 05.07.2013 – 10 U 166/12, juris, Rdnr. 27; *Fischer*, in: Bamberger/Roth, BeckOK BGB (2015), § 666 BGB, Rdnr. 4; *Löhnig*, Treuhand (2006), S. 215 f.; *Kumpan*, Der Interessenkonflikt im deutschen Privatrecht (2014), S. 247 f.

369 *Seiler*, in: Münch. Komm. BGB (2012), § 666 BGB, Rdnr. 5; *Berger*, in: Erman BGB (2014), § 666 BGB, Rdnr. 9.

370 Vgl. BGH, Urteil vom 08.02.2007 – III ZR 148/06, juris, Rdnr. 8; *Sprau*, in: Palandt BGB (2016), § 666 BGB, Rdnr. 1.

folgender Leitfrage: Welche Informationen benötigt der Mandant und in welcher Weise müssen sie aufbereitet werden, damit dieser eine adäquate Entscheidung zum Umgang mit dem Interessenkonflikt treffen kann?

Im Einklang mit der Rechtsfunktion der werden die Anforderungen in Bezug auf Anlass und Umfang der Offenlegung allgemein durch die Größe des Machtspielraums sowie die Stärke des Interessenkonflikts bestimmt. Im Übrigen ist eine Information nicht nur *ex ante* geboten, sondern kann *ex post* auch für Interessenkonflikte oder gar Pflichtwidrigkeiten in der Vergangenheit bestehen.[371] Dies ist unter Umständen erforderlich, damit der Mandant weitere Maßnahmen ergreifen bzw. Haftungsansprüche wirksam geltend machen kann.

Für die verschiedenen Formen von Interessenwahrungsverhältnissen hat sich in Rechtsprechung und Literatur eine unüberblickbare Fülle an Kasuistik[372] entwickelt, die sich direkt oder indirekt mit der Pflicht des Mandatars zur Offenlegung von Interessenkonflikten befasst.[373] Für viele besondere Interessenwahrungsverhältnisse wie bei der Wertpapierdienstleistung[374], der Handelsvertretung[375] und der Kommission[376] sieht das Gesetz außerdem spezielle Benachrichtigungspflichten vor. Für den GbR-Geschäftsführer (§ 713 BGB), den Vereinsvorstand (§ 27 Abs. 3 BGB) sowie den Testamentsvollstrecker (§ 2218 Abs. 1 BGB) wird die Offenlegungspflicht durch Verweisung auf § 666 BGB angeordnet; auf den Insolvenzverwalter findet die Norm im Wege der Analogie Anwendung[377].

Einen besonderen Charakter haben darüber hinaus die organschaftlichen Interessenwahrungsverhältnisse des Gesellschaftsrechts. Die Verpflichtung zur Offenlegung von Interessenkonflikten ist dort grundlegend anerkannt.[378] Gleichzeitig

---

371 St. Rspr. für den Rechtsanwalt: nur BGH, Urteil vom 23.05.1985 – IX ZR 102/84, BGHZ 94, 380–392, zit. n. juris, Rdnr. 32 („nach ständiger höchstrichterliche Rechtsprechung"); außerdem BGH, Urteil vom 24.03.2011 – IX ZR 197/09, juris, Rdnr. 14. Zum Steuerberater BGH, Urteil vom 20.01.1982 – IVa ZR 314/80, BGHZ 83, 17–27, zit. n. juris, LS 1, 17 ff.

372 So auch *Hopt*, ZGR 2004, S. 1 (51): „... Kasuistik [zur ungefragten Offenlegung des Interessenkonflikts] gibt es für Wertpapieranalysten, Projektpartner, Rechtsanwälte und Baubetreuer ...".

373 BGH, Urteil vom 22.03.2011 – XI ZR 33/10, BGHZ 189, 13–32, zit. n. juris, Rdnr. 32 ff., m.ausf.w.N. zu weiterer Rspr. (Anlageberatung); BGH, Urteil vom 06.10.1980 – II ZR 60/80, BGHZ 79, 337–349, zit. n. juris, Rdnr. 27 f. (Prospekthaftung); BGH, Urteil vom 23.10.2007 – XI ZR 167/05, juris, Rdnr. 13 (Beratung durch finanzierende Bank); *Roth*, in: Münch. Komm. BGB (2012), § 654 BGB, Rdnr. 121, m.w.N. (Makler); BGH, Urteil vom 24.09.2013 – XI ZR 204/12, juris, Rdnr. 8 ff. (Beratende Bank als Kaufkommissionärin).

374 § 31 Abs. 1 Nr. 2 WpHG.

375 § 86 Abs. 2 HGB.

376 § 384 Abs. 2 HGB.

377 Statt aller BGH, Urteil vom 24.01.1991 – IX ZR 250/89, BGHZ 113, 262–282, zit. n. juris, Rdnr. 36 ff. und *Graeber*, in: Münch. Komm. InsO (2013), § 56 InsO, Rdnr. 53, m.w.N.

378 Umfangreiche Nachweise bereits oben, in FN 282.

lassen sich die Rollen von Mandant und Mandatar für die meisten Gesellschaftsformen klar zuordnen: Das Organ ist der offenlegungspflichtige Interessenwahrer und die Gesellschafter sind die Interessenoriginäre. Die AG hingegen zeichnet sich durch eine weitgehende Trennung von Eigentum und Macht aus; das Primat der mitgliedschaftlichen Bestimmungsmacht wird durch ein komplexes System der Organ-Gewaltenteilung ersetzt. Zwar kann klar bestimmt werden, welche Person der offenlegungspflichte Interessenwahrer ist. Der genaue Adressat der Offenlegung ist hingegen schwieriger zu bestimmen.[379]

II. Konfliktvermeidung

Kommt es nicht zu Interessenkonflikten, muss der Mandant auch nicht befürchten, dass sich der Mandatar konfliktbeeinflusst verhält und derart seine Interessen verletzt.

1. Die Unabhängigkeit

Den Status der Freiheit von (potenziellen) Interessenkonflikten bezeichnet man als Unabhängigkeit. Daher hängt die Unabhängigkeit untrennbar mit dem Begriff des Interessenkonflikts zusammen. Selbstverständlich kann nicht jeder beliebige Interessenkonflikt ausreichen, um einem Interessenwahrer die Unabhängigkeit abzusprechen. Erforderlich ist stets das Überschreiten einer gewissen Signifikanzschwelle.

Die Forderung nach der Unabhängigkeit von Mandanten (bzw. deren gesetzliche Fortschreibung) findet sich in vielen Interessenwahrungsverhältnissen, insbesondere bei Rechtsanwälten[380], Abschlussprüfern[381], Aufsichtsratsmitgliedern[382], Ratingagenturen[383], Wertpapierdienstleistungsunternehmen[384] und Insolvenzverwaltern[385]. Dies gilt insbesondere dann, wenn die Folgen der Interessenwahrung nicht nur das unmittelbare Vertragsverhältnis betreffen, sondern auch Dritte oder gar die Allgemeinheit.[386]

2. Weitere abstrakte Konfliktvermeidungsregelungen

Die Forderung nach Freiheit von signifikanten Interessenkonflikten existiert nicht nur in ihrer allgemeinen Gestalt als Unabhängigkeit. Es gibt darüber hinaus für

---

379 S. hierzu ausführlich unten, Teil 2: § 5 B (= S. 206 ff.).

380 Vgl. aus der BRAO: § 1; § 3 Abs. 1; § 43a Abs. 1; § 7 Abs. 8; § 14 Abs. 2 Nr. 8; § 59b Abs. 2 Nr. 1 lit. b); § 59f Abs. 4 Satz 1.

381 Empfehlung der EU-Kommission vom 16.05.2002, ABl. Nr. L 191 v. 19.07.2002, S. 22, Anhang.

382 S. hierzu unten, Teil 2: § 4 D. 3. b) (= S. 174 ff.).

383 Verordnung (EG) Nr. 1060/2009 des Europäischen Parlaments und des Rates ("Ratingagentur-VO") vom 16.09.2009, ABl. Nr. L 302 v. 17.11.2009, S. 1, Art. 1 S. 2, Art. 6, Anhang I.

384 § 33 Abs. 1 S. 2 Nr. 1 WpHG.

385 § 56 Abs. 1 InsO.

386 *Kumpan*, Der Interessenkonflikt im deutschen Privatrecht (2014), S. 157.

zahlreiche Interessenwahrungsverhältnisse spezielle Tatbestände, die in abstrakter Weise die Abwesenheit bestimmter Interessenkonfliktsmaßnahmen sicherstellen sollen. Solche abstrakten Normen finden sich insbesondere für den Rechtsanwalt,[387] den Abschlussprüfer[388] und den Aufsichtsrat.[389]

3. *Schutz der Informationssphäre*

In vielen Interessenwahrungsverhältnissen spielen Informationen eine wichtige Rolle. Die Gefahr für die Mandanteninteressen besteht regelmäßig in einem weiten Zugriff des Interessenwahrers auf relevante Informationen wie etwa Geschäftsgeheimnisse, Marktkenntnisse oder Know-how. Bei unbefugter oder unbedachter Weitergabe kann dem Mandanten großer Schaden zugefügt werden. Eine besondere Herausforderung besteht zudem im Hinblick darauf, dass dem Interessenwahrer eine einmal erworbene Information in aller Regel nicht mehr entzogen werden kann. Daher ist es häufig notwendig, dass der Interessenwahrer von vornherein von gewissen Informationsquellen ferngehalten wird.

Das universellste Instrument zum Schutz der Informationssphäre des Mandanten besteht in einer sanktionsbewährten Vertraulichkeitsverpflichtung, die in vielen Interessenwahrungsverhältnissen[390] besteht. Darüber hinaus können durch organisatorische Vorkehrungen wie *chinese walls*[391] Vertraulichkeitsbereiche[392] geschaffen werden, die präventiven Schutz gewähren.[393]

III. Konfliktlösung

Unter Konfliktlösung werden im weitest möglichen Sinne solche Maßnahmen verstanden, welche die Gefahr eines konkret bestehenden Interessenkonflikts für die Interessen des Mandanten isolieren.

Die Konfliktlösungsprogramme hängen stark von dem jeweiligen Interessenwahrungsverhältnis ab und lassen sich kaum abstrakt beschreiben.[394] Regelmäßig wird die konfliktspezifische Gefahr abgewehrt, indem dem Interessenwahrer der

387 § 45, § 59a Abs. 1 S. 1 BRAO.
388 § 319 Abs. 3 HGB.
389 S. hierzu unten, Teil 2: § 4 D. 3. a) (= S. 174 ff.).
390 Nur BGH, Urteil vom 11.02.1960 – VII ZR 206/58, BGHZ 32, 67–72, zit. n. juris, Rdnr. 11: „Diese Verpflichtung zur Verschwiegenheit [ist] als selbstverständliche Nebenpflicht mit dem Auftrag verbunden"; so auch *Martinek*, in: Staudinger BGB (2006), Vorb. zu §§ 662 ff. BGB, Rdnr. A 55. Weitere Beispiele: Rechtsanwalt (§ 43a Abs. 2 BRAO), Aufsichtsrat (§ 116 S. 2 AktG), Banken (statt aller *Berger*, in: Erman BGB (2014), § 675 BGB, Rdnr. 33).
391 Zum Begriff und seiner Herkunft s. nur *Kumpan*, Der Interessenkonflikt im deutschen Privatrecht (2014), S. 295.
392 Beispiele: § 33 Abs. 1 S. 1 Nr. 3 WpHG i.V.m. § 13 Abs. 3 S. 2 Nr. 1 WpDVerOV.
393 Ausf. *Kumpan*, Der Interessenkonflikt im deutschen Privatrecht (2014), S. 293 ff.
394 Ausf. *Kumpan*, Der Interessenkonflikt im deutschen Privatrecht (2014), S. 459 ff.

Zugriff auf die Interessensphäre teil- und zeitweise entzogen wird, besondere Kontrollmaßnahmen ergriffen werden oder das Interessenwahrungsverhältnis endet.

E. Zusammenfassung des Kapitels

1. Zum besseren Verständnis des rechtlichen Umgangs mit Interessenkonflikten lohnt ein rechtsvergleichender Blick auf die angelsächsische Rechtsordnung. Ausgehend von *trust* und *fiduciary relationship* unterliegen Interessenwahrungsverhältnisse und Interessenkonflikte einer einheitlichen Betrachtungsweise. Mit der *obligation of fiduciary duty* und ihren Ausprägungen der *no-conflict rule* sowie *non-profit rule* besteht ein einheitliches Instrument zum rechtlichen Umgang mit Interessenkonflikten.
2. Interessenwahrungsverhältnisse unterliegen im deutschen Privatrecht keiner vergleichbaren einheitlichen Betrachtung. Dennoch zeigt eine Bestandsaufnahme bei den wichtigsten Interessenwahrungsverhältnissen, dass auch im deutschen Recht stets die Existenz einer besonderen Treuepflicht angenommen wird. Diese bindet den Mandatar umfassend an die Interessen seines Mandanten. Dies gilt insbesondere für sämtliche Geschäftsbesorgungsverhältnisse, die Gesellschaftsorgane sowie gesetzliche Interessenwahrer wie zum Beispiel den Insolvenzverwalter. Die interessenwahrungsrechtliche Treuepflicht fordert allgemein mehr als bloße Rücksichtnahme i.S.v. § 242 BGB. Der Interessenwahrer muss die Mandanteninteressen vielmehr aktiv fördern und ggf. seine eigenen Interessen sowie die Interessen seiner anderen Mandanten zurückstellen.
3. Der breite Nachweis für alle Formen der Geschäftsbesorgung, Gesellschaftsorganbeziehungen und gesetzlichen Interessenwahrungsverhältnissen rechtfertigt es, das Bestehen einer einheitlichen Treuepflicht für alle Interessenwahrungsverhältnisse anzunehmen.
4. Damit konkrete Verhaltenspflichten hergeleitet werden können, bedarf die abstrakte Treuepflicht der weiteren Konkretisierung. Hierzu ist eine weitere Erforschung des dogmatischen Fundaments erforderlich. Die weitere Untersuchung des Rechtsgrundes bringt dabei wenig neue Ergebnisse: Der Geltungsgrund liegt zweifellos in der Interessenwahrungscausa. Als fruchtbar erweist sich hingegen ein Blick auf die Rechtsfunktion der Treuepflicht.
5. Die Rechtsfunktion der Treueplicht liegt nicht im abstrakten Schutz des vom Mandanten investierten Vertrauens. Denn *zum einen* kann eine Treuepflicht auch zu Kollektiven und nicht-natürlichen Personen bestehen. *Zum anderen* wird der Interessenwahrer nicht immer unmittelbar vom Mandanten selbst mandatiert.
6. Heute wird die Treuepflicht herrschend als Äquivalent zum Machtspielraum betrachtet. Der bloße Verweis auf ein allgemeines Rechtsprinzip, nach welchem Macht und Verantwortung zwangsläufig zusammengehören, beschreibt die Rechtsfunktion der Treuepflicht nur unzureichend. In Interessenwahrungsverhältnissen besteht vielmehr ein qualifizierter Zusammenhang zwischen dem

Machtspielraum des Mandatars und den Interessen des Mandanten: In aller Regel übersteigt die rechtliche Macht des Interessenwahrers im Außenverhältnis sein rechtliches Dürfen im Innenverhältnis. Wirksame Einschränkungen des Außenverhältnisses sind jedoch nicht möglich. Folglich besteht eine interessenwahrungstypische Gefährdungslage für die Interessensphäre des Mandanten. Die Rechtsfunktion der Treuepflicht besteht darin, diese Gefährdungslage zu überwinden, indem Interessenwahrungscausa und Machtspielraum in einen funktionalen Zusammenhang gesetzt werden.

7. Hiervon ausgehend lassen sich grob zwei Ausprägungen der Treuepflicht unterscheiden: Die *Interessenförderpflicht* erweitert die allgemeine Verpflichtung des Mandatars zur Wahrung der Mandanteninteressen um ein Element der Generalklausel, falls ein solches nicht ohnehin gesetzlich festgeschrieben ist. Für diese Arbeit ist hingegen die *Interessenschutzpflicht* relevanter. Ihre Funktion liegt darin, ein präventives Schutzprogramm zu aktivieren, wenn eine qualifizierte Gefahr für die Interessen des Mandanten vorliegt. Hier schließt sich der Kreis zum Interessenkonflikt als dem zentralen Gefahrentatbestand des Interessenwahrungsverhältnisses.
8. Im Ergebnis stellt sich die Interessenkonfliktsdogmatik als spezielles Gefahrenabwehr-Privatrecht dar, in welchem der Interessenkonflikt die Gefahr und die Treuepflicht die gefahrenabwehrrechtliche Generalklausel ist.
9. Diese rechtsfunktionale Bestimmung der Treuepflicht erlaubt eine weitere Pflichtenkonkretisierung hin zu einem standardisierten Katalog von Schutzmaßnahmen (sog. *Interessenkonfliktsmaßnahmen*). Maßgebliches Kriterium für die Auswahl der Maßnahmen ist die Schutzbedürftigkeit des Mandanten. Subsidiär kann berücksichtigt werden, wie stark eine bestimmte Interessenkonfliktsmaßnahme die Durchführung des Interessenwahrungsverhältnisses beeinträchtigt. Darüber hinaus kommt es jedoch nur dann zu einer Güterabwägung mit der Schutzbedürftigkeit des Mandanten, wenn besondere vertragliche oder gesetzliche Regelungen dies verlangen. Ein prominentes Beispiel bildet die Verschwiegenheitsverpflichtung von Gesellschaftsorganen, die einer Konfliktoffenlegung entgegenstehen kann.
10. Für die rechtliche Adressierung muss der Begriff des Interessenkonflikts verobjektiviert werden. Da es sich bei der Interessenkonfliktsdogmatik um Gefahrenabwehrrecht handelt, kann es nicht darauf ankommen, ob in der Person des Interessenwahrers tatsächlich verschiedene Interessen konfligieren. Für das Vorliegen des rechtlichen Tatbestands „Interessenkonflikt“ ist daher stets ausreichend, dass die objektiven Umstände auf das Bestehen eines Interessenkonflikts schließen lassen. Konfliktadressierende Regelungen lassen sich danach unterscheiden, ob sie ihre Rechtsfolge schlicht bei Vorliegen bestimmter konfliktanzeigender Umstände auslösen (sog. *abstrakte/formelle Interessenkonfliktsregelung*), oder ob sie eine möglichst genaue Feststellung des tatsächlichen Konfliktvorliegens fordern (sog. *konkrete/materielle Interessenkonfliktsregelung*).
11. Von einem *potenziellen Interessenkonflikt* ist die Rede, wenn nach verobjektivierter Sichtweise noch kein Interessenkonflikt vorliegt, ein solcher aber durch

das Hinzutreten nicht allzu fernliegender Umstände hervorgerufen werden könnte.

12. Die allgemeinen Interessenkonfliktsmaßnahmen lassen sich grob den drei Kategorien Konfliktoffenlegung, Konfliktvermeidung sowie Konfliktlösung zuordnen. Die Offenlegung ist dabei die universellste Interessenkonfliktsmaßnahme: Sie überbrückt die verhängnisvolle Informationsasymmetrie, setzt den Mandatar unter präventiven Rechtfertigungsdruck und beeinträchtigt die Durchführung des Interessenwahrungsverhältnisses regelmäßig nur wenig. Im Rahmen der (präventiven) Konfliktvermeidung ist insbesondere die Forderung nach Unabhängigkeit des Mandatars erwähnenswert. Sie beschreibt den Status der Freiheit von jeglichen signifikanten Interessenkonflikten.

Teil 2:
Die Interessenkonflikte des Aufsichtsrats

§ 1 Einleitung und Gang der Untersuchung

Das Thema „Interessenkonflikte in der Aktiengesellschaft“ kann auf eine lange gesellschaftsrechtliche Tradition zurückblicken. Schon das Reichsoberhandelsgericht hat sich mit ihm in einem Gutachten aus dem Jahre 1877 beschäftigt. Die daraus resultierende Problematik ist […] nach wie vor von großer Aktualität.[395]
– Hans-Joachim Priester (2011)

Es wurde bereits im Allgemeinen Teil dieser Arbeit gezeigt, dass die Behandlung von Interessenkonflikten zwar im gesamten Privatrecht einem einheitlichen Muster folgt. Allerdings existieren für jeden Bereich besondere gesetzliche Regelungen, welche die Interessenwahrungspflicht konkretisieren und ggf. besondere Rechtsfolgen anordnen. Diese konkreten Regelungen stehen in einem Verhältnis der Wechselwirkung zur allgemeinen Interessenkonfliktsdogmatik und sind dem Grunde nach vorrangig zu prüfen. Freilich gilt dies auch für die Regelungen zur Arbeitsweise des Aufsichtsrats der AG, einschließlich der Offenlegung von Interessenkonflikten.

Die konkreten Vorschriften des AktG sind indes, wie unten ausgeführt wird, hinsichtlich ihrer Reichweite und der Konkurrenzen mit anderen Normen (insbesondere der Vertraulichkeitsanforderungen) keineswegs eindeutig. Mit anderen Worten: „Das AktG kennt für die Lösung von Interessenkonflikten keine allgemeinen Regeln“[396]. Eine Auslegung der einschlägigen Normen des AktG anhand der klassischen Auslegungskanones Wortlaut, Systematik, Historie oder einzelnormbezogenem Telos führt zu keiner stichhaltigen Antwort bezüglich der Frage nach dem Umgang mit Interessenkonflikten des Aufsichtsrats – dies gilt insbesondere auch für die Frage nach der Pflicht zur Offenlegung von Interessenkonflikten. Die Problematik wird verstärkt durch das komplexe Zusammenspiel von § 161 AktG mit dem DCGK und einer zunehmenden Durchdringung des deutschen Aktiengesellschaftsrechts durch den europäischen Gesetzgeber.

Angesichts dieses Befundes muss auf größere Zusammenhänge zurückgegriffen werden, um Anlass und Modalitäten der Offenlegungspflichten des Aufsichtsrats im Fall eines Interessenkonflikts konkret bestimmen zu können. Zur Anwendung des in Teil 1 dargelegten allgemeinen Interessenkonfliktsrechts muss die Qualität des Aufsichtsratsmandats als Interessenwahrungsverhältnis untersucht werden. Dies ist ein komplexes Unterfangen, da die Organbeziehungen der Aktiengesellschaft vielschichtig sind. Sie fügen sich nicht ohne weiteres in das bipolare Schema eines einfachen Interessenwahrungsverhältnisses ein. Gerade die Verpflichtung

395 *Priester*, ZIP 2011, S. 2081 (2082).
396 *Dreher*, JZ 1990, S. 896 (898).

zur Offenlegung von Interessenkonflikten der Aufsichtsratsmitglieder stellt die Anwendung der Dogmatik vor eine Vielzahl von Fragen: Ist der Aufsichtsrat nur Interessenwahrer der Gesellschaft oder auch des Aktionärskollektivs? Welche Folgen ergeben sich für die Modalitäten der Treuepflicht? Wem gegenüber ist der Interessenkonflikt – wenn überhaupt – offenzulegen? Lässt sich die Offenlegung eines Interessenkonflikts im Aufsichtsrat mit dem Vertraulichkeitserfordernis vereinbaren?

Die dargestellten Punkte sind für den eingangs angeführten Befund verantwortlich, nach welchem die Frage nach der Offenlegungspflicht der Aufsichtsratsmitglieder in Bezug auf Interessenkonflikte bislang nicht zufriedenstellend gelöst wurde. Diese Arbeit soll zur Aufarbeitung beitragen, indem sie die in Teil 1 erarbeitete Dogmatik des allgemeinen Interessenwahrungsrechts auf die Problematik anwendet.

Der Gang der Untersuchung verläuft wie folgt: *Im ersten Schritt* werden die interessenkonfliktsspezifischen Regelungen des AktG, des DCGK sowie des Europarechts dargestellt, um die Unzulänglichkeiten und Differenzen des gesetzlichen Regelungsansatzes aufzuzeigen. *Im zweiten Schritt* wird die allgemeine Interessenkonfliktsdogmatik auf das Aufsichtsratsmandat übertragen. Hierzu ist das Organ „Aufsichtsrat" unter die Tatbestandsmerkmale des Interessenwahrungsverhältnisses zu subsumieren. Dabei bereitet insbesondere die Bestimmung des Mandanten (Gesellschaft, Aktionärskollektiv oder sonstige *Stakeholder*[397]?) Schwierigkeiten. Die Übertragung der Dogmatik erfordert eine dezidierte Auseinandersetzung mit den Regelungen zur aktienrechtlichen Organisationsverfassung. Die Untersuchung wird abgerundet durch einen Blick auf die besondere Konfliktanfälligkeit des Aufsichtsratsmandats und die aufsichtsratsspezifischen Interessenkonfliktsmaßnahmen. Für deren Begründung wird ein neuer, einheitlicher Ansatz auf Grundlage der Treuepflicht vorgestellt. Dieser aufsichtsratsspezifische allgemeine Teil der Untersuchung schließt mit einer Fallgruppenbildung der Interessenkonflikte im Aufsichtsrat. *Im dritten Schritt* werden die gewonnenen Erkenntnisse auf die Pflicht des Aufsichtsrats zur Offenlegung von Interessenkonflikten übertragen. Hierbei erfolgt insbesondere eine vertiefte Auseinandersetzung mit dem Adressaten der Offenlegung. Auf Grundlage der Treuepflicht wird eine neue, konsistente Zuständigkeitsordnung vorgeschlagen.

---

397 Vgl. zum Begriff des *Stakeholder* im Aktienrecht, zu dem es keinen griffigen deutschen Gegenbegriff gibt, nur *Fleischer*, in: Spindler/Stilz, AktG (2015), § 76 AktG, Rdnr. 29.

§ 2 Vorab: Die Unfruchtbarkeit des geschriebenen Aktienrechts

Die Behandlung ist im AktG nur punktuell geregelt. Dieser unvollständige Regelungsansatz des Gesetzes ist misslich, da die Aufsichtsratstätigkeit vom Gesetz bewusst als Nebenamt angelegt ist und deshalb für Interessenkonflikte besonders anfällig ist.[398]
– Jens Koch (2014)

Bereits in der Einleitung zu dieser Arbeit[399] wurde erwähnt, dass die Pflicht der Aufsichtsratsmitglieder zur Offenlegung von Interessenkonflikten bisher nur unzureichend geregelt ist. Darüber hinausgehend wurde die Regelungsdichte als derart gering beschrieben, dass sie keinen hinreichenden Anknüpfungspunkt für eine Lösung der Problematik auf Grundlage der einfachen Gesetzesauslegung ermöglicht. Infolgedessen verbleibt nur der Ruf nach dem Gesetzgeber oder aber ein Rückgriff auf die in Teil 1 dargestellte allgemeine privatrechtliche Interessenkonfliktsdogmatik.

Nun ließe sich einwenden, dass eine Pflicht der Aufsichtsratsmitglieder zur Konfliktoffenlegung ohne entsprechende Normierung schlichtweg nicht bestehe, weswegen auch das Fehlen entsprechender Regelungen nicht weiter verwunderlich sei. Es liegt jedoch auf der Hand, dass eine solche Sichtweise der Gefährlichkeit des Interessenkonflikts eines Aufsichtsratsmitglieds für die Gesellschaft nicht gerecht würde. Im Übrigen entstünde auf diese Weise ein Widerspruch zum aktienrechtlichen Schrifttum setzen, das ganz überwiegend in irgendeiner Weise die Existenz von Offenlegungspflichten anerkennt.[400] Allerdings würdigen nahezu alle Vertreter das Fehlen der normativen Anknüpfungspunkte durch schlichte Nichtbegründung der Offenlegungspflicht oder belassen es bei einem lapidaren Verweis auf die organschaftliche Treuepflicht.[401] Diese Situation ist offensichtlich unbefriedigend, da sie keinerlei Rückschlüsse auf die Modalitäten der Offenlegungspflicht (insbesondere Adressat, Offenlegungsumfang und Folgen einer Pflichtverletzung) zulässt.

Bislang gehen die Aussagen in dieser Arbeit zur unzureichenden Normdichte jedoch nicht über die Qualität bloßer Behauptungen hinaus. Im Folgenden seien sie daher durch

---

398 *Koch*, in: Hüffer, AktG (2014), § 108 AktG, Rdnr. 10. (Zu Zwecken der besseren Lesbarkeit wurde das Zitat um einen Halbsatz gekürzt und die verkürzte Schreibweise aus dem Kurzkommentar angepasst. Inhaltliche Veränderungen sind damit nicht verbunden.)

399 S. oben, vor Teil 1: (= S. 1 ff.)

400 Vgl. hierzu ausf. unten, Teil 2: § 5 (= S. 205 ff.), m.ausf.w.N. an den entsprechenden Stellen.

401 Vgl. hierzu ausf. unten, Teil 2: § 5 B. II (= S. 207 ff.), m.ausf.w.N. an den entsprechenden Stellen.

eine kurze Darstellung der wenigen relevanten Gesetzespassagen belegt. Aus Gründen der Vollständigkeit und zur Demonstration des normativen Spannungspotenzials wird hierbei nicht nur auf die Regelungen des AktG eingegangen, sondern auch die Empfehlungen des DCGK sowie relevante europarechtliche Vorschriften dargestellt.

A. Die Offenlegung von Interessenkonflikten des Aufsichtsrats im AktG

Die möglicherweise relevanten Vorschriften aus dem AktG werden aus Gründen der Übersichtlichkeit nach der Person des Adressaten der Offenlegungspflicht geordnet.

I. Offenlegungspflicht gegenüber dem Vorstand

Eine Pflicht des einzelnen Aufsichtsratsmitglieds zur Offenlegung von Interessenkonflikten gegenüber dem Vorstand könnte an § 76 Abs. 1 AktG angeknüpft werden, welcher die allgemeine Verantwortung des Vorstands für die Leitung der Gesellschaft regelt. Dies würde freilich voraussetzen, dass es sich bei der intra-organen Offenlegung von Interessenkonflikten um eine Maßnahme der Unternehmensleitung handelt. Angesichts des offenen Wortlauts erscheint vieles vertretbar, konkrete Vorgaben sucht man im AktG jedoch vergeblich.[402]

II. Offenlegung gegenüber dem Aufsichtsrat

Eine Norm, die einem Aufsichtsratsmitglied die Offenlegung eines Interessenkonflikts gegenüber dem Aufsichtsratsgremium oder -vorsitzenden explizit vorschreibt, existiert im AktG nicht. Doch auch an anderen Stellen findet sich keine Regelung, die als Anhaltspunkt für eine derartige Pflicht fungieren könnte. Denn die innere Ordnung des Aufsichtsrats ist vom AktG in den §§ 107 ff. ganz bewusst nur rudimentär geregelt.

III. Offenlegung gegenüber der Hauptversammlung bzw. dem einzelnen Aktionär

Am ehesten ließe sich eine Offenlegungspflicht der Aufsichtsratsmitglieder in Bezug auf Interessenkonflikte gegenüber der (quasiöffentlichen) Hauptversammlung, dem einzelnen hauptversammlungsteilnehmenden Aktionär oder dem allgemeinen Bilanzadressaten anknüpfen.

1. Die relevanten Gesetzespassagen

So heißt es in § 131 Abs. 1 S. 1, Abs. 2 S. 1 AktG:

---

402 Vgl. ausf. unten, Teil 2: § 5 B. I (= S. 206 ff.).

(1) Jedem Aktionär ist auf Verlangen in der Hauptversammlung vom Vorstand Auskunft über Angelegenheiten der Gesellschaft zu geben, soweit sie zur sachgemäßen Beurteilung des Gegenstands der Tagesordnung erforderlich ist.

(2) Die Auskunft hat den Grundsätzen einer gewissenhaften und getreuen Rechenschaft zu entsprechen.

Darüber hinaus finden sich folgende Gesetzespassagen:

§ 171 Abs. 2 S. 1, 2 AktG: Der Aufsichtsrat hat über das Ergebnis der Prüfung schriftlich an die Hauptversammlung zu berichten. In dem Bericht hat der Aufsichtsrat auch mitzuteilen, in welcher Art und in welchem Umfang er die Geschäftsführung der Gesellschaft während des Geschäftsjahrs geprüft hat [...].

§ 176 Abs. 1 S. 2 AktG: Zu Beginn der [Hauptversammlungs-]Verhandlung soll [...] der Vorsitzende des Aufsichtsrats den Bericht des Aufsichtsrats erläutern.

Schließlich enthält das AktG zwei Vorschriften, die in besonderen Konstellationen in abstrakter Weise die Information zu Interessenkonflikten bezwecken:

§ 125 Abs. 1 S. 4 AktG: Bei börsennotierten Gesellschaften sind einem Vorschlag zur Wahl von Aufsichtsratsmitgliedern Angaben zu deren Mitgliedschaft in anderen gesetzlich zu bildenden Aufsichtsräten beizufügen; Angaben zu ihrer Mitgliedschaft in vergleichbaren in- und ausländischen Kontrollgremien von Wirtschaftsunternehmen sollen beigefügt werden.

§ 285 Nr. 21 HGB: Ferner sind im Anhang anzugeben: zumindest die nicht zu marktüblichen Bedingungen zustande gekommenen Geschäfte, soweit sie wesentlich sind, mit nahe stehenden Unternehmen und Personen, einschließlich Angaben zur Art der Beziehung, zum Wert der Geschäfte HGB-Vorschrift zur Aufsichtsratsvergütung.403 (sog. related party transactions)

403 Gem. § 288 Abs. 2 S. 2 AktG beschränkt sich die Angabepflicht zu *related party transactions* bei mittelgroßen Kapitalgesellschaften (§ 267 Abs. 2 HGB) auf direkte und indirekte Geschäfte mit (unter anderem) Mitgliedern des Aufsichtsorgans. Daher gehören zu den „nahe stehenden Personen" i.S.d. § 285 Nr. 21 HGB definitiv auch Aufsichtsratsmitglieder, s. auch *Poelzig*, in: MüchKomm. HGB (2013), § 285 HGB, Rdnr. 356. Im Übrigen fallen auch nahe Familienangehörige von Aufsichtsratsmitgliedern unter die Norm. Dies lässt sich der europarechtlichen Herkunft der Norm entnehmen, die für die Definition der „nahestehenden Unternehmen und Personen" auf die IFRS verweist, Richtlinie 2013/34/EU des Europäischen Parlaments und des Rates vom 29.06.2013 ("EU-Bilanzrichtlinie n.F."), ABl. L 182 v. 29.06.2013, S. 19, Art. 2 Nr. 3 i.V.m. Art. 17 Abs. 1 lit. r). Die relevante Norm des IFRS (IAS 24.9 lit. a)) wiederum bezieht in den Kreis der nahe stehenden Personen auch „nahe Familienangehörige dieser Person" ein, s. auch *Poelzig*, in: MüchKomm. HGB (2013), § 285 HGB, Rdnr. 257.

2. Bewertung

Prima facie scheinen die Normen tatsächlich eine gewisse Offenlegungspflicht des Aufsichtsrats zum Auftreten und dem Umfang von Interessenkonflikten gegenüber dem Aktionariat bzw. der Öffentlichkeit zu statuieren. Dies gilt nicht nur für die eindeutig interessenkonfliktsadressierenden Sondervorschriften der § 125 Abs. 1 S. 4 AktG, § 285 Nr. 21 HGB.

Auch § 131 AktG gewährt dem Aktionär ein gewichtiges Auskunftsrecht zur Arbeit des Aufsichtsrats.[404] Manche Aussagen in der Rechtsprechung[405] und Literatur[406] deuten das Fragerecht sogar als Ausdruck eines allgemeinen, dem § 666 BGB vergleichbaren Rechenschaftsanspruchs des Aktionärs gegen die Verwaltungsorgane.[407] Diese Einordnung geht nicht nur fundamental auf die allgemeinere Diskussion um die Eigenschaft der Verwaltungsorgane als Aktionärstreuhänder zurück[408], die weiter unten[409] ausführlich behandelt wird. Sie bestimmt ganz allgemein den Umfang des Auskunftsrechts: Der Anspruch auf theoretisch unbegrenzte Rechenschaft ist die Regel und Beschränkungen dieses Rechts die begründungsbedürftige Ausnahme. Allerdings lässt es die tatbestandliche Fassung des § 131 AktG nicht zu, diesen als

---

404 Die Auskunftspflicht richtet sich zwar gegen den Vorstand, erstreckt sich aber auch auf die Arbeit des Aufsichtsrats, statt aller *Kubis*, in: MünchKomm. AktG (2013), § 131 AktG, Rdnr. 22. Zwar besteht nach h.M. keine originäre Verpflichtung des Aufsichtsrats zur Auskunftserteilung. Der Vorstand muss aber auch Fragen zur Aufsichtsratsarbeit beantworten und die erforderlichen Informationen nötigenfalls beim Aufsichtsrat erfragen.

405 BGH, Urteil vom 29.11.1982 – II ZR 88/81, BGHZ 86, 1–22, zit. n. juris, Rdnr. 49; KG Berlin, Beschluss vom 24.08.1995 – 2 W 1255/95 ("Allianz"), zit. n. ZIP 1995, 1585 (1587); OLG Düsseldorf, Beschluss vom 05.11.1987 – 19 W 6/87, juris, Rdnr. 29; vgl. auch BayObLG, Beschluss vom 30.11.1995 – 3Z BR 161/93, juris, Rdnr. 45

406 *Meilicke/Heidel*, DStR 1992, S. 72 (72); *Kubis*, in: MünchKomm. AktG (2013), § 131 AktG, Rdnr. 1; *Heidel*, in: Heidel, Aktien- und KapitalmarktR (2014), § 131 AktG, Rdnr. 1; schon *Ebenroth*, Das Auskunftsrecht des Aktionärs und seine Durchsetzung im Prozeß (1970), S. 4, 11.

407 S. aber die sehr gewichtigen Gegenstimmen: *Decher*, in: Großkomm. AktG (2008), § 131 AktG, Rdnr. 10 ff.; *Spindler*, in: Schmidt/Lutter, AktG (2015), § 131 AktG, Rdnr. 7; *Koch*, in: Hüffer, AktG (2014), § 131 AktG, Rdnr. 2; *Hoffmann-Becking*, in: Hoffmann-Becking, Münch. Hdb. GesR. IV (2015), § 38, Rdnr. 2; ausf. *Hüffer*, ZIP 1996, S. 401 (403 ff.); ausf. *Kersting*, in: KölnKomm AktG (2010), § 131 AktG, Rdnr. 9, m.umf.w.N.

408 Besonders plastisch formuliert bei *Hüffer*, ZIP 1996, S. 401 (404): „Tradition hat dagegen die Grundannahme, der einzelne Aktionär könne als wirtschaftlicher Eigentümer (Kapitalanleger) im Prinzip umfassend Rechenschaft verlangen. Darin liegt nämlich nichts anderes als die Vorstellung, die Verwaltung, besonders der Vorstand, wirtschafte mit dem Geld der Aktionäre und sei ihnen deshalb als ihr Sachwalter verpflichtet."

409 S. unten, Teil 2: § 3 B (= S. 118 ff.).

Ausdruck einer allgemeinen Rechenschaftsbefugnis des Aktionariats gegenüber der Unternehmensverwaltung zu sehen. Das Fragerecht des Aktionärs ist nämlich in formeller und materieller Hinsicht auf die Hauptversammlung bezogen. So kann es nur von Teilnehmern der Hauptversammlung geltend gemacht werden[410], ist also zeitlich, örtlich und im Hinblick auf den Detaillierungsgrad stark limitiert.[411] Inhaltlich beschränkt sich der Anspruch außerdem auf Angelegenheiten mit konkretem Bezug zu einem Tagesordnungspunkt der Hauptversammlung[412]. Im Hinblick auf die verfassungsrechtliche Relevanz und die europarechtliche Grundlage[413] des Auskunftsrechts ist der Zusammenhang von Fragegegenständen zur Tagesordnung zwar weit zu beurteilen; die Einschränkung als solche ist aber verfassungs-[414] und europarechtskonform[415]. Die Regelung verdeutlicht auf diese Wiese den fundamentalen Zusammenhaft des Auskunftsanspruchs mit den in der Hauptversammlung auszuübenden Mitgliedschaftsrechten: § 131 AktG dient nicht dazu, dem Aktionär einen allgemeinen Rechenschaftsanspruch zu vermitteln. Die Norm soll ihm lediglich die nötige Informationsgrundlage für eine sachgerechte Ausübung seiner Hauptversammlungsrechte verschaffen.[416]

Entsprechendes gilt für den zu erläuternden Bericht des Aufsichtsrats nach §§ 171, 176 AktG. Der Inhalt des Berichts orientiert sich daher an der Informationsgrundlage, die ein Aktionär für eine sachgerechte Entscheidung zu für die Aufsichtsratswiederwahl- und Entlastungsbeschlüsse erfordert.[417] Zu berücksichtigen ist dabei jedoch, dass sich der Bericht nach dem klaren Wortlaut des Gesetzes nur auf die Bilanzprüfung des Aufsichtsrat sowie die Überwachung der Geschäftsleitung bezieht. In der Literatur ist man sich zwar einig, dass eine Aneinanderreihung von pauschalen und formelhaften

---

410 § 131 Abs. 1 S. 1 Hs. 1 AktG.

411 Ausdr. OLG Düsseldorf, Urteil vom 22.11.2012 – I-6 U 18/12, 6 U 18/12, juris, Rdnr. 40, m.w.N.

412 § 131 Abs. 1 S. 1 Hs. 2 AktG.

413 *Kersting*, in: KölnKomm AktG (2010), § 131 AktG, Rdnr. 6.

414 BVerfG, Kammerbeschluss vom 20.09.1999 – 1 BvR 636/95, juris, Rdnr. 21 ff.

415 Ausführlich BGH, Beschluss vom 05.11.2013 – II ZB 28/12 ("Deutsche Bank"), BGHZ 198, 354–374, zit. n. juris, Rdnr. 27 ff., m.w.N. Die Aktionärsrichtlinie sieht in Art. 9 Abs. 2 explizit gewisse Einschränkungen des Fragerechts vor, Richtlinie 2007/36/EG des Europäischen Parlaments und des Rates ("Aktionärsrichtlinie") vom 11.07.2007, ABl. L 184 v. 14.07.2007, S. 17.

416 RegE vom 03.02.1962 – AktG 1965, BT-Drucks. IV/171, S. 153 f.: „[Es ist] der Sinn des Aufkunftsrechts, jedem Aktionär eine sachgemäße Ausübung seiner Rechte zu ermöglichen."; BayObLG, Beschluss vom 09.09.1996 – 3Z BR 36/94, juris, Rdnr. 58; *Decher*, in: Großkomm. AktG (2008), § 131 AktG, Rdnr. 7; *Kersting*, in: KölnKomm AktG (2010), § 131 AktG, Rdnr. 6.

417 *Koch*, in: Hüffer, AktG (2014), § 171 AktG.

Wendungen nicht ausreicht.[418] Allerdings wird überwiegend[419] eine „allgemein gehaltene knappe Berichterstattung rechtlich als ausreichend“[420] angesehen, die sich erst bei wirtschaftlicher Schwierigkeit intensiviert.[421] Insofern sind Angaben zu Interessenkonflikten der einzelnen Mitglieder zwar denkbar, aber nicht zwingend.[422]

Nichtsdestoweniger bleibt festzuhalten, dass §§ 131, 171, 176 AktG dem Aktionär durchaus gewichtige Informationsrechte in Bezug auf die Arbeit des Aufsichtsrats einräumen. Dies gilt insbesondere für § 131 AktG, der sogar durch ein gerichtliches Auskunftserzwingungsverfahren abgesichert ist[423]. Nicht zuletzt aufgrund der europarechtlichen Durchdringung ist der Bezug der Frage zu einem Tagesordnungspunkt im Übrigen weit zu beurteilen – und eine ganze Reihe von Tagesordnungspunkten bieten einen Ansatzpunkt für Fragen nach der Interessenkonflikten von Aufsichtsratsmitgliedern.[424] Dies gilt insbesondere für den Bericht des Aufsichtsrats an die Hauptversammlung[425], die Entlastung des Aufsichtsrats[426] und die Aufsichtsratswahl[427] sowie ggf. für die Abberufung von Aufsichtsratsmitgliedern[428] oder den Verzicht auf Ersatzansprüche.

Dennoch wäre die Annahme, dass der Gesetzgeber die Frage nach der Offenlegungspflicht von Interessenkonflikten gegenüber dem Aktionariat eindeutig

---

418 LG München I, Urteil vom 10.03.2005 – 5 HK O 18110/04, zit. n. AG 2005, 408 (480 f.); in dieser Hinsicht bestätigt durch OLG München, Beschluss vom 25.07.2005 – 7 U 2759/05, juris, Rdnr. 5.

419 Ausf. zum dem recht unübersichtlichen Streit zum Umfang der Berichtspflicht nach § 171 AktG *Ekkenga*, in: KölnKomm AktG (2011), § 171 AktG, Rdnr. 67 f.

420 *Pöschke/Hennrichs*, in: MünchKomm. AktG (2013), § 171 AktG, Rdnr. 197;), m.w.N.

421 LG Krefeld, Urteil vom 20.12.2006 – 11 O 70/06, juris, Rdnr. 46; *Ekkenga*, in: KölnKomm AktG (2011), § 171 AktG, Rdnr. 67; *Koch*, in: Hüffer, AktG (2014), § 171 AktG, Rdnr. 20; *Euler/Klein*, in: Spindler/Stilz, AktG (2015), § 171 AktG, Rdnr. 77; ausf. *Maser/Bäumker*, AG 2005, S. 906 (908 f.); *Kiethe*, NZG 2006, S. 888 (891); *Vetter*, ZIP 2006, S. 257 (262).

422 OLG München, Urteil vom 24.09.2008 – 7 U 4230/07, juris, Rdnr. 43: „Den Bestimmungen des § 171 AktG ist aber nicht zu entnehmen, dass über alle Umstände berichtet werden müsste, die für die Beurteilung der Rechtmäßigkeit des Verhaltens des Aufsichtsrats und/oder für eine Billigung seines Handelns relevant sein könnten. Daher statuiert § 171 Abs. 2 AktG nicht die Pflicht zur Offenlegung etwaiger Interessenkonflikte, unbeschadet dessen, dass eine solche Offenlegung sachgerecht und empfehlenswert sein wird.“; so auch *Pöschke/Hennrichs*, in: MünchKomm. AktG (2013), § 171 AktG, Rdnr. 204. Vgl. auch *Wilsing/Linden*, ZHR 178 (2014), S. 419 (437).

423 Siehe § 132 AktG.

424 Ausf. zum Ganzen, einschließlich der Nennung konkreter Tagesordnungspunkte, *Butzke*, in: FS Michael Hoffmann-Becking (2013), S. 229 (236 ff.).

425 Grundsätzlich im Zusammenhang mit dem Tagesordnungspunkt „Vorlage des Jahresabschlusses“, § 176 Abs. 1 AktG.

426 § 120 AktG.

427 § 119 Abs. 1 Nr. 1 AktG.

428 § 103 AktG.

geregelt hätte, verfehlt. Denn beide Informationskomplexe kollidieren allzu augenfällig mit der aktienrechtlichen Geheimhaltungspflicht des Aufsichtsrats[429], die in § 116 S. 2 AktG ebenfalls eine valide gesetzliche Fundierung erfährt.[430] Weder die Entstehungsgeschichte noch der Gesetzestext das AktG selbst geben Hilfestellungen dazu, wie dieses Spannungsverhältnis aufzulösen ist. Insbesondere nützt auch das Regel-Ausnahme-Verhältnis von § 131 Abs. 1 AktG zu § 131 Abs. 3 AktG wenig, wenn der Umfang der Verschwiegenheitsverpflichtung nicht für sich genommen bestimmt werden kann.

Eine tragfähige, abschließende Lösung der Problematik lässt sich daher auf Grundlage einer einfachen Gesetzesauslegung schlichtweg nicht erreichen. Wenn man es nicht bei einem Ruf nach dem Gesetzgeber belassen möchte, bietet lediglich der Rückgriff auf die dogmatischen Grundlagen des Aufsichtsratsverhältnisses Lösungschancen.

B. Die Offenlegung von Interessenkonflikten des Aufsichtsrats im DCGK

Anders als das AktG enthält der DCGK eine Vielzahl von Regelungen zur Offenlegung von Interessenkonflikten. Es lässt sich gar festhalten, dass die Herstellung von Transparenz durch Konfliktoffenlegung im Kodex die primäre Interessenkonfliktsmaßnahme ist.[431] Die Kodexempfehlungen sind zwar in Ermangelung ihrer gesetzlicher Qualität nicht originär verbindlich.[432] Börsennotierte und kapitalmarktorientierte Gesellschaften sind allerdings verpflichtet, jährlich eine sog.

---

429 In Bezug auf § 131 AktG: BGH, Beschluss vom 05.11.2013 – II ZB 28/12 ("Deutsche Bank"), BGHZ 198, 354–374, zit. n. juris, Rdnr. 47, m.ausf.w.N.; aus der Lit. statt vieler: grundlegend *Lutter*, Information und Vertraulichkeit im Aufsichtsrat (2006), Rdnr. 384 ff., 473; *Decher*, in: Großkomm. AktG (2008), § 131 AktG, Rdnr. 292; *Koch*, in: Hüffer, AktG (2014), § 131 AktG, Rdnr. 11. Vgl. außerdem, dass der europäische Gesetzgeber die Einschränkung des Auskunftsrechts zum „Schutz der Vertraulichkeit und der Geschäftsinteressen der Gesellschaft" ausdrücklich erlaubt, Richtlinie 2007/36/EG des Europäischen Parlaments und des Rates ("Aktionärsrichtlinie") vom 11.07.2007, ABl. L 184 v. 14.07.2007, S. 17, Art. 9 Abs. 2.
In Bezug auf § 171 AktG: grundlegend *Lutter*, Information und Vertraulichkeit im Aufsichtsrat (2006), Rdnr. 384 ff.; *Lutter*, AG 2008, S. 1 (10); ausf. *Cervellini*, Der Bericht des Aufsichtsrats (2012), S. 162 ff.; *Koch*, in: Hüffer, AktG (2014), § 171 AktG, Rdnr. 18; *Euler/Klein*, in: Spindler/Stilz, AktG (2015), § 171 AktG, Rdnr. 75; *Ekkenga*, in: KölnKomm AktG (2011), § 171 AktG, Rdnr. 69; *Drygala*, in: Schmidt/Lutter, AktG (2015), § 171 AktG, Rdnr. 17.

430 S. hierzu ausf. unten, Teil 2: § 5 B. III. 1. b) (= S. 218 ff.).

431 *Kremer*, in: Ringleb/Kremer/Lutter/v.Werder/, DCGK Komm. (2014), Ziffer 5 DCGK, Rdnr. 1097; Ausführungen des Vorsitzenden der RegKomm. DCGK (*Cromme*) anlässlich der Veröffentlichung des ersten DCGK-Entwurfs, am 18.12.2001, S. 11.

432 S. ausf. zum Regelungsmechanismus aus § 161 AktG und DCGK unten, Teil 3: § 2 A (= S. 231 ff.).

Entsprechenserklärung abzugeben, in welcher sie über die tatsächliche Anwendung des DCGK informieren. Verstöße gegen den DCGK werden daher unmittelbar augenfällig und sollen – zumindest in der Vorstellung des Gesetzgebers – eine Sanktion durch den Kapitalmarkt nach sich ziehen. Darüber hinaus kann ein Verstoß gegen die Verpflichtung zur Abgabe einer wahrheitsgemäßen Entsprechenserklärung zur Anfechtung von Hauptversammlungsbeschlüssen führen und sogar Haftungsansprüche gegen einzelne Organmitglieder begründen. Auf beides wird an entsprechender Stelle tiefergehend eingegangen.[433] An dieser Stelle bleibt es bei einem Hinweis darauf, dass der Kodex in tatsächlicher Hinsicht eine breite Anwendung findet und in der Praxis eine wichtige Rolle spielt.[434] Mit den Worten *Hüffers* schafft er „zwar keine Rechtsnormen, aber Fakten".[435] Tatsächlich sind die Regelungen des Kodexes dafür verantwortlich, dass die Frage nach der Zulässigkeit und der Konsequenzen von Interessenkonflikten im Aufsichtsratsmandat ins Bewusstsein der allgemeinen gesellschaftsrechtlichen Diskussion gerückt ist.[436]

Die folgende Darstellung beschränkt sich auf eine Wiedergabe der relevanten Kodex-Passagen. Denn für die in dieser Arbeit zu beantwortende Fragestellung hat er nur mittelbaren Charakter. Zwar adressiert der DCGK die Problematik der Interessenkonflikts sehr ausführlich und positioniert sich eindeutig zu der Frage nach der Offenlegungspflicht. Es besteht allerdings keinerlei rechtlicher Zwang zur Einhaltung der Kodex-Empfehlungen. Die Kodex-Regeln sind daher von den gesetzlichen Vorgaben des AktG strikt zu trennen. Selbst wenn man im Zusammenspiel von Entsprechenserklärung und marktförmiger Sanktion für schlechte Corporate Governance einen mittelbaren Druck zur Einhaltung der Kodex-Empfehlungen erblicken mag, so gilt dieser Einwand nur für börsennotierte und kapitalmarktorientierte Aktiengesellschaften. Diese machen laut aktueller statistischer Erhebungen allerdings nur einen Anteil von ca. 9 %[437] aller deutschen Aktiengesellschaften aus.

---

433 Hierzu ausf. unten, Teil 3: § 2 B (= S. 233 ff.).

434 Als Beleg dient die hohe durchschnittliche Befolgungsquote, die jährlich vom *Berlin Center of Corporate Governance* statistisch evaluiert wird. Laut Corporate Governance Report 2015 (veröffentlicht bei *v. Werder/Bartz*, DB 2015, S. 1357) befolgt die Gesamtheit der börsennotierten und kapitalmarktorientierten die Kodexempfehlungen im Durchschnitt zu 82,6 %, wobei die Befolgungsquoten mit Höhe der Börsenstandards steigen und bei DAX-Unternehmen sogar 95,2 % erreichen.

435 *Hüffer*, ZIP 2006, S. 637 (644); so auch *Martinek*, WRP 2008, S. 51 (53).

436 Vgl. *Martinek*, WRP 2008, S. 51 (52); *Marsch-Barner*, in: Marsch-Barner, HdB. börsennotierte AG (2014), § 2, Rdnr. 49.

437 Es handelt sich um eine grobe Schätzung auf Grundlage einer Anfrage beim Deutschen Aktieninstitut vom 27.01.2016. Demnach sind auf die Bundesbank Kapitalmarkstatistik 02/2015 (S. 47, letzte Zeile) zu den ca. 11.000 Aktiengesellschaften weitere 4.000 hinzuzuaddieren. Demnach ergibt sich eine geschätzte Gesamtzahl von deutschen Aktiengesellschaften von ca. 15.000. Die Anzahl der in Deutschland börsennotierten Aktiengesellschaften wird von dem Hoppenstedt-Aktienführer mit ca. 1.300 angegeben. Demnach wären aufgerundet 9 % der deutschen Aktiengesellschaften börsennotiert.

1. *Offenlegung gegenüber dem Aufsichtsrat*

Der DCGK empfiehlt explizit, dass ein Aufsichtsratsmitglied seine potenziellen Interessenkonflikte gegenüber dem Aufsichtsrat offenlegt:

> ***Ziffer** 5.5.2 **DCGK**: Jedes Aufsichtsratsmitglied soll Interessenkonflikte, insbesondere solche, die auf Grund einer Beratung oder Organfunktion bei Kunden, Lieferanten, Kreditgebern oder sonstigen Dritten entstehen können, dem Aufsichtsrat gegenüber offenlegen.*

Wie der systematische Zusammenhang zu Ziffer 5.5.3 S. 2 DCGK zeigt, geht es in dieser Empfehlung nicht um „wesentliche und dauerhafte Interessenkonflikte". Ausreichend ist damit jeder einigermaßen signifikante Interessenkonflikt.[438]

2. *Offenlegung gegenüber dem Aktionariat bzw. der Öffentlichkeit*

Zunächst empfiehlt der Kodex, dass die Aufsichtsratsvergütung samt nicht-aufsichtsratsbezogener Austauschverträge (wie zum Beispiel Beraterverträge) als potenzieller Herd von Interessenkonflikten im Anhang zur Bilanz gesondert aufgeführt wird:

> ***Ziffer** 5.4.6 **Abs.** 3 **DCGK**: Die Vergütung der Aufsichtsratsmitglieder soll im Anhang oder im Lagebericht individualisiert, aufgegliedert nach Bestandteilen ausgewiesen werden. Auch die vom Unternehmen an die Mitglieder des Aufsichtsrats gezahlten Vergütungen oder gewährten Vorteile für persönlich erbrachte Leistungen, insbesondere Beratungs- und Vermittlungsleistungen, sollen individualisiert angegeben werden.*

Darüber hinaus empfiehlt der DCGK eine weitergehende Offenlegung von Interessenkonflikten gegenüber der Hauptversammlung:

> ***Ziffer** 5.5.3 **DCGK**: Der Aufsichtsrat soll in seinem Bericht an die Hauptversammlung über aufgetretene Interessenkonflikte und deren Behandlung informieren. Wesentliche und nicht nur vorübergehende Interessenkonflikte in der Person eines Aufsichtsratsmitglieds sollen zur Beendigung des Mandats führen.*

Diese Kodex-Empfehlung ist maßgeblich dafür verantwortlich, dass die rechtliche Problematik der Offenlegung von Interessenkonflikten eine derartige Aufmerksamkeit erfahren hat. Denn das OLG Frankfurt entschied im Jahr 2011, dass Ziffer 5.5.3 DCGK eine Offenlegung von Details zum Interessenkonflikten verlange.[439] In der Folge stufte das Gericht die im zu entscheidenden Fall abgegebene Entsprechenserklärung als unrichtig ein und ließ die Anfechtung des Entlastungsbeschlusses zu (sog. *Kassationsrechtsprechung*)[440]. Mittlerweile hat der BGH zwar entschieden, dass Ziffer 5.5.3 DCGK

---

438 Vgl. *Heldt/Fischer zu Cramburg*, in: Heidel, Aktien- und KapitalmarktR (2014), Komm. zum DCGK, Ziffer 5, Rdnr. 73.

439 Insb. OLG Frankfurt, Urteil vom 05.07.2011 – 5 U 104/10, juris, Rdnr. 74 ff.; bestätigt durch OLG Frankfurt, Urteil vom 15.05.2012 – 5 U 66/11, juris, Rdnr. 112 ff. und OLG Frankfurt, 02.10.2012 vom Urteil – 5 U 10/12, juris, Rdnr. 95 ff.

440 Vgl. ausf. zur Kassationsrechtsprechung unten, Teil 3: § 2 B (= S. 233 ff.).

keine Darlegung des Interessenkonflikts im Einzelnen verlangt.[441] Dennoch steht die Kodexempfehlung weiterhin wegen des offensichtlichen Spannungsverhältnisses zur Verschwiegenheitspflicht[442] des Aufsichtsrats in der Kritik.[443] Die Regierungskommission Deutscher Corporate Governance Kodex hat bei der Kodexnovelle 2015 trotzdem darauf verzichtet, die Regelung des 5.5.3 DCGK zu streichen.

C. Die Offenlegung von Interessenkonflikten im Europäischen Recht

Das Europarecht durchwirkt das deutsche Aktienrecht zunehmend und lässt hierbei eine deutliche Intoleranz gegenüber allen Formen von Interessenkonflikten im Bereich der Corporate Governance erkennen[444]. Der europäische Gesetzgeber sich hat im Rahmen dieser Entwicklung auch mit Interessenkonflikten von Aufsichtsratsmitgliedern befasst und sich zu deren Offenlegungspflicht geäußert. Erwähnenswert ist sind insbesondere die folgenden europäischen Legislativakte:

I. Kommissionsempfehlung zu Aufgaben und Ausschüssen des Aufsichtsrats (2005)

Am 15. Februar 2015 veröffentlichte die Kommission ihre *Empfehlung zu den Aufgaben von Aufsichtsratsmitgliedern börsennotierter Gesellschaften sowie zu den Ausschüssen des Aufsichtsrats.*[445] Zum Erlass derartiger Empfehlungen ist sie gemäß Art. 288 Abs. 1 AEUV befugt. Solche Kommissionsempfehlungen entfalten zwar

---

441 BGH, Beschluss vom 14.05.2013 – II ZR 196/12, juris; vgl. schon OLG München, Urteil vom 24.09.2008 – 7 U 4230/07, juris, Rdnr. 44. So auch die h.L., *Kremer*, in: Ringleb/Kremer/Lutter/v.Werder/, DCGK Komm. (2014), Ziffer 5 DCGK, Rdnr. 1112; *Heldt/Fischer zu Cramburg*, in: Heidel, Aktien- und KapitalmarktR (2014), Komm. zum DCGK, Rdnr. 74; *Habersack*, in: MünchKomm. AktG (2013), § 100 AktG, Rdnr. 93; *Hoffmann-Becking*, in: Hoffmann-Becking, Münch. Hdb. GesR. IV (2015), § 45, Rdnr. 17; *Marsch-Barner*, in: Marsch-Barner, HdB. börsennotierte AG (2014), § 2, Rdnr. 49; *Vetter*, ZIP 2006, S. 257 (261); *Priester*, ZIP 2011, S. 2081 (2083 f.); *Linden*, GWR 2011, S. 407 (407 ff.); *Butzke*, in: FS Michael Hoffmann-Becking (2013), S. 229 (241); *Peltzer*, Deutsche Corporate Governance (2004), S. 118.

442 *Vetter*, ZIP 2006, S. 257 (261); *Habersack*, in: MünchKomm. AktG (2013), § 100 AktG, Rdnr. 93; *Priester*, ZIP 2011, S. 2081 (2083 f.); *Hoffmann-Becking*, in: Hoffmann-Becking, Münch. Hdb. GesR. IV (2015), § 45, Rdnr. 17; *Marsch-Barner*, in: Marsch-Barner, HdB. börsennotierte AG (2014), § 2, Rdnr. 49. Vgl. außerdem ausf. unten, Teil 2: § 5 B. III. 3 (= S. 223 ff.).

443 Vgl. insb. die Stellungnahme des DAV-Handelsrechtsausschuss, NZG 2015, S. 86 (96) zur Kodexnovelle 2015.

444 Hierzu ausf. unten, Teil 2: § 4 C. II (= S. 163 ff.).

445 Empfehlung der EU-Kommission vom 15.02.2005 – (Aufgaben des Aufsichtsrats), ABl. Nr. L 52 v. 25.02.2005, S. 51.

keine originäre rechtliche Bindung.[446] Dem EuGH zufolge sind sie dennoch „nicht rechtlich völlig wirkungslos", sondern von den innerstaatlichen Gerichten im Hinblick auf das Prinzip der Unionstreue bei der Entscheidung über bei ihnen anhängige Rechtsstreitigkeiten zu berücksichtigen.[447]

1. *Pflicht zur Offenlegung von Interessenkonflikten*

Die Kommissionsempfehlung fordert den Aufsichtsrat explizit dazu auf, das Aktionariat in Bezug auf den Umgang mit Interessenkonflikten angemessen zu informieren. So heißt es in

> *Ziffer 9.2: Der Aufsichtsrat sollte dafür sorgen, dass die Aktionäre über die Angelegenheiten der Gesellschaft, die Unternehmensstrategie sowie über den Umgang mit Risiken und Interessenkonflikten angemessen informiert werden."*

Welche Reichweite die Kommission sich hinsichtlich der Offenlegungsverpflichtung vorgestellt hat, lässt sich einem systematischen Gegenschluss zu Ziffer 9.1 entnehmen. Dort wird in Bezug auf die interne Organisation und Verfahren des Aufsichtsrats nämlich nur eine „ausreichende Information" gefordert. Im Ergebnis fordert die Kommission also eine weitreichende Offenlegungspflicht des Aufsichtsrats im Hinblick auf Interessenkonflikte. Die Adressaten dieser Offenlegung sind dabei die Aktionäre.

Darüber hinaus beschäftigt sich die Kommission ausführlich mit der Bedeutung und rechtlichen Fassung des Begriffs der Unabhängigkeit. Sie selbst stellt den Bezug zur rechtlichen Kategorie des Interessenkonflikts her, indem sie in Ziffer 13.1[448] die Unabhängigkeit als Status der Freiheit von signifikanten Interessenkonflikten definiert. Sie identifiziert zwar einige unabhängigkeitsschädliche Kriterien, die man „normalerweise als materielle Interessenkonflikte potenziell herbeiführend anerkennt."[449] Jedoch sollte „grundsätzlich der Aufsichtsrat selbst festlegen, was

---

446 Art. 288 Abs. 5 AEUV.

447 EuGH, Urteil vom 13.12.1989 – C-322/88 ("Grimaldi/Fonds des Maladies Professionnelles"), Slg. 1989, 4407–4422, Rdnr. 18 f.; EuGH, Urteil vom 21.01.1993 – C-188/91 ("Deutsche Shell AG"), Slg 1993, I-363-392, Rdnr. 18; *Biervert*, in: Schwarze/Becker/Hatje/Schoo, EU-Kommentar (2012), Art. 288 AEUV, Rdnr. 36 f.; *Nettesheim*, in: Grabitz/Hilf/Nettesheim, Recht der EU (2014), Art. 288 AEUV, Rdnr. 206 ff.; *Mense/Klie*, GWR 2014, S. 232 (233); kritisch *Ruffert*, in: Calliess/Ruffert, EUV/AEUV (2011), Art. 288 AEUV, Rdnr. 95.

448 Ziffer 13.1 der Empfehlung der EU-Kommission vom 15.02.2005 – (Aufgaben des Aufsichtsrats), ABl. Nr. L 52 v. 25.02.2005, S. 51 lautet: „Ein Mitglied der Unternehmensleitung gilt als unabhängig, wenn es in keiner geschäftlichen, familiären oder sonstigen Beziehung zu der Gesellschaft, ihrem Mehrheitsaktionär oder deren Geschäftsführung steht, die einen Interessenkonflikt begründet, der sein Urteilsvermögen beeinflussen könnte".

449 Die Empfehlung rief die Mitgliedsstaaten eigentlich dazu auf, auf Grundlage dieser in Anhang II aufgeführten Situationen eigene, weitergehende Kriterien

unter Unabhängigkeit zu verstehen ist. Der Aufsichtsrat kann durchaus zu dem Ergebnis kommen, dass ein Mitglied der Unternehmensleitung zwar alle [...] Unabhängigkeitskriterien erfüllt, aber aufgrund besonderer Umstände, die mit seiner Person oder der Gesellschaft zusammenhängen, nicht als unabhängig angesehen werden kann; auch das Gegenteil ist möglich."[450] Gleichzeitig erlegt sie dem Aufsichtsrat auf, sich halbjährlich in Bezug auf die Unabhängigkeit seiner Mitglieder selbst zu evaluieren:

> ***Ziffer 13.3.1 S. 3***: *Die Gesellschaften sollten [...] jährlich offen legen, welche Mitglieder der Unternehmensleitung sie als unabhängig ansehen.*

An dieser Stelle setzen nun weitere konkrete Offenlegungspflichten des Aufsichtsrats ein:

> ***Ziffer 13.3***: *Das Ergebnis, zu dem der Aufsichtsrat bei seiner Prüfung, ob ein bestimmtes Mitglied der Unternehmensleitung als unabhängig zu betrachten ist, gelangt ist, sollte in geeigneter Form offen gelegt werden.*

> ***Ziffer 13.3.2***: *Ist eines oder sind mehrere Unabhängigkeitskriterien [...]*[451] *das ganze Jahr über nicht erfüllt worden, sollte die Gesellschaft offen legen, aus welchen Gründen sie die betreffende Person dennoch als unabhängig ansieht.*

Im Ergebnis verlangt die Kommission folglich vom Aufsichtsrat nicht nur, dass er seine jährlich vorzunehmende Einschätzung zur Freiheit einzelner Aufsichtsratsmitgliedern von Interessenkonflikten vornimmt. Darüber hinaus soll das Kontrollorgan begründen, wenn es einen bestimmten Interessenkonflikt nicht als unabhängigkeitsgefährdend einstuft. Hiermit sind unweigerlich weitere Informationen zum betreffenden Interessenkonflikt erforderlich.

Im Übrigen gilt vergleichbares für die vom Aufsichtsrat selbst vorgeschlagenen Kandidaten zur Wahl in den Aufsichtsrat:

---

für die Beurteilung der Unabhängigkeit der Mitglieder der Unternehmensleitung festzulegen. Bedauerlicherweise ist festzustellen, dass entsprechende Regelungen im deutschen Recht oder dem DCGK weder zum Zeitpunkt des Erlasses der Kommissionsempfehlung vorhanden waren (vgl. *Spindler*, ZIP 2005, S. 2033 (2043)), noch später eingeführt wurden. Die Kommissionsempfehlung wurde mit anderen Worten ignoriert, und zwar sehenden Auges, vgl. die Ausführungen zur Kommissionsempfehlung im RegE Bilanzrechtsmodernisierungsgesetz ("BilMoG") vom 30.07.2008, BT-Drucks. 16/10067, S. 101 f; vgl. hierzu auch *Mense/Klie*, GWR 2014, S. 232 (233). Daher gilt: Wenn die Kommissionsempfehlung Rechtsfolgen an die (Nicht-)Einhaltung dieser einzelstaatlichen Kriterien knüpft, sind zumindest die im Anhang II zur Kommissionsempfehlung aufgeführten Situation heranzuziehen.

450 Beide Zitate: Empfehlung der EU-Kommission vom 15.02.2005 – (Aufgaben des Aufsichtsrats), ABl. Nr. L 52 v. 25.02.2005, S. 51, Ziffer 13.2 S. 1.

451 Beachte die Erläuterungen zu den Unabhängigkeitskriterien in Fn. 449.

Ziffer 13.3.1: Wird die Bestellung eines Aufsichtsratsmitglieds vorgeschlagen, sollte die Gesellschaft offenlegen, ob sie diese Person als unabhängig ansieht. Ist eines oder sind mehrere Unabhängigkeitskriterien [...] nicht erfüllt, sollte die Gesellschaft offenlegen, aus welchen Gründen sie die Person dennoch als unabhängig ansieht.

2. Bewertung der Bedeutung für das deutsche Aktienrechts

Wie bereits erwähnt, sind Kommissionsempfehlungen nicht originär verbindlich. Die vom EuGH angenommene Berücksichtigungspflicht staatlicher Gerichte bei der Rechtsfindung läuft in Bezug auf die Konfliktoffenlegungspflicht ebenfalls leer. Denn es gibt bis heute keine verbindliche europäische Richtlinie, die eine entsprechende normative Anknüpfung im deutschen Recht bewirken könnte. Die Kommissionsempfehlung bleibt damit bislang ohne jegliche verbindliche Wirkung, was im Übrigen zu ihrer tatsächlich festzustellenden Nicht-Umsetzung geführt haben dürfte. Im Ergebnis führt das Europarecht also nicht dazu, dass die Pflicht des Aufsichtsrats der Offenlegung von Interessenkonflikten abschließend geklärt ist. Im Gegenteil reichert sie die Problematik um eine weitere Dimension an.

Eine andere Beurteilung ist auch nicht aufgrund des Verweises auf die EU-Kommissionsempfehlung in der Gesetzesbegründung zum BilMoG geboten.[452] Die Ausführungen im Regierungsentwurf betreffen *zum einen* nur die Definition der Unabhängigkeit i.S.d. § 100 Abs. 5 AktG. Dort ist geregelt, dass bei kapitalmarktorientierten Gesellschaften[453] ein Mitglied des Aufsichtsrats unabhängig sein und über Sachverstand auf den Gebieten der Rechnungslegung oder Abschlussprüfung verfügen muss.[454] Zur Frage der Konfliktoffenlegung verhält sich diese Norm allerdings überhaupt nicht. Zum anderen verweist die Gesetzesbegründung ausdrücklich darauf, dass „dass es sich bei der Kommissionsempfehlung weder um abschließende noch um zwingende abstrakte Vorgaben handelt, sondern lediglich um Hinweise auf Beziehungen und Umstände, welche für die Beurteilung der Unabhängigkeit relevant sein können."

II. Bilanzrichtlinie und Prospektverordnung

Wie bereits erwähnt, besteht für Gesellschaften ab einer gewissen Größe die interessenkonfliktsadressierende Verpflichtung, Geschäfte mit Aufsichtsratsmitgliedern und anderen nahestehenden Personen offenzulegen.[455] Diese Verpflichtungen

---

452 RegE Bilanzrechtsmodernisierungsgesetz ("BilMoG") vom 30.07.2008, BT-Drucks. 16/10067, S. 101 f.

453 Definition in § 264d HGB.

454 Näher zu den Anforderungen des § 100 Abs. 2, 5 AktG unten, Teil 2: § 4 D. 2. a) (= S. 172 ff.).

455 § 285 Nr. 21, § 288 Abs. 2 S. 3 HGB. s. oben, Teil 2: § 2 B. 2 (= S. 109 ff.).

gehen auf die europäische Bilanzrichtlinie zurück.[456] Erwähnenswert ist in dieser Hinsicht das derzeit laufende europäische Gesetzgebungsverfahren zur Änderung der Aktionärs- und der Bilanzrichtlinie.[457] Auf dem (aktuellen) Stand der ersten Lesung vom 9. Juli 2015 ist eine Ausweitung der Berichtspflichten zu *related party transactions* vorgesehen.[458]

Darüber hinaus besteht eine ausgesprochen weitgehende Verpflichtung zur Offenlegung von Interessenkonflikten von Aufsichtsratsmitgliedern im Spezialfall der Emission von Wertpapieren. In der der EU-Prospektverordnung heißt es:

> ***Anhang I***[459]***, Ziffer 14.2****: Potenzielle Interessenkonflikte in Bezug auf Verpflichtungen gegenüber der emittierenden Gesellschaft zwischen den [Mitgliedern der Aufsichtsorgane], sowie ihre privaten Interessen oder sonstigen Verpflichtungen müssen klar festgehalten werden. Falls keine derartigen Konflikte bestehen, ist eine dementsprechende Erklärung abzugeben.*

Außerdem sind sämtliche verwandtschaftlichen Beziehung der Aufsichtsratsmitglieder zu anderen Aufsichtsrats- und Vorstandsmitgliedern, Gesellschaftsgründen sowie bestimmten sonstigen Mitgliedern des oberen Managements offenzulegen.[460] Ferner besteht eine vergangenheits- und gegenwartsbezogene Pflicht zur Angabe von Mitgliedschaften in Leitungs- und Aufsichtsorganen anderer Gesellschaften.[461]

---

456 Richtlinie 2013/34/EU des Europäischen Parlaments und des Rates vom 29.06.2013 ("EU-Bilanzrichtlinie n.F."), ABl. L 182 v. 29.06.2013, S. 19, Art. 17 lit r).

457 Vorschlag der EU-Kommission vom 09.04.2014 – für eine Änderungsrichtlinie zur Aktionärsrichtlinie (2007/36/EG) und Bilanzrichtlinie (2013/34/EU), KOM(2014) 213; Abänderungen des Europäischen Parlaments vom 09.07.2015 – am Vorschlag der Kommission (vom 09.04.2014, KOM(2014) 213) für eine Änderungsrichtlinie zur Aktionärsrichtlinie (2007/36/EG) und Bilanzrichtlinie (2013/34/EU), P8_TA-PROV(2015)0257. Näher hierzu unten, Teil 2: § 4 C. II (= S. 163 ff.).

458 Abänderungen des Europäischen Parlaments vom 09.07.2015 – am Vorschlag der Kommission (vom 09.04.2014, KOM(2014) 213) für eine Änderungsrichtlinie zur Aktionärsrichtlinie (2007/36/EG) und Bilanzrichtlinie (2013/34/EU), P8_TA-PROV(2015)0257, Art. 9c.

459 Anhang I der Prospektverordnung gilt für die Emission von Aktien. Vgl. außerdem die vergleichbaren Offenlegungsverpflichtungen für die Emission von Schuldtiteln und derivativen Wertpapieren (Anhang IV und IX).

460 Verordnung (EG) Nr. 809/2004 ("Prospektverordnung") vom 29.04.2004, ABl. Nr. L 149, v. 30.04.2004, S. 1 [aktuell in Fassung der Delegierten Verordnung (EU) 2015/1604, vom 12.06.2015, ABl. Nr. L 249, S.1, v. 25.09.2015], Anhang I, Ziffer 14.1.

461 Verordnung (EG) Nr. 809/2004 ("Prospektverordnung") vom 29.04.2004, ABl. Nr. L 149, v. 30.04.2004, S. 1 [aktuell in Fassung der Delegierten Verordnung (EU) 2015/1604, vom 12.06.2015, ABl. Nr. L 249, S.1, v. 25.09.2015], Anhang I, Ziffer 14.1.

D. Zusammenfassung des Kapitels

1. Der Text des Aktiengesetzes ist im Hinblick auf die Pflicht des Aufsichtsrats zur Offenlegung von Interessenkonflikten in vielerlei Hinsicht unfruchtbar. Sie wird nirgends explizit erwähnt. Eine Verpflichtung zur Offenlegung gegenüber dem Vorstand könnte sich aus § 76 AktG ergeben. Für die naheliegende Konfliktoffenlegung gegenüber dem Aufsichtsrat gibt es streng genommen gar keinen validen Anknüpfungspunkt im geschriebenen Aktienrecht. Am ehesten ließe sich eine Konfliktoffenlegung gegenüber dem Aktionariat bzw. der Öffentlichkeit begründen (§§ 131, 171, 176, 125 AktG, § 285 Nr. 21 HGB). Entgegen der Rechtsprechung und Teilen der Literatur lassen sich jedoch weder § 131 AktG, noch § 171 AktG als Ausdruck eines allgemeinen Rechenschaftsanspruchs des Aktionariats gegenüber den Verwaltungsorganen begreifen. Im Übrigen gerät eine Konfliktoffenlegung gegenüber den Aktionären allzu augenfällig in ein Spannungsverhältnis mit der Verschwiegenheitsverpflichtung von Vorstand und Aufsichtsrat. Das AktG indes verhält sich nicht zu der Frage, wie dieses Spannungsfeld aufzulösen ist. Im Ergebnis lässt sich die Pflicht des Aufsichtsrats zur Offenlegung von Interessenkonflikten auf Grundlage der einfachen Gesetzesauslegung nicht begründen.
2. Anders als das AktG enthält der DCGK explizite Empfehlungen zur Offenlegung von Interessenkonflikten der Aufsichtsratsmitglieder gegenüber dem Aufsichtsrat und der Hauptversammlung. Diese Empfehlungen sind zwar nicht rechtsverbindlich. Eine Abweichung ist jedoch in der Entsprechenserklärung zu offenbaren und kann zu Sanktionen durch den Markt für „schlechte" Corporate Governance führen. Unrichtige Entsprechenserklärungen können im Übrigen zur Anfechtung von Hauptversammlungsbeschlüssen führen.
3. Der europäische Gesetzgeber setzt sich an verschiedener Stelle für einen transparenten Umgang des Aufsichtsrats mit Interessenkonflikten ein. Erwähnenswert ist in erster Linie die *Empfehlung zu den Aufgaben von Aufsichtsratsmitgliedern börsennotierter Gesellschaften sowie zu den Ausschüssen des Aufsichtsrats.* Sie fordert zwar eine weitreichende Konfliktoffenlegung, entfaltet derzeit jedoch keinerlei normative Wirkung im deutschen Recht. Erwähnenswert sind im Übrigen die Bilanzrichtlinie sowie die Prospektverordnung, die eine Pflicht des Aufsichtsrats zur Offenlegung von Interessenkonflikten in Sondersituationen begründen. Darüber hinaus befindet sich ein weiterer Ausbau der Konflikttransparenz zur Zeit im Gesetzgebungsverfahren.

§ 3 Das Aufsichtsratsmandat als spezifisches Interessenwahrungsverhältnis

> *„Es erscheint wünschenswerth, das Princip, daß Vorstand und Aufsichtsrath das Interesse der Gesellschaft und nur dieses wahrzunehmen haben und daß diese Aemter keine Mittel besitzen dürfen, um Privatvortheile zu erlangen, klar auszusprechen [...].“*[462]
>
> – *Reichs-Oberhandelsgericht (1877)*

A. Der Aufsichtsrat als Interessenwahrungsverhältnis *dem Grunde nach*

Ausgangspunkt der Untersuchung bildet das aus dem Innenverhältnis der Treuhand nach *Löhnig* abgeleitete Interessenwahrungsverhältnis. Fraglich ist demnach, ob der Aufsichtsrat auf rechtlich verbindlicher Grundlage zur fremdnützigen, „stellvertretenden“ Interessenwahrung für eine andere Partei (den Mandanten) verpflichtet ist und hierfür ein Machtmittel übertragen bekommt, das ihm den eigenständigen Zugriff auf die Mandanteninteressen ermöglicht.

Alle Autoren, die sich bislang in grundlegender Weise mit der allgemeinen privatrechtlichen Interessenkonfliktsdogmatik auseinander gesetzt haben, ordnen das Aufsichtsratsmandat wie selbstverständlich als Interessenwahrungsverhältnis ein.[463] Ebenfalls findet sich an verschiedenen Stellen eine Einordnung des Verhältnisses von Aufsichtsrat und Hauptversammlung als *principal-agent*-Beziehung.[464]

Diese unreflektierte Einordnung ist so interessant wie problematisch. Einerseits veranschaulicht sie den recht offenbaren Befund, dass der Aufsichtsratstätigkeit ein starkes Interessenwahrungselement zukommt. Bezogen auf das Prüfungsschema des Interessenwahrungsverhältnisses bedeutet dies, dass die wesentlichen Definitionselemente *dem Grunde nach* bejaht werden können: *Erstens* ist die Position des Aufsichtsrats mit der grundlegenden Verpflichtung zur „stellvertretenden“

---

462 Reichs-Oberhandelsgericht, Gutachten vom 31.03.1877 über die geeignetsten Mittel zur Abhülfe der nach den Erfahrungen des Reichs-Oberhandelsgerichts bei der Gründung, der Verwaltung und dem geschäftlichen Betriebe von Aktienunternehmungen hervorgetretenen Uebelstände, abgedruckt bei *Schubert/Hommelhoff*, Hundert Jahre modernes Aktienrecht (1985), S. 157 (207).

463 *Löhnig*, Treuhand (2006), etwa S. 117, 216; *Kumpan*, Der Interessenkonflikt im deutschen Privatrecht (2014), etwa S. 98, 201 ff.; *Hopt*, ZGR 2004, S. 1 (2, 5 f.).

464 Etwa *Spindler*, AG 2013, S. 889 (903); *Cervellini*, Der Bericht des Aufsichtsrats (2012), S. 178 ff.; *Drygala*, AG 2007, S. 381 (386); *Seibert*, ZRP 2011, S. 166 (166); *Velte*, WM 2012, S. 537 (538); vgl. *Ruhwedel/Epstein*, BB 2003, S. 161 (161); vgl. auch *Baums*, ZIP, S. 11 (11); *Assmann*, AG 2015, S. 597 (603). Differenzierend *Zöllner*, AG 2003, S. 2 (10).

Wahrnehmung fremder Interessen verbunden. *Zweitens* beruht diese Verpflichtung mit dem gesellschaftsrechtlichen Organverhältnis unzweifelhaft auf einem validen Rechtsgrund. *Drittens* wird der Aufsichtsrat durch die Rechtsvorschriften zur aktiengesellschaftlichen Unternehmensverfassung mit einer gewissen Macht ausgestattet.

Andererseits fehlt es an einer präziseren Bestimmung der Modalitäten dieses Interessenwahrungsverhältnisses. Angesprochen sind damit zwei Fragen: Wer ist der Mandant? Und: Wie groß ist der Machtspielraum des Aufsichtsrats? Ohne eine klare Antwort auf diese Fragen bleibt die Einordnung als Interessenwahrungsverhältnis farblos; weitere Aussagen zur Grundlage und Reichweite der Interessentreuepflicht des Aufsichtsrats sind dann nicht möglich. Dies ist angesichts der zahlreichen Unsicherheiten in Bezug auf den Umgang mit Interessenkonflikten von Aufsichtsratsmitgliedern nicht hinnehmbar. Denn wie bereits erwähnt – und weiter unten ausführlich dargelegt– liefert die aktuelle Gesetzesfassung keine eindeutigen Ergebnisse zu der praktisch äußerst brisanten Thematik, insbesondere nicht in Bezug auf die Verpflichtung zur Offenlegung der Interessenkonflikte. Der Rückgriff auf die allgemeingültigen Grundsätze des Privatrechts zum Umgang mit Interessenkonflikten bietet – neben dem Ruf nach dem Gesetzgeber – die einzige Chance zur konsistenten Auflösung der Problematik.

B. Wer ist Interessenwahrungsmandant und Treueberechtigter des Aufsichtsrats?

I. Einführung zur Untersuchung

Wie bereits angesprochen, zählt das Aufsichtsratsmandat zu den komplexen mehrpoligen Interessenwahrungsverhältnissen ohne klare hierarchische Struktur. Die Frage, wem gegenüber der Aufsichtsrat zur Interessentreue verpflichtet ist, lässt sich daher nur unter Rückgriff auf die Vorschriften zur aktiengesellschaftlichen Unternehmensverfassung beantworten.

Vor diesem Hintergrund erscheinen zwei Konstruktionen denkbar: Einerseits könnte die Aktiengesellschaft selbst, andererseits das Aktionärskollektiv als interessenwahrungsrechtlicher Mandant des Aufsichtsrats angesehen werden. Dabei ist es durchaus möglich, dass beiden Akteuren gleichzeitig eine Stellung als Interessenwahrungsmandanten zugeschrieben wird und daher beide in den Genuss der Interessentreuepflicht kommen.

1. Relevanz für die Frage nach der Offenlegungspflicht in Bezug auf Interessenkonflikte

Die Einordnung entscheidet letztlich darüber, ob und wem gegenüber der Aufsichtsrat zur Offenlegung von Interessenkonflikten verpflichtet ist. Denn wie bereits in Teil 1[465] dargelegt, folgt aus der Interessenwahrereigenschaft die Treuepflicht. Die

465 S. oben, Teil 1: § 5 B. II (= S. 81 ff.).

Interessenschutzkomponente dieser Treuepflichten wiederum verpflichtet stets zur Konfliktoffenlegung, der grundsätzlich mildesten und gleichzeitig effektiven Interessenkonfliktsmaßnahme.

Ist „nur" die Aktiengesellschaft treuepflichtbegünstigt, ist der Aufsichtsrat ausschließlich ihr gegenüber zur Rechenschaft in Bezug auf das Auftreten und den Umgang mit Interessenkonflikten der Aufsichtsratsmitglieder verpflichtet. In Ermangelung eindeutiger gesetzlicher Vorgaben zur Offenlegung von Interessenkonflikten wäre dann jedoch in einem nächsten Schritt klärungsbedürftig, an wen der Bericht zu leisten ist. In Betracht kommen der Vorstand, der eigenverantwortliche Aufsichtsrat (als Kollektivorgan oder vertreten durch den Aufsichtsratsvorsitzenden), der einzelne Aktionär oder die Hauptversammlung. Für jede der genannten Optionen lassen sich gesetzliche Anknüpfungspunkte im AktG finden. Im Ergebnis wird die Frage jedoch nur unter Rückgriff auf allgemeinere Wertungen des aktienrechtlichen Kompetenzgefüges sowie der Rechtsfunktion der organschaftlichen Treuepflicht beantwortet werden können.

Wären hingegen „nur" die Aktionäre als Mandatar des Aufsichtsrats anzusehen, so wären sie dazu berechtigt, vom Aufsichtsrat die Offenlegung von Interessenkonflikten zu verlangen. Als Berichtsadressat kämen der einzelne Aktionär und die Hauptversammlung in Frage.

Wären sowohl die Gesellschaft als auch die Aktionäre Mandatare des Aufsichtsrats, könnten grundsätzlich beide vom Aufsichtsrat die Konfliktoffenlegung verlangen. Es wäre dann in einem nächsten Schritt auf etwaige Konkurrenzen einzugehen.

2. Hinweis zum Gang der Untersuchung

Die Untersuchung des folgenden Abschnitts beschränkt sich darauf, den interessenwahrungsrechtlichen Mandanten des Aufsichtsrats zu identifizieren. Hieraus lässt sich auf die Treuepflichtbeziehungen schließen und damit das grundsätzliche Bestehen einer Pflicht zur Offenlegung von Interessenkonflikten ableiten.

Die Modalitäten dieser Offenlegungspflicht werden in diesem Abschnitt jedoch (noch) nicht untersucht. Das bedeutet: Mit dem grundsätzlichen Bejahen der Offenlegungspflicht ist noch keine Aussage darüber verbunden, wem gegenüber konkret Rechenschaft abzulegen ist, wie weit die Berichtstiefe reicht und wie etwaige Konkurrenzverhältnisse zu anderen aktienrechtlichen Wertungen (insbesondere der Gremienverschwiegenheit) aufzulösen sind. Diese Aspekte werden weiter unten[466] untersucht.

466 S. unten, Teil 2: § 5 (= S. 206 ff.).

II. Die Aktiengesellschaft als Interessenwahrungsmandant des Aufsichtsrats

Es entspricht der wohl allgemeinen Meinung, dass der Aufsichtsrat für die Gesellschaft tätig wird und ihr zu besonderer organschaftlicher Treue verpflichtet ist.[467]

Dubovitskaya hat jüngst eindrucksvoll darauf hingewiesen, dass die Annahme einer Treuepflicht für die organschaftlichen Interessenwahrer der AG in gewissen Widersprüchen zur allgemeinen Treuhanddogmatik steht.[468] Die Kritik ist im Kern berechtigt und veranschaulicht den stiefmütterlichen Umgang mit der Treuepflicht: Ihr Bestehen wird von den meisten Diskursteilnehmern schlicht unterstellt, ohne dass man sich mit ihren dogmatischen Grundlagen befasst. Vor diesem Hintergrund ist es nicht weiter verwunderlich, dass dem Umgang mit der Treuepflicht eine gewisse Beliebigkeit attestiert werden muss.[469] Dies betrifft insbesondere die Frage, wem gegenüber die Treuepflichtbindungen des Organmitglieds bestehen.[470]

Nichtsdestominder lässt sich die Stellung der Aktiengesellschaft als interessenwahrungsrechtlicher Mandant des Aufsichtsrats sowie die hieraus folgenden Treuepflichten auf Grundlage der herrschenden Dogmatik tatsächlich gut begründen:

Ausgangspunkt bildet die Erwägung, dass die Gesellschaft als eigene Rechtspersönlichkeit[471] über eine eigenständige Interessensphäre verfügt. Diese ist von den Interessensphären ihrer vielfältigen Stakeholder zu unterscheiden. Das Aufsichtsratsmitglied geht mit seiner Annahme der Organbestellung eine feste Sonderverbindung zu dem Interessensubjekt „Aktiengesellschaft“ ein. Jeder einzelne Organwalter

---

467 OLG Stuttgart, Urteil vom 29.02.2012 – 20 U 3/11, juris, Rdnr. 190, m.w.N; *Spindler*, in: Spindler/Stilz, AktG (2015), § 116 AktG, Rdnr. 74; *Hopt/Roth*, in: Großkomm. AktG (2005), § 116 AktG, Rdnr. 173, m.w.N.; *Habersack*, in: Münch. Komm. AktG (2014), § 116; *Mertens/Cahn*, in: KölnKomm AktG (2013), § 116 AktG, Rdnr. 24 ff.; *Drygala*, in: Schmidt/Lutter, AktG (2015), § 116 AktG, Rdnr. 25; *Koch*, in: Hüffer, AktG (2014), § 116 AktG, Rdnr. 7; grundlegend *Knapp*, Treuepflicht der Aufsichtsratsmitglieder (2004), S. 167, m.umf.w.N.; *Möllers*, NZG 2003, S. 697 (697 f.).

468 *Dubovitskaya*, NZG 2015, S. 983, *passim*. Insb. (985): „Die herrschende Lehre nennt die Vorstandsmitglieder einer AG Treuhänder, ohne auf das Innenverhältnis abzustellen und ohne die dabei entstehenden Widersprüche zum herkömmlichen Verständnis der Treuhand aufzulösen.“ Der Beitrag befasst sich zwar ausschließlich mit dem Vorstand. Die geäußerte Kritik lässt sich dennoch ohne Weiteres auf den Aufsichtsrat übertragen, wenn nicht sogar in stärkerer Form.

469 Vgl. exemplarisch unten, Teil 2: § 4 D. 3. e) (= S. 182 ff.).

470 So auch *Dubovitskaya*, NZG 2015, S. 983 (985): „Es wird ferner auch nicht darüber diskutiert, wer der Treugeber ist, obwohl dies keineswegs eindeutig ist (Ist es die Gesellschaft selbst? Sind es ihre Aktionäre? Sind es womöglich auch ihre Gläubiger und weitere Stakeholder?)“.

471 § 1 Abs. 1 S. 1 AktG.

übernimmt eine in der Verfassung der AG niedergelegte Aufgabe und verpflichtet sich umfassend auf das Wohl[472] der Gesellschaft.[473]

Wie in Teil 1[474] dargelegt, folgt aus dieser Interessenwahrungsverpflichtung jedoch nicht nur die allgemeine Pflicht zur Förderung der Gesellschaftsinteressen. Den Aufsichtsrat trifft außerdem eine Schutzpflicht in Bezug auf dieselben. Diese allgemeine Pflichtenkomponente ist notwendig, da die Aufsichtsratsmitglieder in vielfältiger Weise Zugriff auf die Interessensphäre der Gesellschaft erhalten. So haben sie insbesondere Zugang zu sensiblen Unternehmensinformationen und können im Kollektiv mit den anderen Aufsichtsräten Einfluss auf die Unternehmenspolitik nehmen, indem sie den Vorstand auswählen, kontrollieren und beraten. Der Aufsichtsrat kann allerdings auch dann auf die Interessensphäre der Gesellschaft einwirken, wenn es die Ausübung der Kontroll- und Beratungstätigkeit nicht erfordert. Nach dem AktG kommt dem Aufsichtsrat bei der Ausübung ein großer Ermessensspielraum zu. Dies hat zwei Gründe. *Zum einen* benötigt der Aufsichtsrat einen derartigen Spielraum für die adäquate Ausübung seines Mandats. So kann er den Vorstand etwa nur dann wirksam kontrollieren und beraten, wenn er mit Informationen versorgt wird – und zwar kontinuierlich. Es wäre utopisch anzunehmen, dass der Aufsichtsrat seine Aufgabe adäquat erfüllen könnte, wenn es sich gezielt für jede Entscheidung (zum Beispiel hinsichtlich der Bestellung oder Abberufung eines Vorstandsmitglieds oder der Zustimmungserteilung nach § 111 Abs. 4 AktG) alle Informationen beim Vorstand abfragen müsste. Infolgedessen sind die Aufsichtsratsmitglieder aber auch dann gut informiert, wenn sie gerade keine Maßnahme anordnen wollen oder müssen. *Zum anderen* lässt die Satzungsstrenge des Aktienrechts kaum Einschränkungen der Befugnisse des Aufsichtsrats zu.

Dieser weite Machtspielraum des Aufsichtsrats begründet stets eine gewisse Gefahr für die Gesellschaft, weil ihn der Mandatsträger auch zum Nachteil der Gesellschaft einsetzen kann. So kann insbesondere die Weitergabe von sensiblen Unternehmensinformationen der Gesellschaft sehr schaden. Es bedarf daher eines präventiven Schutzes des Mandanten vor einem derartigen Machtmissbrauch. Diese Aufgabe kommt der Interessenschutzkomponente der Treuepflicht des Aufsichtsrats zu. Sie setzt am allgemeinen interessenwahrungsrechtlichen Gefährdungstatbestand – dem Interessenkonflikt – an und verpflichtet den Aufsichtsrat zur Durchführung gewisser Gefahrenabwehrmaßnahmen. Die Verpflichtung zur Offenlegung von Interessenkonflikten ist dabei die universellste aller Interessenkonfliktsmaßnahmen.

472 § 116, § 93 Abs. 1 AktG.
473 Statt aller BAG, Urteil vom 21.05.2015 – 8 AZR 956/13, juris, Rdnr. 21.
474 S. oben, Teil 1: § 5 A. II. 3. e) (= S. 77 ff.).

III. Die Aktionäre als Interessenwahrungsmandant des Aufsichtsrats

1. Meinungsstand

Die Frage, ob der Aufsichtsrat als interessenwahrungsrechtlicher Mandant der Aktionäre angesehen werden kann, wurde als solche bislang nicht beantwortet. Allerdings geht dies darauf zurück, dass die Betrachtung des Interessenwahrungsverhältnisses, der Treuepflicht und des Interessenkonflikts als einheitliche Thematik sehr neu ist. Dies darf aber nicht darüber hinwegtäuschen, dass sich die gesellschaftsrechtliche Diskussion bereits mit der Problematik befasst hat – und zwar in Gestalt der Frage nach der Treuepflichtenbindung der Verwaltungsorgane an die Aktionäre. Da eine Treuepflicht nach hier vertretener Ansicht in Interessenwahrungsverhältnissen vorkommt, legt die Annahme einer Treuepflicht zugunsten der Aktionäre auch das Bestehen eines Interessenwahrungsverhältnisses nahe.

Hierzu vermittelt sich dem Betrachter *prima facie* das Bild, dass zu der Frage eine einheitliche Meinungstendenz besteht: Die wohl herrschende Meinung geht davon aus, dass die Treuepflicht der kapitalgesellschaftlichen Organe zwar gegenüber der Gesellschaft, nicht aber gegenüber den Anteilseignern besteht.[475] Folglich kann der Aufsichtsrat nicht Mandatar gegenüber den Aktionären, sondern nur im Verhältnis zur Gesellschaft sein.

Freilich schlägt sich in dieser Diskussion der Mangel an Beschäftigung mit den dogmatischen Grundlagen der organschaftlichen Treuepflicht nieder: Die Vertreter der wohl herrschenden Meinung lehnen die Treuepflicht zugunsten der Aktionäre in aller Regel unter dem lapidaren Verweis auf die Haftungsordnung der Aktiengesellschaft ab. Eine grundlegende Auseinandersetzung mit den für oder gegen eine solche Treuepflicht sprechenden Argumenten sucht man vergeblich.[476] Ferner fällt auf, dass Rechtssprechungsnachweise bemüht werden, die sich zu der eigentlich

---

475 *Kumpan*, in: Hopt, eur. Wirtschaftsrecht vor neuen Herausforderungen (2014), S. 119 (125 f.); *Mülbert*, in: Großkomm. AktG (2008), Vorb. zu §§ 118 ff. AktG, Rdnr. 194, 225; *Fleischer*, WM 2003, S. 1045 (1046); vgl. auch *Fleischer*, in: Fleischer, HdB. Vorstandsrecht (2006), Rdnr. 6 und *Fleischer*, in: Münch. Komm. GmbHG (2012), § 43 GmbHG, Rdnr. 157; ausf. *Kuntz*, Informationsweitergabe durch die Geschäftsleiter (2009), S. 29 ff.; *Hellgardt*, in: FS Klaus Hopt (Bd. I) (2010), S. 765 (774); vgl. *Altmeppen*, in: Roth/Altmeppen, GmbHG (2012), § 43 GmbHG, Rdnr. 35. vgl. *Hopt*, in: Großkomm. AktG (2008), § 93 AktG, Rdnr. 469, 473; vgl. *Verse*, Der Gleichbehandlungsgrundsatz im Recht der Kapitalgesellschaften (2006), S. 431; vgl. auch *Hüffer*, ZIP 1996, S. 401 (403 f.).

476 Eine rühmliche Ausnahme bildet insoweit *Kuntz*, Informationsweitergabe durch die Geschäftsleiter (2009), S. 29 ff., der sich zumindest dem Argument der verbandsrechtlichen Haftungsordnung ausf. widmet.

relevanten Frage nicht verhalten und allenfalls sehr vage auf die Ablehnung einer Treuepflicht zwischen Aufsichtsrat und Aktionären hindeuten.[477]

---

477 So weisen insb. *Fleischer*, WM 2003, S. 1045 (1046, Fn. 46), *Fleischer*, in: Münch. Komm. GmbHG (2012), § 43 GmbHG, Rdnr. 157 (Fn. 1), *Verse*, Der Gleichbehandlungsgrundsatz im Recht der Kapitalgesellschaften (2006), S. 431 und *Kumpan*, in: Hopt, eur. Wirtschaftsrecht vor neuen Herausforderungen (2014), S. 119 (125, Fn. 19) auf BGH, Urteil vom 12.03.1990 – II ZR 179/89 ("Schärenkreuzer"), BGHZ 110, 323–335, zit. n. juris, Rdnr. 20 und BGH, Urteil vom 25.02.1982 – II ZR 174/80 ("Holzmüller"), BGHZ 83, 122–144, zit. n. juris, Rdnr. 35. hin.
Die zu entscheidenden Rechtsprobleme hatten mit der Frage nach der Treuepflichtenbindung des Organs zu den Gesellschaftern allerdings nichts zu tun: Im *Schärenkreuzer*-Fall ging es um die Frage, ob die Beziehung zwischen Vereinsvorstand und dem einzelnen Vereinsmitglied als quasi-vertragliches Rechtsverhältnis eine taugliche Grundlage für einen schuldrechtlichem Schadensersatzanspruch darstellen kann. Dies verneinte der BGH und führte aus: „Denn das die Grundlage eines quasi-vertraglichen Schadensersatzanspruchs bildende Mitgliedschaftsverhältnis mit den aus ihm entspringenden Treue- und Förderpflichten besteht nur zwischen dem Vereinsmitglied und dem Verein, nicht aber auch zwischen den Vereinsmitgliedern untereinander, auch nicht zwischen dem einzelnen Mitglied und den Vereinsorganen." Im *Holzmüller*-Fall musste der BGH über die Klagebefugnis eines einzelnen Aktionärs gegen die Gesellschaft wegen Nichtbeachtung einer Hauptversammlungszuständigkeit durch den Vorstand entscheiden. Er bejahte die Klagebefugnis und äußerte am Rande, dass sich der Aktionär „nicht auf eine Klage gegen den Vorstand verweisen [lassen müsse], der zu den Gesellschaftern in keinen unmittelbaren Rechtsbeziehungen steht". In der Zusammenschau beider BGH-Urteile lässt sich dreierlei festhalten: *Erstens* hat sich das Gericht hierin nicht ausdrücklich mit dem Bestehen einer Treuepflicht zwischen Gesellschaft und Gesellschaft und den daraus folgenden Pflichtenkonkretisierungen befasst. *Zweitens* beziehen sich die Aussagen nur auf die Geschäftsführungsorgane, nicht aber den Aufsichtsrat. *Drittens* betreffen die Randbemerkungen in den beiden Urteilen nur das Verhältnis der Gesellschaft zu dem einzelnen Gesellschafter, nicht aber zum Gesellschafterkollektivorgan.
Zu erwähnen ist schließlich die von *Fleischer*, WM 2003, S. 1045 (1046, Fn. 25) und *Mülbert*, in: Großkomm. AktG (2008), Vorb. zu §§ 118 ff. AktG, Rdnr. 194 (Fn. 329) herangezogene Entscheidung BGH, Urteil vom 30.03.1967 – II ZR 245/63, juris, Rdnr. 60 f. In diesem Fall hatte der BGH dem einzelnen Aktionär einen Auskunftsanspruch aus § 666 BGB verneint und zur Begründung tatsächlich darauf abgestellt, dass zwischen dem einzelnen Aktionär und den Verwaltungsorganen kein Auftragsverhältnis bestehe. Allerdings bejahte der BGH unter Rückgriff auf die Rechtsprechung des RG (insb. RG, Urteil vom 22.04.1913 – II 636/12, RGZ 82, 182–189 (186)) einen entsprechenden Auskunftsanspruch der Hauptversammlung, weil diese das übergeordnete Organ der Gesellschaft sei. Abgesehen davon, dass die Aussagekraft des noch auf dem AktG 1937 (AktG vom 30.01.1937, RGBl. I 1937, S. 107) beruhenden Urteils per se zweifelhaft ist, dürfte es tatsächlich sogar *für* ein Interessenwahrungsverhältnis zwischen Aufsichtsrat und Aktionären sprechen.

Die unzulängliche argumentative Auseinandersetzung und die zweifelhaften Rechtsprechungsnachweise mahnen bereits zur Vorsicht in der Annahme einer herrschenden Meinungsströmung. Bei näherer Betrachtung offenbart sich jedoch darüber hinausgehend, dass die Frage nach der Treuepflicht des Aufsichtsrats gegenüber den Aktionären tiefliegende dogmatische Unstimmigkeiten in der Sichtweise des Organzusammenspiels in der AG berührt. Hiermit ist nicht nur gemeint, dass im älteren Schrifttum tatsächlich einige Stimmen[478] eine derartige Treuepflicht annehmen und diese überwiegend aus allgemeinen gesellschaftsrechtstheoretischen Erwägungen oder Lücken im Haftungssystem der AG herleiten.

Das aktienrechtliche Schrifttum ist außerdem an vielen Stellen von einer unreflektierten Sichtweise geprägt, welche den Aufsichtsrat als eine Art „Kontrollausschuss im Auftrag der Aktionäre" einordnet. Hierauf deutet schon die vom Gesetzgeber selbst verwendete Bezeichnung für die von der Hauptversammlung gewählten Aufsichtsräte als „Vertreter der Anteilseigner"[479] hin. Darüber hinaus finden sich selbst von prominenten Aktienrechtlern Aussagen wie diejenige von *Hoffmann-Becking*[480]: „Der Aufsichtsrat wurde vom Gesetzgeber des Aktiengesetzes als Aktionärsausschuss konstituiert."[481] Weiterhin offenbart sich ein solches

---

478 *Wiedemann*, Gesellschaftsrecht Bd. I (1980), S. 241; *Raiser*, ZHR 153 (1989), S. 1 (12 f.); ausf. *Rhein*, Der Interessenkonflikt der Manager beim Management Buy-out (1996), S. 173 ff.; vgl. *Flume*, Allgemeiner Teil des bürgerlichen Rechts, Bd. I, Teil 2 (1983), S. 308 f.; vgl. ausf. *van Aubel*, Vorstandspflichten bei Übernahmeangeboten (1996), S. 130 ff.; vgl. 194, 231 ff..; vgl. *Sonnenschein*, Organschaft und Konzerngesellschaftsrecht (1976), S. 158 ff.; vgl. *Wunderlich*, Preisfindung, Underpricing und Zuteilungsverfahren beim Börsengang von Tochtergesellschaften (2004), S. 241 f.

479 Z.B. in § 96 Abs. 2 S. 3: „Anteilseignervertreter". Vgl. außerdem Ziffer 1 Abs. 6 DCGK: „Anteilseignervertreter" und *Hoffmann-Becking*, NZG 2014, S. 801 (806).

480 *Hoffmann-Becking*, NZG 2014, S. 801 (806).

481 Exemplarisch: Der erste Vorsitzende der Regierungskommission DCGK *Baums*, AG 1996, S. 11 (21): „Der Aufsichtsrat ist – zumindest ursprünglich – nichts weiter als ein von der Gesellschaft bezahlter Aktionärsausschuß, der für die Aktionäre den Vorstand auswählen und überwachen soll.", differenzierender aber in *Baums*, ZIP, S. 11 (13 f.); *Habersack*, in: MünchKomm. AktG (2013), § 100 AktG, Rdnr. 84: „Entsprechend der historischen Funktion des Aufsichtsrats als Aktionärsausschuss"; *Seibert*, ZRP 2011, S. 166 (166): „Die weitentfernten Aktionäre können den Vorstand nicht effektiv kontrollieren. Deshalb gibt es den Aufsichtsrat, der historisch als Aktionärsausschuss konstruiert worden war."; *Rubner/Fischer*, NJW-Spezial 2012, S. 399 (399): „historische Funktion des Aufsichtsrats als Aktionärsausschuss"; *Gernoth/Wernicke*, NZG 2010, S. 531 (533): „Der Aufsichtsrat ist zwar im Grunde der verlängerte Arm der Aktionäre und erfüllte somit die Überwachungsfunktion in deren Auftrag."; *Bürgers/Schilha*, AG 2010, S. 221 (225): „...zumal das Aufsichtsgremium seine historische Funktion gerade aus seiner Eigenschaft als Aktionärsausschuss bezieht."; *Raiser*, NJW 1996, S. 552 (554): „... treuhänderischen Stellung der Unternehmensorgane, deren Auftrag lautet, die ihnen von den Aktionären

Verständnis bei denjenigen Vertretern, die im Rahmen der Diskussion um die Bestimmung des Unternehmensinteresses[482] den *shareholder-value*-Ansatz verfolgen. Denn infolge dieser Ansicht wären die Verwaltungsorgane bei Ausübung ihrer organschaftlichen Funktion umfassend auf die Interessen der Aktionäre verpflichtet. Erwähnenswert ist auch die bereits oben[483] dargestellte Diskussion um den Charakter des Auskunftsrechts der Aktionäre als Rechenschaftsanspruch der Aktionäre gegenüber den Verwaltungsorganen, vergleichbar mit § 666 BGB. Eine derartige Rechenschaft ist jedoch mehr als bloße Information, sie ist Ausdruck von Herrschaft im Sinne eines Interessenwahrungsverhältnisses. Daher kommt in der Annahme einer Rechenschaftsberechtigung der Aktionäre im Ergebnis zum Ausdruck, dass der Aufsichtsrat „in ihrem Auftrag" tätig wird. Schließlich drückt sich eine Betrachtung des Aufsichtsrats als Aktionärsausschuss *cum grano salis* auch in den zahlreichen Äußerungen aus, die das Verhältnisses zwischen Hauptversammlung und Aufsichtsrat als *principal-agent*-Beziehung einordnen[484].

Damit wird deutlich, dass das Problem tiefer liegt. Die Frage nach der Treuepflichtbindung des Aufsichtsrats gegenüber den Aktionären kann daher nur im Wege einer ausführlichen Auseinandersetzung beantwortet werden. Dabei ist zunächst die Sichtweise kritisch zu würdigen, welche den Aufsichtsrat grundlegend als „Vertreter der Aktionäre" einordnet. Erst im zweiten Schritt sind die übrigen Argumente für oder gegen die Annahme einer entsprechenden Treuepflicht zu untersuchen.

2. Der Aufsichtsrat als Ausschuss der Aktionäre?

a) Die vermeintlichen historischen Wurzeln des Aufsichtsrats als Aktionärsausschuss

Betrachtet man die entsprechenden Aussagen näher, so fällt der häufig hergestellte Bezug zu den „historischen Wurzeln des Aufsichtsrats als Aktionärsausschuss" auf. Dieser Verweis auf die geschichtliche Entwicklung überrascht. Denn dank der umfassenden Arbeit von *Lieder*[485] ist die historische Entwicklung des Aufsichtsrats außergewöhnlich gut erforscht und dokumentiert. So lässt sich die Fokussierung der Entwicklungsgeschichte des Aufsichtsrats auf die Funktion als Aktionärsausschuss leicht als zu undifferenziert qualifizieren.

---

anvertrauten Mittel unternehmerisch zu nutzen [...]. Nach seinem historischen Ursprung im 19. Jahrhundert ist der Aufsichtsrat ein Aktionärsausschuß, der anstelle der Aktionäre, die dazu namentlich in der Publikumsgesellschaft nicht wirksam imstande sind, und anstelle staatlicher Aufsichtsbehörden sicherstellen soll, daß der Vorstand mit dem ihm anvertrauten Kapital einwandfrei umgeht."; vgl. auch *Lutter*, in: Ringleb/Kremer/Lutter/v. Werder/, DCGK Komm. (2014), Ziffer 5 DCGK, Rdnr. 860.

482 S. hierzu unten, Teil 2: § 4 A. I (= S. 153 ff.).

483 S. oben, Teil 2: § 2 A. III. 1 (= S. 102 ff.).

484 S. Nachweise in Fn. 464. Vgl. thematisch bereits oben, Teil 2: § 3 A (= S. 117 ff.).

485 *Lieder*, Der Aufsichtsrat im Wandel der Zeit (2006).

Zutreffend ist, dass der Aufsichtsrat zur Zeit der 1. Aktienrechtsnovelle 1870 herrschend als „verkürzte Generalversammlung[486]" eingeordnet wurde.[487] Dies kam auch im Gesetzestext zum Ausdruck: Gemäß Art. 209 Nr. 6 ADHGB 1870 konnten nur Aktionäre dem Aufsichtsrat angehören. Allerdings brach bereits die 2. Aktienrechtsnovelle 1884 mit dieser Vorstellung. Die Aufsichtsratsmitgliedschaft wurde bewusst auch auf Nichtaktionäre ausgeweitet und der Aufsichtsrat zu einem selbstständigen Gesellschaftsorgan mit einem von der Generalversammlung unabhängigen Kompetenzbereich erweitert.

In der Folgezeit verstärkte sich diese Entwicklung sogar. In § 70 des Betriebsrätegesetzes[488] von 1920 war erstmals die Entsendung von Betriebsräten in den Aufsichtsrat vorgesehen. Der hierin enthaltende Bezug auf ein noch zu erlassendes Gesetz folgte 1922 mit dem „Gesetz über die Entsendung von Betriebsratsmitgliedern in den Aufsichtsrat"[489]. In den Worten *Lieders* „entfernte sich das Überwachungsorgan einmal mehr von seiner ursprünglichen Konzeption als Aktionärsausschuss in Form einer verkürzten Generalversammlung. Der mitbestimmte Aufsichtsrat wurde zu dem pluralistisch besetzten Interessenvertretungsorgan, das er in der heutigen Unternehmenspraxis immer noch ist."[490] Die Verselbstständigung des Aufsichtsrats erhielt im Übrigen ihre ideologische Fundierung durch die „Lehre vom Unternehmen an sich",[491] welche die Aktiengesellschaft als Objekt zur Erfüllung pluraler Interessen (insbesondere des Gemeinwohls) statt nur der Aktionärsinteressen einordnete.[492]

Mit dem Aktiengesetz von 1937[493] brach der Gesetzgeber noch tiefer mit der Einordnung des Aufsichtsrats als Ausschuss der Aktionäre.[494] Die gravierende Entmachtung der Hauptversammlung durch das AktG 1937 erfasste nicht nur das Verhältnis zum Vorstand, sondern auch zum Aufsichtsrat: Die Regelung des § 246 Abs. 3 HGB 1987[495] wurde gestrichen. Sie sah vor, dass „Obliegenheiten des Aufsichtsraths" umfassend in der Satzung bestimmt werden konnten – die Satzung selbst konnte umfassend von der Generalversammlung geändert werden.

---

486 Als Generalversammlung wurde seinerzeit die Aktionärsversammlung bezeichnet. Das heutige Äquivalent ist die Hauptversammlung.

487 *Lieder*, Der Aufsichtsrat im Wandel der Zeit (2006), S. 104 f.; 144 f., m.w.N.; vgl. auch *Lutter*, in: Aktienrecht im Wandel – Bd. II (2007), S. 389, Rdnr. 2.

488 Betriebsrätegesetz vom 04.02.1920, RGBl. I 1920, S. 147.

489 Gesetz über die Entsendung von Betriebsratsmitgliedern in den Aufsichtsrat vom 15.02.1922, RGBl. I 1922, S. 209.

490 *Lieder*, Der Aufsichtsrat im Wandel der Zeit (2006), S. 277.

491 Grundlegend *Rathenau*, Vom Aktienwesen (1922), S. 38 ff.;

492 *Lieder*, Der Aufsichtsrat im Wandel der Zeit (2006), S. 278, m.w.N.

493 AktG vom 30.01.1937, RGBl. I 1937, S. 107.

494 Zum Ganzen *Lieder*, Der Aufsichtsrat im Wandel der Zeit (2006), S. 352.

495 Vor Verabschiedung des AktG 1937 war das Recht der Aktiengesellschaft im HGB geregelt. Zur Zeit der Verabschiedung des AktG 1937 galt § 246 Abs. 3 des Handelsgesetzbuchs vom 10.05.1987, RGBl. I 1987, S. 219 immer noch in seiner ursprünglichen Form.

Vollends zum Erliegen kam die Idee vom Aktionärsausschuss mit der Einführung der paritätischen Mitbestimmung in der Montanindustrie sowie der Drittelbeteiligung im BetrVG 1952. Der Aufsichtsrat wurde so endgültig zu einem Organ, in welchem verschiedene Interessen vertreten und ausgeglichen werden und das über einen vollständig eigenständigen Kompetenzbereich verfügt.[496] Der Gesetzgeber hat diese Vorstellung bewusst bei der Einführung des AktG 1965 beibehalten.[497] Bis heute hat er keine Korrekturen vorgenommen, die auf ein Abrücken von dieser grundlegenden Konzeption des Aufsichtsrats schließen lassen.

Vor dem Hintergrund der bereits im Jahre 1884 ins Werk gesetzten, durch das AktG 1937 verfestigte sowie durch die Mitbestimmungsgesetze der 1950er Jahre endgültig besiegelte Aufgabe der Vorstellung des Aufsichtsrats als Ausschuss der Aktionäre verwundert es, dass sie auch heute noch als historisches Argument im aktienrechtlichen Diskurs verwendet wird. In aller Deutlichkeit sei daher ausgesprochen: Für die Auslegung des heutigen Aktienrechts kann auf die historischen Wurzeln als Aktionärsausschuss nicht mehr zurückgegriffen werden.

b) Das Unbehagen mit der Trennung von Eigentum und Herrschaft in der AG

Die Ursache für die Betrachtung des Aufsichtsrats als Vertreter der Aktionäre dürfte ihre Wurzeln in einem natürlichen Unbehagen mit der weitgehenden Trennung von Eigentum und Herrschaft in der Aktiengesellschaft haben. Sie tritt nämlich offen in ein Spannungsfeld zu dem intuitiven gesellschaftsrechtlichen Grundsatz, nachdem die Gesellschaft den Gesellschaftern gehört und diese letztlich über deren Schicksal entscheiden sollen[498]. In allen anderen Gesellschaftsformen – auch der GmbH als andere große Form der Kapitalgesellschaft – haben die Gesellschafter daher die Möglichkeit, ihre Geschäftsführungsorgane selbst auszusuchen und Weisungen zu erteilen. Bei der Aktiengesellschaft sind sie jedoch nicht nur von der Geschäftsführung, sondern auch deren Kontrolle ausgeschlossen.[499] Dies lässt sich im Grunde auf dieselben Erwägungen

---

496 *Lieder*, Der Aufsichtsrat im Wandel der Zeit (2006).

497 RegE vom 03.02.1962 – AktG 1965, BT-Drucks. IV/171, S. 120: „Der Entwurf behält die bisherigen Organe der Aktiengesellschaft bei [... und] beläßt den drei Organen im wesentlichen ihre bisherigen Aufgaben."

498 Vgl. *K. Schmidt*, Gesellschaftsrecht (2002), S. 450; vlg. *Meilicke/Heidel*, DStR 1992, S. 72 (72): „Die Aktionäre sind die Eigentümer ihrer Gesellschaft. Richtlinie aktienrechtlicher Normen muß es daher sein, daß die einzelne Regelung der Stellung der Aktionäre als den wirtschaftlichen Eigentümern des Unternehmens entspricht"; die identische Textpassage findet sich auch bei *Heidel*, in: Heidel, Aktien- und KapitalmarktR (2014), § 131 AktG, Rdnr. 1.
Erwähnenswert sind ferner die Äußerungen des Europäischen Gesetzgebers zur Stellung des Aktionärs, s. etwa Mitteilung der EU-Kommission (Aktionsplan) vom 21.05.2003, KOM(2003) 284, S. 8: „Die Aktionäre sind Eigentümer der Gesellschaften, nicht die Unternehmensleitung", S. 17: „Vieles dafür spricht, in der EU auf eine echte Aktionärsdemokratie hinzuarbeiten."

499 S. ausf. unten, Teil 2: § 3 C. II. 4 (= S. 146 ff.).

zurückführen: Auch die Kontrollaufgabe lässt sich einfacher und zweckmäßiger durch ein fachkundiges Gremium ausführen. Zudem ist sie mit einem Aufwand verbunden, den ein Publikumsaktionär regelmäßig nicht erbringen möchte.[500]

Allerdings erweisen sich die Einschränkungen der Gesellschafterrechte im Bereich der Kontrolle im Vergleich zur Unternehmensleitung als weniger durchschlagend: Während Letztere schnelle Entscheidungen und höchste Fachkunde erfordert, stellt deren Kontrolle in Umfang, Sachkunde und Frequenz niedrigere Anforderungen. Dies lässt sich etwa schon daran erkennen, dass der Gesetzgeber für börsennotierte Aktiengesellschaften einen regelmäßigen Sitzungsturnus des Kontrollorgans von zwei Sitzungen im Kalenderhalbjahr für ausreichend erachtet.[501] Im Übrigen fällt die Trennung von Eigentum und Kontrolle deutlich weicher aus als diejenige von Eigentum und Leitungsmacht: Abgesehen von den Einschränkungen durch die Mitbestimmungsgesetze können sich die Gesellschafter ihre Aufsichtsräte aussuchen, ihnen in der Satzung gewisse Vorgaben für ihre Arbeit machen[502], sie bei zustimmungspflichtigen Maßnahmen auf Verlangen des Vorstands gemäß § 111 Abs. 4 S. 3 AktG überstimmen und sie durch Vertrauensentzug (faktisch) zur Abberufung des Vorstands zwingen[503].

Nimmt man beide Aspekte zusammen – also die schwächere sachliche Rechtfertigung und die dezentere Ausprägung der Trennung von Herrschaft und Eigentum im Bereich der Kontrolle –, liegt es tatsächlich nahe, dem Aufsichtsrat eine besondere Nähe zu den Gesellschaftern zuzuschreiben. Verstärkt wird dieser Eindruck durch die Erkenntnis, dass die allgemeine Position der Aktionäre in der aktienrechtlichen Organisationsverfassung stärker ist, als auf den ersten Blick erkennbar. Die Hauptversammlung mag in Ermangelung eines Weisungsrechts gegenüber der Unternehmensverwaltung nicht als „oberstes" Organ bezeichnet werden können. Ihr sind aber die wichtigsten Entscheidungen der Aktiengesellschaft zugewiesen, denn sie entscheidet nicht nur über die Verwendung des Bilanzgewinns[504], sondern auch über Strukturmaßnahmen[505] sowie Satzungsänderungen. Auch wenn die Satzungsstrenge[506] hierbei gewisse Einschränkungen mit sich bringt, verbleibt der Hauptversammlung

500 *Hirte*, Kapitalgesellschaftsrecht (2012), Rdnr. 1.30 f.

501 § 110 Abs. 3 S. 1 AktG. Für nichtbörsennotierte Aktiengesellschaften kann sogar eine Aufsichtsratssitzung im Kalenderhalbjahr ausreichend sein, § 110 Abs. 3 S. 2 AktG.

502 § 111 Abs. 4 S. 2 AktG.

503 § 84 Abs. 3 S. 2 AktG.

504 § 58 AktG.

505 Hierzu zählen insbesondere die Auflösung der Gesellschaft (§ 119 Abs. 1 Nr. 8 AktG), Kapitalmaßnahmen (§ 119 Abs. 1 Nr. 6 AktG), der Abschluss von Unternehmensverträgen –einschließlich der Konzernierung (§ 293, § 319 AktG), Umwandlungen (§§ 65, 73, 125, 193, 226 UmwG) und Vermögensübertragungen (§ 179a AktG; § 174 ff. UmwG).

506 § 23 Abs. 5 AktG.

doch ein weiter Gestaltungsspielraum.[507] In diesem Kontext ist ferner die allgemeine – eine vom europäischen Gesetzgeber getriebene – Tendenz zu einer Stärkung der Hauptversammlungskompetenzen zu berücksichtigen.

Die Gesamtbetrachtung dieser Aspekte legt einen (Trug-)Schluss nahe, der sich zugespitzt wie folgt formulieren lässt:

> *Die Aktionäre sind die Gesellschafter und damit Herrscher der Aktiengesellschaft. Wenn sie schon von der Unternehmensleitung ausgeschlossen sind, muss sich ihre Herrschaft wenigstens im Bereich der Unternehmenskontrolle manifestieren. Daher ist der Aufsichtsrat in erster Linie den Gesellschaftern verpflichtet.*

Freilich würde kein deutscher Aktienrechtler eine derart plakative Aussage unterschreiben. Zu sehr drängen die vielen Gegenargumente auf Widerspruch. Umso überraschender erscheinen jedoch die zitierten Einordnungen des Aufsichtsrats als Ausschuss, *agent* und Rechenschaftsverpflichteter der Aktionäre. Der überzeichnet formulierte (Trug-)Schluss bringt lediglich das Verständnis auf den Punkt, welches diesen Aussagen implizit zugrunde liegt.

c) Die Unvereinbarkeit mit dem Prinzip der eigenständigen Organe

Dies gibt Anlass, die These vom Aufsichtsrat als Aktionärsvertreter grundlegend zu würdigen. Sie ist jedoch aus drei Gründen grundlegend abzulehnen:

Erstens wird der Aufsichtsrat regelmäßig nicht ausschließlich von den Aktionären bestimmt. Wie bereits im Rahmen des historischen Abrisses zur Entwicklung des Aufsichtsrats erwähnt, ist der Aufsichtsrat schon vor fast 100 Jahren zum Instrument der Arbeitnehmermitbestimmung avanciert. Heutzutage gilt: Sobald die Gesellschaft 500 Arbeitnehmer beschäftigt, besteht der Aufsichtsrat grundsätzlich[508]

---

507 Das AktG lässt in einer Vielzahl von Normen abweichende Satzungsregelungen zu: § 24; § 31 Abs. 2; § 52 Abs. 5 S. 3; § 58; § 59 Abs. 1; § 60 Abs. 3; § 63 Abs. 1 S. 2; § 68 Abs. 2; § 76 Abs. 1 S. 2; § 77 Abs. 1 S. 1 Hs. 2; § 78 Abs. 2, 3; § 95 Abs. 1 S. 2; § 101 Abs. 2; § 103 Abs. 1 S. 3; § 108 Abs. 2 S. 1; § 109 Abs. 3; § 111 Abs. 4 S. 2; § 121 Abs. 5; § 122 Abs. 1, 2; § 133 Abs. 1, 2; § 134 Abs. 1 S. 2–4, Abs. 2 S. 2; § 135 Abs. 4; § 139 Abs. 1; § 140 Abs. 3; § 150 Abs. 2, 4; § 179 Abs. 2 S. 2, 3, Abs. 3 S. 2; § 182 Abs. 4 S. 2; § 186 Abs. 3 S. 3; § 193 Abs. 1 S. 2; § 202 Abs. 2 S. 3; § 221 Abs. 1 S. 3; § 222 Abs. 1 S. 2, Abs. 2 S. 3; § 237 Abs. 4 S. 3; § 262 Abs. 1 Nr. 2; § 265 Abs. 2 S. 1; § 269 Abs. 2, 3; § 271.
Darüber hinaus ist die Ergänzung von nicht-abschließenden Gesetzesvorschriften zulässig, vgl. § 23 Abs. 5 S. 2 AktG. Dies umfasst auch solche Gebiete, in denen das Gesetz keine Vorgaben macht, *Koch*, in: Hüffer, AktG (2014), § 23 AktG, Rdnr. 37, m.w.N.; Umfassender Überblick zu den insbesondere zulässigen Ergänzungen bei *Pentz*, in: MünchKomm. AktG (2016), § 23 AktG, Rdnr. 168 f.

508 Zu den Sonderfällen der (fehlenden) Mitbestimmung in Tendenzunternehmen sowie der besonderen Mitbestimmungsregelungen für herrschende Unternehmen (MitbestErgG) und Unternehmen der Montanindustrie (MontanMitbestG) s. statt aller *Raiser/Veil*, Recht der Kapitalgesellschaften (2015), § 15, Rdnr. 20.

zu einem Drittel aus Arbeitnehmervertretern[509]; ab 2.000 Arbeitnehmern wird er sogar paritätisch besetzt[510]. Zwar haben die Anteilseignervertreter bevorzugten Zugriff auf das Amt des Aufsichtsratsvorsitzenden[511] und können auf diese Weise bei Stimmengleichheit die Abstimmung gewinnen[512]. Dies ändert aber nichts daran, dass der Gesetzgeber den Aufsichtsrat bewusst zu einem interessenplural besetzten Gremium ausgestaltet hat. Folglich kann dieser angesichts der paritätischen Präsenz von Nicht-Anteilseignervertretern nicht als Aktionärsausschuss betrachtet werden.

Zweitens haben die Aktionäre durch die Befugnis zur Wahl des Aufsichtsrats, die eingeschränkte Satzungshoheit sowie die Mitwirkungsrechte beim Jahresabschluss und Strukturgeschäften eine gewisse Möglichkeit, auf die Arbeit des Aufsichtsrats einzuwirken. Zutreffend ist außerdem, dass diese Einflussnahmeinstrumente durch Informations- und Klagerechterechte flankiert werden. So sind die Aktionäre insbesondere durch den (zu erläuternden[513]) Bericht des Aufsichtsrats an die Hauptversammlung gemäß § 171 Abs. 2 S. 2 AktG und das Auskunftsrecht gemäß § 131 AktG informationsberechtigt. Weiterhin können sie unter bestimmten Voraussetzungen die Entlastung[514] oder Wahl[515] von Aufsichtsratsmitgliedern anfechten. All dies kann jedoch nicht darüber hinwegtäuschen, dass weder der Hauptversammlung noch dem einzelnen Aktionär ein Weisungsrecht gegenüber dem Aufsichtsrat zusteht. Sollte es sich beim Aufsichtsrat tatsächlich um den Vertreter des Aktionariats handeln, ließe sich das Fehlen einer solchen Befehlsgewalt nicht erklären.

Drittens gerät die Sichtweise auf den Aufsichtsrat als Ausschuss der Aktionäre mit einem grundlegenden Strukturprinzip der aktienrechtlichen Verfassung in Konflikt: Dem Prinzip der eigenständigen Organe. Die Organisation der Aktiengesellschaft lässt eine hierarchische Betrachtungsweise schlichtweg nicht zu.[516] Das Leitbild beruht auf dem Prinzip der Machtbalance, indem jedem Gesellschaftsorgan ein spezifischer Kompetenzbereich zugewiesen wird – und zwar vom Gesetz und nicht etwa durch Kompetenzableitung von der

509 § 4 Abs. 1, § 1 Abs. 1 Nr. 1 DrittelbetG.
510 § 7, § 1 Abs. 1 Nr. 1 MitbestG.
511 § 27 Abs. 1, 2 MitbestG.
512 § 29 MitbestG.
513 §176 Abs. 1 S. 2 AktG.
514 § 243 Abs. 1 AktG.
515 § 251 AktG.
516 *Mülbert*, in: Großkomm. AktG (2008), Vorb. zu §§ 118 ff. AktG, Rdnr. 43; *Semler*, in: Münch. Hdb. GesR. IV (2007, Vorauflage), § 34, Rdnr. 5; *Rechenberg*, Die Hauptversammlung als oberstes Organ der AG (1986), S. 165; *Hoffmann*, in: Spindler/Stilz, AktG (2015), § 118 AktG, Rdnr. 18; *Kremer*, in: Ringleb/Kremer/Lutter/v.Werder/, DCGK Komm. (2014), Ziffer 2 DCGK, Rdnr. 222; *Bungert*, in: Münch. Hdb. GesR. IV (2015), § 35, Rdnr. 4.

Hauptversammlung.[517] Innerhalb dieses Kompetenzbereichs arbeiten die Organe jedoch eigenständig.[518]

Das Prinzip der trennscharfen Abgrenzung der Organzuständigkeiten war eines der aktientheoretischen Hauptanliegen des AktG 1937[519]. Dieses wurde vom Gesetzgeber des heutigen AktG (1965) bewusst übernommen und in § 23 Abs. 5 AktG zementiert. Zwar nahm das AktG 1937 dem Vorstand einen Teil seiner Allmacht[520] und verstärkte die Position von Aufsichtsrat und Hauptversammlung.[521] Die grundlegend strenge Zuständigkeitsverteilung auf drei Organe wurde jedoch bewusst beibehalten. So heißt es in der Regierungsbegründung zum AktG 1965:

> *„Der Entwurf behält die bisherigen Organe der Aktiengesellschaft bei. [...]Der Entwurf beläßt den drei Organen im wesentlichen ihre bisherigen Aufgaben. Diese Abgrenzung der Zuständigkeit hat sich im großen und ganzen bewährt. Vereinzelte Mißstände, die sich im Aktienwesen nach 1945 gezeigt haben, sind nicht auf diese Abgrenzung zurückzuführen, sondern beruhen auf persönlichem Versagen und dem Außerachtlassen der gesetzlichen Vorschriften. Die Aufteilung der Zuständigkeit ist im Gegenteil geeignet, Mißbräuchen entgegenzuwirken, weil sie die Verantwortung eindeutig festlegt.“*[522]

Darüber hinaus spricht sich der Regierungsentwurf deutlich gegen die allgemeine Herrschaft des Aktionariats aus:

> *„Man hat eine Erweiterung der Geschäftsführungsbefugnisse der Hauptversammlung mit der Erwägung zu begründen versucht, daß demokratische Grundsätze eine solche Regelung verlangten. Diese Grundsätze lassen sich jedoch nur sehr bedingt aus dem politischen Leben auf erwerbswirtschaftliche Unternehmen übertragen. Ein Unternehmen ist kein Staat im kleinen, der Vorstand keine Staatsregierung, die Hauptversammlung kein Parlament. Eine Aktiengesellschaft kann nur gedeihen, wenn sie von wenigen sachkundigen Personen geleitet wird.“*[523]

Unglücklicherweise hat es schon der Gesetzgeber des AktG 1937 versäumt, die Selbständigkeit und Eigenverantwortlichkeit hinreichend zum Ausdruck zu bringen. Stattdessen übernahm er in § 95 Abs. 1 AktG 1937 im Wesentlichen die Kompetenzbeschreibung

---

517 *Semler*, in: Münch. Hdb. GesR. IV (2007, Vorauflage), § 34, Rdnr. 5; *Kubis*, in: MünchKomm. AktG (2013), § 119 AktG. Rdnr. 17; vgl. *Mülbert*, in: Großkomm. AktG (2008), § 119 AktG, Rdnr. 61; *Bungert*, in: Münch. Hdb. GesR. IV (2015), § 35, Rdnr. 4.

518 Ausf. *Hoffmann*, in: Spindler/Stilz, AktG (2015), § 118 AktG, Rdnr. 6.

519 Ausf. *Lieder*, Der Aufsichtsrat im Wandel der Zeit (2006), S. 342 ff., m.w.N.

520 Hintergrund der überaus starken Stellung des Vorstands im AktG 1937 ist die nationalsozialistische Idelogie, die dem Gesetz zugrunde lage. Danach sollte das Führerprinzip auch auf die Organisation der Aktiengesellschaft übertragen werden, *Lieder*, Der Aufsichtsrat im Wandel der Zeit (2006).

521 Ausf. *Lieder*, Der Aufsichtsrat im Wandel der Zeit (2006), S. 422 ff., m.w.N.

522 RegE vom 03.02.1962 – AktG 1965, BT-Drucks. IV/171, S. 120.

523 RegE vom 03.02.1962 – AktG 1965, BT-Drucks. IV/171, S. 120.

des § 246 Abs. 1 HGB 1897[524]: „Der Aufsichtsrat hat die Geschäftsführung zu überwachen". Dieser Gesetzeswortlaut findet sich noch heute in § 111 Abs. 1 AktG. Möglicherweise würde weniger Verunsicherung über die eigenverantwortliche Stellung des Aufsichtsrats bestehen, wenn die Gesetzespassage an die Aufgabenbeschreibung des Vorstands aus § 76 Abs. 1 AktG angeglichen würde: „Der Aufsichtsrat hat unter eigener Verantwortung die Geschäftsführung der Gesellschaft zu überwachen". Dies würde die aktuelle Gesetzeslage jedenfalls zutreffender wiedergeben.

d) Zwischenfazit: Der Aufsichtsrat ist kein Aktionärsausschuss

1. Zwar besteht weitgehend Einigkeit darüber, dass die Organisationsverfassung der Aktiengesellschaft keiner hierarchischen Betrachtung zugänglich ist, sondern vielmehr durch die Machtbalance der eigenständigen Organe geprägt wird. Dennoch offenbart sich an vielen Stellen, dass der Aufsichtsrat verbreitet als eine Art Vertreterorgan des Aktionariats eingeordnet wird. Ausdruck dessen sind neben expliziten Literaturäußerungen auch die unilaterale Bestimmung des Unternehmensinteresses anhand des *shareholder value*, die Qualifizierung von § 131 AktG als allgemeinem Rechenschaftsanspruch sowie die Einordnung des Aufsichtsrats als *agent der* „Hauptversammlung".
2. Zwar war der Aufsichtsrat in den ersten Aktiengesetzen tatsächlich als eine Art verkürzte Generalversammlung ausgestaltet. Mit dieser Konzeption hat der Gesetzgeber allerdings bereits 1884 gebrochen und den Bruch infolge der ersten Mitbestimmungsgesetze der 1920er Jahre vertieft. Spätestens mit dem AktG 1937 und der Einführung der modernen Mitbestimmungsgesetze in den 1950er Jahren hat sich das deutsche Aktiengesetz vollends von der Idee des Aufsichtsrats als Vertreterorgan der Aktionäre verabschiedet. Insofern ist unverständlich, warum noch immer auf die historischen Wurzeln des Aufsichtsrats als Aktionärsausschuss rekurriert wird.
3. Nach heutiger Rechtslage kann der Aufsichtsrat keinesfalls als Vertreter der Aktionäre eingeordnet werden. Denn es handelt sich um ein mitbestimmt-besetztes Gremium mit eigenständigem Kompetenzbereich. Ein gewisser Einfluss der Aktionäre auf den Aufsichtsrat ist zwar nicht von der Hand zu weisen. Dieser erreicht aber keineswegs die Intensität eines Weisungsrechts.

3. Rechtsfunktionales Bedürfnis für eine Treuepflichtenbindung des Aufsichtsrats an die Aktionäre?

Auch wenn das Bestehen eines Interessenwahrungsverhältnisses zwischen Aufsichtsrat und Aktionariat nach den vorstehenden Überlegungen kaum vorstellbar ist,

---

524 § 246 Abs. 1 des Handelsgesetzbuch vom 10.05.1987, RGBl. I 1987, S. 219 laute: „Der Aufsichtsrat hat die Geschäftsführung der Gesellschaft in allen Zweigen der Verwaltung zu überwachen".

soll im Folgenden das Bestehen einer Treuepflicht anhand der in Teil 1[525] dargelegten rechtsfunktionalen Betrachtung erörtert werden. Damit rückt die Gefahr in den Vordergrund, die von der Einwirkungsmöglichkeit des Aufsichtsrats auf die Interessensphäre der Aktionäre ausgeht. Es ergeben sich folglich zwei Ansatzpunkte für das Bestehen einer Treuepflicht des Aufsichtsrats gegenüber den Aktionären: Die mittelbare Betroffenheit der Aktionäre bei Schädigung der Gesellschaft und die unmittelbare Beeinträchtigung der mitgliedschaftlichen Rechte.

a) Mittelbare Betroffenheit der Aktionäre bei Gesellschaftsschädigung

Prima facie müssen die Aktionäre tatsächlich vor dem Machtmissbrauch des Aufsichtsrats im Verhältnis zur Gesellschaft[526] geschützt werden. Denn sie sind die wirtschaftlichen Eigentümer der Gesellschaftsforderungen und gewinnbezugsberechtigt (§§ 58 Abs. 4, 60 AktG)[527], sodass sich ein Schaden an der Gesellschaft immer auch in ihrer Interessensphäre niederschlägt.

Der Gesetzgeber des AktG hat sich jedoch dafür entschieden, schädigendes Verhalten der Verwaltungsorgane grundsätzlich auf Ebene der Gesellschaft zu kompensieren. So ist das grundlegende Haftungsregime für sorgfaltswidriges Handeln des Aufsichtsrats (§§ 116, 93 AktG) auf Schadensersatz an die Gesellschaft ausgerichtet. Eine Ersatzpflicht des Aufsichtsrats gegenüber den Aktionären kann aus § 116 AktG jedoch nicht hergeleitet werden.[528] Nach dem Grundgedanken des aktienrechtlichen Haftungsregimes wird über einen Ausgleich des Gesellschaftsschadens in aller Regel gleichzeitig die Beeinträchtigung am Wert der Gesellschaftsbeteiligung restituiert.

Das AktG gestattet dem einzelnen Aktionär jedoch nicht einmal, die Ersatzansprüche der Gesellschaft gegen den Aufsichtsrat aus schlechter Amtsführung im Wege der

---

525 S. oben, Teil 1: § 5 A (= S. 59 ff.).

526 Zur interessenwahrungsverhältnis-spezifischen Gefahr des Machtspielraums des Aufsichtsrats für die Gesellschaft s. bereits oben, Teil 2: § 3 B. II (= S. 120 ff.) sowie ausf. unten, Teil 2: § 3 C (= S. 137 ff.).

527 Daneben bestehen eine ganze Reihe weiterer Vermögensrechte für besondere Konstellationen, wie z.B. das Bezugsrecht bei Kapitalerhöhungen (§§ 186 Abs. 1, 212 AktG), der Rückzahlungsanspruch bei der Kapitalherabsetzung (§ 225 Abs. 2 AktG), der Anspruch auf Beteiligung am Liquidationserlös (§ 271 AktG) sowie weitere Vermögensrechte in Fällen der Umwandlung, guter Überblick bei *Raiser/Veil*, Recht der Kapitalgesellschaften (2015), Rdnr. 12.

528 Soweit ersichtlich g.h.M., BGH, Urteil vom 14.04.1986 – II ZR 123/85, juris, Rdnr. 16; vgl. BGH, Urteil vom 06.10.1980 – II ZR 60/80, BGHZ 79, 337–349, zit. n. juris, Rdnr. 35 (für den KG-Beirat); OLG Düsseldorf, Urteil vom 23.06.2008 – I-9 U 22/08, 9 U 22/08, juris, Rdnr. 6; OLG Hamburg, Urteil vom 18.02.2000 – 11 U 213/98, juris, Rdnr. 141; *Koch*, in: Hüffer, AktG (2014), § 116 AktG, Rdnr. 14; *Drygala*, in: Schmidt/Lutter, AktG (2015), § 116 AktG, Rdnr. 60; *Habersack*, in: Münch. Komm. AktG (2014), § 116, Rdnr. 79; *Hopt/Roth*, in: Großkomm. AktG (2005), § 116 AktG, Rdnr. 309; *Mertens/Cahn*, in: KölnKomm AktG (2013), § 116 AktG, Rdnr. 80; *Spindler*, in: Spindler/Stilz, AktG (2015), § 116 AktG, Rdnr. 211.

actio pro socio geltend zu machen.[529] Eine derartige Anspruchsverfolgung obliegt nach §§ 76 ff. AktG grundsätzlich dem Vorstand. Dieser befindet sich diesbezüglich jedoch regelmäßig im Interessenkonflikt, weil er selbst an der sorgfaltswidrigen Handlung mitgewirkt hat oder die Aufsichtsratshaftung gerade durch eine unzureichende Überwachung des Vorstands begründet ist.[530] Möglich ist lediglich die Geltendmachung von Ersatzansprüchen durch Beschluss der Hauptversammlung, infolgedessen regelmäßig ein besonderer Vertreter bestellt und mit der Anspruchsverfolgung betraut wird (§ 147 AktG). Dem einzelnen Aktionär ist es allerdings kaum möglich, auf die Geltendmachung solcher Ansprüche hinzuwirken. Zwar besteht die theoretische Möglichkeit der Klagezulassung durch ein Gericht gemäß § 148 AktG. Das Klagezulassungsverfahren steht allerdings unter enorm hohen Hürden[531] (insbesondere § 148 Abs. 1 S. 2 Nr. 3 AktG) und spielt in rechtstatsächlicher Hinsicht kaum eine Rolle.[532]

b) Unmittelbare Beeinträchtigung: Haftung nur im Ausnahmefall

Eine direkte Anspruchsberechtigung der Aktionäre gegenüber dem Aufsichtsrat kommt darüber hinaus nur eng umgrenzten Ausnahmefällen in Betracht.

Zunächst ergeben sich zwei Spezialtatbestände unmittelbar aus dem AktG: *Zum einen* sieht § 117 AktG die gesamtschuldnerischen Mithaftung des Aufsichtsrats neben einem vorsätzlich schädigenden Einflussnehmer vor. Anspruchsberechtigt ist zwar auch hier in erster Linie die Gesellschaft (§ 117 Abs. 1 AktG). Jedoch erweitert § 117 Abs. 2 AktG die Anspruchsberechtigung auf die Aktionäre. *Zum anderen* enthält § 318 Abs. 2 i.V.m. 317 Abs. 1 S. 2 AktG eine spezielle Haftungserweiterung für Fälle, in denen eine Konzernobergesellschaft die Aktiengesellschaft zu einer nachteilhaften Handlung veranlasst und die negativen Folgen nicht ausgleicht. In beiden Fällen gilt jedoch, dass die Aktionäre nicht für sog. Reflexschäden entschädigt werden (§ 117 Abs. 1 S. 2, § 317 Abs. 1 S. 2 Hs. 2 AktG). Mit anderen Worten ist die bloße Wertminderung der Beteiligung infolge einer gesellschaftsschädigenden Handlung des Aufsichtsrats nicht ausreichend. Die Normen beschränken die Liquidation

---

529 *Raiser/Veil*, Recht der Kapitalgesellschaften (2015), § 11, Rdnr. 30; *Koch*, in: Hüffer, AktG (2014), § 148 AktG, Rdnr. 2; vgl. *Mock*, in: Spindler/Stilz, AktG (2015), § 148 AktG, Rdnr. 2.

530 *Bank*, in: Patzina/Bank/Schimmer/Simon-Widmann, Haftung von Unternehmensorganen (2010), Kap. 3, Rdnr. 33.

531 Statt vieler *Raiser/Veil*, Recht der Kapitalgesellschaften (2015), § 11, Rdnr. 30 ff. und *Koch*, in: Hüffer, AktG (2014), § 148 AktG, Rdnr. 2 f. Die Regelung des § 148 AktG wird verbreitet als zu einschneidend empfunden. So hat sich der 70. Deutsche Juristentag 2014 für eine Entschärfung der Voraussetzungen, insbesondere des § 148 Abs. 1 S. 2 Nr. 3 AktG, ausgesprochen, Abteilung Wirtschaftsrecht im Deutschen Juristentag, in: Verhandlungen des 70. Deutschen Juristentages in Hannover 2012, Bd. II (2014), N65, Beschluss Nr. 12 c); vgl. auch *Bachmann*, in: Verhandlungen des 70. Deutschen Juristentages in Hannover 2012, Bd. I (2014), S. E1 – 124 (74 ff.).

532 *Koch*, in: Hüffer, AktG (2014), § 148 AktG, Rdnr. 3; ausf. *Schmolke*, ZGR 2011, S. 398 (402 f.).

„gewöhnlicher" Vermögensschäden also auf die Gesellschaft und schützen den Aktionär nur vor der Beeinträchtigung mitgliedschaftsbezogener Vermögensinteressen.[533] Diese Fälle sind nicht nur per se eng begrenzt.[534] Sie betreffen außerdem in erster Linie den Vorstand, welcher die Primärkompetenz zur Unternehmensleitung inne hat. Eine Verletzung mitgliedschaftsbezogener Vermögensinteressen der Aktionäre durch den Aufsichtsrat ist zwar möglich, aber praktisch wenig relevant.[535]

Daneben kann der Aktionär den Aufsichtsrat auch auf Grundlage des deliktischen Haftungsregimes direkt in Anspruch nehmen. Zunächst ist die Mitgliedschaft ein absolutes Recht i.S.d. § 823 BGB.[536] Die denkbaren Konstellationen sind allerdings begrenzt. So folgt auch an dieser Stelle aus der nur beschränkten Beteiligung des Aufsichtsrats an der Unternehmensleitung nicht nur eine deutlich geringere Relevanz der Aufsichtsratshaftung.[537] Vielmehr kommt in erster Linie eine deliktische Haftung als Gehilfe[538] in Betracht.[539] Ferner genügt für die Deliktshaftung weder die Verletzung der ausschließlich gegenüber der Gesellschaft bestehenden Überwachungspflicht, noch sind die Aufsichtsratsmitglieder Garanten für das Unterbleiben deliktischer

---

533 Ausf. BGH, Urteil vom 22.06.1992 – II ZR 178/90, juris, Rdnr. 68 f.; zuvor schon BGH, Urteil vom 11.07.1988 – II ZR 243/87, BGHZ 105, 121–134, zit. n. juris, Rdnr. 18 ff. und BGH, Urteil vom 04.03.1985 – II ZR 271/83, BGHZ 94, 55–60, zit. n. juris, Rdnr. 8 ff.

534 Beispiele für ersatzfähige Aktionärsschäden nach *Schall*, in: Spindler/Stilz, AktG (2015), § 117 AktG, Rdnr. 20 und *Koch*, in: Hüffer, AktG (2014), § 117 AktG, Rdnr. 9, jeweils m.w.N.: Verlustreicher Kauf/Verkauf der Beteiligung infolge einer fehlerhaften kapitalmarktrechtlichen Mitteilung; Umgehung der aktionärsschützenden Normen (§§ 304 f. AktG) bei faktischen Beherrschungs- und Gewinnabführungskonstellationen; Aushungern der Kleinaktionäre durch Bilanzpolitik; Mitwirkung der Verwaltungsmitglieder an einer nachteiligen Veränderung des Aktionärskreises (insb. Paketbildung).

535 Vgl. *Drygala*, in: Schmidt/Lutter, AktG (2015), § 116 AktG, Rdnr. 60; *Habersack*, in: Münch. Komm. AktG (2014), § 116, Rdnr. 79; *Mertens/Cahn*, in: KölnKomm AktG (2013), § 116 AktG, Rdnr. 80 (All diese Äußerungen beziehen sich zwar auf deliktische Eingriffe des Aufsichtsrats in die Mitgliedschaft. Der Gedanke ist aber auch für §§ 117, 317 AktG fruchtbar.) Vgl. aber den Fall in BGH, Urteil vom 04.03.1985 – II ZR 271/83, BGHZ 94, 55–60, zit. n. juris. Hier hat der Aufsichtsratsvorsitzende den Vorstand dazu bestimmt, ungerechtfertigte Zahlungen zu leisten und Forderungen nicht zu verfolgen, wodurch ein Aktionär mit einem Gesellschafterdarlehen in der folgenden Insolvenz der Gesellschaft ausfiel.

536 Vgl. BGH, Urteil vom 12.03.1990 – II ZR 179/89 ("Schärenkreuzer"), BGHZ 110, 323–335, zit. n. juris, Rdnr. 12, 20 (für den Verein); aus der Lit. statt vieler *Drygala*, in: Schmidt/Lutter, AktG (2015), § 116 AktG, Rdnr. 60; *Lutter/Krieger/Verse*, Rechte und Pflichten des Aufsichtsrats (2014), Rdnr. 1031; *Spindler*, in: Spindler/Stilz, AktG (2015), § 116 AktG, Rdnr. 213 f., m.umf.w.N.

537 Vgl. die Nachweise in Fn. 535.

538 § 830 BGB.

539 *Drygala*, in: Schmidt/Lutter, AktG (2015), § 116 AktG, Rdnr. 60.

Handlungen des Vorstands.[540] Es verbleiben damit lediglich die schwerwiegenden Fälle, in denen der Aufsichtsrat eine strafbare oder sittenwidrige Handlung des Vorstands trotz sicherer Kenntnis toleriert[541], aktiv unterstützt oder sogar veranlasst.[542] In Betracht kommen darüber hinaus die noch schwerwiegenderen Fälle des § 826 BGB.[543] Eine Haftung des Aufsichtsrats aus der Verletzung eines Schutzgesetzes i.V.m. § 823 Abs. 2 BGB ist ebenfalls möglich. Die §§ 116, 93 AktG stellen aber keineswegs ein solches Schutzgesetz dar, weswegen allenfalls kapitalmarktrechtliche Gesetze in Betracht kommen.[544]

c) Zwischenfazit: Kein Schutzbedürfnis, keine Treuepflicht

Zusammenfassend lässt sich festhalten: Die Einflussmöglichkeiten des Aufsichtsrats in Bezug auf die Interessensphäre der Aktionäre sind begrenzt. In erster Linie wird das Aktionariat durch sorgfaltswidrige Handlungen des Aufsichtsrats betroffen, weil diese eine Schädigung der Gesellschaft bewirken können und somit den Wert ihrer Beteiligung vermindern. Der Gesetzgeber hat sich dafür entschieden, diese Schäden ebenso mittelbar durch eine Pflicht der Aufsichtsräte zur Ersatzleistungen an die Gesellschaft wieder auszugleichen. Im Verhältnis der Gesellschaft zum Aufsichtsrat besteht im Übrigen nach ganz herrschender Meinung und hier vertretener Auffassung eine Treuepflicht, die die Gesellschaft auch präventiv vor derartigen Schäden schützt.

Die darüber hinaus bestehenden Fallgruppen der direkten Haftung des Aufsichtsrats gegenüber den Aktionären umfassen ausschließlich Fallgruppen der unmittelbaren Verletzung der Mitgliedschaftsrechte. Derartige Eingriffe sind nur unter sehr hohen Voraussetzungen möglich, sodass ein Schutz über die deliktsähnlichen Spezialtatbestände der §§ 117, 317 AktG sowie das Deliktsrecht ausreichend ist. Darüber hinaus ist der Aufsichtsrat nur in begrenztem Maße an der Unternehmensleitung beteiligt. In allen Fällen kommt ihm damit nur eine Stellung als Teilnehmer des primär durch den Vorstand durchgeführten Mitgliedschaftseingriffs zu.

Im Ergebnis bedürfen die Aktionäre daher keines besonderen Schutzes vor dem Missbrauch der Machtbefugnisse durch den Aufsichtsrat in Form der Treuepflicht.

---

540 *Drygala*, in: Schmidt/Lutter, AktG (2015), § 116 AktG, Rdnr. 60; *Spindler*, in: Spindler/Stilz, AktG (2015), § 116 AktG, Rdnr. 227; *Mertens/Cahn*, in: KölnKomm AktG (2013), § 116 AktG, Rdnr. 81.

541 OLG Karlsruhe, Urteil vom 04.09.2008 – 4 U 26/06, juris, 403, 432 ff.

542 OLG Düsseldorf, Urteil vom 23.06.2008 – I-9 U 22/08, 9 U 22/08, juris, Rdnr. 7.

543 BGH, Urteil vom 11.09.2012 – VI ZR 92/11, juris, Rdnr. 34; OLG Düsseldorf, Urteil vom 23.06.2008 – I-9 U 22/08, 9 U 22/08, juris, Rdnr. 4 ff.; aus der Lit. statt vieler *Drygala*, in: Schmidt/Lutter, AktG (2015), § 116 AktG, Rdnr. 6; *Spindler*, in: Spindler/Stilz, AktG (2015), § 116 AktG, Rdnr. 221, m.umf.w.N.

544 Nur *Spindler*, in: Spindler/Stilz, AktG (2015), § 116 AktG, m.w.N.

IV. Zwischenergebnis

1. Der Aufsichtsrat ist nur Interessenwahrer der Gesellschaft. Zur Ausübung seines Amtes erhält er eine Fülle von abstrakten Einwirkungsmöglichkeiten auf die Interessensphäre der Gesellschaft. Diese machen Interessenkonflikte von Aufsichtsratsmitgliedern besonders gefährlich und erfordern eine besondere Absicherung in Form der Treuepflicht.
2. Zwischen Aufsichtsrat und dem Aktionariat besteht kein Interessenwahrungsverhältnis. Darüber hinaus hat der Aufsichtsrat keine besondere Einwirkungsmöglichkeit auf die Interessensphäre der Aktionäre, welche eine besondere Treuepflicht begründen könnte.

C. Der Machtspielraum des Aufsichtsrats

Nachdem mit den Interessenwahrungsbeziehungen die erste Koordinate der Treuepflicht des Aufsichtsrats geklärt wurde, muss im nächsten Schritt dessen abstrakter Machtspielraum ermessen werden. Denn wie in Teil 1[545] dargelegt, ist die Gefahr für die Mandanteninteressen das wesentliche Kriterium für die Stärke der interessenkonfliktsadressierenden Schutzpflichtkomponente der Treuepflicht. Diese wiederum bestimmt sich maßgeblich aus einer Gesamtschau zwischen der dynamischen Komponente „Stärke des Interessenkonflikts“ und dem statischen Faktor „Größe des abstrakten Machtspielraums“.

Zur Vermessung der Machtfülle ist ein Blick auf die Aufgaben und Kompetenzen des Aufsichtsrat notwendig. Die vielfältigen Organbeziehungen machen dabei allerdings einen Blick auf die gesamte Organisationsverfassung der Aktiengesellschaft notwendig. Daher wird in Kürze auch auf die Kompetenzen von Vorstand und Hauptversammlung eingegangen.

I. Rechtsquellen zur aktienrechtlichen Organisationsverfassung

Die Organisationsverfassung der deutschen Aktiengesellschaft ist im Wesentlichen in nationalen Gesetzen niedergelegt. An vorderster Stelle steht das AktG, das jedoch an vielen Stellen durch Regelungen aus dem BGB, dem HGB und ggf. den Vorschriften des Kapitalmarktrechts ergänzt wird. Insbesondere kommt das bürgerliche Recht des Vereins (§§ 21 ff. BGB) ergänzend zur Anwendung, denn der Verein ist nach allgemeiner Auffassung das Grundmodell juristischer Personen.[546] Freilich muss die Anwendung des bürgerlichen Vereinsrechts im Einzelfall geprüft werden, denn es wird an vielen Stellen von besonderen Regelungen überlagert.[547] Besonders zu erwähnen

545 S. oben, Teil 1: § 5 B. I (= S. 79 ff.).

546 Statt aller *K. Schmidt*, Gesellschaftsrecht (2002), S. 797: „Das deutsche Aktienrecht wurzelt in dem Verständnis der AG als «Aktienverein».“

547 *Raiser/Veil*, Recht der Kapitalgesellschaften (2015), § 5, Rdnr. 3 und § 9, Rdnr. 2; *Westermann*, in: Erman BGB (2014), Vorb. zu §§ 21 ff. BGB, Rdnr. 14; *Fleischer*,

ist ferner das sog. Prinzip der formellen Satzungsstrenge, wonach die gesetzlichen Vorgaben weitestgehend zwingend sind und – anders als bei Personenhandelsgesellschaften oder der GmbH – nur wenig Spielraum für eine individuelle Anpassung der Satzung lassen (§ 23 Abs. 5 AktG).[548] Daher kann die Kompetenzverteilung für jede Aktiengesellschaft mit großer Allgemeinverbindlichkeit beschrieben werden.

Weiterhin werden die Regelungen zur Organisationsverfassung der deutschen AG zunehmend durch das Europarecht durchwirkt, verändert oder neu geschaffen.[549] Die Vorstellungen des europäischen Gesetzgebers sind daher bei den entsprechenden Regelungen im Wege richtlinienkonformer Auslegung zu berücksichtigen.[550] Darüber hinaus muss mit zunehmender Dichte der europarechtlichen Durchwirkung auch die Gesamtvorstellung des europäischen Gesetzgebers von der Gewaltenteilung der AG in Augenschein genommen werden. Bislang sind die verbindlichen europäischen Regelungen zur aktienrechtlichen Organisationsverfassung jedoch eher punktueller Natur und beschränken sich zunehmend nur auf börsennotierte oder kapitalmarktorientierte Gesellschafen.[551]

Neben diese materiell-gesetzlichen Bestimmungen tritt der DCGK, der ebenfalls eine Fülle von Vorgaben für die Beziehungen zwischen den Organen der AG enthält.

II. Die Kompetenzverteilung des AktG

1. *Aktionär und Hauptversammlung: Die Trennung von Herrschaft und Eigentum*

Die Aktionäre bringen das in Aktien zerlegte Grundkapital[552] der Aktiengesellschaft auf. Sie sind die Gesellschafter, also Mitglieder der Aktiengesellschaft[553]

in: Münch. Komm. GmbHG (2015), Vorb. zu § 1 GmbHG, Rdnr. 152 f.; *Heider*, in: MünchKomm. AktG (2008, Altauflage), § 1 AktG, Rdnr. 15 ff.

548 *K. Schmidt*, Gesellschaftsrecht (2002), S. 771.

549 Überblick bei *Verse*, in: Fleischer/Koch/Kropff/Lutter, 50 Jahre Aktiengesetz (2015), S. 304 (305).

550 St. Rspr. des EuGH seit EuGH, Urteil vom 10.04.1984 – 14/83 ("von Colson und Kamann"), Slg. 1984, 1891–1920, Rdnr. 26, 28; EuGH, Urteil vom 04.07.2006 – C-212/04, Slg. 2006, I-6057–6136, Rdnr. 108 ff., m.w.N. zur weiteren EuGH-Rspr.; zuletzt EuGH, Urteil vom 27.03.2014 – C-565/12, juris. Die Verpflichtung zur richtlinienkonformen Auslegung und sogar Rechtsfortbildung ist vom BGH in st. Rspr. anerkannt, nur BGH 8. Zivilsenat, Urteil vom 28.10.2015 – VIII ZR 13/12, juris, Rdnr. 38 f., m.w.N. Speziell zur richtlinienkonformen Auslegung von angeglichenem Aktienrecht *Habersack*, in: MünchKomm. AktG (2008, Altauflage), Einleitung (vor § 1 AktG), Rdnr. 109 f., m.w.N.

551 *Verse*, in: Fleischer/Koch/Kropff/Lutter, 50 Jahre Aktiengesetz (2015), S. 304 (306 f.), m.w.N.

552 § 1 Abs. 2 AktG.

553 *K. Schmidt*, Gesellschaftsrecht (2002), S. 797; zur allgemeinen Dogmatik der verbandsrechtlichen Mitgliedschaft vgl. S. 547 ff.

und erhalten im Gegenzug für die Erbringung der Einlage[554] starke Vermögensrechte[555] und schwächere Verwaltungsrechte. Letztere können überwiegend nur in der Hauptversammlung ausgeübt werden.[556] Zentral sind dementsprechend[557] die Rechte auf Teilnahme[558], Redebeiträge[559], Anträge[560] und Abstimmung[561] in der Hauptversammlung sowie die Möglichkeit, deren Beschlüsse anzufechten[562]. Diese Verwaltungsrechte werden flankiert von diversen Informationsrechten des Aktionärs: Neben kapitalmarktrechtlichen Informationsrechten[563] und dem Recht auf hauptversammlungsspezifische Mitteilungen und Einsichtsrechte[564] gewährt § 131 AktG dem Aktionär ein Auskunftsrecht.[565]

Die mitgliedschaftlichen Rechte der Aktionäre sind folglich stark durch die Hauptversammlung abgeschirmt. Sie ist ein eigenes Organ,[566] das eigene Beschlüsse fällt und in dem der einzelne Aktionär nur entsprechend seiner Beteiligungsgröße[567] stimmberechtigt ist. Die Hauptversammlung tritt grundsätzlich nur einmal im Jahr zusammen.[568] Ihre Zuständigkeit ist grundsätzlich auf die im Gesetz oder der Satzung festgelegten Fälle beschränkt und betrifft im Wesentlichen Grundlagenentscheidungen[569] wie Satzungsänderungen[570], Maßnahmen der Kapitalbeschaffung und der Kapitalherabsetzung,[571] die Vermögensübertragung[572] (und eine entsprechende

554 § 54 Abs. 1 AktG.

555 Vgl. hierzu bereits oben, Teil 2: § 3 B. III. 3. a) (= S. 133 ff.).

556 § 118 Abs. 1 S. 1 AktG.

557 Vgl. *Hirte*, Kapitalgesellschaftsrecht (2012), Rdnr. 4.21.

558 Vgl. § 118 Abs. 1 S. 1 AktG.

559 § 131 Abs. 1 S. 1 AktG, vgl. § 131 Abs. 2 S. 2: „Frage- und Rederecht des Aktionärs".

560 §§ 126 f. AktG.

561 § 143 AktG.

562 §§ 243, 246 AktG.

563 Insb. § 15 Abs. 1 WpHG; vgl. nur *Kubis*, in: MünchKomm. AktG (2013), § 131 AktG Rdnr. 8, m. w. N.

564 § 121 Abs. 4, §§ 124 ff. AktG.; § 175 Abs. 3 AktG.

565 Zu § 131 AktG vgl. bereits oben, Teil 2: § 2 A. III (= S. 102)

566 Die Organqualität der Hauptversammlung ist unbestritten, nur *Kubis*, in: MünchKomm. AktG (2013), § 118 AktG, Rdnr. 8, m.w.N.

567 § 134 Abs. 1 AktG.

568 Sog. ordentliche Hauptversammlung, vgl. die Überschrift zum 3. Unterabschnitt vor § 175 AktG. Darüber hinaus müssen außerordentliche Hauptversammlungen in den im Gesetz (insb. wenn das Wohl der Gesellschaft es erfordert, § 121 Abs. 1 Hs. 2, § 111 Abs. 3 AktG) und der jeweiligen Satzung bestimmten Fällen stattfinden, oder wenn eine qualifizierte Aktionärsminderheit es verlangt (§ 122 Abs. 1 AktG).

569 Vgl. *Raiser/Veil*, Recht der Kapitalgesellschaften (2015), § 16 Rdnr. 9 ff.

570 § 119 Abs. 1 Nr. 5 AktG.

571 § 119 Abs. 1 Nr. 6 AktG.

572 § 176 UmwG.

Verpflichtung[573]), bestimmte Umwandlungsmaßnahmen,[574] die Zustimmung zu Unternehmensverträgen,[575] die Eingliederung[576] sowie die Auflösung der Gesellschaft[577]. In Bezug auf laufende Angelegenheiten der Gesellschaft beschränkt sich ihre Kompetenz hingegen auf die Wahl der Aufsichtsratsmitglieder[578], die Entscheidung über die Gewinnverwendung[579] und die Entlastung der Verwaltungsorgane[580]. Neben weiteren Einzelfallkompetenzen[581] bestehen nach der Rechtsprechung des BGH darüber hinaus ungeschriebene Zustimmungserfordernisse in Fällen, in denen eine Maßnahme „an die Kernkompetenz der Hauptversammlung, über die Verfassung der Aktiengesellschaft zu bestimmen, rührt, weil sie Veränderungen nach sich zieht, die denjenigen zumindest nahe kommen, welche allein durch eine Satzungsänderung herbeigeführt werden können.“[582]

Von besonderer Bedeutung ist die bereits erwähnte[583] Trennung von Herrschaft und Eigentum in der Aktiengesellschaft. Diese äußert sich in erster Linie im vollständigen Ausschluss des Aktionariats von der Unternehmensleitung (Geschäftsführung und Vertretung) und -kontrolle sowie dem fehlenden Weisungsrecht gegenüber den Verwaltungsorganen.[584] Dies hat im Wesentlichen zwei Gründe: *Erstens* liegt auf der Hand, dass die Gesellschaft nicht durch die große, träge Publikumsmasse der Gesellschafter geleitet werden kann. Neben dieser grundlegenden

---

573 § 179a UmwG.

574 §§ 13, 65, 125, 193, 233, 240 UmwG.

575 § 293 AktG.

576 §§ 319 f. AktG.

577 § 119 Abs. 1 Nr. 8 AktG.

578 Vorbehaltlich der Regelungen zur Arbeitnehmer-Mitbestimmung, § 119 Abs. 1 Nr. 1 AktG.

579 § 119 Abs. 1 Nr. 2 AktG.

580 § 119 Abs. 1 Nr. 3 AktG.

581 Angesprochen seien insb. die Festsetzung der Aufsichtsratsvergütung (§ 113 Abs. 1, 2 AktG), die Abberufung von Aufsichtsratsmitgliedern (§ 103 AktG) und die Geltendmachung bzw. der Verzicht auf bestimmte Ersatzansprüche (§ 50, § 93 Abs. 4 S. 3, § 116, § 117 Abs. 4, § 147 AktG).

582 BGH, Urteil vom 26.04.2004 – II ZR 155/02 (“Gelatine I”), BGHZ 159, 30–48, zit. n. juris, Leitsatz 1; zuvor grundlegend BGH, Urteil vom 25.02.1982 – II ZR 174/80 (“Holzmüller”), BGHZ 83, 122–144, zit. n. juris; nachfolgend BGH, Urteil vom 26.04.2004 – II ZR 154/02 (“Gelatine II”), juris. Zum Ganzen instruktiv *Raiser/Veil*, Recht der Kapitalgesellschaften (2015), § 16 Rdnr. 10 ff., m. w. N.

583 Vgl. hierzu bereits oben, Teil 2: § 3 B. III. 2. b) (= S. 127 ff.).

584 Normativ drückt sich dies insb. in § 76 Abs. 1 AktG (Gesellschaftsleitung durch Vorstand „in eigener Verantwortung“), § 119 Abs. 2 AktG (Entscheidung in Geschäftsführungsfragen nur auf Verlangen des Vorstands), § 111 Abs. 4 S. 3 AktG (Kontrollentscheidung über Zustimmung nur auf Verlangen des Vorstands). Würde § 111 Abs. 1 AktG die Rechtsstellung des Aufsichtsrats zutreffend wiedergeben, müsste es „Der Aufsichtsrat hat unter eigener Verantwortung die Geschäftsführung der Gesellschaft zu überwachen“ heißen.

Praktikabilitätserwägung lässt sich durch ein professionelles Management außerdem Sachkunde und Vertraulichkeit sicherstellen.[585] *Zweitens* sieht das Aktienrecht nicht nur eine kleinteilige Aufteilung der Gesellschaftsbeteiligungen, sondern auch die regelmäßige[586] Verbriefung sämtlicher durch die Aktie vermittelten Rechte und Pflichten[587] in Wertpapiere[588] vor. Dies ermöglicht – anders als bei allen anderen Rechtsformen[589] – eine schnelle und problemlose Weitergabe der Mitgliedschaftsrechte (insbesondere auch über einen institutionalisierten Kapitalmarkt) und führt so zu einer „Versachlichung"[590] der Gesellschafterstellung. Gerade bei kapitalmarktgehandelten Aktien werden aktienrechtliche Beteiligungen häufig nur als Investment betrachtet und weiterer Aufwand in Form von Engagement gescheut (sog. rationale Apathie[591]).[592] In gewisser Weise ist für das Aktienrecht damit ein „Paradigmenwechsel vom Korporationsrecht zum Recht kapitalmarktvermittelter Anlegergemeinschaften"[593] festzustellen.

2. *Vorstand: Primärorgan der Unternehmensleitung*

Die Aufgabe der Unternehmensleitung kommt primär dem Vorstand zu (vgl. § 76 AktG). Er vertritt die Gesellschaft im Außenverhältnis.[594] Ausnahmen hiervon bestehen nur in geringen Umfang und betreffen im Wesentlichen Situationen, in denen kein Vorstand vorhanden ist,[595] die Gesellschaft aufgrund von Interessenkonflikten nicht vom Vorstand vertreten werden kann[596] oder strukturell besonders bedeutsame

---

585 Vgl. RegE vom 03.02.1962 – AktG 1965, BT-Drucks. IV/171, S. 120. Aus der Lit. statt vieler *Hüffer*, in: Aktienrecht im Wandel – Bd. II (2007), S. 334 (339); *Kubis*, in: MünchKomm. AktG (2013), § 118 AktG , Rdnr. 9 („Willensbildungsorgan", kein „Handlungsorgan"); *Wiedemann*, Gesellschaftsrecht Bd. I (1980), S. 344.

586 Vgl. § 10 Abs. 5 AktG; vgl. auch *Hirte*, Kapitalgesellschaftsrecht (2012), S. 291.

587 *Heider*, in: Münch. Komm. AktG (2008), § 10 Rdnr. 4 ff.

588 § 10 AktG.

589 *Butzke*, Die Hauptversammlung der AG (2008), S. 1.

590 *Henssler/ Wiedemann*, in: Aktienrecht im Wandel – Bd. II (2007), S. 1 (6); vgl. auch *Seibert*, AG 1993, S. 315 (316).

591 Vgl. *Koch*, in: Hüffer, AktG (2014), § 118 AktG, Rdnr. 5.

592 Vgl. auch die empirischen Ergebnisse bei *Pellens/ Schmidt*, Studie des deutschen Aktieninstituts zum Verhalten und Präferenzen deutscher Aktionäre (2014), S. 17, 19.

593 *K. Schmidt*, Gesellschaftsrecht (2002), S. 797; vgl. auch *Fleischer*, in: Aktienrecht im Wandel – Bd. II (2007), S. 430 (442).

594 § 78 Abs. 1 S. 1 AktG.

595 § 78 Abs. 1 S. 2 AktG: Bei Führungslosigkeit der Gesellschaft wird die Gesellschaft durch den Aufsichtsrat vertreten.

596 Alleinige Vertretungsmacht des Aufsichtsrats bei: Bestellung und Abberufung des Vorstands (§ 84 Abs. 1, 3 AktG), der Heranziehung von Sachverständigen für bestimmte Aufgaben (§ 111 Abs. 2 S. 2 AktG), der Vertretung der Gesellschaft gegenüber Vorstandsmitgliedern (§ 112 AktG) und deren Anfechtungs- und Nichtigkeitsklagen (§§ 246 Abs. 2 S. 2, 249 Abs. 1 S. 1 AktG). Zustimmung des

Vorgänge[597] im Raum stehen. In diesen Fällen geht die Vertretungsmacht entweder vollständig auf ein anderes Organ über oder ist durch die Zustimmung von Aufsichtsrat oder Hauptversammlung bedingt.[598] Andere als die genannten Einschränkungen der Vertretungsmacht des Vorstands sind nicht vorgesehen und wegen der strikten Regelung des § 82 Abs. 1 AktG auch nicht begründbar. Insbesondere ist es nicht möglich, die Vertretungsmacht des Vorstands an den Umfang der Geschäftsführungsbefugnis zu knüpfen.

Ausweislich der Regelungen der §§ 83, 90, 91, 92 AktG steht auch die Geschäftsführung dem Grunde nach dem Vorstand zu; Aufsichtsrat und Hauptversammlung sind hiervon weitgehend ausgeschlossen. Dabei wird der Begriff der Geschäftsführung weit verstanden[599] und umfasst auch die gesellschaftsrechtlich ordnungsgemäße Information und Einbindung der anderen Organe in Entscheidungsabläufe.[600] Grenzen findet die Geschäftsführungsbefugnis des Vorstands in Gesetzesvorschriften[601] sowie Regelungen, welche die Satzung, der Aufsichtsrat, die Hauptversammlung und die Geschäftsordnungen des Vorstands und des Aufsichtsrats „im Rahmen der Vorschriften über die Aktiengesellschaft" getroffen haben.[602] Diese Möglichkeiten der Beschränkung sind freilich begrenzt.[603]

Aufsichtsrats erforderlich bei Verträgen mit Vorstandsmitgliedern (§ 89 AktG) oder Kreditgewährung an Vorstands- oder Aufsichtsratsmitglieder (§§ 114 f. AktG). Alleinige Vertretungsmacht der Hauptversammlung bei der Vergütung von Aufsichtsratsmitgliedern (§ 113 Abs. 1 AktG) sowie bei der Bestellung von Abschluss- und Sonderprüfern (§ 119 Abs. 1 Nr. 4, 7 AktG). Zustimmung der Hauptversammlung erforderlich bei Verzicht und Vergleich über: Ersatzansprüche aus Gründungsphase (§ 50 AktG), Ansprüche aus Vorstandshaftung (§ 93 Abs. 4 S. 3 AktG) und Schadensersatzansprüche gegenüber Vertretern des herrschenden Unternehmens (§ 309 Abs. 3 AktG).

597 Zustimmung der Hauptversammlung erforderlich bei: Nachgründung (§ 52 Abs. 1 AktG), Verpflichtung zur Übertragung des gesamten Vermögens (§ 179a AktG), Abschluss und Änderung von Unternehmensverträgen (§§ 293, 295 AktG) und Verschmelzungverträgen (§§ 13, 65, 73 UmwG). Keine Auswirkungen auf die Vertretungsmacht des Vorstands im Außenverhältnis haben hingegen die ungeschriebenen Hauptversammlungszuständigkeiten nach der sog. Holzmüller-Doktrin, BGH, Urteil vom 26.04.2004 – II ZR 155/02 ("Gelatine I"), BGHZ 159, 30–48, zit. n. juris, Rdnr. 40.

598 Vgl. Fn. 596 und 597.

599 Statt vieler *Spindler*, in: Münch. Komm. AktG (2014), § 77 Rdnr. 6.

600 *Liebscher*, in: Beck'sches Hdb. AG (2009), § 6 Rdnr. 5.

601 Da jede Vertretungshandlung zugleich eine Maßnahme der Geschäftsführung ist, schränkt jede der oben aufgeführten Vertretungsbeschränkungen gleichzeitig die Geschäftsführungsbefugnis ein. Hierzu und den wenigen weiteren gesetzlichen Geschäftsführungsbeschränkungen vgl. nur *Spindler*, in: Münch. Komm. AktG (2014), § 82 Rdnr. 32.

602 Siehe § 82 Abs. 2 AktG.

603 *Habersack*, in: Großkomm. AktG (2008), § 82 AktG Rdnr. 20; *Spindler*, in: Münch. Komm. AktG (2014), § 82 Rdnr. 30.

Der Gesamtkomplex von Vertretung und Geschäftsführung ist ein gutes Beispiel für den allgemeinen Charakter der aktienrechtlichen Kompetenzverteilung, die den einzelnen Organen einen aufeinander abgestimmten primären Aufgabenbereich zuweist, diese aber verschränkt, sofern dies zur Wahrung des Gesellschaftsinteresses erforderlich scheinen sollte.

3. *Aufsichtsrat: Mehr als nur Kontrolleur*

a) Traditionelle Sicht: Der Aufsichtsrat als Kontrollorgan

Aus rechtsvergleichender Sicht erscheint das Vorhandensein eines Aufsichtsrats ungewöhnlich: Die meisten Rechtsordnungen[604] sehen für die Organisationsverfassung von mit der Aktiengesellschaft vergleichbaren Gesellschaften lediglich ein einziges Verwaltungsorgan vor (sog. monistisches System, engl. *one-tier system*). Innerhalb dieses Verwaltungsrats (engl. *board of directors*) findet eine Aufgabenteilung dergestalt statt, dass *exceutive directors* die Unternehmensleitung und *non-excecutive directors* die Unternehmenskontrolle wahrnehmen.[605] Die Kontrolle der Geschäftsführung wird darüber hinaus verstärkt von unabhängigen Ausschüssen wie dem *audit committee* vorgenommen.[606]

In Deutschland tritt mit dem Aufsichtsrat ein zweites Verwaltungsorgan neben den Vorstand (sog. *two-tier*-System). Schon der Wortlaut deutet darauf hin, dass die Primäraufgabe dieses Organs in der „Aufsicht" des Vorstands liegt. So ist auch in der wichtigen Programmnorm des § 111 Abs. 1 AktG von der Überwachung der Geschäftsführung die Rede; die Geschäftsführung sowie die Vertretung der Gesellschaft im Außenverhältnis sind dem Aufsichtsrat nur in den oben dargestellten Ausnahmefällen zugewiesen.

b) Moderne Sicht: Der Aufsichtsrat als mitunternehmerschaftliches Kontrollorgan

Dennoch wäre es verfehlt, den Aufsichtsrat auf seine Kontrollfunktion zu reduzieren. Vielmehr kommt ihm nach einer im Vordringen befindlichen, modernen Sichtweise eine wichtige Rolle bei der Unternehmensleitung zu.[607] Insofern liegt es nahe, den Aufsichtsrat als „mitunternehmerschaftliches Kontrollorgan bezeichnen".

Dies beginnt bereits bei seiner Primärkompetenz zur Bestellung und Abberufung der Vorstandsmitglieder (§ 84 AktG). Denn die personelle Besetzung des Vorstands bestimmt

---

604 Dies gilt insbesondere für England, die USA, die Schweiz und Frankreich.

605 Nur *v. Werder*, in: Ringleb/Kremer/Lutter/v.Werder/, DCGK Komm. (2014), Ziffer 1 DCGK, Rdnr. 92 ff.

606 Statt vieler *Cervellini*, Der Bericht des Aufsichtsrats (2012), S. 27, m.w.N.

607 *Lutter*, in: FS Horst Albach (2001), S. 225 (226); *Lutter/Krieger/Verse*, Rechte und Pflichten des Aufsichtsrats (2014), Rdnr. 58; *Vetter*, in: Fleischer/Koch/Kropff/Lutter, 50 Jahre Aktiengesetz (2015), S. 104 (124, 152); ausf. *Schnabel*, Der Aufsichtsrat – Kontrollorgan oder (Mit)geschäftsführungsorgan? (2015), *passim*.

maßgeblich über dessen unternehmensprogrammatische Ausrichtung.[608] Die Neigungen, Erfahrungen und Fähigkeiten der ausgesuchten Manager sind maßgeblich für die Unternehmensstrategie. Der Aufsichtsrat muss sich daher im Vorfeld überlegen, welche Unternehmensplanung er anstrebt und entsprechende Personalentscheidungen treffen.

Weiterhin beschränkt sich die Kontrolle des Aufsichtsrats nach heute herrschender Auffassung nicht auf die Überprüfung der Rechtmäßigkeit der vom Vorstand getroffenen Geschäftsführungsmaßnahmen, sondern erfasst auch die Beurteilung der Zweckmäßigkeit und Wirtschaftlichkeit derselben.[609] Die „Beaufsichtigung" der Unternehmensleitung erfordert heutzutage mehr als nur eine retrospektive Überprüfung bereits getroffener Entscheidungen. Denn die technische Entwicklung und globalisierte Märkte haben dazu geführt, dass wirtschaftliche Entscheidungen häufig binnen kürzester Frist getroffen werden müssen und gleichzeitig weitreichende Folgen zeitigen können.[610] In aller Regel ist daher nur noch eine zeitnahe, auch zukunftsgerichtete und präventive Kontrolle der Unternehmensleitung effektiv.

Aus diesem Grunde ist heutzutage anerkannt, dass die Überwachungsaufgabe des Aufsichtsrats auch die Pflicht zur Beratung des Vorstands umfasst.[611] Der DCGK nennt die Beratungsaufgabe sogar noch vor dem Kontrollauftrag.[612] Dabei ist diese Beratung auch für den Vorstand nicht freiwillig: Ihn trifft die Pflicht, sich durch den Aufsichtsrat beraten zu lassen.[613] Gegenstand dieser Beratung sind nicht die Einzelheiten des operativen Geschäfts, sondern die größeren Leitlinien der

---

608 *Krieger*, Personalentscheidungen des Aufsichtsrats (1981), S. 35 ff.; *Hommelhoff*, BB 1977, S. 322 (324); *Lutter*, in: FS Horst Albach (2001), S. 225 (226): „Personen [sind] Programme".

609 BGH, Urteil vom 25.03.1991 – II ZR 188/89, BGHZ 114, 127–137, zit. n. juris, Rdnr. 10; *Habersack*, in: Münch. Komm. AktG (2014), § 111, Rdnr. 12; *Mertens/Cahn*, in: KölnKomm AktG (2013), § 111 AktG, Rdnr. 40; *Spindler*, in: Spindler/Stilz, AktG (2015), § 111 AktG, Rdnr. 10 f.; *Koch*, in: Hüffer, AktG (2014), § 111 AktG, Rdnr. 5 ff.; *Schneider*, in: Scholz, GmbHG (2015), § 52 GmbH, Rdnr. 95.

610 So auch *Lutter*, in: FS Horst Albach (2001), S. 225 (227); *Vetter*, in: Fleischer/Koch/Kropff/Lutter, 50 Jahre Aktiengesetz (2015), S. 104 (124).

611 Vgl. RegE Transparenz- und Publizitätsgesetz ("TransPuG") vom 11.04.2002, BT-Drucks. 14/8769, S. 18: „Es wird damit auch deutlich gemacht, dass der Aufsichtsrat den Vorstand kontrolliert und ihm mit Rat zur Seite steht."; BGH, Urteil vom 25.03.1991 – II ZR 188/89, BGHZ 114, 127–137, zit. n. juris, Leitsatz 1; *Habersack*, in: Münch. Komm. AktG (2014), § 111, Rdnr. 12; *Mertens/Cahn*, in: KölnKomm AktG (2013), § 111 AktG, Rdnr. 40; *Spindler*, in: Spindler/Stilz, AktG (2015), § 111 AktG, Rdnr. 10 ff.; *Koch*, in: Hüffer, AktG (2014), § 111 AktG, Rdnr. 13; *Vetter*, in: Fleischer/Koch/Kropff/Lutter, 50 Jahre Aktiengesetz (2015), S. 104 (113 ff.); *Lutter*, in: FS Horst Albach (2001), S. 225 (227), m.w.N.; kritisch noch *Steinmann/Klaus*, AG 1987, S. 29 (29 ff.).

612 Ziffer 5.1.1 DCGK.

613 *Lutter/Krieger/Verse*, Rechte und Pflichten des Aufsichtsrats (2014), Rdnr. 104; *Habersack*, in: Münch. Komm. AktG (2014), § 111, Rdnr. 12, 40; *Schneider*, in: Scholz, GmbHG (2015), § 52 GmbH, Rdnr.

Gesellschaftsleitung, also die strategische Ausrichtung.[614] So verbleibt die Zuständigkeit für die Initiative und Unternehmensplanung zwar weiterhin beim Vorstand. Durch die Pflicht, sich beraten zu lassen, wird der Vorstand aber dazu gezwungen, die ggf. vorhandene Sachkunde des Aufsichtsrats im Interesse der Gesellschaft zu nutzen und seine Pläne einer Plausibilitäts- und Argumentationskontrolle zu unterwerfen.[615] Über die Beratungspflicht nimmt der Aufsichtsrat wesentlich an der Leitungsaufgabe des Vorstands teil.[616]

Maßgebliches Instrument zur Kontrolle und Beratung ist die umfassende Verpflichtung des Vorstands zur Berichterstattung an den Aufsichtsrat gemäß § 90 AktG. Hiernach muss der Vorstand dem Aufsichtsrat zum einen in jeweils genau festgelegten Zeitintervallen[617] über beabsichtigte Geschäftspolitik, grundsätzliche Fragen der Unternehmensplanung, den allgemeinen Gang der Geschäfte und einzelne Geschäfte mit erheblicher Bedeutung für Rentabilität oder Liquidität der Gesellschaft berichten.[618] Daneben besteht im Einzelfall eine Pflicht zur unverzüglichen Berichterstattung an den Aufsichtsratsvorsitzenden bei sonstigen wichtigen Anlässen, wie etwa einer erheblichen Betriebsstörung, einem wesentlichen Verlust oder der Gefährdung größerer Außenstände.[619] Außerdem kann der Aufsichtsrat vom Vorstand jederzeit einen Bericht über Angelegenheit der Gesellschaft verlangen.[620]

Der Aufsichtsrat kann sich zur Erfüllung seiner Überwachungs- und Beratungsaufgabe außerdem des Instruments des Zustimmungsvorbehalts gemäß § 111 Abs. 4 S. 2 AktG bedienen. Diese Regelung ermöglicht es der Satzung oder dem Aufsichtsrat, die Befugnis zur Führung einer bestimmten Art von Geschäften der Zustimmung durch den Aufsichtsrat zu unterwerfen. Nach allgemeiner Meinung[621] ist ein solcher Zustimmungsvorbehalt jedoch nicht auf Maßnahmen des gewöhnlichen Geschäftsbetriebs anwendbar, sondern ist auf Geschäfte von grundlegender Bedeutung für die Gesellschaft beschränkt.[622] Außerdem hat das Instrument des Zustimmungsvorbehalts stets reaktiven, nie aber aktiven Charakter.[623] Nichtsdestoweniger handelt es sich bei dem Beschluss über die Zustimmung um eine originär unternehmerische

614 *Habersack*, in: Münch. Komm. AktG (2014), § 111, Rdnr. 12; *Lutter/Krieger/Verse*, Rechte und Pflichten des Aufsichtsrats (2014), Rdnr. 103.

615 *Habersack*, in: Münch. Komm. AktG (2014), § 111, Rdnr. 40; *Lutter/Krieger/Verse*, Rechte und Pflichten des Aufsichtsrats (2014), Rdnr. 103.

616 Ausdrücklich *Koch*, in: Hüffer, AktG (2014), § 111 AktG, Rdnr. 13; *Lutter*, in: FS Horst Albach (2001), S. 225 (227).

617 § 90 Abs. 2 AktG.

618 § 90 Abs. 1 S. 1 Nr. 1–4 AktG.

619 RegE vom 03.02.1962 – AktG 1965, BT-Drucks. IV/171; *Spindler*, ZIP 2005, S. 2033; *Spindler*, in: Münch. Komm. AktG (2014), § 90 Rdnr. 31.

620 § 90 Abs. 3 AktG.

621 So *Habersack*, in: Münch. Komm. AktG (2014), § 111 Rdnr. 106 (Fn. 306).

622 *Habersack*, in: Münch. Komm. AktG (2014), § 111 Rdnr. 106.

623 *Lutter*, in: FS Horst Albach (2001), S. 225 (230).

Entscheidung, auf welche über § 116 AktG die *business judgment rule* des § 93 Abs. 1 S. 2 AktG Anwendung findet und die im freien Ermessen des Aufsichtsrats steht.[624]

Darüber hinaus hat der Aufsichtsrat das Recht, dem Vorstand eine Geschäftsordnung vorzugeben[625] und die Vertretungsmodalitäten zu regeln, sofern die Satzung dies vorsieht[626]. Ferner besteht ein besonderes Einsichts- und Prüfungsrecht hinsichtlich der Bücher, Schriften und Vermögensgegenstände der Aktiengesellschaft,[627] das ausschließliche Recht zur Beauftragung des Abschlussprüfers[628] und die Befugnis zur Prüfung von Jahresabschlüssen, Lageberichten und Gewinnverwendungsvorschlägen[629]. Außerdem wirkt der Aufsichtsrat bei der Ausgabe neuer Aktien aufgrund eines genehmigten Kapitals mit.[630]

Daneben treten die bereits erwähnten – auf Ausnahmefälle beschränkte – Vertretungs- und Geschäftsführungsbefugnisse, insbesondere gegenüber dem Vorstand.[631] Auch in diesen Befugnissen kommt teilweise die zunehmend mitunternehmerschaftliche Stellung des Aufsichtsrats zum Ausdruck. Dies liegt beim Zustimmungsvorbehalt gemäß § 114 Abs. 4 S. 2 AktG auf der Hand, gilt aber insbesondere auch für das Recht zur Feststellung des Jahresabschlusses gemäß § 172 AktG.[632] Denn das deutsche Aktienrecht kennt die Möglichkeit, im Jahresabschluss Rücklagen zu bilden[633] und hierüber auf die wesentliche Frage der Gewinnausschüttung an die Aktionäre Einfluss zu nehmen.[634]

4. *Gesamtbetrachtung: Eigenständigkeit, Trennung von Herrschaft und Eigentum sowie Kooperation*

In der Gesamtbetrachtung lässt sich dreierlei festhalten:

Erstens weist das AktG den drei Organen der Aktiengesellschaft einen eigenen Kompetenzbereich zur eigenverantwortlichen Ausübung zu. Eine hierarchische Betrachtungsweise verkennt dieses Wesenselement der Aktiengesellschaft. Nach

---

624 BGH, Urteil vom 21.04.1997 – II ZR 175/95 ("ARAG/Garmenbeck"), BGHZ 135, 244–257, zit. n. juris, Rdnr. 25; *Habersack*, in: Münch. Komm. AktG (2014), § 111, Rdnr. 127; *Hopt/Roth*, in: Großkomm. AktG (2006), § 111 AktG, Rdnr. 66; *Schnabel*, Der Aufsichtsrat – Kontrollorgan oder (Mit)geschäftsführungsorgan? (2015), S. 28; *Vetter*, in: Fleischer/Koch/Kropff/Lutter, 50 Jahre Aktiengesetz (2015), S. 104 (120), m.ausf.w.N.

625 § 77 Abs. 1 AktG.

626 § 78 Abs. 3 AktG.

627 § 111 Abs. 2 S. 1, 2 AktG.

628 § 111 Abs. 2 S. 3 AktG.

629 § 171 Abs. 1 S. 1 AktG.

630 §§ 202 Abs. 3, 204 Abs. 1 AktG.

631 §§ 112, 89 AktG.

632 *Vetter*, in: Fleischer/Koch/Kropff/Lutter, 50 Jahre Aktiengesetz (2015), S. 104 (124).

633 § 58 AktG.

634 *Lutter*, in: FS Horst Albach (2001), S. 225 (228 f.).

Henssler und *Wiedemann* kennzeichnet „nicht Hierarchie, sondern Kollegialität die Unternehmensverfassung der Aktiengesellschaft".[635] Das Zusammenspiel der Organe sollte vielmehr als System von „*checks and balances*"[636] betrachtet werden, das von einer austarierten Machtbalance geprägt ist.[637]

Zweitens sieht die Verfassung der Aktiengesellschaft eine Trennung von Herrschaft und Eigentum vor. Anders als in anderen Gesellschaftsformen sind die Verwaltungsrechte der Gesellschafter außerdem schwach ausgeprägt. Sie sind von der Unternehmensleitung und deren Kontrolle weitgehend ausgeschlossen. Diese Erkenntnisse haben sich bereits im Rahmen der Widerlegung der im Gesellschaftsrecht tief verwurzelten Anschauung des Aufsichtsrats als „Ausschuss der Aktionäre" gezeigt.[638]

Drittens kann der Aufsichtsrat in seiner heutigen Ausgestaltung nicht mehr auf die Funktion der Unternehmenskontrolle reduziert werden. Er hat in vielfältiger Weise die Möglichkeit, unternehmerische Entscheidungen zu veranlassen, zu treffen oder zu modifizieren. Hiermit ist ein neues Verständnis des Verhältnisses von Vorstand und Aufsichtsrat verbunden, welches der DCGK mehr noch als das AktG zum Ausdruck bringt. Die Kodexschöpfer messen der vertrauensvollen Zusammenarbeit der beiden Unternehmensleitungsorgane überragende Bedeutung zu[639] und bringen dies inhaltlich klar zum Ausdruck. So heißt es in Ziffer 3.1 DCGK, dass beide Organe zum Wohle des Unternehmens eng zusammen arbeiten. In Ziffer 3.4 DCGK wird ferner die Wichtigkeit der guten Informationsversorgung des Aufsichtsrats genannt. In Ziffer 3.5 DCGK heißt es außerdem, dass eine offene Diskussion zwischen Vorstand und Aufsichtsrat eine Grundvoraussetzung guter Unternehmensführung sei und daher der Wahrung der Vertraulichkeit eine entscheidende Bedeutung zukomme.

III. Folgerungen für den Machtspielraum des Aufsichtsrats

Die Erkenntnisse aus der Analyse der aktienrechtlichen Organisationsverfassung ergeben, dass der Zugriff des Aufsichtsrats auf die Interessensphäre größer ist, als auf den ersten Blick erkennbar.

1. Drei Kategorien der Aufsichtsratsbefugnisse

Die Zugriffsrechte lassen sich grob in drei Kategorien einteilen: In die *erste Kategorie* fallen die Befugnisse, die dem Aufsichtsrat in gewisser Weise eine Teilnahme an dem Machtspielraum des Vorstands ermöglichen (im Folgenden: *Teilhabekompetenzen*) Hierzu gehören insbesondere die Beratungsaufgabe und

---

635 *Henssler/Wiedemann*, in: Aktienrecht im Wandel – Bd. II (2007), S. 1, Rdnr. 16.

636 *Hoffmann-Becking*, in: Hoffmann-Becking, Münch. Hdb. GesR. IV (2015), § 29, Rdnr. 17.

637 Statt vieler *Cervellini*, Der Bericht des Aufsichtsrats (2012), S. 26.

638 S. oben, Teil 2: § 3 B. III. 2 (= S. 125 ff.).

639 So auch *v.Werder*, in: Ringleb/Kremer/Lutter/v.Werder/, DCGK Komm. (2014), Ziffer 3 DCGK, Rdnr. 318.

die Zustimmungsvorbehalte. Die *zweite Kategorie* bilden diejenigen Kompetenzen, die dem Aufsichtsrat zur alleinigen und eigenverantwortlichen Ausübung überlassen werden (im Folgenden: *Originärkompetenzen*). Hierzu zählen insbesondere die Bestellung des Vorstand, die Vertretung der Gesellschaft gegenüber dem Vorstand und die Mitwirkung am Jahresabschluss. Zu der *dritten Kategorie* gehört schließlich die umfassende Informationsstellung des Aufsichtsrats (im Folgenden: *Informationskompetenz*).

2. *Aufsteigende Zugriffsintensität auf die Interessenssphäre der Gesellschaft*

In der Tendenz steigt die Stärke des Zugriffs auf die Interessensphäre der Gesellschaft nach der Reihenfolge der angegebenen Kategorien. Dies wird im Folgenden nachgewiesen, wobei zwischen den Folgen eines echten Machtmissbrauchs und einer „bloß" mangelhaften Ausübung der Befugnisse differenziert werden soll.

a) Missbrauch der Machtbefugnisse

Ein Missbrauch der Befugnisse der Teilhabekompetenzen (erste Kategorie) wirkt sich in der Tendenz nur dann schädlich auf die Gesellschaft aus, wenn sich der Vorstand hieran beteiligt. Zwar können die Folgen einer schädlichen Einwirkung auf den Vorstand und ein kollusives Zusammenwirken zum Nachteil der Gesellschaft dramatisch sein. Der Vorstand ist jedoch ein eigenverantwortliches Organ und muss sich erst einmal vom Aufsichtsrat zu derartigen Handlungen bestimmen lassen. Bei der praktisch besonders relevanten Frage der destruktiven Zustimmungsverweigerung nach § 111 Abs. 4 AktG hat der Vorstand außerdem die Möglichkeit, die Hauptversammlung entscheiden zu lassen[640].

Die Originärkompetenzen kann der Aufsichtsrat hingegen ohne Zutun eines anderen Organs zum Schaden des Gesellschaft einsetzen. Bei genauerer Betrachtung der Befugnisse erweist sich das Schädigungspotenzial allerdings in Bezug auf die sachliche und qualitative Reichweite als begrenzt. So kann etwa die Vertretungsbefugnis gegenüber dem Vorstand wieder nur dann zum Schaden der Gesellschaft genutzt werden, wenn ein Vorstandsmitglied sich ebenfalls pflichtwidrig verhält. Die Mitwirkung am Jahresabschluss und der Ausgabe neuer Aktien wiederum ist verzahnt mit den Befugnissen der Hauptversammlung und des Vorstands[641], sodass eine Ausnutzung dieser Befugnisse zum Nachteil der Gesellschaft kaum möglich ist. Die Rechtmäßigkeit des Jahresabschlusses wird im Übrigen durch die Prüfungspflicht des § 316 HGB sichergestellt. Am gefährlichsten erweist sich damit

---

640 Siehe § 111 Abs. 4 S. 3 AktG.

641 So kann ein nachteilhafter Jahresabschluss nicht ohne Mitwirkung des Vorstands festgestellt werden: Dieser hat es in der Hand, die Feststellung der Hauptversammlung zu überlassen, § 172 S. 1 AktG. Die Ausgabe neuer Aktien ist gemäß. § 202 AktG nur aufgrund einer Satzungsregelung möglich.

das Potenzial für eine Gesellschaftsschädigung durch die bewusste Bestellung ungeeigneter Vorstände. Die Hauptversammlung hat hier nur die Möglichkeit, dem jeweiligen Vorstand das Vertrauen zu entziehen[642] und bei Nichtbeachtung dieses Votums den Aufsichtsrat abzuberufen.

Die Auswirkungen eines Missbrauchs der Informationskompetenzen (dritte Kategorie) erweist sich schließlich als besonders dramatisch. Die Bedeutung und der Wert von Informationen können in der heutigen, zunehmend entmaterialisierten Wirtschaftsordnung gar nicht überschätzt werden:[643] Informationen können zugleich Wirtschaftsgut, Wettbewerbs- und Produktionsfaktor sein.[644] Jedes einzelne Aufsichtsratsmitglied erhält im Rahmen seines Mandats umfassenden Zugriff auf interne Unternehmensinformationen; dies geschieht kontinuierlich und unabhängig von einer etwaigen anstehenden Aufsichtsratsmaßnahme. Hierunter fallen freilich auch besonders sensible Informationsfelder wie etwa die allgemeine strategische Ausrichtung der Unternehmenspolitik, besonderes Know-how der Gesellschaft oder Kenntnisse zum Stand der Unternehmens-Compliance. Es liegt auf der Hand, dass derartige Informationen die interne Wissenssphäre der Gesellschaft nicht ohne Weiteres verlassen dürfen. Denn geraten sie in die falschen Hände – zum Beispiel in diejenigen eines Wettbewerbers – können sie dem Unternehmen enormen Schaden zufügen. Allerdings ist die Informationskompetenz nicht nur wegen des großen Schadenspotenzials besonders gefährlich: Es kann außerdem niemand ein Aufsichtsratsmitglied daran hindern, einmal erlangte Informationen weiterzugeben oder anderweitig zu missbrauchen. Anders als bei den derivativen und originären Informationskompetenzen handelt es sich nämlich um eine rein tatsächliche Position und nicht nur um rechtliche Befugnisse, welche mit den Kompetenzen anderer Organe verzahnt sind.

Damit lässt sich festhalten: Durch die notwendige Mitwirkung des Vorstands oder die Verzahnung mit Kompetenzen der Hauptversammlung ist es dem Aufsichtsrat nur in geringem Maße möglich, seine Kompetenzen der ersten und zweiten Kategorie zum Schaden der Gesellschaft zu missbrauchen. Das verbleibende Risiko wird weiter durch die mehrköpfige Besetzung des Aufsichtsrats verringert: Der Aufsichtsrat ist ein Gremium, das seinen internen Willen durch Beschlussfassung bildet. Es müsste sich stets eine Mehrheit an Amtswaltern finden, die einen Missbrauch der Aufsichtsratskompetenzen mitträgt. Die Kompetenzen der dritten Kategorie eröffnen dem einzelnen Aufsichtsratsmitglied hingegen auf vielfältige Weise Potenzial für Missbrauch, welcher der Gesellschaft großen Schaden zufügen kann.

b) Verletzung der Interessensphäre durch mangelhafte Amtsführung

Praktisch relevanter als die bisher thematisierten Fälle des gezielten Missbrauchs ist der mangelhafte Umgang des Aufsichtsratsbefugnissen. Der Begriff der

---

642 § 84 Abs. 3 S. 2 AktG.

643 Vgl. statt vieler *Franck*, in: Handbuch Unternehmenskommunikation (2014), S. 193 (193 f.).

644 *Möhrle*, in: Gabler Wirtschaftslexikon, Stichwort "Informationsmanagement".

„mangelhaften Amtsführung“ wird in diesem Kontext weit verstanden: Es geht nicht nur um Sorgfaltswidrigkeiten i.S.d. § 116 AktG, sondern auch unterschwelligere Unzulänglichkeiten in der Amtsführung.

In Bezug auf die Gefahrenintensität lässt sich im Zusammenhang mit Mängeln in der Amtsführung keine wirkliche Unterscheidung zwischen Teilhabe- und Originärkompetenzen (erste und zweite Kategorie) vornehmen. Es ist für die Gesellschaft per se gefährlich, wenn ein es ein Aufsichtsrat seine Funktion als mitunternehmerschaftliches Kontrollorgan nicht wahrnimmt. Denn die Machtbalance der aktienrechtlichen Organisationsverfassung ist darauf ausgelegt, dass jedes einzelne Gesellschaftsorgan seine Kompetenzen verantwortlich zur Erfüllung seiner Aufgaben nutzt. Dies beginnt bereits bei Nachlässigkeiten in der Bestellung des Vorstands: Sucht der Aufsichtsrat infolge mangelnder Sachkenntnis, fehlenden Engagements oder Interessenkonflikten einen falschen Kandidaten aus, können die Schäden für die Gesellschaft wegen der enormen Machtfülle des Vorstands groß sein. Wenn es der Aufsichtsrat aus denselben Gründen zudem unterlässt, seine Befugnisse zur Beratung und Kontrolle des Vorstands zu nutzen, fehlt es diesem an der wichtigen zweiten Instanz zur argumentativen Evaluierung seiner Entscheidungen. Mittelbar vergrößert sich auf diese Weise außerdem der unkontrollierte Machtspielraum des Vorstands. In der Gesamtbetrachtung lässt sich das Beeinträchtigungspotenzial in Bezug auf die Interessenssphäre der Gesellschaft durch unzulängliche Aufsichtsratsarbeit nur schwerlich durch absolute Aussagen beschreiben.[645] Der (teilweise) Ausfall der mitunternehmerschaftlichen Kontrollinstanz und die damit verbundene Machtmehrung des Vorstands sind jedoch durchaus als risikoreich zu bewerten. Auch an dieser Stelle erfährt die Gefahr jedoch eine Relativierung durch die plurale Besetzung des Aufsichtsratsrats.

Die Informationskompetenzen des Aufsichtsrats (dritte Kategorie) sind auch in der Hand eines nicht böswilligen, aber unzulänglich handelnden Aufsichtsratsmitglieds außerordentlich gefährlich. Wegen der kontinuierlichen, anlasslosen Informationsversorgung des Aufsichtsrats[646], ist die Interessensphäre der Gesellschaft in diesem Punkt zu jedem Zeitpunkt besonders geöffnet und verwundbar. Für die Auswirkungen eines ungewollten Informationsaustritts aus dem inneren Kreis der Gesellschaft ist es völlig unerheblich, ob dieser von dem betreffenden Aufsichtsratsmitglied vorsätzlich oder fahrlässig herbeigeführt wurde.

3. *Zwischenfazit*

Das AktG versorgt den Aufsichtsrat mit einer Vielzahl von Befugnissen, die ihm die Wahrnehmung seiner mitunternehmerschaftlichen Kontrollaufgabe ermöglichen. Diese lassen sich grob in drei Kategorien einteilen: Teilhabe-, Originär- und Informations-Kompetenzen.

---

645 Vgl. zu dieser Problematik *Rhein*, Der Interessenkonflikt der Manager beim Management Buy-out (1996), S. 181 f.

646 Vgl. hierzu bereits oben, Teil 2: § 3 B. II (= S. 120 ff.).

Durch diese Befugnisse wird die Interessensphäre der Gesellschaft in vielfacher Weise gegenüber dem Aufsichtsrat geöffnet. Dabei bieten die derivativen und originären Kompetenzen nur wenig Möglichkeiten für einen vorsätzlichen Missbrauch. Gefährlich ist vielmehr, wenn der Aufsichtsrat seine Aufgaben nur unzulänglich wahrnimmt und damit als Beratungs- und Kontrollinstanz für den Vorstand ausfällt. Sowohl die Gefahr eines Missbrauchs als auch die unzulängliche Wahrnehmung dieser Aufsichtsratskompetenzen werden jedoch durch die mehrköpfige Besetzung des Aufsichtsratsgremiums relativiert.

Die kontinuierliche und anlasslose Informationsversorgung des Aufsichtsrats öffnet die Interessensphäre der Gesellschaft besonders weit. Sowohl die vorsätzliche als auch die fahrlässige Weitergabe von Informationen durch Aufsichtsratsmitglieder kann die Gesellschaft dramatisch schädigen. Darüber hinaus handelt es sich nicht nur um eine rechtliche Kompetenz, die von den anderen Organen in irgendeiner Weise verhindert oder rückgängig gemacht werden kann. Die Weitergabe einmal erlangter Informationen lässt sich ohnehin kaum verhindern. Ferner wird die Gefahr nicht durch die Gremieneigenschaft des Aufsichtsrats relativiert, weil jeder einzelne Amtswalter Zugriff auf die Informationen hat.

Im Ergebnis ist der abstrakte Machtspielraum des Aufsichtsrats daher als groß zu bewerten.

D. Zusammenfassung des Kapitels

1. Es besteht Einigkeit darüber, dass der Aufsichtsrat *dem Grunde nach* ein Interessenwahrer ist: Er ist durch die gesellschaftsrechtliche Organbeziehung zur stellvertretenden Wahrung der Interessen einer anderen Partei verpflichtet und mit einem gewissen Machtspielraum ausgestattet.
2. Das Aufsichtsratsmandat ist jedoch ein komplexes Interessenwahrungsverhältnis, in welchem die Person des Mandanten wenig eindeutig erscheint. Diese Frage entscheidet grundlegend darüber, wem der Aufsichtsrat zur Treue verpflichtet ist und wer die Durchführung der aufsichtsratsspezifischen Interessenkonfliktsmaßnahmen (einschließlich der Konfliktoffenlegung) verlangen kann.
3. Als Treuebegünstigter kommen die Gesellschaft und/oder die Aktionäre in Betracht. Zwar nimmt eine deutlich herrschende Meinung lediglich eine Treuepflicht im Verhältnis zwischen dem Aufsichtsrat und der Gesellschaft an. Allerdings erfreut sich die Einordnung des Aufsichtsrats als eine Art Stellvertreterkollegium der Aktionäre („Aktionärsausschuss") in der kapitalgesellschaftsrechtlichen Diskussion einer weiten Verbreitung. Bei konsequenter Betrachtung ist die ausschließliche Treuebindung an die Gesellschaft daher keineswegs eindeutig.
4. Der herrschenden Meinung ist zuzustimmen: Der Aufsichtsrat schuldet nur der Gesellschaft Treue, nicht jedoch dem Aktionariat. Denn lediglich im Verhältnis zur Gesellschaft besteht die interessenwahrungsspezifische Gefährdungslage. Die Haftungsordnung des Aufsichtsratsmandats ist auf die Gesellschaft hin geordnet. Daher sind die Möglichkeiten des Aufsichtsrats hinsichtlich der Eingriffsmöglichkeit in die Interessensphäre der Gesellschafter eng umgrenzt. Das

Schutzbedürfnis ist zu gering, als dass es eine interessenwahrungsrechtliche Treuebindung rechtfertigen könnte.

5. Weiterhin ist der Aufsichtsrat in keiner Weise ein „Kontrollausschuss im Auftrag der Aktionäre"; der Verweis auf entsprechende historische Wurzeln ist bereits seit 1884 unhaltbar. Die Qualifikation des Aufsichtsrats als Aktionärsausschuss dürfte auf ein intuitives Unbehagen mit der Trennung von Herrschaft und Kontrolle in der Aktiengesellschaft zurückgehen. Sie lässt sich jedoch nicht mit einem wichtigen Strukturprinzip der aktienrechtlichen Organisationsverfassung vereinbaren: dem Prinzip der eigenständigen Organe.
6. Zur grundlegenden Bestimmung der Stärke der Treuepflicht des Aufsichtsrats ist dessen Machtspielraum zu ergründen. Hierzu ist eine Analyse der aktienrechtlichen Organisationsverfassung erforderlich. Der Aufsichtsrat ist nach moderner Sichtweise kein reines, sondern ein mitunternehmerschaftliches Kontrollorgan. Die Aufsichtsratsbefugnisse lassen sich grob in Teilhabe-, Originär- und Informationskompetenzen einteilen. Die Gefährdung der Gesellschaftsinteressen durch einen vorsätzlichen Machtmissbrauch ist relativ gering. Eine größere Bedrohung liegt hingegen in der unzulänglichen Amtsführung durch die einzelnen Aufsichtsratsmitglieder. Als besonders gefährlich erweist sich dabei die gute Informationsstellung der Amtswalter. In der Gesamtbetrachtung ist der Machtbereich des Aufsichtsrats daher als groß zu bewerten.

§ 4 Interessenkonflikte von Aufsichtsratsmitgliedern

Das geltende Aktienrecht beschäftigt sich an keiner Stelle mit der großen Anfälligkeit des Aufsichtsrats für Interessenkonflikte.[647]
– Marcus Lutter, Gerd Krieger, Dirk Verse (2014)

Bevor die Modalitäten des Aufsichtsratsmandats als Interessenwahrungsverhältnis erforscht werden, sollen zunächst die aufsichtsratsspezifischen Interessenkonflikte einer näheren Untersuchung unterzogen werden. Zunächst werden die in Teil 1[648] angestellten Überlegungen zur Definition des Interessenkonflikts auf die Situation des Aufsichtsrats übertragen. Hierauf folgt eine Erläuterung der besonderen Anfälligkeit des Aufsichtsratsmandats für Interessenkonflikte. Sodann wird der Frage nachgegangen, inwieweit das AktG den Interessenkonflikten des Aufsichtsrats besonders tolerant gegenüber steht und welche Folgerungen hieraus gezogen werden können. Im Anschluss werden die aufsichtsratsspezifischen Interessenkonflikte in Fallgruppen geordnet. Der Abschnitt endet mit einem fallgruppenartigen Überblick zu den aufsichtsratsspezifischen Interessenkonfliktsmaßnahmen.

A. Aufsichtsratsspezifische Definition des Interessenkonflikts

I. Übertragung der allgemeinen Definition aus Teil 1

Nach der Definition aus Teil 1 dieser Arbeit liegt ein Interessenkonflikt allgemein vor, wenn sich in einem Subjekt mehrere Interessen (Eigen- und/oder zu wahrende Fremdinteressen) vereinen und deshalb miteinander in Konflikt geraten, weil im entscheidenden Zeitpunkt die gleichzeitige vollständige Wahrung aller Interessen nicht möglich ist.

Dieser Begriff ist auch für den Aufsichtsrat heranzuziehen. Damit wird eine Eingrenzung derjenigen Interessen erforderlich, welche eine Person in ihrer Funktion als Aufsichtsratsmitglied zu wahren hat und die mit ihren Eigeninteressen bzw. gleichzeitig zu wahrenden Drittinteressen in Konflikt geraten könnten. Die Antwort auf diese Frage ergibt sich aus der organschaftlichen Bestellung des Aufsichtsratsmitglieds. Nimmt das Mitglied die Bestellung an, ist es nach allgemeiner Meinung zur vorrangigen Wahrung des Unternehmensinteresses

647 *Lutter/Krieger/Verse*, Rechte und Pflichten des Aufsichtsrats (2014), § 9, Rdnr. 588.
648 S. oben, Teil 1: § 1 B. II (= S. 11 ff.).

verpflichtet.[649] Es ist anerkannt, dass hierbei die für den Vorstand geltenden Grundsätze entsprechende Anwendung finden, wobei freilich die Überwachungsaufgabe im Vordergrund steht.[650]

Freilich wird seit mehr als dreißig Jahren eine heftige Debatte um die richtige Konkretisierung des Unternehmensinteresses geführt.[651] Dabei stehen sich nach wie vor zwei fundamentale Ansätzen gegenüber: Eine Fraktion vertritt, dass das Unternehmensinteresse ganz überwiegend anhand der Aktionärsinteressen („*shareholder value*") zu bestimmen sei. Andere Autoren sprechen sich hingegen dafür aus, zur Bestimmung des Unternehmensinteresse auf eine Zielkonzeption zurückzugreifen, die die Interessen aller *Stakeholder* berücksichtige (also etwa Arbeitnehmer, Vertragspartner oder die Allgemeinheit). Darüber hinaus existiert eine „kaum mehr zu entwirrende Vielfalt"[652] von weiteren Meinungen zur Findung des Unternehmensinteresses.[653]

Auf die nähere Darstellung der Diskussion kann in dieser Arbeit verzichtet werden. Denn inzwischen bestimmen „Ernüchterung"[654] und „Ermüdungserscheinungen"[655] die Debatte. Es hat sich mittlerweile die Erkenntnis durchgesetzt, dass der weiteren Diskussion zur Figur des Unternehmensinteresses nur ein begrenzter Nutzen für die Bestimmung der Arbeitsanforderungen an Vorstand und Aufsichtsrat zukommt.[656] Zwar haben sich weder der Gesetzgeber, noch die höchstrichterliche Rechtsprechung zu der Frage jemals eindeutig geäußert. Beide tendieren aber wohl – genau wie die neuere Kommentar- und Lehrbuchliteratur –[657] zu einem interessenpluralen Ansatz,[658] welcher die Aktionäre, Arbeitnehmer und die Öffentlichkeit

649 BGH, Urteil vom 18.09.2006 – II ZR 137/05, BGHZ 169, 98–109, zit. n. juris, Rdnr. 18, m.w.N.; OLG Stuttgart, Urteil vom 29.02.2012 – 20 U 3/11, juris, Rdnr. 190, m.ausf.w.N.; *Spindler*, in: Spindler/Stilz, AktG (2015), § 116 AktG, Rdnr. 23; *Habersack*, in: MünchKomm. AktG (2014), § 116 AktG, Rdnr. 11; *Habersack*, in: MünchKomm. AktG (2014), Vorb. zu. §§ 95 ff. AktG, Rdnr. 13; *Mertens/Cahn*, in: KölnKomm AktG (2013), § 116 AktG, Rdnr. 3; *Hopt/Roth*, in: Großkomm. AktG (2005), § 116 AktG, Rdnr. 34; *Koch*, in: Hüffer, AktG (2014), § 116 AktG, Rdnr. 7 f.: „unstrittig".

650 *Spindler*, in: Spindler/Stilz, AktG (2015), § 116 AktG, Rdnr. Rdnr. 24.

651 Vgl. nur den Aufsatz von *Kort*, AG 2012, S. 605, *passim*, der einen guten und aktuellen Überblick zur Diskussion sowie umfangreiche Nachweise liefert. Ausführliche Auseinandersetzung außerdem bei *Kuhner*, ZGR 2004, S. 244, *passim.*

652 *Fleischer*, in: Spindler/Stilz, AktG (2015), § 76 AktG, Rdnr. 24.

653 Überblick bei *Spindler*, in: MünchKomm. AktG (2014), § 76 AktG, Rdnr. 63, m.w.N.

654 *Spindler*, in: MünchKomm. AktG (2014), § 76 AktG, Rdnr. 64.

655 *Fleischer*, in: Spindler/Stilz, AktG (2015), § 76 AktG, Rdnr. 27.

656 *Fleischer*, in: Spindler/Stilz, AktG (2015), § 76 AktG, Rdnr. 27; *Spindler*, in: MünchKomm. AktG (2014), § 76 AktG, Rdnr. 66.

657 Nachweise bei *Fleischer*, in: Spindler/Stilz, AktG (2015), § 76 AktG, Rdnr. 27.

658 Zum Gesetzgeber: vgl. nur RegE vom 03.02.1962 – AktG 1965, BT-Drucks. IV/171, S. 121 (zu § 73): „Daß der Vorstand bei seinen Maßnahmen die Belange der Aktionäre und der Arbeitnehmer zu berücksichtigen hat, versteht sich von selbst und braucht deshalb nicht ausdrücklich im Gesetz bestimmt zu werden. Gleiches gilt für die Belange der Allgemeinheit." Für eine wohl interessenplurale Sichtweise auf das

zu den maßgeblichen Interessenträgern zählt. Diese Sichtweise kommt seit der Reform im Jahre 2012 auch in Ziffer 4.1.1 DCGK zum Ausdruck. Im Folgenden wird daher davon ausgegangen, dass das Unternehmensinteresse interessenplural zu bestimmen ist und als Mindestziel der Bestand sowie die dauerhafte Rentabilität des Unternehmens[659] gilt. Im Übrigen sei darauf hingewiesen, dass sich die Frage nach der Konkretisierung des Unternehmensinteresses beim Aufsichtsrats in weit geringerem Maße stellt als beim Vorstand. Letzterer hat die gesamte Unternehmensleitung zu verantworten und darf bzw. muss dabei das Unternehmensinteresse nach pflichtgemäßen Ermessen konkretisieren. Qualität und Quantität der von ihm zu treffenden Entscheidungen sind im Vergleich zum Aufsichtsrat, der den Vorstand primär zu beraten und kontrollieren hat, deutlich gesteigert. In den allermeisten Fällen sind an die Bestimmung der den Partikularinteressen des Aufsichtsratsmitglieds entgegenlaufenden Unternehmensinteressen keine allzu hohen Anforderungen zu stellen.

Im Ergebnis befindet sich ein Aufsichtsratsmitglied dann im Interessenkonflikt, wenn die von ihm verfolgten Partikularinteressen und das plural bestimmte Unternehmensinteresse der AG zum maßgeblichen Zeitpunkt nicht gleichzeitig vollständig gewahrt werden können.[660]

Unternehmensinteresse durch den Gesetzgeber auch: Vgl. OLG Frankfurt, Urteil vom 17.08.2011 – 13 U 100/10, juris, Rdnr. 23; *Kort*, AG 2012, S. 605 (606 f).; vgl. *Fleischer*, in: Spindler/Stilz, AktG (2015), § 76 AktG, Rdnr. 23, allerdings mit Zweifeln bzgl. der Aussagekraft der mittlerweile veralteten Gesetzgeberäußerungen.
Zur Rechtsprechung: Der BGH spricht abwechselnd von Unternehmensinteresse (z.B. BGH, Urteil vom 18.09.2006 – II ZR 137/05, BGHZ 169, 98–109, zit. n. juris, Rdnr. 18;) und dem Interesse der Gesellschaft (z. B. BGH, Urteil vom 07.03.1994 – II ZR 52/93, BGHZ 125, 239–251, zit. n. juris, Rdnr. 5, 19). Das ehemalige Senatsmitglied *Henze*, BB 2000, S. 209 (212) äußert hierzu hingegen vielsagend: „Der BGH hat es bisher stets vermieden, dieses 'Unternehmens- bzw. Gesellschaftsinteresse' zu definieren. Es ist aber kein Geheimnis, daß er – ganz im Sinne der stakeholder-Theorie – Aktionäre, insbesondere die Minderheit, Gesellschaftsgläubiger, aber auch Arbeitnehmer und die öffentlichen Interessen (einschließlich der Arbeitsplatzerhaltung zur Gewährleistung des sozialen Friedens) im Auge hat."

659 h.M., im Anschluss an *Fleischer*, in: Spindler/Stilz, AktG (2015), § 76 AktG, Rdnr. 27, ausdrücklich übernommen durch OLG Hamm, Urteil vom 10.05.1995 – 8 U 59/94, zit. n. AG 1995, 512 (514); *Spindler*, in: MünchKomm. AktG (2014), § 76 AktG, m.umf.w.N.; *Koch*, in: Hüffer, AktG (2014), § 76 AktG, m.umf.w.N.; *Kort*, in: Großkomm. AktG (2008), § 76 AktG, Rdnr. 52, m.w.N.; *Reese/Ronge*, AG 2014, S. 417 (418 f.).

660 Vgl. auch *Reese/Ronge*, AG 2014, S. 417 (421); vgl. *Butzke*, in: FS Michael Hoffmann-Becking (2013), S. 229 (235); vgl. *Kremer*, in: Ringleb/Kremer/Lutter/v.Werder/, DCGK Komm. (2014), Ziffer 5 DCGK, Rdnr. 974.

II. Konsequenzen aus den allgemeinen Problemen bei der rechtlichen Adressierung eines Interessenkonflikts

1. *Maßgeblichkeit des verobjektivierten Begriffs vom Interessenkonflikt*

In Teil 1 dieser Arbeit wurde ausführlich darauf eingegangen, dass zwischen dem tatsächlichen Interessenkonflikt und dem verrechtlichten Begriff zu unterscheiden ist. Diese Problematik tritt auch bei der hier untersuchten Fragestellung auf: Knüpft die Aktienrechtsordnung an den Tatbestand „Interessenkonflikt" die bestimmte Folge der „Offenlegung" – und falls ja, unter welchen Voraussetzungen und nach welchen Maßgaben? Der Interessenkonflikt ist der Gefährdungstatbestand des Interessenwahrungsverhältnisses „Aufsichtsrat". Als solcher ist für seine rechtliche Adressierung eine objektive Betrachtung erforderlich. Schließlich ist nicht einmal ein Aufsichtsratsmitglied selbst immer in der Lage, das Vorliegen eines (internen) Interessenkonflikts zuverlässig zu erkennen.

Man muss sich folglich vor Augen führen, dass die Rechtspflicht zur Offenlegung von vornherein an den verobjektivierten Interessenkonflikt anknüpft. Die Pflicht wird folglich unabhängig davon ausgelöst, ob sich ein Aufsichtsratsmitglied tatsächlich im Interessenkonflikt befindet. Verstößt ein Aufsichtsratsmitglied gegen die Pflicht, kann es sich nicht mit dem Argument exkulpieren, es habe tatsächlich gar kein Interessenkonflikt vorgelegen. Es muss in solchen Fällen das objektive Naheliegen eines Interessenkonflikts erkennen und ggf. eine Erklärung zum tatsächlichen Nichtbestehen einer konfligierenden Interessenkumulation abgeben.[661]

2. *Relevanzschwelle als Definitionsmerkmal des Interessenkonflikts?*

Im Zusammenhang mit der Debatte um die Kassationsrechtsprechung und den Unabhängigkeitsbegriff des DCGK ist verschiedentlich angeklungen, dass ein Aufsichtsratsinteressenkonflikt schon begrifflich nur bei Überschreitung einer gewissen „Bagatellgrenze" vorliegen könne.[662] Damit ist gemeint, dass von einem Interessenkonflikt nur dann gesprochen werden sollte, wenn er eine gewisse Stärke erreicht hat.

---

661 Ähnlich *Butzke*, in: FS Michael Hoffmann-Becking (2013), S. 229 (235 – Fn. 17).

662 So wohl *Reese/Ronge*, AG 2014, S. 417 (422 f.), wobei allerdings nicht hinreichend deutlich wird, ob die Bagatellgrenze für die Annahme eines Interessenkonflikts oder der Unabhängigkeit gefordert wird. Ebenfalls nicht ganz eindeutig *Butzke*, in: FS Michael Hoffmann-Becking (2013), S. 229 (234): „Von einem Interessenkonflikt [...] sollte nur gesprochen werden, wenn es um gesellschaftsfremde Interessen geht, deren Gewicht für das betroffene Aufsichtsratsmitglied so groß ist, dass ...". Außerdem uneindeutig *Diekmann/Fleischmann*, AG 2013, S. 141 (142): Einerseits wird sauber zwischen Interessenkonflikt und „aktienrechtlich relevantem Interessenkonflikt" abgegrenzt, andererseits wird in der Definition des Interessenkonflikts eine Beachtlichkeitsschwelle erwähnt.

Während die erwähnten Literaturstimmen nicht ganz eindeutig in ihrer Aussage sind, soll hier in aller Deutlichkeit ausgesprochen werden: Die Einbeziehung einer Stärkenschwelle in den Begriff des Interessenkonflikts ist abzulehnen. Sie führt zu unlösbaren Abgrenzungsschwierigkeiten und ist der mangelnden Gesamtbetrachtung des Interessenkonflikts als allgemeinem Zivilrechtstopos geschuldet.

Der Interessenkonflikt eröffnet als zentraler Gefährdungstatbestand eines jeden Interessenwahrungsverhältnisses eine ganze Reihe von Interessenkonfliktsmaßnahmen. Wie in Teil 1 dargestellt, folgen diese Maßnahmen entweder unmittelbar aus gesetzlicher Anordnung oder der Interessentreuepflicht. Hierbei gilt allerdings immer, dass sich die zu wählende Konfliktmaßnahme und ihre konkreten Modalitäten zum einen aus der Größe des dem Interessenwahrers eingeräumten Machtspielraums ergeben. Die Stärke des Interessenkonflikts ist das andere zentrale Kriterium zur Bestimmung der Maßnahme und ihrer konkreten Strenge. Die Konfliktstärke ist mit anderen Worten ein dynamischer Parameter, der wesentlich dafür sorgt, dass jeder Interessenkonflikt mit der richtigen Konfliktmaßnahme in jeweils angemessener Ausprägung behandelt wird. So kommt es, dass ein bestimmter Aufsichtsratsinteressenkonflikt zwar die Offenlegung an den Aufsichtsratsvorsitzenden fordert, dabei aber nicht die Unabhängigkeit des betreffenden Mitglieds berührt oder gar zur Amtsniederlegung führen muss. Wenn man von vornherein für jede Maßnahme den Interessenkonflikt unter Einbeziehung einer anderen Konfliktstärke anders definiert, müsste man folglich zu einer Vielzahl von Interessenkonfliktsdefinitionen gelangen. Dies führt nicht nur zu einer unnötigen Spaltung des Interessenkonfliktsbegriffs. Darüber hinaus lässt es außen vor, dass die Stärke des Interessenkonflikts nicht der einzige Faktor zur Anwendung der Maßnahmenklaviatur ist: Neben der dynamischen Konfliktstärke bestimmt nämlich außerdem der Machtspielraum des Interessenwahrers als statisches Element die Stärke der Interessentreuepflicht und ihrer Ausprägungen.

Im Ergebnis befindet sich ein Aufsichtsratsmitglied in einem rechtlich relevanten Interessenkonflikt, wenn nach objektivierter Betrachtung das Vorliegen einer konfligierenden Interessenkumulation nahe liegt und sei sie noch so schwach. Ob ein schwacher Interessenkonflikt hingegen ausreicht, um eine gewisse Interessenkonfliktsmaßnahme auszulösen, steht auf einem anderen Blatt.

B. Die besondere Anfälligkeit des Aufsichtsrats für Interessenkonflikte

Der Mangel an kodifizierten Regelungen und die Komplexität des Interessenwahrungsverhältnisses sind nicht die einzigen Gründe für die besondere Bedeutung des Problemfelds der Interessenkonflikte im Aufsichtsrat für die Rechtspraxis und -wissenschaft. Hinzu kommt, dass das Aufsichtsratsmandat besonders anfällig für Interessenkonflikte ist. Dies hat im Wesentlichen drei Ursachen:

I. Institutionelle Interessenkonflikte durch Mitbestimmung

Wie bereits erwähnt, wird der Aufsichtsrat nicht ausschließlich durch Hauptversammlungswahl und Entsendung, sondern auch durch die Mitbestimmungsgesetze bestimmt (§ 101 Abs. 1 AktG).

Die anteilige Besetzung des Aufsichtsrats ist seit über 60 Jahren das Mittel der Wahl der deutschen Rechtsordnung, um die Arbeitnehmer an den Willensbildungs- und Entscheidungsprozessen in Kapitalgesellschaften zu beteiligen und so die Einflussmöglichkeiten über das Tarifvertrags- und Betriebsverfassungsrecht hinaus zu ergänzen.[663] Es ist somit sogar in gewisser Weise gesetzlich vorgesehen, dass die auf Grundlage der Mitbestimmungsgesetze gewählten Aufsichtsratsmitglieder in erster Linie die Interessen der Arbeitnehmer im Blick haben. In aller Regel handelt es sich bei ihnen sogar um führende Mitglieder in Gewerkschaften oder anderen Arbeitnehmerverbänden, welche sie auf Grundlage einer echten Causa zur Interessenwahrung für die Arbeitnehmer verpflichtet. Gleichzeitig entbindet sie jedoch keines der Mitbestimmungsgesetze von der organschaftlichen Bindung an das Unternehmensinteresse, die mit der Stellung als Aufsichtsratsmitglied verbunden ist. Im Gegenteil: Die Mitbestimmungsgesetze bekräftigen sogar die Fortgeltung der Regelungen des AktG in Bezug auf die Rechtsstellung der Aufsichtsratsmitglieder[664]. Da die Interessen der Arbeitnehmer lediglich einen von mehreren Parametern im Rahmen des interessenplural bestimmten Unternehmensinteresses ausmachen, besteht bei den Arbeitnehmervertretern im Aufsichtsrat ein gesteigertes institutionalisiertes Potenzial für Interessenkonflikte.[665] Verstärkt wird diese Konfliktanfälligkeit durch die in der Praxis häufig auftretende Konstellation, dass die Arbeitnehmervertreter nicht nur Arbeitnehmer der Aktiengesellschaft, sondern sogar Mitglied des Betriebsrats sind.[666]

Die Problematik der mitbestimmungsspezifischen Interessenkonflikte von Arbeitnehmervertretern im Aufsichtsrat betrifft zwei verschiedene Ebenen der Treuepflicht. Einerseits stellt sich die Frage, wie das Unternehmen vor Schäden durch die Mitwirkung konfliktbehafteter Arbeitnehmervertreter im Aufsichtsrat geschützt werden kann. Angesprochen ist die Interessenschutzkomponente der Treuepflicht. In zahlreichen koalitions-, tarif-, oder arbeitskampfpolitischen Fragen steht das Aufsichtsratsmitglied als Arbeitnehmer, Betriebsrat oder Gewerkschaftsmitglied auf der der AG gegenüberstehenden Verhandlungsseite. Schon die bloße Teilnahme an

---

663 Bericht der Sachverständigenkommission zur Auswertung der bisherigen Erfahrungen bei der Mitbestimmung, vom 04.02.1970, BT-Drucks. VI/334, S. 8 (A. II. Nr. 4).

664 Insb. § 25 Abs. 1 S. 1 Nr. 1 MitbestG. Vgl. auch § 2 a.E. Montan-MitbestG; so auch *Weninger*, Mitbestimmungsspezifische Interessenkonflikte im Aufsichtsrat (2011), S. 302.

665 Statt vieler *Martinek*, WRP 2008, S. 51 (54 f.); *Weninger*, Mitbestimmungsspezifische Interessenkonflikte im Aufsichtsrat (2011), S. 301; *Schneider*, in: FS Wulf Goette (2011), S. 475 (478).

666 *Weninger*, Mitbestimmungsspezifische Interessenkonflikte im Aufsichtsrat (2011), S. 303.

entsprechenden Aufsichtsratssitzungen begründet eine große Gefahr für die Gesellschaft, weil hierbei sensible Informationen ausgetauscht werden, die das Aufsichtsratsmitglied gegenüber den Arbeitnehmerinstitutionen unbedingt geheim halten muss. Abgesehen davon ist das Aufsichtsratsmitglied von vielen Entscheidungen als Arbeitnehmer oder Gewerkschaftsmitglied selbst betroffen, so dass seine Teilnahme an Entscheidungsprozessen ein Richten in eigener Sache wäre.

Andererseits berührt die Stellung als Arbeitnehmervertreter auch die Interessenförderpflicht. Diese ist zwar nicht Primärgegenstand dieser Untersuchung, soll aber dennoch nicht unerwähnt bleiben. Es stellt sich in vielen Fällen die Frage, inwieweit ein Aufsichtsratsmitglied aktiv an Aktionen teilnehmen darf, die dem Unternehmen unmittelbar schaden; angesprochen sind insbesondere Arbeitskampfmaßnahmen wie ein Streik. Diese Seite der Problematik wurde im Jahre 2002 besonders in den Mittelpunkt des rechtswissenschaftlichen und -politischen Diskurses gerückt, als der ver.di-Gewerkschaftsvorsitzende *Bsirske* zum Bestreiken der Lufthansa AG aufrief, obwohl er zu deren Aufsichtsrat gehörte.[667]

Die mitbestimmungsspezifischen Interessenkonflikte erheben den Gesamtthemenkomplex der Behandlung von Interessenkonflikten der Aufsichtsratsmitglieder zweifellos in eine besondere Dimension. Tatsächlich dürfte in der Mitbestimmung – zumindest in den größeren Aktiengesellschaften – das praktisch höchste Potenzial für Interessenkonflikte liegen. Gleichzeitig unterliegen diese Interessenkonflikte in gewisser Hinsicht besonderen Regeln. Dies folgt zum einen aus der besonderen grundrechtlichen Durchwirkung[668] der betroffenen Themengebiete. Zum anderen muss berücksichtigt werden, dass die Vertretung der Arbeitnehmerinteressen im Aufsichtsrat durch die Mitbestimmungsgesetze eine besondere gesetzliche Legitimation erfahren hat. Dies kann zu Besonderheiten bei der Anwendung der Interessenkonfliktsmaßnahmen führen.

Darüber hinaus sehen das AktG und die Mitbestimmungsgesetze jedoch keine besonderen Regelungen für die Behandlung von Interessenkonflikten der Arbeitnehmervertreter vor.[669] Wie bereits dargelegt, soll die Mitbestimmung die allgemeinen gesellschaftsrechtlichen Regelungen so wenig wie möglich berühren. Das bedeutet: Die Arbeitnehmervertreter sind genau wie alle anderen Aufsichtsratsmitglieder bei ihrer Mandatsführung auf das Gesamtunternehmensinteresse verpflichtet.[670] Den mitbestimmungsspezifischen Interessenkonflikten ist folglich grundsätzlich mit demselben Instrumentarium zu begegnen, wie allen anderen Aufsichtsratsinteressenkonflikten auch. Die dargelegten Besonderheiten sind lediglich

---

667 Hierzu statt vieler *Möllers*, NZG 2003, S. 697, *passim* und *Lutter/Quack*, in: FS Raiser (2005), S. 259, *passim*.

668 Art. 9 Abs. 3, Art. 12 GG.

669 *Weninger*, Mitbestimmungsspezifische Interessenkonflikte im Aufsichtsrat (2011), S. 10.

670 Statt vieler *Spindler*, in: Spindler/Stilz, AktG (2015), § 111 AktG, Rdnr. 94; *Hopt/Roth*, in: Großkomm. AktG (2006), § 111 AktG, Rdnr. 47; *Habersack*, in: Münch-Komm. AktG (2014), § 116 AktG, Rdnr. 46.

auf Ebene der Anwendung der Interessenkonfliktsmaßnahmen zu berücksichtigen. Hierbei ist insbesondere zu beachten, dass die mitbestimmungsspezifischen Interessenkonflikte vom Gesetzgeber bewusst in Kauf genommen wurden. Grundsätzlich begründen derartige Interessenkonflikte daher auch dann keine Pflicht zur Mandatsniederlegung bzw. einen wichtigen Grund i.S.d. § 103 Abs. 3 AktG, wenn der Interessenkonflikt schwer und dauerhaft ist. Alles andere würde auf eine systematische Benachteiligung der Arbeitnehmervertreter im Aufsichtsrat hinauslaufen.

Im Rahmen dieser Arbeit kann ein Hinweis auf die grundsätzliche Anwendbarkeit des allgemeinen Interessenkonfliktsrechts bei zwingender Beachtung der mitbestimmungsspezifischen Besonderheiten genügen. Für die weiteren mitbestimmungsspezifischen Besonderheiten in der Anwendung der Interessenkonfliktsdogmatik im Bereich des Aufsichtsrats kann auf die umfassende und instruktive Arbeit von *Weninger*[671] verwiesen werden.

II. Aufsichtsratsmitglieder „im Auftrag", insbesondere durch Entsendung

Neben der Aufsichtsratswahl und der Arbeitnehmermitbestimmung können Aufsichtsratsmitglieder maximal zu einem Drittel durch Entsendung bestimmt werden. Entsendungsrechte können nur durch die Satzung und nur für Aktionäre (nicht außenstehende Dritte) begründet werden[672]. Besonders häufig finden sich entsprechende Entsendungsrechte zugunsten von Gebietskörperschaften oder Konzernobergesellschaften,[673] wobei diese Akteure bei entsprechender Beteiligung häufig auch über die Hauptversammlungswahl bestimmenden Einfluss auf die Zusammensetzung des Aufsichtsrats nehmen.

Kropff hat derart bestimmte Organwalter treffend als „Aufsichtsratsmitglieder im Auftrag"[674] bezeichnet. Ähnlich wie die Arbeitnehmervertreter verfolgen diese regelmäßig Partikularinteressen; nicht selten sind sie ihren „Auftraggebern" gegenüber sogar weisungsgebunden, insbesondere auf Grundlage des Beamtenrechts[675]. Da sich diese Partikularinteressen keineswegs mit dem plural bestimmten Unternehmensinteressen decken müssen, sind die „Aufsichtsratsmitglieder im Auftrag" besonders anfällig für Interessenkonflikte.[676]

Ihre Rechtsstellung unterscheidet sich allerdings kaum von derjenigen der anderen Aufsichtsratsmitglieder. Es bestehen mit den §§ 311, 394 f. AktG zwar einige Sonderregelungen. Daneben haben sie jedoch dieselben Rechte und Pflichten wie

---

671 *Weninger*, Mitbestimmungsspezifische Interessenkonflikte im Aufsichtsrat (2011).

672 § 101 Abs. 2 AktG.

673 Beispiele bei *Kropff*, in: FS Ulrich Huber (2006), S. 841 (843 f.); vgl. auch *Habersack*, in: MünchKomm. AktG (2014), § 101 AktG, Rdnr. 30; *Lutter/Krieger/Verse*, Rechte und Pflichten des Aufsichtsrats (2014), Rdnr. 1421 ff.

674 *Kropff*, in: FS Ulrich Huber (2006), S. 841 (841 ff.).

675 Statt vieler *Habersack*, in: MünchKomm. AktG (2014), § 101 AktG, Rdnr. 46.

676 Vgl. *Kropff*, in: FS Ulrich Huber (2006), S. 841 (844 f.).

alle anderen Aufsichtsratsmitglieder.[677] Insbesondere sind sie bei ihrer Mandatsführung nicht an die Weisungen ihrer „Auftraggeber" gebunden.[678] Damit ergeben sich bei der Anwendung des Interessenkonfliktsrechts keine nennenswerten Unterschiede. Es bleibt lediglich festzuhalten, dass das Interessenkonfliktspotenzial im Aufsichtsrat durch „beauftragte Aufsichtsratsmitglieder" besonders hoch ist.

III. Nebenamtscharakter

Mit Ausnahme von § 110 Abs. 3 AktG macht das Gesetz keine Vorgaben für den Umfang der Aufsichtsratstätigkeit. In der Praxis wird das Aufsichtsratsmandat allerdings weit überwiegend nebenamtlich ausgeführt.[679] Hiermit geht einher, dass die Aufsichtsräte neben ihrem Mandat anderen wirtschaftlichen Betätigungen nachgehen und häufig Aufsichtsratsposten in mehreren Gesellschaften übernehmen. In gewisser Weise ist der Nebenamtscharakter dem Aufsichtsratsmandat sogar zuträglich, weil die Vielfalt der gewonnen Erfahrungen eine gute Mandatsführung begünstigen kann.[680] Gleichzeitig begründet er aber eine besondere Anfälligkeit für Interessenkonflikte. Dies hat sogar der Gesetzgeber in der Regierungsbegründung zum TransPuG ausdrücklich anerkannt:

> *„Da der Aufsichtsrat typischerweise Mitglieder hat, die auch und häufig hauptberuflich in anderen Unternehmen oder Organisationen arbeiten, [ist] folglich ein Interessenkonflikt ganz bewusst im System angelegt."*[681]

---

677 Für entsandte Aufsichtsratsmitglieder: BGH, Urteil vom 29.01.1962 – II ZR 1/61, BGHZ 36, 296–316, zit. n. juris, Rdnr. 32, m.w.N.; schon RG, Urteil vom 12.10.1940 – II 33/40, RGZ 165, 68–85 (79); *Koch*, in: Hüffer, AktG (2014), § 101 AktG, Rdnr. 12; *Spindler*, in: Spindler/Stilz, AktG (2015), § 101 AktG, Rdnr. 75; *Habersack*, in: MünchKomm. AktG (2014), § 101 AktG, Rdnr. 50. Für die durch Hauptversammlungswahl bestellten Aufsichtsräte ist dies eine Selbstverständlichkeit.

678 Besonders drastisch *Lutter*, ZIP 2007, S. 1988 (1991): Weisungsfreiheit als „heiliger Grundsatz des Kapitalgesellschaftsrechts"; BGH, Urteil vom 29.01.1962 – II ZR 1/61, BGHZ 36, 296–316, zit. n. juris, Rdnr. 32; BAG, Urteil vom 21.05.2015 – 8 AZR 956/13, juris, Rdnr. 21; *Habersack*, in: MünchKomm. AktG (2014), § 101 AktG, Rdnr. 51; *Koch*, in: Hüffer, AktG (2014), § 101 AktG, Rdnr. 12; *Spindler*, in: Spindler/Stilz, AktG (2015), § 101 AktG, Rdnr. 79; ausf. *Kropff*, in: FS Ulrich Huber (2006), S. 841 (847 ff.).

679 So sogar der Gesetzgeber, RegE Transparenz- und Publizitätsgesetz ("TransPuG") vom 11.04.2002, BT-Drucks. 14/8769, S. 18. Der faktische Nebenamtscharakter wird – soweit erkennbar – nirgends bestritten, statt vieler *Hölters*, in: Hölters, AktG (2014), § 111 AktG, Rdnr. 28; *Habersack*, in: MünchKomm. AktG (2013), § 100 AktG, Rdnr. 75; *Lutter*, ZHR 145 (1981), S. 224 (235). Beleg für den faktischen Nebenamtscharakter ist auch Ziffer 5.4.5 DCGK, der bis zu drei Mandate zulässt und die angemessene zeitliche Verfügbarkeit anmahnt.

680 So *Butzke*, in: FS Michael Hoffmann-Becking (2013), S. 229 (230); *Hopt/Roth*, in: Großkomm. AktG (2005), § 116 AktG, Rdnr. 199.

681 So auch RegE Transparenz- und Publizitätsgesetz ("TransPuG") vom 11.04.2002, BT-Drucks. 14/8769, S. 18; *Habersack*, in: MünchKomm. AktG (2013), § 100 AktG, Rdnr. 75.

C. Besondere Konflikttoleranz gegenüber Interessenkonflikten im Aufsichtsrat?

I. Konflikttoleranz des deutschen Gesetzgebers?

Die besondere Anfälligkeit des Aufsichtsratsmandats für Interessenkonflikte kann nicht gänzlich ohne Folgen für die rechtliche Konfliktadressierung bleiben. Denn ihre Ursachen sind vom Gesetzgeber entweder selbst geschaffen worden (Mitbestimmung, Aufsichtsrat „im Auftrag“) oder erkannt und gebilligt worden (Nebenamtscharakter). Gleichzeitig hat er darauf verzichtet, über die wenigen Inkompatibilitätsvorschriften und die Abberufung aus wichtigem Grunde[682] hinaus Regelungen zur Vermeidung oder Lösung von Interessenkonflikten in das AktG aufzunehmen. Dies lässt auf eine gewisse Toleranz des AktG gegenüber Interessenkonflikten im Aufsichtsrat schließen.[683] Hierin kann man durchaus einen Hinweis darauf erblicken, dass der Gesetzgeber dem Aufsichtsrat die eigenverantwortliche Bewältigung von Interessenkonflikten in besonderer Weise zutraut.[684]

Freilich darf der Gedanke der aktiengesetzlichen Konflikttoleranz nicht überschätzt werden. Dies hat zwei Gründe. *Zum einen* muss das Konzept der Eigenverantwortlichkeit im Umgang mit Interessenkonflikten vor dem Hintergrund der in Teil 1 dargestellten verhaltensökonomischen Erkenntnisse[685] stark bezweifelt werden. Zwar muss der Rechtsanwender auch ein mangelhaftes gesetzgeberisches Konzept hinnehmen. Allerdings ist die angenommene Konflikttoleranz nur das Ergebnis einer Gesamtauslegung, beruht aber nicht auf einer eindeutigen gesetzgeberischen Wertung in Form einer gesetzlichen Vorschrift oder zumindest einer Passage in den Gesetzgebungsmaterialien. Insofern ergibt sich durchaus Raum für Opportunitätserwägungen auf der Grundlage von anerkannten verhaltenswissenschaftlichen Forschungsergebnissen. In diesem Kontext ist ferner zu erwähnen, dass in Rechtsprechung und Literatur in neuerer Zeit die klare Tendenz erkennbar wird, aufsichtsratsspezifische Interessenkonflikten mit abnehmender Toleranz und mit zunehmenden Sanktionen zu begegnen.[686] *Zum anderen* dürfen die Auswirkungen des DCGK auf die aktiengesetzliche Gesetzgebung nicht unterschätzt werden. Zwar kommt dem Kodex keinerlei normative Wirkung zu. Allerdings verfolgt der Gesetzgeber mit dem Regelungsmechanismus aus DCGK und § 161 AktG explizit das

---

682 S. hierzu ausf. unten, Teil 2: § 4 D (= S. 170 ff.).

683 *Martinek*, WRP 2008, S. 51 (53): „aktiengesetzliche Konflikttoleranz“; *Dreher*, JZ 1990, S. 896 (902 f.): „Konfliktduldung“; *Semler/Stengel*, NZG 2003, S. 1 (1): „Das AktG ist in seiner Grundstruktur gegenüber Interessenkonflikten von Aufsichtsratsmitgliedern tolerant.“; *Hopt/Roth*, in: Großkomm. AktG (2005), § 116 AktG, Rdnr. 199; vgl. auch *Herkenroth*, AG 2001, S. 33 (34); *Lutter*, ZHR 145 (1981), S. 224 (235).

684 *Martinek*, WRP 2008, S. 51 (53).

685 S. oben, Teil 1: § 3 B (= S. 30 ff.).

686 So *Martinek*, WRP 2008, S. 51 (52), m.w.N.

Ziel der „Deregulierung und Flexibilisierung“[687]. Der Gesetzgeber vertraut also zur Regelung der im Kodex empfohlenen Verhaltensstandards zunächst auf die Durchsetzung durch das Regelungsmodell aus DCGK und § 161 AktG.[688] Der DCGK wiederum zeigt sich gegenüber Interessenkonflikten des Aufsichtsrats weitaus weniger tolerant als das AktG, wie oben[689] dargelegt wurde. Man kann also davon ausgehen, dass sich der Gesetzgeber auch deswegen mit Interessenkonfliktsvorschriften zum Aufsichtsrat zurückhält, weil der Kodex umfassende Regelungen bereit hält.

Im Ergebnis sprechen damit valide Argumente für eine zurückhaltende Annahme einer besonderen Konflikttoleranz des AktG gegenüber Interessenkonflikten von Aufsichtsratsmitgliedern. Jedenfalls kann vor dem Hintergrund der neueren Entwicklungen aus der besonderen Anfälligkeit des Aufsichtsratsmandats für Interessenkonflikte sowie der geringen aktiengesetzlichen Regelungsdichte nicht ohne Weiteres darauf geschlossen werden, dass Interessenkonflikte in erster Linie zu dulden seien[690].

II. Konfliktintoleranz des europäischen Gesetzgebers

Es wäre im Jahre 2016 verfehlt, das deutsche Aktienrecht isoliert aus dem Blickwinkel des deutschen Gesetzgebers zu betrachten. Das deutsche Aktienrecht befindet sich in einem Prozess der europarechtlichen Durchdringung. Die europäischen Institutionen, allen voran die Kommission, haben jedoch spätestens mit dem *Aktionsplan zur Modernisierung des Gesellschaftsrechts und Verbesserung der Corporate Governance in der Europäischen Union*[691] aus dem Jahre 2004 eine Entwicklung eingeleitet, die eine ausgeprägte Konfliktintoleranz gegenüber Interessenkonflikten im gesamten Bereich der Corporate Governance etabliert. Zwar ist der konkrete Bestand an verbindlichen europäischen Vorschriften zum Umgang mit Interessenkonflikten weiterhin begrenzt. *Grosso modo* lässt sich die Unduldsamkeit gegenüber Interessenkonflikten in der Gesamtbetrachtung der europäischen Rechtssetzungsaktivitäten seit 2004 jedoch als übergreifende gesetzgeberische Leitvorstellung deuten, die bei der Anwendung des deutschen Aktienrechts zumindest berücksichtigt werden sollte. In jedem Fall ist die europäische Konfliktintoleranz dazu geeignet, die angebliche Duldsamkeit des deutschen Rechts gegenüber Interessenkonflikten im Aufsichtsrat weiter zu relativieren.

Im Folgenden seien die wesentlichen Meilensteine dieser Entwicklung in Kürze nachgezeichnet:

---

687 RegE Transparenz- und Publizitätsgesetz (“TransPuG”) vom 11.04.2002, BT-Drucks. 14/8769, S. 21: „...[dem Kodex] besonderen Nachdruck durch die Pflicht zu einer Entsprechenserklärung zu verschaffen.“.

688 Vgl. auch RegE Transparenz- und Publizitätsgesetz (“TransPuG”) vom 11.04.2002, BT-Drucks. 14/8769, S. 10, 21.

689 S. oben, Teil 2: § 2 B (= S. 107 ff.).

690 So etwa die Folgerung von *Dreher*, JZ 1990, S. 896 (902 f.).

691 Mitteilung der EU-Kommission (Aktionsplan) vom 21.05.2003, KOM(2003) 284.

1. Noch vor Verabschiedung des Aktionsplans von 2004 hat sich die EU-Kommission in der *Empfehlung zur Unabhängigkeit des Abschlussprüfers in der EU — Grundprinzipien* vom 16. Mai 2002[692] ausführlich mit dem Thema des Interessenkonflikts bei einem wichtigen Corporate-Governance-Akteur befasst. Sie würdigte die Unabhängigkeit des Abschlussprüfers als zentral für das Vertrauen in den Bestätigungsvermerk[693] und erdachte eine Fallgruppe zur Einteilung von signifikanten Interessenkonflikten[694], die sich durchaus auf andere Interessenwahrungsverhältnisse – einschließlich dem Aufsichtsratsmandat – übertragen lässt[695].
   Ebenfalls noch vor Veröffentlichung des Aktionsplans von 2004 erließ die Europäische Union die Prospektverordnung, mit welcher sie Gesellschaften bei der Emission von Wertpapieren die bereits dargelegten[696] Konfliktoffenlegungspflichten in Bezug auf Aufsichtsratsmitglieder auferlegte.[697]
2. In dem bereits erwähnten Aktionsplan äußerte die EU-Kommission das Ziel, die konkrete und aktive Rolle von Aufsichtsräten zu fördern.[698] Hierzu sollte insbesondere die Rolle von unabhängigen Aufsichtsratsmitgliedern gestärkt und Entscheidungskompetenzen in solchen Fällen auf den Aufsichtsrat verlagert werden, in denen sich der Vorstand im Interessenkonflikt befindet.
   Das Europäische Parlament billigte den Aktionsplan in großen Teilen.[699] Es unterstrich allerdings die Wichtigkeit der Unabhängigkeit von Aufsichtsratsmitgliedern und forderte die Kommission ausdrücklich dazu auf, „Regelungen für die Beseitigung und Verhinderung von Interessenkonflikten vorzuschlagen“.[700]
3. Im Februar 2005 legte die Kommission den Grundstein für die Umsetzung ihres Aktionsplans, indem sie die oben bereits erwähnte[701] *Empfehlung zu den*

---

692 Empfehlung der EU-Kommission vom 16.05.2002, ABl. Nr. L 191 v. 19.07.2002, S. 22.
693 Empfehlung der EU-Kommission vom 16.05.2002, ABl. Nr. L 191 v. 19.07.2002, S. 22.
694 Empfehlung der EU-Kommission vom 16.05.2002, ABl. Nr. L 191 v. 19.07.2002, S. 22 (37).
695 Vgl. *Kumpan*, Der Interessenkonflikt im deutschen Privatrecht (2014), S. 42 ff.
696 S. oben, Teil 2: § 2 C. II (= S. 113 ff.).
697 Verordnung (EG) Nr. 809/2004 (“Prospektverordnung”) vom 29.04.2004, ABl. Nr. L 149, v. 30.04.2004, S. 1 [aktuell in Fassung der Delegierten Verordnung (EU) 2015/1604, vom 12.06.2015, ABl. Nr. L 249, S.1, v. 25.09.2015].
698 Mitteilung der EU-Kommission (Aktionsplan) vom 21.05.2003, KOM(2003) 284, S. 18.
699 Entschließung des Europäischen Parlaments vom 21.04.2004 – zu der Mitteilung der EU-Kommission “Modernisierung des Gesellschaftsrechts und Verbesserung der Corporate Governance in der Europäischen Union – Aktionsplan (KOM(2003) 284)”, ABl. C 104E vom 30.04.2004, S. 714 , insb. Rdnr. 21 f., 41, 44.
700 Entschließung des Europäischen Parlaments vom 21.04.2004 – zu der Mitteilung der EU-Kommission “Modernisierung des Gesellschaftsrechts und Verbesserung der Corporate Governance in der Europäischen Union – Aktionsplan (KOM(2003) 284)”, ABl. C 104E vom 30.04.2004, S. 714 , Rdnr. 14 und 22.
701 S. ausf. oben, Teil 2: § 2 C (= S. 110 ff.).

Aufgaben von Aufsichtsratsmitgliedern börsennotierter Gesellschaften sowie zu den Ausschüssen des Aufsichtsrats veröffentlichte.[702]
Hierin statuierte sie nicht nur die bereits dargestellten[703] Offenlegungspflichten des Aufsichtsrats im Hinblick auf Interessenkonflikte. Sie brachte außerdem unmissverständlich zum Ausdruck, dass sie Interessenkonflikte als die zentrale Bedrohung für eine gute Aufsichtsratsarbeit betrachtet. So heißt es bereits in den Erwägungen, die Regelung von Interessenkonflikten habe besondere Bedeutung und es sei zur Wiederherstellung des Vertrauens der Finanzmärkte besonders wichtig.[704] Weiterhin stellte sie die Präsenz unabhängiger Vertreter im Aufsichtsrat in den Mittelpunkt der Empfehlungen, „um sicherzustellen, dass mit Interessenkonflikten, in welche Mitglieder der Unternehmensleitung involviert sind, ordnungsgemäß verfahren wird."[705] Solche unabhängigen Aufsichtsratsmitglieder sollten nach Auffassung der Kommission nicht nur im Gesamtaufsichtsrat „in ausreichender Zahl" vorhanden sein. Außerdem sollten zu den besonders konfliktträchtigen Arbeitsbereichen der Vorstandsnominierung, Festsetzung der Vorstandsvergütung und Prüfung der Rechnungslegung spezielle Fachausschüsse gebildet werden, in denen jeweils die Mehrheit der Mitglieder unabhängig ist.[706]

4. Am 14. Juni 2006 beschlossen das Europäische Parlament und der Rat der EU auf Vorschlag der Europäischen Kommission hin die Änderungsrichtlinie 2006/46/EG[707] zur Bilanzrichtlinie[708]. In den Erwägungen wird der Aktionsplan der Kommission von 2003 ausdrücklich erwähnt und dessen Zielsetzung gebilligt.
In diesem Zuge wurde insbesondere die nunmehr europarechtlich fundierte Verpflichtung von börsennotierten Gesellschaften zur Aufnahme einer „Erklärung zur Unternehmensführung" in den Lagebericht eingeführt.[709] Danach muss die Gesellschaft

---

702 Empfehlung der EU-Kommission vom 15.02.2005 – (Aufgaben des Aufsichtsrats), ABl. Nr. L 52 v. 25.02.2005, S. 51.

703 S. ausf. oben, Teil 2: § 2 C (= S. 110 ff.).

704 Empfehlung der EU-Kommission vom 15.02.2005 – (Aufgaben des Aufsichtsrats), ABl. Nr. L 52 v. 25.02.2005, S. 51, Erwägung (3).

705 Empfehlung der EU-Kommission vom 15.02.2005 – (Aufgaben des Aufsichtsrats), ABl. Nr. L 52 v. 25.02.2005, S. 51, Ziffer 4.

706 Empfehlung der EU-Kommission vom 15.02.2005 – (Aufgaben des Aufsichtsrats), ABl. Nr. L 52 v. 25.02.2005, S. 51, Ziffer 5: „Schlüsselbereiche, in denen das Potenzial für Interessenkonflikte besonders hoch ist". Die Mehrheitserfordernisse ergeben sich aus den speziellen Vorgaben im Anhang I: Dort Ziffern 2.1 Nr. 2, 3.1. Nr. 2 und 4.1.

707 (Änderungs-)Richtlinie 2006/46/EG des Europäischen Parlaments und des Rates vom 14.06.2006, ABl. L 224 v. 16.08.2006, S. 1.

708 Konkret wurde die Vierte Richtlinie des Rates 78/660/EWG vom 25.07.1978 ("EU-Bilanzrichtlinie a.F."), ABl. L 222 v. 14.08.1978, S. 11 geändert. Mittlerweile wurde die Bilanzrichtlinie und die zahlreichen Änderungsrichtlinien in der Richtlinie 2013/34/EU des Europäischen Parlaments und des Rates vom 29.06.2013 ("EU-Bilanzrichtlinie n.F."), ABl. L 182 v. 29.06.2013, S. 19 allerdings konsolidiert.

709 Art. 20 Abs. 1 lit. a), b), Abs. 4 der Richtlinie 2013/34/EU des Europäischen Parlaments und des Rates vom 29.06.2013 ("EU-Bilanzrichtlinie n.F."), ABl. L 182 v.

unter anderem angeben, inwieweit sie einen nationalen Unternehmensführungskodex (in Deutschland: DCGK) anwendet. Etwaige Abweichungen vom Kodex sind dabei nicht nur anzugeben (*comply or disclose*), sondern auch zu erklären (*comply or explain*). Der deutsche Gesetzgeber hat diese Vorgaben im BilMoG[710] durch eine Anpassung des § 161 AktG und die Schaffung des § 289a HGB umgesetzt. Die grundsätzliche Verpflichtung zur Abgabe einer Entsprechenserklärung war zwar bereits 2002 durch das TransPuG[711] in § 161 AktG eingeführt worden. Allerdings war dabei nur *comply or disclose*, nicht aber *comply or explain* gefordert worden. Auf diese Weise wurde die Berichtsintensität der Entsprechenserklärung verbessert und ein weiterer Anreiz für Unternehmen zur Einhaltung der Corporate Governance Kodizes gesetzt. Zu berücksichtigen ist außerdem, dass sich die EU-Kommission bei ihren Rechtssetzungsvorgaben in Bezug auf die inhaltliche Ausgestaltung der nationalstaatlichen Corporate Governance Kodizes stark von den Vorstellungen der *OECD Principals of Corporate Governance*[712] leiten lässt.[713] Diese wiederum fordern – genau wie der DCGK – an zahlreichen Stellen Regelungen zum verantwortungsvollen Umgang mit Interessenkonflikten innerhalb der Leitungsorgane der Gesellschaften.[714] Insofern kann die Ausweitung der Entsprechenserklärung hin zum *comply-or-explain*-Modell *cum grano salis* als interessenkonfliktsadressierende Regelung betrachtet werden. Beachtlich ist schließlich, dass die bereits erwähnte[715] konfliktadressierende Offenlegungspflicht zu *related party transactions* auf die Anpassung der Bilanzrichtlinie aus dem Jahre 2006 zurückgeht.[716]

29.06.2013, S. 19. Vor Verabschiedung der konsolidierten Bilanzrichtlinie (n.F.) ergab sich diese Verpflichtung inhaltsgleich aus Art. 46a Abs. 1 lit. a), b), Abs. 3 der Vierte Richtlinie des Rates 78/660/EWG vom 25.07.1978 ("EU-Bilanzrichtlinie a.F."), ABl. L 222 v. 14.08.1978, S. 11, in Gestalt von Art. 1 Nr. 7 der (Änderungs-) Richtlinie 2006/46/EG des Europäischen Parlaments und des Rates vom 14.06.2006, ABl. L 224 v. 16.08.2006, S. 1.

710 Bilanzrechtsmodernisierungsgesetz ("BilMoG") vom 25.05.2009, BGBl. I 2009, S. 1102.

711 Transparenz- und Publizitätsgesetz ("TransPuG") vom 19.09.2002, BGBl. I 2002, S. 2681.

712 Nunmehr G20/OECD Principals of Corporate Governance vom 05.09.2015. Zuvor OECD Principals of Corporate Governance, 2004 Edition.

713 Vgl. Mitteilung der EU-Kommission (Aktionsplan) vom 21.05.2003, KOM(2003) 284, S. 12, 14, 17; in Bezug auf die Unternehmensleitungsorgane insb. S. 44 ff., 51 ff.

714 Vgl. etwa G20/OECD Principals of Corporate Governance vom 05.09.2015, S. 5, 14, 16 f., 27, 59, 33.

715 S. oben, Teil 2: § 2 A. III (= S. 102 ff.).

716 Art. 17 lit r) der Richtlinie 2013/34/EU des Europäischen Parlaments und des Rates vom 29.06.2013 ("EU-Bilanzrichtlinie n.F."), ABl. L 182 v. 29.06.2013, S. 19. Vor Verabschiedung der konsolidierten Bilanzrichtlinie (n.F.) ergab sich diese Verpflichtung inhaltsgleich aus Art. 43 Abs. 1 Nr. 7b der Vierte Richtlinie des Rates 78/660/EWG vom 25.07.1978 ("EU-Bilanzrichtlinie a.F."), ABl. L 222 v. 14.08.1978,

5. Wenngleich die Arbeit von Ratingagenturen nur mittelbaren Bezug zur Corporate Governance von Aktiengesellschaften aufweist, soll die Ratingagentur-Verordnung vom 16. September 2009 nicht unerwähnt bleiben.[717] Der europäische Gesetzgeber schreibt hierin Interessenkonflikten eine maßgebliche Rolle für die verhängnisvolle Rolle der Ratingagenturen bei der Finanzkrise des Jahres 2008 zu und normiert eine Vielzahl von interessenkonfliktsadressierenden Regelungen.
6. In den Jahren 2010[718] und 2011[719] veröffentlichte die Kommission zwei Grünbücher, um auf diese Weise ihre Auffassung zu bestimmten Corporate Governance-Themen darzulegen und eine Rückmeldung der jeweiligen Interessenträger und Fachverbände erhalten.[720] In den Grünbüchern widmete sich die Kommission ausführlich dem Thema „Interessenkonflikte".[721] Sie kam zu dem Ergebnis, dass diese wegen der großen Informationsasymmetrie insbesondere in der Beziehung zwischen den Organen des Finanzinstituts und seinen Aktionären problematisch werden könnten. Weiterhin führte sie aus, dass das Versagen des Aufsichtsrats maßgeblich zur Finanzkrise von 2008 beigetragen habe und „schwerwiegende Fragen in Bezug auf die Qualität des Benennungsverfahrens [aufwerfe]"[722]. Das wichtigste Qualitätsmerkmal eines Aufsichtsrats bestehe in seiner Zusammensetzung[723], welche ein ausgewogenes Gewicht zwischen Unabhängigkeit und Kompetenz gewährleisten müsse. Hierzu sei es unbedingt erforderlich,

---

S. 11, in Gestalt von Art. 1 Nr. 7 der (Änderungs-)Richtlinie 2006/46/EG des Europäischen Parlaments und des Rates vom 14.06.2006, ABl. L 224 v. 16.08.2006, S. 1.

717 Verordnung (EG) Nr. 1060/2009 des Europäischen Parlaments und des Rates ("Ratingagentur-VO") vom 16.09.2009, ABl. Nr. L 302 v. 17.11.2009, S. 1.

718 Grünbuch der EU-Kommission vom 02.06.2010, KOM(2010) 284. Dieses Grünbuch betrifft zwar nicht die allgemeine Corporate Governance in der börsennotierten Aktiengesellschaft, sondern speziell Finanzinstitute.

719 Grünbuch der EU-Kommission vom 05.04.2011, KOM(2011) 164. Das Grünbuch von 2010 betraf streng genommen nur die Corporate Governance von Finanzinstituten. Indes weisen nahezu alle relevanten Banken in Europa ein Corporate-Governance-System auf, das demjenigen der Aktiengesellschaft mit Kapitalmarktzugang entspricht. Viele der Aussagen lassen sich daher verallgemeinern – was die Kommission im Grünbuch von 2011 sogar ausdrücklich selbst anerkennt, Grünbuch der EU-Kommission vom 05.04.2011, KOM(2011) 164, S. 3. Für die hier relevante Fragestellung nach der Konfliktintoleranz gegenüber Interessenkonflikten im Aufsichtsrat können die Grünbücher jedenfalls einer Gesamtbetrachtung unterzogen werden.

720 Das Grünbuch, das auf Diskussion und Partizipation angelegt ist, ist eine nicht-verbindliche Handlungsform, vgl. Art. 17 Abs. 1 S. 1, Art. 11 Abs. 3 EUV, außerdem *Nemitz*, in: Schwarze/Becker/Hatje/Schoo, EU-Kommentar (2012), Art. 17 EUV, Rdnr. 5. Häufig geben Grünbücher jedoch den Anstoß für neue Rechtsvorschriften und sind mithin in rechtspraktischer Sicht beachtlich, vgl. die eigene Aussage der EU-Kommission auf ihrer Homepage (http://ec.europa.eu/green-papers/index_de.html).

721 Grünbuch der EU-Kommission vom 02.06.2010, KOM(2010) 284, S. 5 f.

722 Grünbuch der EU-Kommission vom 02.06.2010, KOM(2010) 284, S. 7, 9 f.

723 Grünbuch der EU-Kommission vom 02.06.2010, KOM(2010) 284, S. 7.

Vorkehrungen zur Vermeidung von Interessenkonflikten im Aufsichtsrat zu stärken, indem insbesondere klare Verfahren zum Umgang mit Interessenkonflikten eingerichtet würden.[724]

7. Die Grünbücher mündeten in dem neuen Aktionsplan zum Europäischen Gesellschaftsrecht und der Corporate Governance vom 12. Dezember 2012. Hierin benannte die Kommission die verbesserte Transparenz in Corporate Governance-Fragen als „Hauptaktionsbereich"[725] und kündigte Initiativen zur Ausweitung der Berichtspflichten des Aufsichtsrats im Hinblick auf seine Besetzungsvielfalt und seine Überwachung des Risikomanagements an.[726] Außerdem annoncierte sie Maßnahmen zur Qualitätssteigerung der Entsprechenserklärungen zu den nationalen Corporate Governance Kodizes.[727] Schließlich sollten institutionelle Anleger (insbesondere Renten-, Versicherungs- und Investmentfonds) sowie Stimmrechtsberater (sog. *proxy advisors*) zu einer aktiveren Rolle und mehr Transparenz angehalten werden. Die Kommission kündigte in Bezug auf beide Akteure Maßnahmen zur Offenlegung und Vermeidung von Interessenkonflikten an.[728] Das Europäische Parlament hat sich in einer Entschließung umfassend zu dem Aktionsplan der Kommission geäußert und seine ganz überwiegende Billigung zum Ausdruck gebracht.[729]. Besonders erwähnenswert ist der „Nachdruck" mit dem das Parlament auf die Wichtigkeit der Unabhängigkeit von Aufsichtsratsmitgliedern hinwies. Es „hält es für äußerst wichtig, dass die [Aufsichtsratsmitglieder] völlige Transparenz schaffen und ihre anderen Verpflichtungen offenlegen".[730] Im Kontext der Aufsichtsratsarbeit kritisierte das Parlament die Ankündigungen der EU-Kommission sogar als unzureichend. Schließlich äußerte es Kritik an der allgemeinen Adressierung von Interessenkonflikten im gesamten Bereich der Corporate Governance, welche es als nicht ausreichend einstufte.[731]

8. In der Zwischenzeit hat die Europäische Kommission damit begonnen, den Aktionsplan umzusetzen. Im ersten Schritt legte sie am 09. April 2014 die

724 Grünbuch der EU-Kommission vom 02.06.2010, KOM(2010) 284, S. 12.

725 Mitteilung der EU-Kommission (Aktionsplan) vom 12.12.2012, KOM(2012) 740, S. 5.

726 Mitteilung der EU-Kommission (Aktionsplan) vom 12.12.2012, KOM(2012) 740, Ziffer 2.1.

727 Mitteilung der EU-Kommission (Aktionsplan) vom 12.12.2012, KOM(2012) 740, Ziffer 2.2.

728 Mitteilung der EU-Kommission (Aktionsplan) vom 12.12.2012, KOM(2012) 740, Ziffern 2.4. und 3.3.

729 Entschließung des EU-Parlaments, vom 29.02.2012 – zu einem Corporate Governance-Rahmen für europäische Unternehmen, ABl. C 257E vom 06.09.2013, S. 56, Ziffer 1.

730 Entschließung des EU-Parlaments, vom 29.02.2012 – zu einem Corporate Governance-Rahmen für europäische Unternehmen, ABl. C 257E vom 06.09.2013, S. 56, Ziffern 15, 20.

731 Entschließung des EU-Parlaments, vom 29.02.2012 – zu einem Corporate Governance-Rahmen für europäische Unternehmen, ABl. C 257E vom 06.09.2013, S. 56, Ziffer 2.

(nicht-legislativ-verbindliche) *Empfehlung zur Qualität der Berichterstattung über die Unternehmensführung („Comply or Explain")* vor.[732]
Hierin verschärft sie die Berichtsintensivität in doppelter Hinsicht: *Zum einen* sollen die Unternehmen nunmehr auch für den Fall des Entsprechens beschreiben, *wie* sie die Kodexempfehlungen „in den für die Aktionäre wichtigsten Bereichen" angewandt haben – und zwar „hinreichend klar, präzise und umfassend".[733] Die Kommission ist damit zu einem Erklärungsprinzip gewechselt, das mit *comply or explain* nur noch unzureichend beschrieben ist. Gelungener wäre die Bezeichnung *comply and explain or disclose and explain* bzw. kurz: *explain or explain.* Wie bereits erwähnt, besteht ein gewisser mittelbarer Zusammenhang zwischen Interessenkonflikten und den Entsprechenserklärungen, da sich viele nationalstaatliche Kodizes (insbesondere der DCGK) recht ausführlich mit Interessenkonflikten der Aufsichtsratsmitglieder befassen. *Zum anderen* soll die Abweichungsbegründung sowohl formell als auch inhaltlich ganz bestimmten Anforderungen genügen. Demnach müssen nicht nur Art und Weise der Abweichung sowie deren Gründe erläutert werden.[734] Vielmehr muss auch beschrieben werden, wie die Abweichungsentscheidung im Unternehmen getroffen wurde und ggf. ab welchem Zeitpunkt die Einhaltung der Empfehlung wieder beabsichtigt wird. Schließlich soll das Unternehmen ausführen, welche Alternativmaßnahme ggf. ergriffen wurden und wie diese zur Erreichung des Ziels der eigentlichen Kodexempfehlung oder der guten Corporate Governance im Allgemeinen beiträgt. Sämtliche Angaben müssen hinreichend „klar, präzise und umfassend" sein und zur leichten Erkennbarkeit des Adressatenkreises gut erkennbar präsentiert werden.[735]

9. Den aktuellen Schlusspunkt der europäischen Rechtssetzungsaktivitäten bildet das aktuell laufende Gesetzgebungsverfahren zur Änderung der Aktionärsrichtlinie. Am 9. April 2014 legte die EU-Kommission einen Vorschlag zur Änderung der Aktionärs- und Bilanzrichtlinie[736] vor, der am 9. Juli 2015 in der ersten Lesung im Europaparlament verhandelt wurde[737] und derzeit vom zuständigen Ausschuss überarbeitet wird.

---

732 Empfehlung der EU-Kommission vom 09.04.2014 – („*Comply or Explain*"), ABl. Nr. L 109 v. 12.04.2014, S. 43.

733 Empfehlung der EU-Kommission vom 09.04.2014 – („Comply or Explain"), ABl. Nr. L 109 v. 12.04.2014, S. 43, Empfehlungen Nr. 4 und 5.

734 Empfehlung der EU-Kommission vom 09.04.2014 – („Comply or Explain"), ABl. Nr. L 109 v. 12.04.2014, S. 43, Empfehlung Nr. 8.

735 Empfehlung der EU-Kommission vom 09.04.2014 – („Comply or Explain"), ABl. Nr. L 109 v. 12.04.2014, S. 43, Empfehlungen 9, 10.

736 Vorschlag der EU-Kommission vom 09.04.2014 – für eine Änderungsrichtlinie zur Aktionärsrichtlinie (2007/36/EG) und Bilanzrichtlinie (2013/34/EU), KOM(2014) 213.

737 Abänderungen des Europäischen Parlaments vom 09.07.2015 – am Vorschlag der Kommission (vom 09.04.2014, KOM(2014) 213) für eine Änderungsrichtlinie zur Aktionärsrichtlinie (2007/36/EG) und Bilanzrichtlinie (2013/34/EU), P8_TA-PROV(2015)0257.

In dem Gesetzgebungsverfahren werden eine ganze Reihe der im Aktionsplan von 2012 angekündigten Maßnahmen umgesetzt. So soll den Aktionären in gewisser Hinsicht eine Beschlussfassung zur Vergütung des Geschäftsführungsorgans möglich sein.[738] Ferner sollen die interessenkonfliktsadressierenden Berichtspflichten bei *related party transactions* ausgebaut werden.[739] Weiterhin sollen institutionelle Anleger und Vermögensverwalter und *proxy advisors* zu größerer Transparenz verpflichtet werden. Besonders erwähnenswert sind die hierbei angedachten umfassenden Offenlegungspflichten im Fall von Interessenkonflikten.[740]

D. Die aufsichtsratsspezifischen Interessenkonfliktsmaßnahmen

I. *Vorab: Vorrang des Unternehmensinteresses*

Bevor im Folgenden die aufsichtsratsspezifischen Maßnahmen des AktG zur Auflösung von Interessenkonflikten dargelegt werden, sei in aller Deutlichkeit der Vorrang des Unternehmensinteresses angesprochen: Mit der Annahme der Organbestellung unterwirft sich das Aufsichtsratsmitglied der vorrangigen Wahrung der Unternehmensinteressen. Kollidieren in seiner Person mehrere Interessen, so darf die Gesellschaft stets die Auflösung des Interessenkonflikts zu ihren Gunsten erwarten. Einem Interessenkonflikt darf keinesfalls ein gesellschaftsschädigendes konfliktbeeinflusstes Verhalten folgen. Hieran ändert auch die besondere Konfliktanfälligkeit des Aufsichtsratsmandats nichts.

Das heißt: Bei internen Interessenkonflikten ist das Eigeninteresse des Aufsichtsratsmitglieds zurückzustellen. Führt ein externer Interessenkonflikt dazu, dass sich das

---

738 Art. 9a, 9b des Vorschlags der EU-Kommission vom 09.04.2014 – für eine Änderungsrichtlinie zur Aktionärsrichtlinie (2007/36/EG) und Bilanzrichtlinie (2013/34/EU), KOM(2014) 213, in Gestalt der Abänderungen des Europäischen Parlaments vom 09.07.2015 – am Vorschlag der Kommission (vom 09.04.2014, KOM(2014) 213) für eine Änderungsrichtlinie zur Aktionärsrichtlinie (2007/36/EG) und Bilanzrichtlinie (2013/34/EU), P8_TA-PROV(2015)0257.
Demnach muss die Hauptversammlung in regelmäßigen Abständen über die Vergütungspolitik (Art. 9a) und einen Vergütungsbericht (Art. 9b) für das vergangene Jahr abstimmen. Hiermit sind ausführliche Berichtspflichten verbunden. Die Mitgliedsstaaten sollen vorsehen können, dass der Hauptversammlungsbeschluss über die Vergütungspolitik nur beratenden Charakter hat.

739 Vgl. hierzu bereits oben, Teil 2: § 2 C. II (= S. 113 ff.).

740 Art. 3f Nr. 2; Art. 3i Nr. 3 des Art. 9a, 9b des Vorschlags der EU-Kommission vom 09.04.2014 – für eine Änderungsrichtlinie zur Aktionärsrichtlinie (2007/36/EG) und Bilanzrichtlinie (2013/34/EU), KOM(2014) 213, in Gestalt der Abänderungen des Europäischen Parlaments vom 09.07.2015 – am Vorschlag der Kommission (vom 09.04.2014, KOM(2014) 213) für eine Änderungsrichtlinie zur Aktionärsrichtlinie (2007/36/EG) und Bilanzrichtlinie (2013/34/EU), P8_TA-PROV(2015)0257.

betroffene Aufsichtsratsmitglied in einem der konfligierenden Interessenwahrungsverhältnisse pflichtwidrig verhalten muss, fällt dies ausschließlich in seinen Risiko- und Verantwortungsbereich. Mit anderen Worten:

> *„Interessenkollisionen [eines Aufsichtsratsmitglieds] sind grundsätzlich nicht in dem Sinne entlastend, daß die Pflichterfüllung gegenüber der einen die Pflichtverletzung gegenüber der anderen Gesellschaft rechtfertigen könnte. Veranlaßt ein Aufsichtsratsmitglied [...] seine Gesellschaft zum Abschluß eines für sie schädlichen Geschäfts mit einem Unternehmen, dem es selbst interessenmäßig verbunden und dessen vertretungsberechtigtes Organ er ist, so ist das trotz gegenläufiger Interessen und Pflichten in seiner Person gegenüber jener Gesellschaft pflichtwidrig und von ihm zu vertreten.“*[741]

Freilich gilt der Vorrang des Unternehmensinteresses nur bei Handeln in der Organfunktion, also insbesondere bei Beratung und Stimmabgabe. Bei Handeln außerhalb der Organfunktion besteht allenfalls eine Verpflichtung zur Rücksichtnahme[742] hinsichtlich der Interessen der Gesellschaft – die Verfolgung eigener oder anderweitiger gesellschaftsfremder Interessen ist grundsätzlich erlaubt.[743] Hierbei gilt allerdings die bedeutsame Einschränkung, dass die Geheimhaltung von unternehmensinternen Informationen auch außerhalb der Organtätigkeit strikt zu wahren ist.[744]

Damit es hierbei erst gar nicht zu gefährlichen Situationen kommt, sieht das AktG die im Folgenden dargestellten Instrumente vor, welche eine Isolierung des Interessenkonflikts im Interesse der Gesellschaft und des betroffenen Aufsichtsratsmitglieds ermöglichen.

2. *Vorab: Abstrakte/formelle oder konkrete/materielle Adressierung der Aufsichtsratsinteressenkonflikte?*

In Teil 1 dieser Arbeit wurde ausgeführt, dass Interessenkonflikte grundlegend auf zwei verschiedene Weisen rechtlich adressiert werden können: Entweder durch möglichst umfassende Abwägung im Einzelfall (konkrete/materielle Methode) oder durch starre und typisierte Regelungen (abstrakte/formelle Methode).[745]

---

741 BGH, Urteil vom 21.12.1979 – II ZR 244/78 („Schaffgotsch“), juris, Rdnr. 13; vgl. schon RG, Urteil vom 12.10.1940 – II 33/40, RGZ 165, 68–85 (82 f.). Im Anschluss allg.M., statt aller *Mertens/Cahn*, in: KölnKomm AktG (2013), § 116 AktG, Rdnr. 25, m.w.N.

742 *Spindler*, in: Spindler/Stilz, AktG (2015), § 116 AktG, Rdnr. 75.

743 Statt vieler *Habersack*, in: Münch. Komm. AktG (2014), § 116, Rdnr. 44; *Marsch-Barner*, in: Semler/Schenck, ArbeitsHdb. für Aufsichtsratsmitglieder (2013), § 13, Rdnr. 103 f.; *Spindler*, in: Spindler/Stilz, AktG (2015), § 116 AktG, Rdnr. 75, jeweils m.w.N.

744 *Habersack*, in: Münch. Komm. AktG (2014), § 116, Rdnr. 44 f., m.w.N.

745 S. ausf. oben, Teil 1: § 5 C. II (= S. 84 ff.). Es ist zu beachten, dass die Begriffe abstrakt und formell einerseits, sowie konkret und materiell andererseits synonym verwendet werden. Dies dient der Vermeidung von permanenten Doppelnennungen.

a) *Abstrakte Interessenkonfliktsregelungen im AktG*

Zunächst existieren einige wenige[746] abstrakte Regelungen zu Interessenkonflikten[747].

So ordnet § 105 AktG die Unmöglichkeit der gleichzeitigen Zugehörigkeit zum Aufsichtsrat und dem Vorstand an; andere Formen der vertypten Stellvertretung für die Gesellschaft oder den Vorstand werden ebenfalls ausgeschlossen. Darüber hinaus stellt § 100 Abs. 2 S. 1 AktG gewisse Inkompatibilitätsregeln auf. Diese beschränken die Anzahl der zulässigen Aufsichtsratsmandate (Nr. 1[748]), verbieten die Mitgliedschaft in einem Vertretungsorgan einer abhängigen Gesellschaft (Nr. 2), untersagen Überkreuzmandate (Nr. 3) und schreiben eine Abkühlungsphase für den Wechsel vom Vorstand in den Aufsichtsrat vor (Nr. 4). Wird ein Aufsichtsratsmitglied gewählt, das diese Voraussetzungen verletzt, ist die Wahl gem. § 250 Abs. 1 Nr. 4 AktG nichtig. § 100 Abs. 5 AktG sieht ferner vor, dass kapitalmarktorientierte Aktiengesellschaften[749] mindestens ein unabhängiges Aufsichtsratsmitglied mit Finanzsachverstand haben müssen (sog. unabhängiger Finanzexperte).

Daneben sehen die §§ 113–115 AktG und § 34 BGB[750] für die Aufsichtsratsvergütung und sonstige Angelegenheiten, von denen einzelnes Aufsichtsratsmitglied selbst betroffen ist, besondere Zuständigkeitsregelungen und Stimmverbote vor. Auch hier wird an einen typisierten Sachverhalt angeknüpft, dem pauschal eine besondere Interessenkonfliktsanfälligkeit immanent ist.[751]

b) *Konkrete gesetzliche Interessenkonfliktsregelung: § 103 AktG*

Daneben kennt das AktG keine Vorschrift, die für den Aufsichtsrat direkt an das Tatbestandsmerkmal „Interessenkonflikt" anknüpft und somit eine konkrete Adressierung bewirkt. Allerdings sieht § 103 Abs. 3 S. 1 AktG vor, dass Aufsichtsratsmitglieder auf Antrag des Gesamtaufsichtsrats[752] „aus wichtigem Grunde" abberufen werden können. Dieser wichtige Grund ist im Wege einer umfassenden Gesamtabwägung

---

746 Für die Einordnung der Regelungsdichte als gering statt vieler *Martinek*, WRP 2008, S. 51 (52) und *Herkenroth*, AG 2001, S. 33 (38 f.).

747 Für die Einordnung von §§ 100, 105 AktG als interessenkonfliktsadressierende Norm statt vieler *Martinek*, WRP 2008, S. 51 (57 f.).

748 Die aufgeführten Nummern in diesem Satz beziehen sich auf § 100 Abs. 2 S. 1 AktG.

749 § 264d AktG.

750 Zur Anwendung von § 34 BGB auf den Aufsichtsrat vgl. *Spindler*, in: Spindler/Stilz, AktG (2015), § 103 AktG, Rdnr. 30. Allgemein zur Anwendung von Vereinsrecht auf die AG s. bereits oben, Teil 2: § 3 C. I (= S. 137 ff.).

751 Vgl. unten, Teil 2: § 4 D. 3. f) (= S. 192 ff.).

752 § 103 Abs. 3 S. 2 AktG. Die Regelung des § 103 Abs. 3 S. 3 AktG sieht für entsandte Aufsichtsratsmitglieder zusätzlich vor, dass der Antrag von einer qualifizierten Aktionärsmehrheit (ein Zehntel des Grundkapitals oder den anteiligen Betrag von einer Million Euro) gestellt werden kann.

zu determinieren, wobei insgesamt hohe Hürden[753] zu nehmen sind.[754] Gleichzeitig adressiert die Regelung indirekt Interessenkonflikte, weil als wichtiger Grund dauerhafte, schwerwiegende Interessenkonflikte in Betracht kommen.[755] Im Ergebnis ist der schwerwiegende und dauerhafte Interessenkonflikt, den § 103 Abs. 3 AktG nach herrschender Lesart für eine Abberufung aus wichtigem Grund fordert, im Einzelfall vom abberufenden Gericht auf Grundlage einer umfassenden Abwägung im Einzelfall festzustellen. Es handelt sich bei § 103 Abs. 3 AktG mithin um eine konkrete Interessenkonfliktsregelung.[756]

c) Treuepflicht und Ausprägungen

Über die Vorschrift des § 103 Abs. 3 AktG hinaus erfolgt eine materielle Behandlung von Interessenkonflikten dann, wenn eine konkrete Interessenkonfliktsmaßnahme aus der Interessentreuepflicht (alleine oder als wesentlicher Auslegungsparameter aktienrechtlicher Normen) abgeleitet wird. Dies gilt zumindest im Ausgangspunkt, weil der (verobjektivierte) Interessenkonflikt als Tatbestandsmerkmal der Interessentreuepflicht eine eigenständige Feststellung im Wege der Subsumtion erfordert.[757]

3. Die Maßnahmen im Einzelnen

In Teil 1[758] dieser Arbeit wurde herausgearbeitet, dass Interessenkonflikte in allen Interessenwahrungsverhältnissen anhand eines gleichförmigen Kanons an Maßnahmen behandelt werden. Dies trifft auch auf den Aufsichtsrat zu. So umstritten die

---

753 Vgl. OLG Hamburg, Beschluss vom 23.01.1990 – 11 W 92/89, zit. n. NJW-RR 1990, 673 (674): „Für die Qualifizierung des wichtigen Grundes i. S. von § 103 Abs. 3 AktG ist es fraglich, ob dafür nur ein kraß gesellschaftswidriges Verhalten bzw. sonst schlechthin untragbare Fälle einer Zugehörigkeit zum Aufsichtsrat in Betracht kommen [...]oder ob entsprechend der heute überwiegenden Auffassung auch weitere Tatbestände, die bei Abwägung der beteiligten Interessen eine Unzumutbarkeit des weiteren Verbleibens im Amt gegenüber der Gesellschaft begründen, ausreichen. Hier spricht mehr für die letztgenannte Auffassung [...]. Doch kann dies offenbleiben [...]."

754 Statt vieler *Spindler*, in: Spindler/Stilz, AktG (2015), § 103 AktG, Rdnr. 33 und *Habersack*, in: MünchKomm. AktG (2014), § 103 AktG, Rdnr. 39, jeweils m.w.N.

755 So OLG Hamburg, Beschluss vom 23.01.1990 – 11 W 92/89, zit. n. NJW-RR 1990, 673 (674 f.); *Martinek*, WRP 2008, S. 51 (62 f.); *Spindler*, in: Spindler/Stilz, AktG (2015), § 103 AktG, Rdnr. 36; *Habersack*, in: MünchKomm. AktG (2014), § 103 AktG, Rdnr. 42; *Hopt/Roth*, in: Großkomm. AktG (2006), § 103 AktG, Rdnr. 62 ff.; vgl. *Diekmann/Fleischmann*, AG 2013, S. 141 (147); vgl. *Herkenroth*, AG 2001, S. 33 (38).

756 Vgl. auch *Hopt/Roth*, in: Großkomm. AktG (2006), § 103 AktG, Rdnr. 60: „Ohne den *konkreten* Verdacht eines Fehlverhaltens kommt die Annahme eines wichtigen Grundes aufgrund von *abstrakten* Interessenkollisionen nur ausnahmsweise in Betracht."

757 S. hierzu bereits oben, Teil 1: § 5 C. II (= S. 84 ff.).

758 S. oben, Teil 1: § 5 D (= S. 88 ff.).

Behandlung von Interessenkonflikten im Einzelfall sein mag, hat sich in der Literatur (und teilweise auch der Rechtsprechung) ein gewisser fester Bestand an aufsichtsratsspezifischen Interessenkonfliktsmaßnahmen herausgebildet.[759] Diese fügen sich nahtlos in das in Teil 1 dargestellte allgemeine Schema von Konfliktvermeidung, -offenlegung und -lösung ein.

a) Konfliktvermeidung durch Inkompatibilität

Die wenigen Inkompatibilitätsregelungen, die gemäß § 100 Abs. 2 i.V.m. § 250 Abs. 1 Nr. 4 AktG die Interessenkonflikte von Aufsichtsräten abstrakt adressieren, wurden bereits oben dargestellt.

Erwähnenswert ist darüber hinaus, dass vereinzelte Stimmen in der Literatur[760] eine ungeschriebene Inkompatibilität (mit Nichtigkeitsfolge entsprechend § 250 AktG) für Personen annehmen, die bereits zum Aufsichtsrat eines Wettbewerbsunternehmens gehören.[761]

Selbstverständlich wäre die Anordnung der Nichtigkeitsfolge bei Verstoß gegen die abstrakten Inkompatibilitätsregelungen nicht wirksam, wenn sie nicht von verschiedenen Akteuren durchgesetzt werden könnte. § 250 Abs. 3 AktG sieht daher vor, dass Aktionäre, Vorstandsmitglieder, Aufsichtsratsmitglieder sowie bestimmte Arbeitnehmervertreterorganisationen[762] auf Feststellung der Nichtigkeit klagen können.

b) Konfliktvermeidung durch Unabhängigkeit?

Besondere Bedeutung hat darüber hinaus die Forderung nach unabhängigen Mitgliedern im Aufsichtsrat erlangt. Wie in Teil 1 dargelegt, bezeichnet die Unabhängigkeit allgemein den Status der Freiheit von Interessenkonflikten. Wegen der Weite des Begriffs „Interessenkonflikt" ist für den zugehörigen Statusbegriff der Unabhängigkeit stets eine gewisse Signifikanzschwelle erforderlich. Es liegt auf der Hand, dass nicht jeder noch so schwache Interessenkonflikt eines Aufsichtsratsmitglieds dessen Unabhängigkeit in Frage stellen kann.

---

759 *Martinek*, WRP 2008, S. 51 (51); *Schneider*, in: FS Wulf Goette (2011), S. 475 (478); *Hoffmann-Becking*, NZG 2014, S. 801 (808).

760 Namentlich *Lutter*, ZHR 145 (1981), S. 224 (237); *Wardenbach*, Interessenkonflikte und mangelnde Sachkunde als Bestellungshindernisse zum Aufsichtsrat der AG (1996), S. 66 ff.; *Reichert/Schlitt*, AG 1995, S. 241 (244 ff.). Weitere Nachweise bei *Habersack*, in: MünchKomm. AktG (2013), § 100 AktG, Rdnr. 82 (Fn. 262), der die Ansicht selbst jedoch nicht vertritt.

761 S. hierzu ausf. unten, Teil 2: § 4 E. II. 2 (= S. 198 ff.).

762 Aufgeführt in § 250 Abs. 2 AktG. Dieser Norm erfüllt im Übrigen die Aufgabe, diesen Arbeitnehmervertreterorganisationen eine Parteifähigkeit für den Feststellungsprozess zu vermitteln, die ihnen auf Grundlage des allgemeinen § 50 Abs. 1 ZPO verwehrt bliebe, *Koch*, in: Hüffer, AktG (2014), § 250 AktG, Rdnr. 12.

Das AktG selbst fordert mit dem unabhängigen Finanzexperten nach § 100 Abs. 5 nur ein einziges unabhängiges Aufsichtsratsmitglied, und selbst das nur für kapitalmarktorientierte Gesellschaften i.S.d. § 264d HGB.[763] Dennoch wird die Unabhängigkeit auf verschiedenen Ebenen als Voraussetzung des Aufsichtsratsmandats diskutiert:

aa) EU-Kommissionsempfehlung vom 15.02.2005

Zum einen fordert die bereits erläuterte[764] *Empfehlung der Europäischen Kommission zu den Aufgaben und Ausschüssen des Aufsichtsrats,*[765] die Präsenz unabhängiger Amtswalter im Aufsichtsrat.

bb) Ziffer 5.4.2 DCGK

Zum anderen empfiehlt auch der DCGK die Präsenz unabhängiger Mitglieder im Aufsichtsrat. In Ziffer 5.4.2 S. 2 DCGK heißt es:

> *„Dem Aufsichtsrat soll eine nach seiner Einschätzung angemessene Anzahl unabhängiger Mitglieder angehören. Ein Aufsichtsratsmitglied ist im Sinn dieser Empfehlung* ***insbesondere*** *dann nicht als unabhängig anzusehen, wenn es in einer persönlichen oder einer geschäftlichen Beziehung zu der Gesellschaft, deren Organen, einem kontrollierenden Aktionär oder einem mit diesem verbundenen Unternehmen steht, die einen wesentlichen und nicht nur vorübergehenden Interessenkonflikt begründen* ***kann.***“[766]

Die Vorgaben des DCGK sind zum Gegenstand einiger rechtswissenschaftlicher Erörterungen gemacht worden.[767] Dies dürfte daran liegen, dass sie im Vergleich zur EU-Kommissionsempfehlung deutlich unschärfer sind. So wird nicht hinreichend deutlich, welche anderen Fälle neben den „wesentlichen und nicht nur vorübergehenden Interessenkonflikten“ aus den genannten persönlichen und geschäftlichen Beziehung die Unabhängigkeit ausschließen sollen („insbesondere“). Weiterhin ist das Verhältnis zu Ziffer 5.5.3 S. 2 DCGK ungeklärt, wonach „wesentliche und nicht nur dauerhafte Interessenkonflikte“ zur Beendigung des Mandats führen sollen. Da der Aufsichtsrat gemäß Ziffer 5.4.2 S. 1 DCGK nicht vollständig, sondern nur teilweise aus unabhängigen Mitgliedern bestehen soll, muss Ziffer 5.4.2 S. 2

---

763 *Hasselbach/Jakobs*, BB 2013, S. 643 (644).

764 S. oben, Teil 2: § 2 C. I (= S. 110 ff.).

765 Empfehlung der EU-Kommission vom 15.02.2005 – (Aufgaben des Aufsichtsrats), ABl. Nr. L 52 v. 25.02.2005, S. 51.

766 Hervorhebungen der Worte „insbesondere“ und „kann“ durch den Autor.

767 S. etwa *Bartz/Werder*, NZG 2014, S. 841; *Diekmann/Fleischmann*, AG 2013, S. 141; *Florstedt*, ZIP 2013, S. 337; *Hasselbach/Jakobs*, BB 2013, S. 643; *Hoffmann-Becking*, NZG 2014, S. 801; *Hüffer*, ZIP 2006, S. 637; *Kremer/Werder*, AG 2013, S. 340; *Reese/Ronge*, AG 2014, S. 417; *Roth*, ZHR 175 (2011), S. 605; *Scholderer*, NZG 2012, S. 168; *Stephanblome*, NZG 2013, S. 445; *Stephanblome*, ZIP 2013, S. 1411; *Wilsing/von der Linden*, DStR 2012, S. 1391, jeweils *passim*.

potenzielle Interessenkonflikte in Bezug nehmen[768]; dies ließe sich auch mit dem Wortlaut („kann") der Kodexempfehlung vereinbaren. Denn wenn in Ziffer 5.4.2 S. 2 DCGK von tatsächlichen Interessenkonflikten die Rede wäre, wären alle nicht-unabhängigen Aufsichtsratsmitglieder gemäß 5.5.3 S. 2 DCGK zur Mandatsniederlegung verpflichtet; dies hätte zur Folge, dass der Aufsichtsrat nur aus unabhängigen Mitgliedern bestehen würde. Es eröffnen sich hierdurch die in Teil 1 dargelegten Schwierigkeiten, welche stets mit der Anknüpfung an potenzielle Interessenkonflikte einhergehen. Wie groß muss die Wahrscheinlichkeit des tatsächlichen Eintritts der Interessenkonflikte sein? Schließlich ist auch die Verwendung des Wortlauts vom „wesentlichen und nicht nur dauerhaften Interessenkonflikts" problematisch. Zwar kommt hier zweifellos eine gewisse Relevanzschwelle zum Ausdruck; mit anderen Worten muss es sich um einen starken Interessenkonflikt handeln. Allerdings fällt es im Einzelfall durchaus schwer, hierunter zu subsumieren.

Im Ergebnis ist die Regelungstechnik des Kodexes problematisch. Sie lässt den Aufsichtsrat mit zahlreichen Unsicherheiten zurück. Das von der EU-Kommission vorgeschlagene Modell erscheint insgesamt vorzugswürdig: Es stellt Mindestanforderungen in Form von abstrakten Fallgruppen und überlässt die Beurteilung der Unabhängigkeit darüber hinaus dem Aufsichtsratskollektiv. Ob die von der EU vorgeschlagenen Fallgruppen indes angemessen sind oder vielmehr zu weit typisieren – und damit den Spielraum für die Auswahl der Aufsichtsratsmitglieder zu weit beschränken – steht auf einem anderen Blatt. Es darf nicht unberücksichtigt bleiben, dass sich die vorbeugende Adressierung von Interessenkonflikten durch Unabhängigkeitsanforderungen sehr stark vom Vorliegen des eigentlichen Gefährdungstatbestands „Interessenkonflikt" entfernt.[769] Sie trägt die Gefahr einer unscharfen Typisierung in sich. Nach dem Ausspruch von *Drueys* sind „Unvereinbarkeitsregeln immer zugleich ungenügend und überschießend"[770].

c) Konfliktvermeidung durch Haftungsgefahr?

Wenn sich Mitglieder des Vorstands in einem Interessenkonflikt befinden, kommen sie nach Ansicht der ganz herrschenden Meinung nicht in das Privileg der *business judgment rule* gemäß § 93 Abs. 1 S. 2 AktG.[771] Zwar folgt hieraus nicht automatisch eine Haftung; allerdings erhöht sich die gerichtliche Prüfungsdichte.[772]

Aufgrund des Verweises in § 116 S. 1 AktG auf die Regelung des § 93 Abs.1 S. 2 AktG ist fraglich, ob entsprechendes für die zahlreichen mitunternehmerischen

---

768 So im Ergebnis auch *Hasselbach/Jakobs*, BB 2013, S. 643 (645).

769 Vgl. *Hoffmann-Becking*, NZG 2014, S. 801 (806 f.), m.V.a. *Druey*, in: FS Peter Doralt (2004), S. 151 (158).

770 *Druey*, in: FS Peter Doralt (2004), S. 151 (158).

771 Statt vieler *Fleischer*, in: Spindler/Stilz, AktG (2015), § 93 AktG, Rdnr. 72; *Hopt*, in: Großkomm. AktG (2008), § 93 AktG, Rdnr. 83; *Koch*, in: Hüffer, AktG (2014), § 93 AktG, Rdnr. 25; *Koch*, ZGR 2014, S. 697 (701), m.ausf.w.N.

772 *Koch*, ZGR 2014, S. 697 (702 f.).

Entscheidungen der Aufsichtsratsmitglieder gilt.[773] Nimmt man dies an, würde die hiermit verbundene Haftungsdeprivilegierung ebenfalls präventive Anreize zur Konfliktvermeidung und dem richtigen Konfliktlösungsverhalten setzen. Mit anderen Worten wäre der Ausschluss der *business judgment rule* ebenfalls als Interessenkonfliktsmaßnahme einzuordnen.

Die Gerichte hatten bisher allerdings keine Gelegenheit, sich mit dieser Problematik zu befassen; in der Literatur wird die Frage nur vereinzelt mit der erforderlichen Systematik und Tiefe behandelt. An dieser Stelle sei daher der wohlbegründeten Ansicht von *Koch*[774] gefolgt. Nach dieser muss die Frage nach den Folgen des Interessenkonflikts eines einzelnen Aufsichtsratsmitglieds für die Aufsichtsratshaftung im Zusammenhang mit der Eigenschaft des Aufsichtsrats als Kollektivorgan betrachtet werden. Denn obwohl die Haftung für die Aufsichtsratstätigkeit im Ausgangspunkt auf die einzelnen Gremienmitglieder ausgelegt ist, entscheidet der Aufsichtsrat immer als Kollektivorgan. Insofern stellen sich vier Fragen:

Erstens: Führt der Interessenkonflikt eines einzelnen Aufsichtsratsmitglieds für dieses Mitglied zum Ausschluss der *business judgment rule*? Dies wird – soweit ersichtlich – überwiegend stillschweigend bejaht, indem der für den Vorstand von der ganz herrschenden Meinung angenommene Ausschluss der *business judgment rule* auf den Aufsichtsrat übertragen wird.[775] Hintergrund der Haftungsdeprivilegierung ist der Gedanke, dass die *business judgment rule* nur solche Entscheidungen schützt, die unter idealen Bedingungen getroffen wurden –ein Interessenkonflikt steht dem jedoch entgegen.[776] *Koch* weist zutreffend darauf hin, dass zum einen eine derartige Haftungserschwerung nicht pauschal bei jedem Interessenkonflikt angenommen werden kann, sondern stets zumindest eine gewisse Konfliktstärke[777] vorliegen muss und zum anderen die vom Gesetzgeber selbst geschaffenen institutionellen Interessenkonflikte ausgenommen werden müssen.[778] Denn andernfalls würde es angesichts der besonderen Konfliktanfälligkeit des Aufsichtsratsmandats zu einer allgegenwärtigen Haftungsaufwertung der Aufsichtsratsmitglieder und entsprechender Vermeidungsstrategien durch Befangenheits- und Amtsniederlegungen kommen. Darüber hinaus würden die institutionell konfliktbehafteten Arbeitnehmervertreter strukturell benachteiligt.

---

773 Ausf. zum Anwendungsbereich der *Business judgment rule* auf die Tätigkeit des Aufsichtsrats und Kritik am Ausschluss „rechtlich gebundener Entscheidungen" *Cahn*, WM 2013, S. 1293, *passim*.

774 *Koch*, ZGR 2014, S. 697 (701 f., 707 ff.).

775 Grundlegend *Lutter*, in: FS Canaris (Bd. 2) (2007), S. 245 (251 f.); *Habersack*, in: Münch. Komm. AktG (2014), § 116, Rdnr. 40 (verlangt einen konkreten Interessenkonflikt); *Reese/Ronge*, AG 2014, S. 417 (419); *Scholderer*, NZG 2012, S. 168 (168); *Hoffmann-Becking*, in: Hoffmann-Becking, Münch. Hdb. GesR. IV (2015), § 33, Rdnr. 85 ff.; *Spindler*, in: Spindler/Stilz, AktG (2015), § 116 AktG, Rdnr. 37, 47; vgl. auch *Lutter/Krieger/Verse*, Rechte und Pflichten des Aufsichtsrats (2014), § 13, Rdnr. 989.

776 Statt aller *Koch*, ZGR 2014, S. 697 (703), m.ausf.w.N.

777 Zur Maßstabsbestimmung s. unten, Teil 3: § 1 B (= S. 229 ff.).

778 *Koch*, ZGR 2014, S. 697 (707 f.).

Zweitens: Infiziert der Interessenkonflikt eines einzelnen Aufsichtsratsmitglieds automatisch das ganze Gremium, sodass die *business judgment rule* für die gesamte Kollektiventscheidung keine Anwendung finden kann? Diese Frage wird ebenfalls unter Übertragung des Vorstandsrechts wohl herrschend[779] bejaht.[780] Freilich ist diesbezüglich zu konstatieren, dass eine vertiefte Auseinandersetzung mit dieser Gesamtwirkung des Interessenkonflikts bislang nur vereinzelt stattgefunden hat.[781]

Drittens: Hat das konfliktbehaftete Mitglied die Möglichkeit, seinen punktuellen Interessenkonflikt zu isolieren, indem es mit haftungsfreistellender Wirkung auf eine Teilnahme an der konfliktbeeinflussten Aufsichtstätigkeit „verzichtet"? Die herrschende Meinung nimmt an, dass ein konfliktbehaftetes Aufsichtsratsmitglied seinen Interessenkonflikt offenlegen und dann an einer Abstimmung oder sogar an der Sitzung nicht teilnehmen kann (bzw. darf). In der Folge wird es von der Verantwortlichkeit für den betreffenden Aufsichtsratsbeschluss freigestellt.[782]

Viertens: Hat das Aufsichtsratskollektiv die Möglichkeit, sich vor der Infektion ihrer Haftungsprivilegierung durch das einzelne konfliktbehaftete Mitglied zu schützen? Ja! Nach zutreffender herrschender Meinung tritt die Infektionswirkung nur bei offengelegten Interessenkonflikten ein.[783] In diesem Fall hat der Aufsichtsrat nämlich die Möglichkeit, den Interessenkonflikt durch Stimmrechtsausschluss, Teilnahmeverbot oder Anstrengung eines Abberufungsverfahrens (*ultima ratio*) von der Aufsichtsratstätigkeit fernzuhalten. Im Fall eines nicht offengelegten – mithin verdeckten – Interessenkonflikts wäre eine Infektion indes nicht angemessen.

---

779 Für die Einordnung dieser Meinung als herrschend, ohne diese jedoch selbst zu vertreten, *Koch*, ZGR 2014, S. 697 (708).

780 Grundlegend *Lutter*, in: FS Canaris (Bd. 2) (2007), S. 245 (252); *Habersack*, in: Lorenz/Habersack/Staudinger, Karlsruher Forum 2009 – Managerhaftung (2010), S. 5 (22 f.); vgl. *Mertens/Cahn*, in: KölnKomm AktG (2013), § 93 AktG, Rdnr. 29; vgl. *Winnen*, Die Innenhaftung des Vorstandes nach dem UMAG (2009), S. 273 f. A.A. jedoch *Bunz*, NZG 2011, S. 1294 (1295) (Einzelbetrachtung); *Paefgen*, AG 2008, S. 761 (768) und *Kock/Dinkel*, NZG 2004, S. 441 (446) (beide Mehrheitsbetrachtung, in Anlehnung an das US-Recht).

781 So auch *Bunz*, NZG 2011, S. 1294 (1294) und *Koch*, ZGR 2014, S. 697 (708).

782 *Mertens/Cahn*, in: KölnKomm AktG (2013), § 116 AktG, Rdnr. 25; *Drygala*, in: Schmidt/Lutter, AktG (2015), § 116 AktG, Rdnr. 16; *Hopt/Roth*, in: Großkomm. AktG (2005), § 116 AktG, Rdnr. 201; *Spindler*, in: Spindler/Stilz, AktG (2015), § 116 AktG, Rdnr. 37, 47; *Lutter/Krieger/Verse*, Rechte und Pflichten des Aufsichtsrats (2014), § 13, Rdnr. 1007 und § 12, Rdnr. 902; A.A. *Habersack*, in: MünchKomm. AktG (2013), § 100 AktG, Rdnr. 95 (Haftungsfreistellung nur durch Amtsniederlegung).

783 *Drygala*, in: Schmidt/Lutter, AktG (2015), § 116 AktG, Rdnr. 16; *Hopt/Roth*, in: Großkomm. AktG (2005), § 116 AktG, Rdnr. 201; *Koch*, in: Hüffer, AktG (2014), § 116 AktG, Rdnr. 6; *Scholderer*, NZG 2012, S. 168 (175); vgl. auch *Spindler*, in: Spindler/Stilz, AktG (2015), § 116 AktG, Rdnr. 37, 47; *Koch*, ZGR 2014, S. 697 (709 f., m.ausf.w.N.); a.A. *Lutter*, in: FS Canaris (Bd. 2) (2007), S. 245 (252). In Bezug auf den Vorstand, bei dem die Problematik in entsprechender Weise besteht: *Blasche*, AG 2010, S. 692 (697 f.); *Bunz*, NZG 2011, S. 1294 (1296).

d) *Konfliktoffenlegung*

Die Frage nach der Pflicht des Aufsichtsrats zur Offenlegung von Interessenkonflikten ist der eigentliche Gegenstand dieser Arbeit und wird unten[784] ausführlich beantwortet. Hierbei sind der Geltungsgrund sowie die Person des Adressaten der Offenlegung[785] problematisch. Von diesen beiden Faktoren hängt wiederum der Umfang der Offenlegungspflicht ab. Mit anderen Worten ist zu klären, auf welcher Grundlage die Offenlegung zu erfolgen hat, wem gegenüber und mit welcher Informationstiefe. Zwar wird verbreitet in irgendeiner Weise eine Verpflichtung von Aufsichtsratsmitgliedern zur Konfliktoffenlegung angenommen. Allerdings wird diesbezüglich entweder gar keine Begründung angegeben oder aber es bleibt bei einem lapidaren Verweis auf die Treuepflicht.[786] Die aufgeworfenen Fragen können auf diese Weise nicht beantwortet werden.

Bereits an dieser Stelle kann jedoch dargestellt werden, welche Bedeutung der Offenlegung im Gesamtgefüge der aufsichtsratsspezifischen Interessenkonfliktsmaßnahmen zukommt.

aa) Vorbedingung für das Eingreifen der anderen Interessenkonfliktsmaßnahmen

Zunächst ist die Konfliktoffenlegung – in Übereinstimmung mit den allgemeinen Erwägungen aus Teil 1[787] – in vielen Fällen eine Vorbedingung für das Eingreifen der anderen Interessenkonfliktsmaßnahmen.[788] Diese Maßnahmen setzen nämlich voraus, dass der anordnungs- bzw. durchsetzungsbefugte Akteur[789] überhaupt Kenntnis von dem Interessenkonflikt erlangt. Zwar ist der Interessenkonflikt für Zwecke der rechtlichen Anknüpfung objektiviert zu definieren, sodass bereits

---

784 S. unten, Teil 2: § 5 (= S. 205 ff.).

785 *Nota bene*: Gemeint ist, wem gegenüber die Offenlegung zu erfolgen hat, nicht wer offenzulegen hat. Letzteres ist selbstverständlich das konfliktbehaftete Aufsichtsratsmitglied. Mit anderen Worten: Gefragt wird nach dem Adressat der Offenlegung, nicht der Offenlegungspflicht.

786 S. ausf. unten, Teil 2: § 5 B (= S. 206 ff.).

787 S. oben, Teil 1: § 5 D. I (= S. 88 ff.).

788 Vgl. *Diekmann/Fleischmann*, AG 2013, S. 141 (144 f.): „Die Offenlegung selbst ist dennoch keine Frage eines angemessenen Umgangs sondern dessen Grundvoraussetzung."

789 So können die Inkompatibilitätsregelungen der §§ 100 Abs. 2, 250 Abs. 1 Nr. 4 AktG von jedem Aktionär, Vorstandsmitglied, Aufsichtsratsmitglied oder näher bezeichnetem Arbeitnehmervertreter durchgesetzt werden, indem ihnen das Gesetz in § 250 Abs. 3 AktG eine Klagebefugnis für die Feststellungsklage verleiht. Der Entscheidungsträger im Fall des Stimmrechts- und Teilnahmeverbots ist je nach Ansicht der Aufsichtsratsvorsitzende oder das Aufsichtsratsgremium. Für die Abberufung eines konfliktbehafteten Mitglieds ist im Regelfall ein Antrag des Aufsichtsratskollektivs erforderlich. Das Gremium ist außerdem für Zustimmungen nach den §§ 114 f. AktG zuständig.

das objektive Vorliegen von hinreichend verdächtigen Umständen die rechtliche Offenlegungspflicht auslöst.[790] Es ist daher in manchen Fällen denkbar, dass der für die Anordnung oder Durchsetzung der Interessenkonfliktsmaßnahme zuständige Akteur auch ohne Offenlegung den betroffenen Amtswalter erkennt. In aller Regel wird dies jedoch nicht möglich sein: Wie soll etwa der Aufsichtsratsvorsitzende davon erfahren, dass ein Aufsichtsratsmitglied zu einem der Vorstände in enger freundschaftlicher Verbindung steht oder Geschäftsbeziehungen zu Dritten hat, welche mit den Interessen der Gesellschaft konkurrieren? Die möglichen konfligierenden Eigen- oder Drittinteressen bleiben Außenstehenden typischerweise verborgen. Es wäre utopisch, anzunehmen, dass Interessenkonflikte im Aufsichtsrat auch nur einigermaßen wirksam isoliert werden könnten, sofern das betroffene Mitglied nicht zur Offenlegung verpflichtet ist.

bb) Selbstdisziplinierungsfunktion

Darüber hinaus erfüllt die Offenlegung eine wichtige Selbstdisziplinierungsaufgabe. Nimmt man – wie in dieser Arbeit vertreten[791] – eine entsprechende rechtliche Verpflichtung zur Offenlegung an, wird sich das Aufsichtsratsmitglied darum bemühen, sich selbst in Bezug auf das Bestehen von Interessenkonflikten kritisch zu hinterfragen. Dies gilt nicht nur, weil man im Ausgangspunkt den redlichen Willen zur Einhaltung der rechtlichen Anforderungen unterstellen kann. Wie in Teil 3 dieser Arbeit gezeigt wird, kann ein Verstoß gegen die Offenlegungspflicht außerdem zu empfindlichen negativen Folgen für das konfliktbehaftete Aufsichtsratsmitglied führen. Insofern hat jeder Amtswalter ein vitales Eigeninteresse an einer kritischen Selbstevaluation. Angesichts der alarmierenden Forschungsergebnisse der verhaltensökonomischen Forschung[792] ist ein derartig gesteigertes Problembewusstsein auch dringend erforderlich.

cc) Offenlegung als eigenständige Interessenkonfliktsmaßnahme

Ferner kann die Offenlegung selbst schon einen wichtigen Beitrag zur Abwehr der spezifischen Gefahr leisten, welche aus dem Interessenkonflikt eines Aufsichtsratsmitglieds für die Interessen der Gesellschaft folgt. Der Aufsichtsrat ist nämlich ein mehrköpfig besetztes Kollektivorgan. Einerseits relativiert dies die Gefahr, welche von dem Interessenkonflikt eines einzelnen Amtswalters für die Gesellschaftsinteressen ausgeht. Andererseits ist die Befürchtung begründet, dass ein konfliktbehaftetes Aufsichtsratsmitglied bewusst oder unbewusst in Versuchung ist, die anderen Gremienvertreter im Sinne seines Interessenkonflikts zu beeinflussen. Diese Gefahr erkannte interessanterweise bereits das Reichs-Oberhandelsgericht

790 Zur Verobjektivierung des Interessenkonfliktbegriffs zum Zwecke der rechtlichen Anknüpfung s. bereits ausf. oben, Teil 1: § 5 C. I (= S. 82 ff.).

791 S. hierzu ausf. unten, Teil 2: § 5 A (= S. 205 ff.).

792 S. hierzu ausf. oben, Teil 1: § 3 B (= S. 30 ff.).

in seinem Gutachten zum Aktienrecht nach der 2. Aktienrechtsnovelle 1984, wo es heißt:

> *„Mit der bloßen Enthaltung der interessirten Mitglieder von der Beschlußfassung [an Geschäften, an denen sie für ihre Merson ein dem Gesellschaftsinteresse zuwiderlaufendes eigenes Interesse haben,] ist Nichts gewonnen, sobald in Folge des Einflusses der Interessirten auf ihre Collegen Letztere die Beschlüsse fasst […].“*[793]

Der Interessenkonflikt des einzelnen Gremienmitglieds kann auf diese Weise das Aufsichtsratskollektiv infizieren. Dieser Gefahr kann durch eine Offenlegung des Interessenkonflikts gegenüber dem Gremium effektiv Rechnung getragen werden: Die übrigen Aufsichtsratsmitglieder wissen fortan um den Interessenkonflikt und können etwaige Beeinflussungen durch den konfliktbehafteten Amtswalter richtig einschätzen.[794] Regelmäßig dürfte es zu solchen konfliktbeeinflussten Einwirkungshandlungen allerdings gar nicht mehr kommen, weil das betroffene Aufsichtsratsmitglied hierdurch gegenüber seinen Kollegen einen Gesichtsverlust erleiden würde. Aus diesem Grund spricht sogar einiges dafür, dass sich die betroffene Person einer besonders kritischen Selbstevaluation unterziehen wird, um nicht einmal in den Verdacht eines unprofessionellen Verhaltens mit ihrem Interessenkonflikt zu geraten.

Die Konfliktoffenlegung ist regelmäßig zur Behandlung von intensitätsschwachen und temporären Interessenkonflikten geeignet.[795]

dd) Kehrseite: Eingriff in Interessensphäre des Aufsichtsratsmitglieds und Beeinträchtigung der Aufsichtsratsarbeit

Abschließend ist darauf hinzuweisen, dass die Offenlegung eines Interessenkonflikts für das betroffene Aufsichtsratsmitglied regelmäßig mit der Preisgabe höchstpersönlicher oder wirtschaftlich relevanter Informationen einhergeht. Die Pflicht zur Offenlegung ist daher häufig mit Eingriffen in die privat- und grundrechtlich geschützte Interessensphäre des Mandatsträgers verbunden.

Darüber hinaus kann ein Interessenkonflikt zur Stigmatisierung des im Konflikt befindlichen Aufsichtsratsmitglieds führen: Ungeachtet der tatsächlichen Widerstandsfähigkeit des konfliktbehafteten Amtswalters wirft ein jeder Interessenkonflikt bei anderen Personen die Befürchtung unprofessionellen Verhaltens auf. Hiergegen kann sich der Interessenwahrer nur eingeschränkt zu Wehr setzen;

---

793 Reichs-Oberhandelsgericht, Gutachten vom 31.03.1877 über die geeignetsten Mittel zur Abhülfe der nach den Erfahrungen des Reichs-Oberhandelsgerichts bei der Gründung, der Verwaltung und dem geschäftlichen Betriebe von Aktienunternehmungen hervorgetretenen Uebelstände, abgredruckt bei *Schubert/Hommelhoff*, Hundert Jahre modernes Aktienrecht (1985), S. 157 (207).

794 Vgl. *Butzke*, in: FS Michael Hoffmann-Becking (2013), S. 229 (231); vgl. auch *Seibt*, in: FS Klaus Hopt (Bd. I) (2010), S. 1363 (1374); vgl. *Spindler*, in: Spindler/Stilz, AktG (2015), § 116 AktG, Rdnr. 421.

795 *Seibt*, in: FS Klaus Hopt (Bd. I) (2010), S. 1363 (1373 f.).

ein gewisser Restzweifel wird in den Köpfen derjenigen, die vom Bestehen des Interessenkonflikts erfahren haben, wohl immer verbleiben.

Weiterhin ist nicht ausgeschlossen, dass die im Vorabschnitt dargelegte besonders kritische Selbstevaluation des Amtswalters aus Angst vor einem Gesichtsverlust zu einer über alle Maßen gesteigerten Zurückhaltung führt. Gute Aufsichtsratsarbeit setzt allerdings eine offene Diskussions- und Streitkultur unter Einbeziehung jedes Gremienvertreters voraus. Insofern kann ein offengelegter Interessenkonflikt auch zu einer Beeinträchtigung der Aufsichtsratstätigkeit führen.[796] Dies ist ebenfalls nicht im Interesse der Gesellschaft.

In der Gesamtbetrachtung ist die Offenlegung des Interessenkonflikts also häufig mit einem Eingriff in die Persönlichkeitssphäre des betroffenen Aufsichtsratsmitglieds verbunden. Die Intensität dieses Eingriffs steigt mit der Größe des Personenkreises der Offenlegungsadressaten. Die Offenlegung gegenüber dem Aufsichtsratsvorsitzenden stellt daher regelmäßig nur einen schwachen Eingriff dar, welcher sich jedoch durch die Unterrichtung des Aufsichtsratsgremiums intensiviert. Eine Offenlegung gegenüber der quasiöffentlichen Hauptversammlung schließlich weist regelmäßig eine hohe Eingriffsstärke auf.

e) *Konfliktlösung*

Das AktG sieht mit Ausnahme des § 103 Abs. 3 S. 1 AktG keine expliziten Regelungen zur Lösung von Interessenkonflikten des Aufsichtsrats vor. Die Rechtsprechung hatte bislang kaum Gelegenheit, sich mit der Thematik zu befassen. In der Literatur wurden hingegen einige Interessenkonfliktsmaßnahmen diskutiert. Insgesamt lässt sich hierzu feststellen, dass Uneinigkeit bezüglich der einzelnen Maßnahmen, ihrer Voraussetzungen und Reichweite herrscht. Im Wesentlichen werden vier Formen von Konfliktlösungsstrategien diskutiert: Stimmrechtsausschluss, Teilnahmeverbot, Pflicht zur (zeitweisen) Mandatsniederlegung und Anstoß eines Abberufungsverfahrens.[797] Bei all diesen Konfliktlösungsmaßnahmen ist der oben[798] thematisierte Zusammenhang mit dem Ausschluss der *business judgment rule* zu beachten: Wird der offengelegte Interessenkonflikt nicht adäquat isoliert, kann die Haftungsprivilegierung entfallen.

aa) Stimmrechtsausschluss

(1) Meinungsstand

Das deutsche Gesellschaftsrecht kennt eine ganze Reihe von Normen, in denen eine Person wegen eines Interessenkonflikts von ihrem Stimmrecht ausgeschlossen wird; hierunter fallen insbesondere die § 34 BGB, § 47 Abs. 4 GmbHG, § 43

---

796 Vgl. *Vetter*, in: Marsch-Barner, HdB. börsennotierte AG (2014), § 26, Rdnr. 58.
797 § 103 AktG.
798 Hierzu ausf. oben, Teil 2: § 4 D. 3. c) (= S. 176 ff.).

Abs. 6 GenG und §§ 136, Abs. 1, 142 Abs. 1 S. 2 AktG.[799] Für das Stimmrecht eines Aufsichtsratsmitglieds sieht das AktG allerdings keinen spezifischen Stimmrechtsausschluss vor.[800] Dennoch ist dem Grunde nach herrschend anerkannt, dass ein Interessenkonflikt zum Ausschluss des Stimmrechts führen kann[801] – wenngleich nach herrschender Meinung aus Interessenkonflikten nicht automatisch ein allgemeines Stimmrechtsverbot folgt[802]. Die dogmatische Herleitung variiert indes stark, ebenso wie die angenommene Reichweite des Stimmrechtsausschlusses.[803] Mehrheitlich wird der Stimmrechtsausschluss über eine entsprechende Anwendung von § 34 BGB hergeleitet.[804] Es finden sich aber auch Begründungsansätze, die auf das Selbstkontrahierungsverbot aus § 181 BGB[805] oder den allgemeinen Rechtsgrundsatz des Verbots des Richtens in eigener Sache[806] abstellen.

(2) Eigene Ansicht und Kritik an der Diskussion

Die abschließende Auseinandersetzung mit der Frage würde an dieser Stelle zu weit führen. Deshalb soll es beim kurzen Vortrag eines eigenen Begründungsansatzes bleiben, der auf den in Teil 1 dargestellten allgemeinen Dogmatik des privatrechtlichen Interessenkonflikts aufbaut.

---

799 Diese Ausschlüsse betreffen freilich alle das mitgliedschaftliche Stimmrecht.

800 Statt aller BayObLG, Beschluss vom 28.03.2003 – 3Z BR 199/02, juris, Rdnr. 15.

801 Vgl. BGH, Urteil vom 02.04.2007 – II ZR 325/05, juris, Rdnr. 13; *Schneider*, in: FS Wulf Goette (2011), S. 475 (481), m.w.N.; vgl. auch die umfangreichen Nachweise in Fn. 804. Gegen einen Stimmrechtsausschluss: *Behr*, AG 1984, S. 281 (285); vgl. auch *Matthiessen*, Stimmrecht und Interessenkollision im Aufsichtsrat (1989), S. 486 ff. (nicht gänzlich ablehnend, aber stark einschränkend).

802 OLG München, Urteil vom 13.10.2005 – 23 U 1949/05, juris, Rdnr. 49; OLG Stuttgart, Urteil vom 30.05.2007 – 20 U 14/06, juris, Rdnr. 43; *Habersack*, in: MünchKomm. AktG (2014), § 108 AktG, Rdnr. 29; *Bürgers/Israel*, in: Bürgers/Körbers, AktG (2011), § 108 AktG, Rdnr. 11; *Mertens/Cahn*, in: KölnKomm AktG (2013), § 108 AktG, Rdnr. 65.

803 Guter Überblick bei *Martinek*, WRP 2008, S. 51 (60) und *Schneider*, in: FS Wulf Goette (2011), S. 475 (481 ff.).

804 So auch, wenngleich kritisch, *Matthiessen*, Stimmrecht und Interessenkollision im Aufsichtsrat (1989), S. 483- Befürworter der Analogie zu § 34 BGB sind etwa: BGH, Urteil vom 02.04.2007 – II ZR 325/05, juris, Rdnr. 13, m.w.N.; BayObLG, Beschluss vom 28.03.2003 – 3Z BR 199/02, juris, Rdnr. 15; *Mertens/Cahn*, in: KölnKomm AktG (2013), § 108 AktG, Rdnr. 65, m.w.N.; *Habersack*, in: MünchKomm. AktG (2013), § 100 AktG, Rdnr. 94 und § 108 AktG, Rdnr. 29, m.w.N.; *Spindler*, in: Spindler/Stilz, AktG (2015), § 108 AktG, Rdnr. 27; *Drygala*, in: Schmidt/Lutter, AktG (2015), § 108 AktG, Rdnr. 16; *Wardenbach*, Interessenkonflikte und mangelnde Sachkunde als Bestellungshindernisse zum Aufsichtsrat der AG (1996), S. 40; vgl. auch *Zöllner*, Schranken mitgliedschaftlicher Stimmrechtsmacht (1963), S. 212 ff.

805 Hierzu, wenngleich kritisch, *Spindler*, in: Spindler/Stilz, AktG (2015), § 108 AktG, Rdnr. 27, m.w.N.

806 Vgl. *Martinek*, WRP 2008, S. 51 (60), m.w.N., der die Position selbst wohl nicht vertritt.

Die vorgebrachten Ansätze der Literatur leiden ganz überwiegend an dem grundlegenden Mangel, dass sie den Eingriff in die Rechtssphäre des Aufsichtsratsmitglieds nur für eine spezielle Form von Interessenkonflikten anbieten – nämlich solche, in denen der Aufsichtsrat über ein Thema entscheidet, welches den betroffenen Organwalter in irgendeiner Form persönlich betrifft. Tatsächlich beschränkt die wohl herrschende Meinung das Teilnahme- und Stimmrechtsverbot bewusst auf solche Fälle des Insichgeschäfts und des „Richtens in eigener Sache",[807] wenngleich sie um eine weite Fassung dieser Tatbestände bemüht ist[808]. Es wird verbreitet angenommen, dass es keinen allgemeinen Stimmrechtsausschluss für Fälle des Interessenkonflikts gibt.[809] Allerdings wird diese Annahme der besonderen Gefährlichkeit von Interessenkonflikten im Aufsichtsrat nicht gerecht.[810] Denn Interessenkonflikte können durchaus auch entstehen, wenn nicht der Interessenwahrer selbst, sondern eine ihm durch Verwandtschaft, Freundschaft oder geschäftliche Beziehung nahestehende Person betroffen ist. Verneint man ein flexibles Teilnahme- und Stimmrechtsverbot, welches sich an der Konfliktstärke und den Erfordernissen des Einzelfalls orientiert,[811] ist die Gesellschaft nahezu schutzlos – bis ein Interessenkonflikt die Stärke eines „wichtigen Grundes" i.S.v. § 103 Abs. 3 S. 1 AktG erreicht und der Aufsichtsrat sodann die Abberufung des konfliktbehafteten Mandatsträgers erreichen kann.[812] Hieran kann niemand ein Interesse haben, da das Verfahren unnötig aufwändig – und in Fällen von punktuellen Interessenkonflikten – auch vollkommen unverhältnismäßig ist. Diejenigen Vertreter[813], welche die Notwendigkeit einer flexiblen Handhabung von Teilnahme- und Stimmrecht erkennen, greifen zur Stützung ihrer Ansicht auf vage Rechtsgedanken oder -prinzipien zurück.[814]

---

807 Vgl. *Schneider*, in: FS Wulf Goette (2011), S. 475 (482); *Matthiessen*, Stimmrecht und Interessenkollision im Aufsichtsrat (1989), S. 483; vgl. *Mertens/Cahn*, in: KölnKomm AktG (2013), § 108 AktG, Rdnr. 68; *Drygala*, in: Schmidt/Lutter, AktG (2015), § 108 AktG, Rdnr. 15.

808 Vgl. *Matthiessen*, Stimmrecht und Interessenkollision im Aufsichtsrat (1989), S. 124; *Kumpan*, Der Interessenkonflikt im deutschen Privatrecht (2014), S. 524 f.

809 *Drygala*, in: Schmidt/Lutter, AktG (2015), § 108 AktG, Rdnr. 15; *Mertens/Cahn*, in: KölnKomm AktG (2013), § 108 AktG, Rdnr. 68.

810 Vgl. auch *Koch*, ZGR 2014, S. 697 (713), der auf den Zusammenhang von Stimmrechtsausschluss und Ausschluss der *Business judgment rule* hin: Für letztere wird ein deutlich flexiblerer Interessenkonfliktsbegriff angewendet, was zu Widersprüchlichkeiten führt.

811 Gegen ein solches flexibles Stimmrechts- und Teilnahmeverbot insb. *Dreher*, JZ 1990, S. 896 (901 f.).

812 Vgl. auch *Marsch-Barner*, in: Semler/Schenck, ArbeitsHdb. für Aufsichtsratsmitglieder (2013), § 13, Rdnr. 122, der eine Anwendung des § 34 BGB auf die Aktiengesellschaft ablehnt und beim Stimmverbot – zumindest im Ergebnis – ebenfalls für eine Orientierung an der Schutzwürdigkeit der Gesellschaft eintritt.

813 Überblick bei *Dreher*, JZ 1990, S. 896 (901, Fn. 58).

814 Etwa *Schneider*, in: FS Wulf Goette (2011), S. 475 (482 f.); vgl. allg. kritisch zur Herleitung des Stimmverbots aus allgemeinen Rechtsgedanken *Matthiessen*, Stimmrecht und Interessenkollision im Aufsichtsrat (1989), S. 484.

Dies ist indes nicht notwendig, da die interessenwahrungsrechtliche Treuepflicht des Aufsichtsratsmitglieds eine valide Grundlage für das Stimmverbot[815] bietet: Die Stärke der Treuepflichtenbindung bestimmt sich statisch aus dem Machtspielraum des Interessenwahrungsverhältnisses „Aufsichtsrat“ und variabel nach der jeweiligen Stärke des Interessenkonflikts. So ermöglicht sie einen gleichsam effektiven sowie verhältnismäßigen Schutz der Gesellschaft und ihrer Stakeholder vor dem Interessenkonflikt im Aufsichtsrat. Über die Treuepflicht könnten außerdem die durch ein Stimmverbot entstehenden Probleme der Disparität im mitbestimmten Aufsichtsrat gelöst werden. Eine solche kann entstehen, wenn ein Aktionärs- oder Arbeitnehmervertreter wegen eines Interessenkonflikts von der Teilnahme- und Abstimmung ausgeschlossen wird und auf diese Weise ein Ungleichgewicht im Aufsichtsrat zugunsten der Aktionärs- oder Arbeitnehmerseite entsteht. Dieses Problem kann sogar verfassungsrechtliche Relevanz entfalten, weil den Aktionären nach dem Mitbestimmungsurteil des BVerfG[816] ein gewisses Übergewicht verbleiben muss.[817] Weiterhin vermeidet der dargestellte Ansatz einen Widerspruch zur Anwendbarkeit der *business judgment rule* nach Maßgabe der herrschenden Meinung: Jeder ausreichend starke Interessenkonflikt kann dazu führen, dass ein Aufsichtsratsmitglied das Privileg der *business judgment rule* verliert, mit der Folge, dass das Aufsichtsratsgremium infiziert wird.[818] Diese Infektionsfolge tritt aber dann nicht ein, wenn der konfliktbehaftete Amtswalter seinen punktuellen Interessenkonflikts offenlegt und infolgedessen nach Maßgabe des Einzelfalls von der Mitwirkung an der konfliktrelevanten Aufsichtsratsarbeit ausgeschlossen wird. Hierfür ist ganz regelmäßig ein Stimmrechtsausschluss erforderlich. Ist der Interessenkonflikt nun stark genug, um die *business judgment rule* entfallen zu lassen, liegt aber gleichzeitig kein Fall des § 34 BGB vor und auf Grundlage der herrschenden Meinung gilt: Der Aufsichtsrat kann keinen Stimmrechtsausschluss bewirken, sondern muss sehenden Auges eine Haftungsdeprivilegierung hinnehmen.[819] Dieses Ergebnis ist offensichtlich sachwidrig und veranschaulicht, dass Interessenkonflikte bislang zu wenig als einheitliche Problemkategorie wahrgenommen werden.

---

815 Vgl. auch die weiteren Ausführungen zur Rechtfertigung von Eingriffen in die Rechtstellung von Aufsichtsratsmitgliedern im folgenden Abschnitt, Teil 2: § 4 D. 3. e) cc) (= S. 190 ff.).

816 BVerfG, Urteil vom 01.03.1979 – 1 BvR 532/77, et. al., BVerfGE 50, 290–381, zit. n. juris, Rdnr. 90 ff., 139. Vgl. allgemein zur Rspr. des BVerfG zur Rechtsstellung der Aktionäre *Seiler-Coceani*, in: Hoffmann-Becking, Münch. Hdb. GesR. IV (2015), § 12, Rdnr. 2, m.w.N.

817 Hierauf hat schon *Dreher*, JZ 1990, S. 896 (901) hingewiesen.

818 Hierzu ausf. oben, Teil 2: § 4 D. 3. c) (= S. 176 ff.).

819 Ausf. *Koch*, ZGR 2014, S. 697 (710 ff.).

(3) Folgen eines Stimmrechtsausschlusses nach herrschender Meinung

Besteht ein Stimmrechtsausschluss nach Maßgabe der herrschenden Meinung, ist die Stimmabgabe nichtig.[820] Dabei tritt die Nichtigkeit „automatisch" ein, da die Rechtsfolge des § 34 BGB unmittelbar bei Vorliegen der Tatbestandsvoraussetzungen gezeitigt wird;[821] der Anordnung eines hierzu legitimierten Entscheidungsträgers[822] bedarf es nicht. Steht die Stimmberechtigung eines Aufsichtsratsmitglieds in Frage, so soll dem Aufsichtsratsvorsitzenden die Befugnis zur verbindlichen Feststellung zustehen.[823] Besteht ein Stimmrechtsverbot, kann das betroffene Aufsichtsratsmitglied zwar an der Beratung teilnehmen; allerdings muss es sich enthalten, um die etwaige Beschlussunfähigkeitsfolge zu vermeiden.[824]

(4) Folgen eines Stimmrechtsausschlusses nach hier vertretener Ansicht

Eine derartiges automatisches Einsetzen des Stimmrechtsausschlusses besteht nach hier vertretener Auffassung nicht. Denn Grundlage des Stimmrechtsausschlusses ist die Treuepflicht, die einem konfliktbehafteten Aufsichtsratsmitglied die Mitwirkung an einem interessenkonfliktrelevanten Aufsichtsratsbeschluss verbietet. Ob der Interessenkonflikt und damit die Treuepflichtenbindung ausreichend stark ist, um die Folge des Stimmrechtsausschlusses zu rechtfertigen, kann niemals pauschal beantwortet werden. Würde das Stimmrechtsrechtsverbot automatisch einsetzen, käme es folglich zu großer Rechtsunsicherheit – zumindest wenn man davon ausgeht, dass ein missachteter Stimmrechtsausschluss Auswirkungen auf den rechtlichen Bestand des betreffenden Aufsichtsratsbeschlusses hat.[825] Ob dies der Fall ist, muss von einem hierzu befugten Entscheidungsträger verbindlich festgestellt werden. Nach hier vertretener Ansicht obliegt die Anordnung eines Stimmrechtsausschlusses dem Aufsichtsratsvorsitzenden, dessen Entscheidung jedoch vom Aufsichtsratsgremium korrigiert werden kann.[826]

---

820 BGH, Urteil vom 02.04.2007 – II ZR 325/05, juris, Rdnr. 13; BayObLG, Beschluss vom 28.03.2003 – 3Z BR 199/02, juris, Rdnr. 17. Aus der Lit. statt vieler: *Mertens/Cahn*, in: KölnKomm AktG (2013), § 108 AktG, Rdnr. 71; *Drygala*, in: Schmidt/Lutter, AktG (2015), § 108 AktG, Rdnr. 18; *Habersack*, in: MünchKomm. AktG (2014), § 108 AktG, Rdnr. 33.

821 *Tomasic*, in: Grigoleit, AktG (2013), § 108 AktG, Rdnr. 32.

822 In Betracht kämen hierzu der Aufsichtsratsvorsitzende als Sitzungsleiter oder das Aufsichtsratskollektiv qua Selbstorganisationsbefugnis.

823 S. hierzu ausf. unten, Teil 2: § 5 B. II. 1 (= S. 209 ff.).

824 BGH, Urteil vom 02.04.2007 – II ZR 325/05, juris, Rdnr. 13, im Anschluss an *Mertens/Cahn*, in: KölnKomm AktG (2013), § 108 AktG, Rdnr. 66, m.ausf.N; a.A. *Habersack*, in: MünchKomm. AktG (2014), § 108 AktG, Rdnr. 33.

825 Genau diese Erwägung wird im Übrigen für die Ablehnung eines allgemeinpräventiven Stimmverbots bei Interessenkonflikten angeführt, etwa *Tomasic*, in: Grigoleit, AktG (2013), § 108 AktG, Rdnr. 29.

826 Ausf. Begründung dieser Ansicht unten, Teil 2: § 5 B. II. 4 (= S. 216 ff.).

Rechtsfolge eines derart angeordneten Stimmverbots ist – genau wie nach herrschender Meinung – die Pflicht des betroffenen Aufsichtsratsmitglieds zur Enthaltung; enthält es sich nicht, ist der Aufsichtsratsbeschluss nichtig.

Wegen des nicht-automatischen Einsetzens des Stimmverbots nach hier vertretener Ansicht ist darüber hinaus zu klären, was passiert, wenn der Aufsichtsratsvorsitzende den Stimmrechtsausschluss trotz objektiv bestehender Gebotenheit nicht anordnet. Dies kommt insbesondere dann in Betracht, wenn der konfliktbehaftete Amtswalter seiner Offenlegungspflicht nicht nachkommt und weder der Vorsitzende noch das Aufsichtsratskollektiv von dem Interessenkonflikt erfahren. Zweifellos führt die treuepflichtwidrige Mitwirkung eines konfliktbehafteten Aufsichtsratsmitglieds dazu, dass der betreffende Aufsichtsratsbeschluss fehlerhaft wird. Entgegen der wohl herrschenden Meinung[827] folgt aus dieser Fehlerhaftigkeit jedoch nicht automatisch die Nichtigkeit, sondern lediglich die Vernichtbarkeit. Denn es sollte dem Aufsichtsratskollektiv möglich sein, zu beurteilen, ob sich der Interessenkonflikt im konkreten Fall tatsächlich so sehr ausgewirkt hat, dass er das gesellschaftliche Interesse am Bestand des Aufsichtsratsbeschlusses überwiegt. Weitere Rechtssicherheit kann durch Verwirkung der Aufsichtsratsbefugnis zur Vernichtbarmachung von konfliktbeeinflussten Interessenkonflikten erreicht werden, wenn sich der Interessenkonflikt erkennbar nicht bzw. nur in geringer Weise kompromittierend auf den Beschluss ausgewirkt hat.[828]

---

827 Nach st. Rspr. und gewichtigem T.d.L. folgt aus jeder Fehlerhaftigkeit eines Aufsichtsratsbeschlusses die Nichtigkeit: st. Rspr. des BGH, Urteil vom 17.05.1993 – II ZR 89/92, BGHZ 122, 342–363, zit. n. juris, Rdnr. 16, m.w.N.; BGH, Urteil vom 21.04.1997 – II ZR 175/95 ("ARAG/Garmenbeck"), BGHZ 135, 244–257, zit. n. juris, Rdnr. 9; BGH, Zwischenurteil vom 29.01.2013 – II ZB 1/11, juris, Rdnr. 13. Aus der Lit. *Koch*, in: Hüffer, AktG (2014), § 108 AktG, Rdnr. 28; *Habersack*, in: MünchKomm. AktG (2014), § 108 AktG, Rdnr. 73; *Hopt/Roth*, in: Großkomm. AktG (2006), § 108 AktG, Rdnr. 135 ff.; *Spindler*, in: Spindler/Stilz, AktG (2015), § 108 AktG, Rdnr. 69, 73 ff., jeweils m.w.N.
Allerdings gibt es eine äußerst gewichtige Gegenmeinung, die zwischen Nichtigkeit und Vernichtbarkeit unterscheidet: OLG Hamburg, Urteil vom 23.07.1982 – 11 U 179/80, zit. n. AG 1983, 21 (24); OLG Hamburg, Urteil vom 25.05.1984 – 11 U 183/83, zit. n. AG 1984, 248 (248 f.); OLG Hamburg, Urteil vom 06.03.1992 – 11 U 134/91, zit. n. AG 1992, 197 (198); OLG Celle, Urteil vom 09.10.1989 – 9 U 186/89, zit. n. AG 1990, 264 (266); OLG Schleswig, Urteil vom 20.02.2003 – 5 U 29/02, juris, Rdnr. 59 (freiwilliger Aufsichtsrat der GmbH); *Mertens/Cahn*, in: KölnKomm AktG (2013), § 108 AktG, Rdnr. 101; *Baums*, ZGR 1983, S. 300 (305 ff.); *Kindl*, AG 1993, S. 153 (155); *Rellermeyer*, ZGR 1993, S. 77 (101 f.); vgl. *Lutter/Krieger/Verse*, Rechte und Pflichten des Aufsichtsrats (2014), § 11, Rdnr. 737; vgl. *Hoffmann-Becking*, in: Hoffmann-Becking, Münch. Hdb. GesR. IV (2015), § 31, Rdnr. 115.

828 Der dargestellte Ansatz zur Begründung des Stimmrechtsausschlusses anhand der Treuepflicht wurde – soweit erkennbar – in dieser Arbeit zum ersten Mal vorgetragen. Insofern bestand bislang nicht die Notwendigkeit einer Auseinandersetzung mit Fragen der Rechtssicherheit. Die grundsätzliche Idee, zur Absicherung des

bb) Teilnahmeverbot

Darüber hinaus kann nach herrschender Auffassung aus einem Interessenkonflikt auch ein Teilnahmeverbot folgen.[829] Das Teilnahmeverbot isoliert den Interessenkonflikt des einzelnen Aufsichtsratsmitglieds und die hiervon ausgehende Gefahr für die Arbeit des Aufsichtsratsgremiums weitreichender als ein bloßes Stimmverbot: Durch die Nichtteilnahme an der Sitzung verliert der konfliktbehaftete Amtswalter die Möglichkeit, in konfliktbeeinflusster Weise auf das Gremium einzuwirken und wird vollständig vom Informationsfluss abgeschnitten.[830] An dieser Stelle sei erneut auf die Ergebnisse der Verhaltensökonomie hingewiesen. Danach kann ein im Interessenkonflikt befindliches Aufsichtsratsmitglied durchaus ohne bewussten Machtmissbrauchsvorsatz psychisch daran gehindert sein, eigenverantwortlich von entsprechenden Beeinflussungshandlungen abzusehen. Das Teilnahmeverbot ist daher ein sehr effizientes Mittel zur Abwehr der aus dem Interessenkonflikt resultierenden Gefahr für die adäquate Aufsichtsarbeit – und damit für die Interessen der Gesellschaft. Gleichzeitig greift es aber sehr stark in die individuellen Rechte des einzelnen Aufsichtsratsmitglieds ein.

Unglücklicherweise kennt das AktG kein spezielles Teilnahmeverbot für Aufsichtsratsmitglieder. Anders als beim Stimmrechtsverbot steht auch keine analogiefähige Vorschrift aus dem Vereinsrecht bereit, deren Heranziehung erwogen werden könnte. Obwohl die Entziehung der Teilnahmeberechtigung weiter in die Rechtsstellung des betroffenen Aufsichtsratsmitglieds eingreift als der Stimmrechtsausschluss, wird allgemein keine große Mühe auf dessen rechtliche Begründung verwandt: Sofern überhaupt eine Begründung angeboten wird[831], verbleibt es bei einem lapidaren Verweis auf die organschaftliche Treuepflicht.[832]

Das ist zwar durchaus zutreffend: Bei stärkeren Interessenkonflikten ist ein Schutz der Gesellschaft vor einer Mitwirkung des konfliktbehafteten Aufsichtsratsmitglieds und einer hieraus möglichen Infektion des Aufsichtsratskollektivs durchaus

---

Bestandsinteresses an fehlerhaften Aufsichtsratsbeschlüssen auf das Rechtsinstitut der Verwirkung zurückzugreifen, ist jedoch anerkannt: BGH, Urteil vom 17.05.1993 – II ZR 89/92, BGHZ 122, 342–363, zit. n. juris, Rdnr. 16; *Bürgers/Israel*, in: Bürgers/Körbers, AktG (2011), § 108 AktG, Rdnr. 20; *Habersack*, in: MünchKomm. AktG (2014), § 108 AktG, Rdnr. 78; *Hopt/Roth*, in: Großkomm. AktG (2006), § 108 AktG, Rdnr. 136; *Hoffmann-Becking*, in: Münch. Hdb. GesR. IV (2015), § 31, Rdnr. 114; vgl. *Mertens/Cahn*, in: KölnKomm AktG (2013), § 108 AktG, Rdnr. 117.

829 *Habersack*, in: MünchKomm. AktG (2014), § 109 AktG, Rdnr. 10; *Spindler*, in: Spindler/Stilz, AktG (2015), § 109 AktG, Rdnr. 8; *Diekmann/Fleischmann*, AG 2013, S. 141 (146); *Koch*, in: Hüffer, AktG (2014), § 109 AktG, Rdnr. 2; a.A. *Kindl*, Die Teilnahme an der Aufsichtsratssitzung (1993), S. 204 f.

830 *Mertens/Cahn*, in: KölnKomm AktG (2013), § 109 AktG, 13 f.

831 Ohne eine Begründung kommen etwa aus: *Habersack*, in: MünchKomm. AktG (2014), § 109 AktG, Rdnr. 10; *Spindler*, in: Spindler/Stilz, AktG (2015), § 109 AktG, Rdnr. 8;

832 *Koch*, in: Hüffer, AktG (2014), § 108 AktG, Rdnr. 14; *Mertens/Cahn*, in: KölnKomm AktG (2013), § 109 AktG, Rdnr. 13 f.

geboten und führt zu einer Duldung des Teilnaheverbots durch den Amtswalter. Dennoch ist der lapidare Verweis auf die Treuepflicht erstaunlich und wirft kein gutes Licht auf die seit Jahrzehnten geführte Debatte um die Rechtsgrundlage des Stimmrechtsausschlusses bei Interessenkonflikten: Der Treuepflicht wird offenbar durchaus zugetraut, tiefgreifende Eingriffe in die Rechtsstellung der Aufsichtsräte zu rechtfertigen. Dennoch verliert sich die Diskussion *in puncto* Stimmrechtsausschluss lieber in jahrelangen Diskussionen um die Anwendung einer vereinsrechtlichen Vorschrift, die erkennbar nur auf bestimmte Fälle des Interessenkonflikts zugeschnitten ist. Anstatt sich am erforderlichen Schutzniveau der Gesellschaft zu orientieren, wird die Eingriffstiefe auf diese – ohnehin nur entsprechend anwendbare – Vorschrift begrenzt oder vollkommen abstrakte allgemeine Rechtsprinzipien beschworen. Für den Fall des Teilnahmeverbots wird dann jedoch wieder ohne weiteres auf die Treuepflicht abgestellt, weil offen zu Tage tritt, dass eine solche Maßnahme zum Schutz vor Interessenkonflikten erforderlich ist.

Hier tut sich ein eindeutiger Wertungswiderspruch auf. Die Vernachlässigung der Treuepflicht als dogmatische Grundlage für Eingriffe in das Teilnahme- und Stimmrecht demonstriert, dass der grundlegende Zusammenhang zwischen Interessenwahrung, Interessenkonflikten und Treuepflicht verkannt wird. Die Treuepflicht wird ohne weitere Auseinandersetzung als beliebiger „Lückenfüller" benutzt, wenn es gerade opportun erscheint. Dabei wird außer Acht gelassen, dass es sich bei der Interessentreuepflicht um einen allgemeinen privatrechtlichen Rechtstopos handelt, der alle Interessenwahrungsverhältnisse eint und welcher von geschriebenen Rechtsregelungen lediglich konkretisiert wird.

In jedem Fall reicht zur Rechtfertigung eines Teilnahmeverbots kein beliebiger Interessenkonflikt. Dieser bedarf im Einklang mit den in Teil 1[833] dargestellten Grundlagen zur Bestimmung der Treuepflichtenstärke einer gewissen Stärke. Darüber hinaus muss ein Teilnahmeverbot unabhängig von der Konfliktstärke immer bei solchen Interessenkonflikten ausgesprochen werden, bei denen das konfliktbehaftete Aufsichtsratsmitglied zum Schutz der Gesellschaft zwingend vom Informationsfluss ausgeschlossen werden muss. In gegenteiliger Hinsicht indes ist zu berücksichtigen, dass auch ein konfliktbehaftetes Aufsichtsratsmitglied einen wertvollen Beitrag zur Findung des richtigen Ergebnisses durch Diskussionsbeiträge in der Sitzung leisten kann.[834] Dies gilt zumindest dann, wenn der Interessenkonflikt dem Plenum gegenüber offengelegt ist und so jedes Aufsichtsratsmitglied um die Sondersituation weiß. In keinem Fall folgt aus einem Stimmrechtsausschluss automatisch ein Teilnahmeverbot.[835]

---

833 S. oben, Teil 1: § 5 B. I. 1 (= S. 79 ff.).

834 *Kindl*, Die Teilnahme an der Aufsichtsratssitzung (1993), S. 118; vgl. auch *Blasche*, AG 2010, S. 692 (698).

835 *Habersack*, in: MünchKomm. AktG (2014), § 109 AktG, Rdnr. 10; *Kindl*, Die Teilnahme an der Aufsichtsratssitzung (1993), S. 116; *Behr*, AG 1984, S. 281 (283). Im Übrigen wird man nicht so weit gehen können, dem Aufsichtsratsmitglied eine Offenlegungspflicht in Bezug auf konfliktrelevantes Sonderwissen abzuverlangen,

Die Befugnis zur Aussprache eines Teilnahmeverbots steht nach hier vertretener Auffassung dem Aufsichtsratsvorsitzenden zu, dessen Entscheidung indes vom Aufsichtsratsgremium korrigiert werden kann.[836]

cc) Pflicht zum Ruhenlassen oder Niederlegung des Mandats

Ein weiteres Instrument zur Bewältigung von Interessenkonflikten im Aufsichtsrat besteht in der Pflicht des konfliktbelasteten Mitglieds zum Ruhenlassen[837] bzw. der Niederlegung des Mandats. Diese wird heute wohl herrschend für den Fall des schweren und dauerhaften Interessenkonflikts angenommen.[838] Dabei kommt ein Ruhenlassen nur dann in Betracht, wenn sich die Gesellschaft in einer zeitlich befristeten Sondersituation befindet; eine solche kann etwa im Falle einer grundlegenden Strategieentscheidung, einer Übernahmesituation oder Restrukturierung bestehen.[839] In allen anderen Fällen ist das Mandat niederzulegen.[840]

Die Verpflichtung zur (zeitweiligen) Mandatsniederlegung wird herrschend ohne weitere Begründung auf die Treuepflicht des Aufsichtsratsmitglieds gestützt[841]

Die bereits beim Teilnahmeverbot vorgebrachte Kritik zum stiefmütterlichen Umgang mit der Treuepflicht ist an dieser Stelle sogar noch berechtigter. Denn

---

durch deren Erfüllung er sich in Drittverhältnissen schadensersatzpflichtig machen könnte, *Habersack*, in: MünchKomm. AktG (2014), § 116 AktG, Rdnr. 46 und *Spindler*, in: Spindler/Stilz, AktG (2015), § 100 AktG, Rdnr. 41, m.w.N.

836 S. hierzu ausf. unten, Teil 2: § 5 B. II. 4 (= S. 216 ff.).

837 Die Möglichkeiten des zeitweiligen Ruhenlassens wird nur von wenigen Autoren in Betracht gezogen, insb. *Seibt*, in: FS Klaus Hopt (Bd. I) (2010), S. 1363 (1383); dagegen jedoch *Spindler*, in: Spindler/Stilz, AktG (2015), § 116 AktG, Rdnr. 85; *Tielmann/Struck*, DStR 2013, S. 1191 (1192). Sofern man wie hier das Ruhenlassen nur für die speziellen Fälle der zeitlich befristeten Sondersituation als zulässig erachtet, könnte man es ebenso als erweiterte Form des Stimm- und Teilnahmeausschlusses betrachten. Innerhalb dieses beschränkten Anwendungsbereichs erscheint ein Ruhenlassen des Mandats durchaus sinnvoll.

838 OLG Schleswig, Beschluss vom 26.04.2004 – 2 W 46/04, juris, Rdnr. 7, m.w.N.; vgl. *Hopt/Roth*, in: Großkomm. AktG (2006), § 100 AktG, Rdnr. 85, § 103 AktG, Rdnr. 95, m.w.N.; *Koch*, in: Hüffer, AktG (2014), § 103 AktG, Rdnr. 17; *Möllers*, ZIP 2006, S. 1615 (1619); *Dreher*, JZ 1990, S. 896 (902); *Hoffmann-Becking*, in: Hoffmann-Becking, Münch. Hdb. GesR. IV (2015), § 33, Rdnr. 83; *Kindl*, Die Teilnahme an der Aufsichtsratssitzung (1993), S. 143 f.; vgl. außerdem die Nachweise in Fn. 841; a.A. *Knapp*, Treuepflicht der Aufsichtsratsmitglieder (2004), S. 295 ff.; *Krebs*, Interessenkonflikte bei Aufsichtsratsmandaten in der Aktiengesellschaft (2002), S. 253; vgl. auch *Lange*, WM 2002, S. 1737 (1746).

839 *Seibt*, in: FS Klaus Hopt (Bd. I) (2010), S. 1363 (1383).

840 Vgl. *Seibt*, in: FS Klaus Hopt (Bd. I) (2010), S. 1363 (1838).

841 *Habersack*, in: MünchKomm. AktG (2013), § 100 AktG, Rdnr. 94 ff.; *Spindler*, in: Spindler/Stilz, AktG (2015), § 103 AktG, Rdnr. 63, m.w.N.; *Henssler*, in: Henssler/Strohn, Gesellschaftsrecht (2014), § 116 AktG, Rdnr. 10; *Mertens/Cahn*, in: KölnKomm AktG (2013), § 116 AktG, Rdnr. 34; *Diekmann/Fleischmann*, AG 2013, S. 141 (147).

die Pflicht zur Mandatsniederlegung stellt einen noch weitergehenderen Eingriff in die Rechte des einzelnen Aufsichtsratsmitglieds und kann – insbesondere in kleinen Gremien (Beschlussunfähigkeit) und mitbestimmt besetzten Aufsichtsräten (Paritätswahrung) – mit schweren Beeinträchtigungen der Aufsichtsratstätigkeit verbunden sein,. Umso mehr erstaunt es, dass die Treuepflicht zwar zur Begründung einer Amtsniederlegungspflicht, nicht aber zur Begründung eines Stimmrechtsausschlusses herangezogen wird. Im Übrigen überrascht es sehr, dass man nach weiteren Ausführungen zur Begründung und der Pflichtenstärke einer entsprechenden Treuepflicht vergebens sucht.

Freilich gilt aber auch hier: Schwere und dauerhafte Interessenkonflikte eines Aufsichtsratsmitglieds lassen sich durch die Stimmrechts- und Teilnahmeverbote nicht isolieren. Denn diese Maßnahmen müssten permanent angeordnet werden, sodass die Aufsichtsratstätigkeit darunter leiden würde: Das Gremium würde häufig die Mitwirkungskraft des betroffenen Mitglieds verlieren, ständigen Aufwand hinsichtlich der Isolierung des Interessenkonflikts betreiben müssen und könnte sich in Fällen der Nichtanordnung von Stimmrechts- und Teilnahmeverboten nie ganz sicher sein, die vom Konflikt ausgehende Gefahr für die Gesellschaftsinteressen tatsächlich eliminiert zu haben. Aus diesem Grund ist das in schwerer Weise und dauerhaft konfliktbehaftete Aufsichtsratsmitglied im Hinblick auf seine Treuebindung zur Gesellschaft tatsächlich dazu verpflichtet, sein Amt niederzulegen bzw. ruhen zu lassen.

Für den Aufsichtsratsvorsitzenden bzw. das -kollektiv ergibt sich die spiegelbildliche Verpflichtung, auf die Amtsniederlegung hinzuwirken. Während das zeitweilige Ruhen des Mandats wie ein Teilnahmeverbot angeordnet werden kann[842], muss die finale Amtsniederlegung ggf. durch Einleitung eines Abberufungsverfahren nach § 103 Abs. 3 AktG durchgesetzt werden.

dd) Abberufung gemäß § 103 Abs. 3 S. 1 AktG

Wie bereits oben[843] dargelegt wurde, stellt ein schwerwiegender und dauerhafter Interessenkonflikt einen wichtigen Grund i.S.d. § 103 Abs. 3 S. 1 AktG dar, der zur Abberufung führen kann bzw. muss. Antragsberechtigt bzw. -verpflichtet ist grundsätzlich der Gesamtaufsichtsrat.[844]

Wurde das betroffene Aufsichtsratsmitglied aufgrund einer Satzungsregelung entsandt, kann auch eine qualifizierte Aktionärsminderheit die Abberufung beantragen.[845] Sollen Arbeitnehmervertreter abberufen werden, sind außerdem spezielle mitbestimmungsrechtliche Vorschriften zu beachten.

---

842 *Seibt*, in: FS Klaus Hopt (Bd. I) (2010), S. 1363 (1387).

843 S. oben, Teil 2: § 4 D. 2. b) (= S. 172 ff.).

844 § 103 Abs. 3 S. 2 AktG.

845 § 103 Abs. 3 S. 3 AktG.

f) Typengemischte Interessenkonfliktsmaßnahme: §§ 113 – 115 AktG

Die abstrakten Vorschriften der §§ 113 – 115 AktG lassen sich nicht trennscharf als eine bestimmte Form der Interessenkonfliktsmaßnahme einordnen. Einerseits dienen die Regelungen der Vermeidung von Interessenkonflikten: Die Aufsichtsratsvergütung wird von der Hauptversammlung festgelegt (§ 113 AktG); sonstige Dienst- und Werkverträge (§ 114 AktG) und Kreditgewährungen (§ 115 AktG) bedürfen außerdem der Zustimmung des Gesamtaufsichtsratsplenums. So wird präventiv verhindert, dass der Vorstand bestimmte Aufsichtsratsmitglieder durch den Abschluss lukrativer Verträge beeinflusst.[846]

Gleichzeitig könnte man die Vorschrift auch als Lösungsprogramm für den Interessenkonflikt zwischen den einzelnen Aufsichtsratsmitgliedern und der Gesellschaft sehen. Bei Austauschverträgen vollzieht sich der Interessenausgleich – wie in Teil 1[847] gesehen – nämlich durch die privatautonome Aushandlung der Parteien, wobei jede natürlicherweise auf den größtmöglichen Nutzen abzielt. Somit kollidieren in der Person des Aufsichtsratsmitglieds das Eigeninteresse am Abschluss eines einträglichen Dienst- oder Werkvertrags mit dem ebenfalls zu wahrenden Unternehmensinteresse –mit anderen Worten besteht ein veritabler interner Interessenkonflikt. Durch die Verlagerung der Zuständigkeit auf den Gesamtaufsichtsrat wird dieser Konflikt gelöst.[848]

Abschließend kommt den Regelungen der §§ 113 – 115 AktG ein Element der Offenlegung zu. Für die Beschlussfassung der eigentlichen Aufsichtsratsvergütung ergibt sich dies bereits aus der Quasiöffentlichkeit der Hauptversammlung und der Angabepflicht im Anhang zur Bilanz gemäß § 285 Abs. 9a HGB; letztere gilt auch für § 115 AktG. Für 114 AktG findet sich eine entsprechende Regelung zwar nicht.[849] Allerdings empfiehlt Ziffer 5.4.6 Abs. 3 DCGK die individualisierte Offenlegung der Aufsichtsratsvergütung einschließlich der „vom Unternehmen an die Mitglieder des Aufsichtsrats gezahlten Vergütungen oder gewährten Vorteile für persönlich erbrachte Leistungen, insbesondere Beratungs- und Vermittlungsleistungen".

4. Zwischenfazit: Stiefmütterlicher Umgang mit der Treuepflicht

Betrachtet man die aufsichtsratsspezifischen Interessenkonfliktsmaßnahmen in ihrer Gesamtheit, lässt sich folgendes feststellen: Das AktG beschränkt sich auf einige abstrakte Konfliktvermeidungsvorschriften. Konfliktlösungsvorschriften

---

846 Ausf. BGH, Urteil vom 03.07.2006 – II ZR 151/04, BGHZ 168, 188–200, zit. n. juris, Rdnr. 9, m.w.N.; aus der Lit. statt vieler *Spindler*, in: Spindler/Stilz, AktG (2015), § 114 AktG, Rdnr. 1; *Habersack*, in: MünchKomm. AktG (2014), § 114 AktG, Rdnr. 1 ff.; *Koch*, in: Hüffer, AktG (2014), § 114 AktG, Rdnr. 1.

847 S. oben, Teil 1: § 1 B. I. 1 (= S. 9 ff.).

848 Vgl. BGH, Urteil vom 03.07.2006 – II ZR 151/04, BGHZ 168, 188–200, zit. n. juris, Rdnr. 9.

849 *Spindler*, in: Spindler/Stilz, AktG (2015), § 114 AktG, Rdnr. 2 hält die Vorschrift daher für verfehlt und empfiehlt eine Pflicht zur Berichterstattung gegenüber der Hauptversammlung.

sieht es lediglich in § 103 Abs. 3 AktG und §§ 113 f. AktG vor. Rechtswissenschaft und -praxis stehen damit vor der Herausforderung, eigene Lösungsansätze zur Isolierung der Interessenkonflikte des besonders konfliktanfälligen Aufsichtsratsmandats zu entwickeln.[850]

Hierbei beschreiten die meisten Diskursteilnehmer einen eigenartigen Weg: Interessenkonfliktsmaßnahmen werden nämlich nicht einheitlich aus der Treuepflicht des Aufsichtsratsmitglieds hergeleitet. So wird der Stimmrechtsausschluss – trotz augenfälliger Wertungswidersprüche zum Ausschluss der *business judgment rule*[851] – auf die Fälle des § 34 BGB beschränkt. Die deutlich einschneidenderen Interessenkonfliktsmaßnahmen des Teilnahmeverbots sowie der Pflicht zum Ruhenlassen oder der Niederlegung des Mandats werden hingegen ohne weitere Begründung aus der Treuepflicht hergeleitet. Gleiches gilt für die Offenlegung von Interessenkonflikten.[852]

Der lapidare Verweis auf die Treuepflicht ohne jedwede Auseinandersetzung mit den Grundlagen und Modalitäten der Pflichtenbindung ist jedoch nicht nur aus allgemeinen wissenschaftspraktischen Erwägungen heraus problematisch. Er offenbart einen allgemeinen stiefmütterlichen Umgang mit der Treuepflicht, welcher dem Zweck und der Nützlichkeit dieses Instruments nicht gerecht wird: Wenn gerade kein anderer normativer Anknüpfungspunkt zur Verfügung steht, wird die Interessenkonfliktsproblematik kurzum über einen unbegründeten Verweis auf die Treuepflichtenbindung des Aufsichtsratsmitglieds gelöst.

Dies verstellt den Blick auf das Potenzial, das die Treuepflicht zur Begründung eines einheitlichen, konsistenten und tragfähigen Modells zum rechtlichen Umgang mit Interessenkonflikten im Aufsichtsrat bietet: Die Treuepflicht ist das universelle Rechtsinstrument zur Überbrückung des treuhandrechtlichen Trennungs- und Abstraktionsgrundsatzes. Ihr Hauptzweck besteht darin, die von Interessenkonflikten ausgehende Gefahr für die ordnungsgemäße Durchführung des Interessenwahrungsverhältnisses zu beseitigen. Daher steht auch bei der Treuepflicht im Aufsichtsratsmandat die von dem Interessenkonflikt ausgehende Gefahr im Mittelpunkt der Betrachtung. Dies erkennen letztlich auch herrschende Literaturstimmen an, indem sie im Ergebnis für Offenlegung, Teilnahmeverbot und Mandatsniederlegung eine aufsteigende Konfliktintensität und -dauer fordern; in gewisser Weise gilt dies auch für den Stimmrechtsausschluss, der zwar grundsätzlich auf die Fälle des § 34 BGB beschränkt ist, von den meisten Vertretern jedoch in irgendeiner Form erweitert wird. Nach *Seibt* besteht eine „fünfstufige Reaktionsleiter, ein pentalogisches Reaktionssystem“[853]. Freilich ist der herrschenden Literatur der Vorwurf zu machen, dass sie für dieses Ergebnis keinerlei Begründung liefern kann.

---

850 So auch *Seibt*, in: FS Klaus Hopt (Bd. I) (2010), S. 1363 (1370).
851 § 116 S. 2 AktG.
852 Vgl. ausf. unten, Teil 2: § 5 B. II (= S. 207 ff.).
853 *Seibt*, in: FS Klaus Hopt (Bd. I) (2010), S. 1363 (1372).

Darüber hinaus zeigen sich die Unzulänglichkeiten des bisher vorgeschlagenen Konfliktlösungsprogramms darin, dass die Zuständigkeitsordnung für die verschiedenen Interessenkonfliktsmaßnahmen uneinheitlich und beliebig erscheint: Zur Frage des Offenlegungsadressaten besteht eine weithin unbemerkte Uneinigkeit[854]: Der Stimmrechtsausschluss soll vom Aufsichtsratsvorsitzenden erteilt, das Teilnahmeverbot – je nach Ansicht – vom Plenum oder dem Vorsitzenden[855] ausgesprochen werden. Die Durchsetzung der Amtsniederlegung soll definitiv Kollektiv vorbehalten sein. Im Übrigen verwenden diejenigen Literaturmeinungen, welche Teilnahmeverbot und Amtsniederlegung ohne Umschweife auf die organschaftliche Treuepflicht stützen, keinerlei Aufwand darauf, den Begünstigten der Treuepflicht zu identifizieren. Wie die obige[856] ausführliche Auseinandersetzung dokumentiert, ist die ausschließliche Geltung der Treuepflicht im Verhältnis von Aufsichtsrat und Gesellschaft zwar zutreffend, aber nicht selbstverständlich. Wenn man eine Interessenkonfliktsmaßnahme lakonisch auf die Treuepflichtenbindung stützt, so sollte bedacht werden, dass der Treuepflichtbegünstigte grundsätzlich auch einen Anspruch auf deren Durchführung hat. Nähme man also mit der durchaus beachtlichen Mindermeinung an, dass der Aufsichtsrat auch dem Aktionariat gegenüber zur Treue verpflichtet ist, ergäben sich die Folgefragen, auf welcher Grundlage man den Aktionären ein Verlangen auf Konfliktoffenlegung, Teilnahmeverbot oder Amtsniederlegung versagen wollte.

Im Übrigen scheint die eigentlich wichtigste Frage kaum eine Rolle zu spielen. Diese lautet: Wie kann die interessenkonfliktsspezifischen Gefahr am effektivsten bekämpft und die Beeinträchtigungen der Aufsichtsratstätigkeit dabei möglichst gering gehalten werden? Auf Grundlage der hier vertretenen einheitlich treuepflichtzentrierten Sichtweise mit Blick auf die Interessenkonflikte des Aufsichtsrats lässt sich diese Problematik vermeiden: Wie im folgenden Kapitel[857] ausführlich hergeleitet wird, besteht für alle Interessenkonfliktsmaßnahmen eine Primärzuständigkeit des Aufsichtsratsvorsitzenden mit einer Abweichungskompetenz des Kollektivs.

E. Fallgruppen aufsichtsratsspezifischer Interessenkonflikte

Das Aufsichtsratsverhältnis bietet unendliche Möglichkeiten für die Entstehung von Interessenkonflikten. Jeder Versuch der abschließenden Aufzählung oder Kategorisierung ist daher im Ansatz zum Scheitern verurteilt. Dennoch gibt es einige Konfliktursachen, die besonders häufig auftreten. Diese werden im Folgenden dargestellt, freilich ohne Anspruch auf Vollständigkeit.

854 S. hierzu unten, Teil 2: § 5 B. II (= S. 207 ff.).
855 Freilich wird von diesen Vertretern eine Überstimmungsbefugnis des Aufsichtsratskollektivs angenommen.
856 S. oben, Teil 2: § 3 B (= S. 118 ff.).
857 S. unten, Teil 2: § 5 (= S. 205 ff.).

In Teil 1 dieser Arbeit wurde bereits für der privatrechtlichen Interessenkonflikt allgemein dargelegt, dass sich Interessenkonflikte nach einer Vielzahl von Merkmalen einteilen lassen. Dies gilt selbstverständlich auch für die aufsichtsratsspezifischen Interessenkonflikte. Würde man bei der Einteilung der typischen Interessenkonflikte versuchen, jedes Differenzierungskriterium zu berücksichtigen, ergäbe sich eine Matrix von beachtlichem Ausmaß.

Die folgende Darstellung orientiert sich daher grundlegend an der Herkunft und Ursache der Interessenkonflikte. Außerdem wird darauf verzichtet, pauschal in jeder einzelnen Kategorie darauf hinzuweisen, dass der jeweilige Interessenkonflikt in verschiedenen Stärken (schwach bis stark) und Zeitspannen (punktuell oder dauerhaft) auftreten kann. Selbstverständlich handelt es sich bei Dauer und Stärke um außerordentlich wichtige Faktoren zur Bestimmung des rechtlichen Umgangs. Sie lassen sich allerdings nicht immer abstrakt beschreiben, sondern können häufig nur im Einzelfall beurteilt werden. Es handelt sich folglich um Metakategorien, deren Existenz für jede der im Folgenden darstellten Fallgruppen unterstellt wird.

Schließlich wird darauf eingegangen, welche der im Vorabschnitt dargestellten Interessenkonfliktsmaßnahmen auf die jeweilige Konfliktkategorie Anwendung findet, sofern eine halbwegs verallgemeinernde Aussage möglich ist.

I. Interne Interessenkonflikte

1. *Austauschgeschäft zwischen Aufsichtsratsmitglied und Gesellschaft*

Wie bereits dargelegt[858], führen jegliche Austauschgeschäfte die Gesellschaft mit dem Aufsichtsratsmitglied einen entgeltlichen Austauschvertrag schließt, zu einem Interessenkonflikt. Für Werk- und Dienstverträge sowie Kreditgewährungen an den Amtswalter sieht das AktG in den §§ 114 f. daher ein spezielles Zustimmungsbedürfnis des Aufsichtsratskollektivs vor. Bei der Beschlussfassung darf das betroffene Aufsichtsratsmitglied nicht mitwirken.

Es wurde bislang jedoch nicht geregelt, was für andere Vertragsarten gilt. Auch hier ergibt sich Potenzial für Interessenkonflikte: Auch bei anderen Formen des Leistungsaustauschs hat das Aufsichtsratsmitglied in seiner eigenen Person ein Interesse, das dem Interesse der Gesellschaft an einem möglichst günstigen Vertrag entgegenläuft; dies gilt etwa bei Kaufverträgen, Mietverträgen oder Kreditgewährungen durch den Amtswalter an die Gesellschaft. Grundsätzlich ist die Gefahr des Interessenkonflikts für die Gesellschaft beschränkt, weil der Vorstand die Gesellschaft vertritt und damit eine Zuständigkeitsverschränkung eintritt. Problematisch wird die Situation allerdings dann, wenn es sich um ein zustimmungsbedürftiges Geschäft i.S.d. § 111 Abs. 4 AktG handelt. Entgegen der herrschenden Meinung besteht in solchen Fällen allerdings kein pauschaler Stimmrechtsausschluss. Denn nach hier vertretener Ansicht folgt ein Stimmverbot nicht automatisch aus § 34 BGB, sondern aus der

858 S. oben, Teil 2: § 4 D. 3. f) (= S. 192 ff.).

Treuepflicht des Aufsichtsratsmitglieds.[859] Daher kommt es auf die Schutzwürdigkeit der Gesellschaftsinteressen an. Hierbei ergibt sich, dass der Interessenkonflikt offen zu Tage tritt und daher von dem beschlussbefugten Aufsichtsratskollektiv stets in Betracht gezogen werden kann. Außerdem bedarf das Geschäft der zwingenden Mitwirkung des Vorstands, der insofern eine zweite Schutzhürde bildet.[860] Im Ergebnis besteht daher nur im Ausnahmefall die Notwendigkeit eines Stimmrechtsausschlusses.

2. *Rechtsstreit zwischen Aufsichtsratsmitglied und Gesellschaft*

Grundsätzlich gilt das zu den Austauschgeschäften Ausgeführte auch für Rechtsstreitigkeiten der Gesellschaft mit dem Aufsichtsratsmitglied. Sofern sich der Aufsichtsrat überhaupt mit derartigen Streitigkeiten befassen muss, kann die Hürde für Stimmrechts- und Teilnahmeverbot jedoch niedriger liegen. Es liegt auf der Hand, dass ein Aufsichtsratsmitglied ein starkes Interesse an der Nicht-Einleitung eines Rechtsstreits gegen sich hat; in einer entsprechenden Beschlussfassung ist es daher befangen. Im Übrigen ist denkbar, dass in den Aufsichtsratssitzungen prozesstaktische Themen besprochen werden, von denen der konfliktbehaftete Amtswalter zum Schutz der Gesellschaft selbstverständlich nichts erfahren darf.

3. *Wettbewerbssituation mit Unternehmen*

Befindet sich ein Aufsichtsratsmitglied als Einzelunternehmer oder mehrheitsbeteiligter Gesellschafter in einer unmittelbaren Konkurrenzsituation zu der Aktiengesellschaft, liegt hierin eine latente Quelle für interne Interessenkonflikte. Als Gegenstand der Konkurrenz ist dabei jede materielle oder immaterielle Position zu betrachten, die für das Aufsichtsratsmitglied und die Aktiengesellschaft von Wert sind, also insbesondere Vermögenspositionen, Geschäftschancen, Patente, Lizenzen, Talente, Know-how und Kundenaufträge.[861]

Zur Konfliktlösung lassen sich nahezu keine pauschalen Aussagen treffen. Je nach Dauer, Größe und Intensität des Konkurrenzbereichs sind alle Formen von Interessenkonflikten und notwendigen Gegenmaßnahmen denkbar. Ganz allgemein ist bei einer Konkurrenzsituation jedenfalls erhöhte Vorsicht geboten.

4. *Nachträgliche Beurteilung eigener Leistung*

War ein Aufsichtsratsmitglied zuvor Vorstand oder leitender Angestellter in der Gesellschaft, kann es zu der Situation kommen, dass sich der Aufsichtsrat im

859 S. oben, Teil 2: § 4 D. 3. e) aa) (= S. 182 ff.).

860 *Marsch-Barner*, in: Semler/Schenck, ArbeitsHdb. für Aufsichtsratsmitglieder (2013), § 13, Rdnr. 122.

861 *Seibt*, in: FS Klaus Hopt (Bd. I) (2010), S. 1363 (1380).

Nachhinein mit der Beurteilung der vormaligen Leistung[862] befassen muss. So ist der Aufsichtsrat gemäß § 112 AktG auch gegenüber ausgeschiedenen Vorstandsmitgliedern vertretungsberechtigt und -verpflichtet, muss also etwaige Prozesse führen.[863]

Auch hier befindet sich das Aufsichtsratsmitglied in einem meist starken internen Interessenkonflikt, dem regelmäßig durch Stimm- und Teilnahmeverbote begegnet werden muss.

5. Nachteiliger Intraorganbeschluss gegenüber Aufsichtsratsmitglied

Wenn der Aufsichtsrat einen Beschluss über den Stimmrechtsausschluss, das Teilnahmeverbot oder die Einleitung eines Abberufungsverfahrens nach § 103 Abs. 3 AktG gegen ein bestimmtes Aufsichtsratsmitglied fassen muss, liegt es auf der Hand, dass das betroffene Mitglied nicht mitstimmen darf.[864] Der bestehende interne Interessenkonflikt ist offenkundig. Unter Umständen muss außerdem ein Teilnahmeverbot ausgesprochen werden, um dem Aufsichtsratskollegium einen unbefangenen Meinungsaustausch zu ermöglichen.

6. Leitung der eigenen Wahl

Es kommt regelmäßig zu einem punktuellen internen Interessenkonflikt, wenn ein Aufsichtsratsmitglied die Sitzungsleitung bei seiner eigenen Wahl übernimmt.[865] Relevant ist insbesondere die Leitung der Hauptversammlung beim Tagesordnungspunkt der Aufsichtsratswahl durch den Aufsichtsratsvorsitzenden und der konstituierenden Sitzung des Aufsichtsrats, wenn das sitzungsleitende Aufsichtsratsmitglied zum Vorsitzenden gewählt wird. Die Rechtsprechung geht im Vereinsrecht davon aus, dass Wahl und Sitzungsleitung nicht zusammenfallen dürfen.[866] Allerdings besteht im Falle eines Interessenkonflikts keine relevante Gefahr, da dieser offen zu Tage tritt[867] und die Möglichkeiten des Wahlleiters zur Manipulation gering sind. Daher bedarf er keiner Adressierung durch eine Interessenkonfliktmaßnahme.

---

862 Die nachträgliche Beurteilung einer eigenen Leistung ist im Übrigen eine der fünf grundlegenden Interessenkonfliktsfallgruppen, die in der Empfehlung der EU-Kommission vom 16.05.2002, ABl. Nr. L 191 v. 19.07.2002, S. 22 (37) aufgeführt sind.

863 BGH, Beschluss vom 14.05.2013 – II ZB 1/11, juris, Rdnr. 22, m.w.N. Aus der Lit. statt aller *Koch*, in: Hüffer, AktG (2014), § 112 AktG, Rdnr. 2, m.w.N.

864 Vgl. BayObLG, Beschluss vom 28.03.2003 – 3Z BR 199/02, juris, Rdnr. 16; *Matthiessen*, Stimmrecht und Interessenkollision im Aufsichtsrat (1989), S. 267 ff.; *Marsch-Barner*, in: Semler/Schenck, ArbeitsHdb. für Aufsichtsratsmitglieder (2013), § 13, Rdnr. 124.

865 Zu dieser Konfliktkategorie ausf. *Marsch-Barner*, in: Semler/Schenck, ArbeitsHdb. für Aufsichtsratsmitglieder (2013), § 13, Rdnr. 108.

866 OLG Köln, Beschluss vom 31.07.1985 – 2 Wx 9/85, juris, Rdnr. 11.

867 *Marsch-Barner*, in: Semler/Schenck, ArbeitsHdb. für Aufsichtsratsmitglieder (2013), § 13, Rdnr. 108.

7. *Stellung als Arbeitnehmer*

In aller Regel – jedoch nicht zwangsläufig – erhalten Arbeitnehmer über die Mitbestimmungsgesetze Einzug in den Aufsichtsrat. Abgesehen von den mitbestimmungsspezifischen externen Interessenkonflikten kommt es dabei zu einer internen Interessenkollision, sobald ein Aufsichtsratsmitglied den Vorstand als seinen Vorgesetzten überwachen muss.

Zur Lösung dieses Interessenkonflikts lassen sich keine pauschalen Äußerungen treffen. Vielmehr findet das gesamte Spektrum der Interessenkonfliktmaßnahmen je nach Einzelfall Anwendung.

8. *Nähebeziehung zu Vorstandsmitgliedern*

Steht ein Aufsichtsratsmitglied in einer besonderen Nähebeziehung zu einem Vorstandsmitglied, kann es zu konfliktträchtigen Situationen kommen, wenn der Aufsichtsrat Überwachungs- oder Sanktionsmaßnahmen gegen den Vorstand verhängt. Eine solche Nähebeziehung kann insbesondere aus familiären, engen freundschaftlichen und geschäftlichen Verbindungen resultieren.

II. Externe Interessenkonflikte

1. *Konfligierende Verpflichtung zur Wahrung eines anderen Unternehmensinteresses als Geschäftsführer*

Austauschgeschäfte, Rechtsstreitigkeiten und Wettbewerbssituationen sind nicht nur dann Quelle von Interessenkonflikten, wenn sie mit dem Aufsichtsratsmitglied selbst oder einer ihm gehörenden Gesellschaft bestehen. Interessenkonflikte entstehen in demselben Maße, wenn das Aufsichtsratsmitglied Geschäftsführer oder Funktionsträger mit vergleichbarer Position ist. Die oben[868] getätigten Aussagen finden daher entsprechende Anwendung.

2. *Aufsichtsratsdoppelmandate*

Besonders häufig anzutreffen ist die Konstellation, dass eine Person mehrere Aufsichtsratsposten gleichzeitig innehat. Diese Situation darf jedoch keinesfalls nur kritisch gesehen werden, denn grundsätzlich spricht die Berücksichtigung in mehreren Aufsichtsräten dafür, dass die betreffende Person über eine besondere Fachkunde verfügt. Gleichwohl besteht ein erhöhtes Risiko für Interessenkonflikte, insbesondere wenn die Aufsichtsratsmandate in konkurrierenden Gesellschaften bestehen.

---

868 S. oben, Teil 2: § 4 E. I. 1–3 (= S. 195 ff.).

Nach wohl herrschender[869] – wenn auch namhaft bestrittener[870] – Ansicht soll eine Mitgliedschaft in Aufsichtsräten konkurrierender Unternehmen nicht generell ausgeschlossen sein. Diese Ansicht überzeugt nicht nur, weil der Gesetzgeber gegenläufige parlamentarische Initiativen[871] bislang abgelehnt hat. Ein pauschales Verbot würde zudem die Menge an geeigneten Kandidaten beschränken. Darüber hinaus entstünde die Schwierigkeit, abzugrenzen, ab welchem Grad von Konkurrenz zwei Unternehmen als schädliche Wettbewerber angesehen werden können. Zutreffenderweise kann die Gesellschaft ausreichend vor dem Konkurrenzverhältnis geschützt werden, indem die flexible Skala der aufsichtsratsspezifischen Interessenwahrungsverhältnisse zur Anwendung kommt. Sofern das Doppelmandat die Arbeit des Aufsichtsrats in einer Gesellschaft tatsächlich dauerhaft und stark beeinträchtigt, kann das Mitglied sein Mandat niederlegen bzw. abberufen werden. Den Gesellschaften jedoch von vornherein die Möglichkeit zu nehmen, auf ggf. besonders geeignete Kandidaten zurückzugreifen, ginge zu weit.

3. Insbesondere: Beziehung zu Mehrheitsaktionär

Einen Sonderfall stellt die Abhängigkeit von Aufsichtsratsmitgliedern zum beherrschenden Aktionär dar. Wie bereits dargelegt, folgt aus der mehrheitlichen

---

869 BGH, Urteil vom 21.02.1963 – II ZR 76/62, BGHZ 39, 116–124 (123); schon RG, Urteil vom 12.10.1940 – II 33/40, RGZ 165, 68–85 (82 f.); OLG München, Urteil vom 06.08.2008 – 7 U 5628/07, juris, Rdnr. 44 ff.; OLG Schleswig, Beschluss vom 26.04.2004 – 2 W 46/04, juris, Rdnr. 6, m.w.N; LG München I, Urteil vom 22.11.2007 – 5 HK O 10614/07, 5 HKO 10614/07, juris, Rdnr. 40; *Mertens/Cahn*, in: KölnKomm AktG (2013), § 100 AktG, Rdnr. 13; *Koch*, in: Hüffer, AktG (2014), § 103 AktG, Rdnr. 13b; *Spindler*, in: Spindler/Stilz, AktG (2015), § 100 AktG, Rdnr. 40 f.; *Habersack*, in: MünchKomm. AktG (2013), § 100 AktG, Rdnr. 82; *Hopt/Roth*, in: Großkomm. AktG (2006), § 100 AktG, Rdnr. 78; *Martinek*, WRP 2008, S. 51 (55); *Marsch-Barner*, in: Semler/Schenck, ArbeitsHdb. für Aufsichtsratsmitglieder (2013), § 13, Rdnr. 143 ff., m.w.N.

870 *Lutter*, ZHR (159) 1995, S. 287 (303); *Lutter/Krieger/Verse*, Rechte und Pflichten des Aufsichtsrats (2014), § 1, Rdnr. 21 f. (bei Konkurrenz der Unternehmen in zentralen Tätigkeitsbereichen); *Reichert/Schlitt*, AG 1995, S. 241 (244 ff.); *Raiser*, NJW 1996, S. 552 (552); *Wardenbach*, Interessenkonflikte und mangelnde Sachkunde als Bestellungshindernisse zum Aufsichtsrat der AG (1996), S. 62 ff.

871 Der nach Beratung im Rechtsausschuss (BT-Drucks. 13/10038) abgelehnte Entwurf der SPD-Fraktion vom 30.01.1995 – Transparenz- und Wettbewerbsgesetz, BT-Drucks. 13/367, S. 13 sah vor, dass die Kartellbehörde die Mitgliedschaft in Aufsichtsräten konkurrierender Unternehmen untersagen konnte. Vgl. außerdem den ebenfalls nach Beratung im Rechtsausschuss (BT-Drucks. 13/10038) abgelehnten Gesetzesentwurf des Bundesrates vom 29.01.1998 – Gesetz zur Steigerung der Effizienz von Aufsichtsräten und zur zur Begrenzung der Machtkonzentration bei Kreditinstituten infolge von Unternehmensbeteiligungen, BT-Drucks. 13/9716, S. 4, nach welchem die Mitgliedschaft im Aufsichtsrats eines Konkurrenzunternehmens letztlich zur Unwählbarkeit geführt hätte.

Aktienbeteiligung selbst nur ein sehr eingeschränkter Einfluss auf die Gesellschaft. Regelmäßig spielt daher gerade die Möglichkeit, über die Bestimmung der Aufsichtsratsmitglieder mittelbar den Vorstand auszuwählen, eine besonders wichtige Rolle.

Der DCGK[872] sowie die Europäische Kommission[873] stufen eine Nähebeziehung zwischen einem Aufsichtsratsmitglied und dem beherrschenden Aktionär bzw. einem diesem verbundenen Unternehmen allerdings als interessenkonfliktträchtig ein: Eine derartige Nähe soll die Unabhängigkeit des Aufsichtsratsmitglieds ausschließen.[874] Dies hat zu berechtigter Kritik geführt: *Erstens* ist das Interesse an einer Einflussnahme des Mehrheitsaktionärs über den Aufsichtsrats legitim.[875] Denn das deutsche Konzernrecht fußt gerade auf den Einflussmöglichkeiten, die durch die Besetzungshoheit in Bezug auf den Aufsichtsrat bestehen.[876] *Zweitens* wird die Gesellschaft bereits durch die bestehenden Regelungen des Konzernrechts geschützt.[877] *Drittens* ist ein Engagement des Investors im Aufsichtsrat regelmäßig ein Zeichen guter Corporate Governance.[878]

Im Ergebnis begründet die Abhängigkeit zum beherrschenden Aktionär daher nicht *per se* einen Interessenkonflikt des Aufsichtsratsmitglieds, der dessen Unabhängigkeit aufhebt oder durch eine spezielle Inkompatibilitätsregelung behandelt werden müsste Vielmehr bleibt es bei der Anwendung des allgemeinen aufsichtsratsspezifischen Interessenkonfliktsrechts: Sobald das Interesse der Gesellschaft mit dem des Mehrheitsaktionärs kollidiert, sind Interessenkonfliktsmaßnahmen anzuwenden. In Betracht kommt dies beispielsweise bei einer Verkaufsabsicht des Mehrheitsbeteiligten. Zusätzlicher Schutz wird durch das Konzernrecht bewirkt.

4. *Unternehmensübernahme*

Bei (feindlichen) Unternehmensübernahmen besteht im Allgemeinen ein besonderes Potenzial für Interessenkonflikte im Aufsichtsrat der Zielgesellschaft.[879] Dies gilt insbesondere für solche Aufsichtsratsmitglieder, die als Vertreter von Konkurrenzunternehmen oder Banken an der Übernahme beteiligt sind und in irgendeiner Weise

---

872 Ziffer 5.4.2 S. 2 DCGK – die entsprechende Neufassung der Unabhängigkeitsdefinition wurde erst mit der Kodexnovelle 2012 eingeführt.

873 Vgl. Empfehlung der EU-Kommission vom 15.02.2005 – (Aufgaben des Aufsichtsrats), ABl. Nr. L 52 v. 25.02.2005, S. 51, Anhang II, Nr. 1 lit. d).

874 Kritisch zu solchen Nähebeziehungen auch *Reichert/Schlitt*, AG 1995, S. 241 (245 ff.).

875 *Marsch-Barner*, in: Semler/Schenck, ArbeitsHdb. für Aufsichtsratsmitglieder (2013), § 13, Rdnr. 147.

876 *Hoffmann-Becking*, NZG 2014, S. 801 (806).

877 *Habersack*, in: MünchKomm. AktG (2013), § 100 AktG, Rdnr. 97.

878 *Wilsing/von der Linden*, DStR 2012, S. 1391 (1392).

879 Zum Ganzen: ausf. *Lutter/Krieger/Verse*, Rechte und Pflichten des Aufsichtsrats (2014), § 11, Rdnr. 918 ff; *Habersack*, in: MünchKomm. AktG (2013), § 100 AktG, Rdnr. 89; *Hopt/Roth*, in: Großkomm. AktG (2006), § 100 AktG, Rdnr. 174 ff.

von der Übernahme profitieren (zum Beispiel durch die hiermit einhergehende Wettbewerbsbereinigung). Die Interessenkonflikte kommen insbesondere bei Beratungen und Beschlussfassungen des Aufsichtsrats zum Umgang mit der Übernahmesituation (insbesondere Abwehrmaßnahmen nach § 33 Abs. 1 S. 2 WpÜG) sowie der Stellungnahme des Aufsichtsrats nach § 27 WpÜG zum Tragen.

In Übernahmesituationen besteht folglich ein Bedürfnis für besondere Aufmerksamkeit des Aufsichtsrats hinsichtlich etwaiger Interessenkonflikte seiner Mitglieder. Es ist strengstens darauf zu achten, dass konfliktbehaftete Aufsichtsratsmitglieder vom gefährlichen Informationsfluss ausgeschlossen werden. Da es sich regelmäßig um eine zeitlich begrenzte Konfliktsituation handelt, kann bei Übernahmeszenarien insbesondere die Interessenkonfliktsmaßnahme der zeitweiligen Mandatsruhe Anwendung finden.

5. Nähebeziehung zum Entsendungsberechtigten

Werden Aufsichtsratsmitglieder aufgrund einer Satzungsregelung in den Aufsichtsrat entsandt, besteht regelmäßig ein hohes Potenzial für Konflikte zwischen dem Unternehmensinteresse und den Interessen des Sendungsberechtigten.

6. Sonstige Nähebeziehungen, insbesondere zu Kunden, Lieferanten, Kreditgebern oder sonstigen Geschäftspartnern der Gesellschaft

Sämtliche Formen von Näheverbindungen zwischen Aufsichtsratsmitgliedern und (potenziellen) Geschäftspartnern der Gesellschaft können Interessenkonflikte verursachen. Der Kodex stuft insbesondere Beziehungen zu Kunden, Lieferanten und Kreditgebern als gefährlich ein.[880] Die von dem Interessenkonflikt ausgehende Gefahr ist keiner abstrakten Beschreibung zugänglich und muss im Einzelfall beurteilt und isoliert werden.[881]

7. Mitbestimmungsspezifische Interessenkonflikte

Auf die vielfältigen mitbestimmungsspezifischen Interessenkonflikte im Aufsichtsrat wurde bereits an anderer Stelle[882] vertieft eingegangen. An dieser Stelle genügt daher der zusammenfassende Hinweis darauf, dass auch diese Interessenkonflikte zum Wohl der Gesellschaft mit den allgemeinen Interessenkonfliktsmaßnahmen zu behandeln sind. Lediglich bei der Annahme einer Pflicht zur Amtsniederlegung bzw. eines wichtigen Grundes i.S.d. § 103 Abs. 3 AktG ist besondere Zurückhaltung geboten: Mitbestimmungsspezifische Interessenkonflikte sind grundsätzlich auch

---

880 Ziffer 5.5.2 DCGK.

881 Explizit gegen eine pauschale Gefahrenvermutung durch solche Beziehungen *Reese/Ronge*, AG 2014, S. 417, *passim.*

882 S. oben, Teil 2: § 4 B. I (= S. 157 ff.).

dann mit den Instrumenten der Offenlegung, der Stimmrechtsausschlusses und des Teilnahmeverbots zu adressieren, wenn sie dauerhaft und stark sind.

III. Universeller Erweiterungstatbestand

Sofern in den oben aufgeführten Fallgruppen die Nähebeziehung eines Aufsichtsratsmitglieds zu einer anderen natürlichen Person, Gesellschaft oder Organisation als Quelle des Interessenkonflikts identifiziert wurde, erfahren sie folgende universelle Erweiterung: Interessenkonflikte können nicht nur entstehen, wenn das Aufsichtsratsmitglied selbst in einer solchen Beziehung steht, sondern auch wenn eine ihm besonders nahestehende Person involviert ist.[883] So ist das Konfliktpotenzial nahezu identisch, wenn zwar nicht das Aufsichtsratsmitglied selbst, aber seine Ehefrau einen Austauschvertrag mit der Gesellschaft abschließt, Geschäftsführerin in Konkurrenzunternehmen ist oder in Verwandtschaft zu einem Vorstandsmitglied steht.

F. Zusammenfassung des Kapitels

1. Ein Aufsichtsratsmitglied befindet sich dann im Interessenkonflikt, wenn nach verobjektivierter Betrachtung die von ihm verfolgten Partikularinteressen und das plural bestimmte Unternehmensinteresse der AG zum maßgeblichen Zeitpunkt nicht gleichzeitigt vollständig gewahrt werden können.
2. Die Konfliktstärke ist ein dynamischer Faktor, der maßgeblich über die Rechtsfolge des jeweiligen Interessenkonflikte bestimmt. Eine absolute Signifikanzschwelle jedweder Art kann daher nicht Definitionsmerkmal des aufsichtsratsspezifischen Interessenkonflikts sein.
3. Das Aufsichtsratsmandat ist so anfällig für Interessenkonflikte, dass man ihn als „Organ des Interessenkonflikts" bezeichnen könnte. Dies liegt insbesondere an der Besetzung des Aufsichtsrats durch Arbeitnehmervertreter im Rahmen der Mitbestimmungsgesetze. Der Gesetzgeber hat die hieraus resultierenden, teils gravierenden Interessenkonflikte nicht besonders adressiert. Es kommt daher auch hier zu einer Anwendung des allgemeinen aufsichtsratsspezifischen Interessenkonfliktsrechts, wobei jedoch insbesondere hinsichtlich der Pflicht zur Mandatsniederlegung Besonderheiten gelten. Darüber hinaus tragen auch entsandte Aufsichtsratsmitglieder Interessenkonflikte in das Gremium. Schließlich ist das Aufsichtsratsmandat auch wegen seines Nebenamtscharakters besonders konfliktanfällig.
4. Der deutsche Gesetzgeber hat die besondere Konfliktanfälligkeit des Aufsichtsratsmandats bewusst erkannt und dennoch keine weiteren Regelungen erlassen, was auf eine gewisse Konflikttoleranz schließen lässt. Angesichts neuerer Entwicklungen in Rechtsprechung und Literatur darf diese Konflikttoleranz jedoch

883 In diesem Sinne auch Empfehlung der EU-Kommission vom 15.02.2005 – (Aufgaben des Aufsichtsrats), ABl. Nr. L 52 v. 25.02.2005, S. 51, Anhang II, Nr. 1 lit. i).

nicht überschätzt werden. Sie wird im Übrigen weiterhin dadurch relativiert, dass der europäische Gesetzgeber eine ausgeprägte interessenkonfliktsintolerante Haltung einnimmt.

5. Aus der Konfliktanfälligkeit kann erst recht nicht geschlossen werden, dass ein Interessenkonflikt eine konfliktbeeinflusste Handlung rechtfertigen könnte. Die Verpflichtung auf das Unternehmensinteresse verbietet gesellschaftsschädliche Handlungen.
6. Das AktG selbst sieht mit den Regelungen aus § 100 Abs. 2 i.V.m. § 250 Abs. 1 sowie §§ 113–115 einige wenige abstrakte/formelle Regelungen zu Interessenkonflikten vor. Daneben besteht mit § 103 Abs. 3 AktG eine geschriebene konkrete/materielle Interessenkonfliktsmaßnahme. Grundsätzlich erfordern auch die aus der Treuepflicht abgeleiteten Interessenkonfliktsmaßnahmen eine eigenständige Feststellung des Interessenkonflikts im Einzelfall, also eine materielle Herangehensweise.
7. Die aufsichtsratsspezifischen Interessenkonfliktsmaßnahmen lassen sich in Übereinstimmung mit der allgemeinen Dogmatik grob in drei Kategorien einteilen: Konfliktvermeidung, -offenlegung und -lösung.
8. Eine Konfliktvermeidung wird vor allem durch die geschriebenen abstrakten Regelungen (§§ 100, 250, 113–115 AktG) bezweckt. Darüber hinaus fordern sowohl die Europäische Kommission als auch der DCGK die Präsenz unabhängiger Mitglieder im Aufsichtsrat. Im AktG findet diese Forderung allerdings nur in Bezug auf den Finanzexperten (§ 100 Abs. 5) Widerhall. Schließlich erfolgt eine präventive Konfliktvermeidung auch über den herrschend angenommenen Ausschluss der *business judgment rule* im Falle des Interessenkonflikts. Nach hier vertretener Ansicht kann der einzelne Amtswalter diese Haftungsdeprivilegierung durch eine Offenlegung gegenüber dem Aufsichtsrat vermeiden. Hierdurch werden jedoch die anderen Aufsichtsratsmitglieder infiziert und müssen den Interessenkonflikt durch Stimm- und Teilnahmeverbote isolieren.
9. Die Konfliktoffenlegung spielt im Rahmen der aufsichtsratsspezifischen Interessenkonfliktsmaßnahmen eine herausgehobene Rolle. Sie ist in aller Regel eine Vorbedingung für das Eingreifen der anderen Interessenkonfliktsmaßnahmen. Darüber hinaus geht bereits mit der Offenlegung eine gewisse Konfliktisolierung einher. Schließlich führt sie zu einer Selbstdisziplinierung des konfliktbehafteten Aufsichtsratsmitglieds. Nichtsdestominder kann die Pflicht zur Offenlegung für den betroffenen Organwalter mit einem beachtlichen Eingriff verbunden sein.
10. Zur Konfliktlösung stehen vier Instrumente zur Verfügung: Stimmrechtsausschluss, Teilnahmeverbot, (zeitweise) Mandatsniederlegung und Abberufung aus wichtigem Grund. Die Rechtsprechung hat sich mit der Thematik bislang kaum befasst; in der Literatur herrscht Uneinigkeit in Bezug auf die Herleitung, Voraussetzungen und Reichweite. Während der Stimmrechtsausschluss herrschend auf eine entsprechende Anwendung von § 34 BGB gestützt (und begrenzt) wird, werden Teilnahmeverbot, die (zeitweilige) Mandatsniederlegung sowie die Pflicht zur Einleitung eines Abberufungsverfahrens gar nicht oder nur mit lapidarem Verweis auf die Treuepflicht begründet. Die Uneinheitlichkeit im Begründungsansatz sowie die

mangelnde Auseinandersetzung mit dem Geltungsgrund der Konfliktlösungsmaßnahmen ist unbefriedigend und führt zu allerlei Widersprüchen. Nach hier vertretener Ansicht finden alle Maßnahmen ihre Grundlage in der Treuepflicht. Damit orientiert sich ihr Anwendungsbereich grundlegend an der Schutzbedürftigkeit der Gesellschaftsinteressen, also im Wesentlichen an der Stärke und Beschaffenheit des jeweiligen Interessenkonflikts. Die Maßnahmen bedürfen stets der Anordnung durch den Aufsichtsratsvorsitzenden oder das -gremium. Dies gilt insbesondere auch für den Stimmrechtsausschluss. Wird eine Anordnung fehlerhafterweise unterlassen, ist der Aufsichtsratsbeschluss fehlerhaft. Hieraus folgt jedoch – entgegen der wohl herrschenden Meinung – nur die Vernichtbarkeit, nicht aber die automatische Nichtigkeit.

11. Die aufsichtsratsspezifischen Interessenkonflikte können nicht abschließend kategorisiert werden. Dennoch lassen sich im Hinblick auf die Konfliktursache einige Fallgruppen identifizieren.

§ 5 Die Pflicht zur Offenlegung von Interessenkonflikten

An erster Stelle [der allgemeinen Grundsätze zur rechtlichen Behandlung von Interessenwahrung steht] der Grundsatz der ungefragten Offenlegung. Für organschaftliche Interessenwahrer, also Vorstand und andere Geschäftsleiter und Kontrollorgane, ist dieser Grundsatz in Deutschland geltendes Recht. Die Organmitglieder müssen der Gesellschaft alle Interessenkonflikte offenlegen. [884]
– Klaus Hopt (2004)

A. Grundsätzliches Bestehen der Offenlegungspflicht

In Teil 1[885] wurde ausführlich auf das Verhältnis von Treuepflicht, Interessenkonflikt und Interessenkonfliktsmaßnahmen zueinander eingegangen: Die Treuepflicht ist das rechtsfunktionale Äquivalent zum treuhandspezifischen Machtüberhang des Interessenwahrers. Sie bezweckt die Sicherstellung der ordnungsgemäßen Durchführung des Interessenwahrungsverhältnisses. Überdies ist sie die interessenwahrungsrechtliche Gefahrenabwehr-Generalklausel und in Bezug auf den Interessenkonflikt der zentrale Gefahrentatbestand. Die abstrakte Treuepflicht wird durch besondere Interessenkonfliktsmaßnahmen konkretisiert. Da die Pflicht zur Offenlegung gegenüber dem Mandanten in nahezu jedem Interessenwahrungsverhältnis angenommen wird, stellt sie die universellste Maßnahme dar; dabei ist sie sowohl eingriffsarm als auch effektiv. Es wurde bereits ausführlich hergeleitet[886], dass und warum zwischen Aufsichtsrat und der Aktiengesellschaft eine besondere Treuepflichtenbindung besteht. Gleichzeitig wurde nachgewiesen, dass der allgemeine Machtspielraum des Aufsichtsrats insbesondere wegen der privilegierten Informationsversorgung der Aufsichtsratsmitglieder als groß zu qualifizieren ist.[887] Außerdem ist die besondere Anfälligkeit des Aufsichtsratsmandats für Interessenkonflikte zu berücksichtigen.[888]

Weiterhin wurde bereits auf die überragende Bedeutung der Konfliktoffenlegung für die Abwehr der interessenkonfliktsspezifischen Gefahr von Interessenkonflikten

---

884 *Hopt*, ZGR 2004, S. 1 (25).
885 S. oben, Teil 1: § 5 A (= S. 59 ff.).
886 S. oben, Teil 2: § 3 B. II (= S. 120 ff.).
887 S. oben, Teil 2: § 3 C. III (= S. 147 ff.).
888 S. oben, Teil 2: § 4 B (= S. 157 ff.).

eingegangen.[889] Vor diesem Hintergrund gilt: Den Aufsichtsrat trifft grundsätzliche die Pflicht, Interessenkonflikte gegenüber der Gesellschaft offenzulegen.

B. Adressat und Umfang der Offenlegungspflicht

Nachdem das grundsätzliche Bestehen der Offenlegungspflicht gegenüber der Gesellschaft geklärt ist, müssen deren Modalitäten erforscht werden. Fraglich ist, welchem Gesellschaftsorgan gegenüber die Offenlegung zu erfolgen hat und welche Tiefe der Bericht aufweisen muss.

In Betracht kommen Vorstand, Aufsichtsrat, Hauptversammlung und ein einzelner Aktionär. Denn das AktG hält für jeden dieser Akteure Normmaterial bereit, das Anknüpfungspunkt für eine Adressatenstellung sein könnte. Diese Anknüpfungspunkte sind vorrangig zu berücksichtigen, weil sie der konkreten Offenlegungspflicht potenziell weitere Festigkeit und Kontur verleihen können. Dennoch steht bei der nachfolgend dargestellten Auslegung der tauglichen Anknüpfungsnormen die Treuepflicht und ihre rechtsfunktionale Begründung im Vordergrund. Daher kommt es in erster Linie darauf an, ob die Offenlegung gegenüber dem jeweils in Frage stehenden Adressaten der Gesellschaft einen hinreichenden Schutz gegenüber den Interessenkonflikten des Aufsichtsrats vermittelt.

I. Offenlegung gegenüber dem Vorstand?

Die Adressatenstellung des Vorstands für die Konfliktoffenlegung des Aufsichtsrats könnte sich aus der Stellung des Vorstands als primäres Unternehmensleitungsorgan ergeben.[890] Allerdings sprechen drei Gründe gegen eine Adressateneigenschaft des Vorstands im Hinblick auf die Konfliktoffenlegung des Aufsichtsrats:

Erstens würde dies vor dem Hintergrund der aktienrechtstypischen Aufgabenverteilung wenig plausibel erscheinen. Denn die Offenlegung ist als Interessenkonfliktsmaßnahme ein Gefahrenabwehrinstrument und als solches gleichsam dem Funktionsbereich der Kontrolle zuzuordnen. Während das AktG den Aufsichtsrat explizit mit der Überwachung des Vorstands betraut[891], findet sich einer derartige Aufgabenzuweisung für den Vorstand nicht. In gewisser Weise würde der „Kontrollierte den Kontrolleur kontrollieren". Zudem ist zu berücksichtigen, dass Interessenkonflikte von Aufsichtsratsmitgliedern nicht selten aus einer zu großen Nähe zu Vorstandsmitgliedern entstehen. Es ist offensichtlich, dass eine vorbeugende Offenlegung solcher Interessenkonflikte an den Vorstand kaum dazu beitragen kann, die konfliktspezifische Gefahr zu eliminieren.

Zweitens handelt es sich bei dieser Offenlegung um einen interorganen Vorgang in der Innensphäre der Gesellschaft, sodass die primäre Kompetenz des Vorstands

889 S. oben, Teil 2: § 4 D. 3. d) (= S. 179 ff.).
890 Vgl. hierzu bereits oben, Teil 2: § 3 C. II. 2 (= S. 141 ff.).
891 Siehe § 111 Abs. 1 AktG.

für Geschäftsführung und Vertretung nicht zwangsläufig ausschlaggebend ist. Wie bereits erläutert[892], stattet die aktienrechtliche Organisationsverfassung die Gesellschaftsorgane mit Eigenständigkeit aus und normiert ihr Zusammenspiel in aller Regel explizit, um auf diese Weise die aktiengesellschaftstypische Gewaltenteilung zu verwirklichen. Die Annahme einer Primärzuständigkeit des Vorstands für sämtliche interorganen Akte ließe sich mit diesem Grundgedanken nicht vereinbaren.

Drittens deuten die im AktG vorhandenen Regelungen zu Interessenkonflikten in keiner Weise auf eine Zuständigkeit des Vorstands für die Durchführung von Interessenkonfliktsmaßnahmen hin. Während die Vertretung der Gesellschaft gegenüber dem Vorstand zur Verhinderung von Interessenkonflikten[893] dem Aufsichtsrat zugewiesen wird[894], findet sich keine spiegelbildliche Befugnis des Vorstands. Zwar vertritt der Vorstand die Gesellschaft auch gegenüber den Aufsichtsratsmitgliedern. Allerdings werden die konfliktanfälligen Verträge gemäß. §§ 114 f. AktG nur mit Zustimmung des Aufsichtsratsplenums wirksam.[895] Die Zuständigkeit für diese Interessenkonfliktsmaßnahme wird folglich dem Aufsichtsrat als Gesamtgremium und nicht dem Vorstand zugewiesen. Im Übrigen empfiehlt Ziffer 5.4.6 Abs. 3 DCGK eine entsprechende Offenlegung im Anhang zur Bilanz, also der Gesamtöffentlichkeit.

Im Ergebnis besteht somit keine Pflicht des Aufsichtsrats zur Offenlegung von Interessenkonflikten gegenüber dem Vorstand.

II. Offenlegung gegenüber Aufsichtsratsvorsitzendem oder -gremium

Die Pflicht einzelner Aufsichtsratsmitglieder zur Offenlegung von Interessenkonflikten gegenüber dem Aufsichtsrat wird an einigen Stellen in der Literatur anerkannt und wird vom DCGK in Ziffer 5.5.2 empfohlen. Wie auch schon bei den Interessenkonfliktsmaßnahmen des Teilnahmeverbots und der Pflicht zur Amtsniederlegung[896] wird dazu ohne weitere Begründung auf die organschaftliche Treuepflicht des Aufsichtsratsmitglieds abgestellt.[897] Uneinigkeit herrscht weiterhin hinsichtlich der

892 Vgl. hierzu bereits oben, Teil 2: § 3 B. III. 2. c) (= S. 129 ff.) und Teil 2: § 3 C. II (= S. 138 ff.).

893 G.h.M., z.B. BGH, Urteil vom 08.02.1988 – II ZR 159/87, BGHZ 103, 213–218, zit. n. juris, Rdnr. 6; aus der Lit. statt aller *Koch*, in: Hüffer, AktG (2014), § 112 AktG, Rdnr. 1, m.w.N.

894 Siehe § 112 AktG.

895 Vgl. hierzu bereits oben, Teil 2: § 4 D. 3. f) (= S. 192 ff.).

896 S. oben, Teil 2: § 4 D (= S. 170 ff.).

897 *Drygala*, in: Schmidt/Lutter, AktG (2015), § 108 AktG, Rdnr. 15; *Habersack*, in: MünchKomm. AktG (2013), § 100 AktG, Rdnr. 93; *Diekmann/Fleischmann*, AG 2013, S. 141 (145); *Hopt/Roth*, in: Großkomm. AktG (2006), § 100 AktG, Rdnr. 164; *Seibt*, in: FS Klaus Hopt (Bd. I) (2010), S. 1363 (1371); *Mertens/Cahn*, in: KölnKomm AktG (2013), § 100 AktG, Rdnr. 18; vgl. *Hopt*, ZGR 2004, S. 1 (25); vgl. *Hoffmann-Becking*, in: Hoffmann-Becking, Münch. Hdb. GesR. IV (2015), § 33, Rdnr. 82 f.; vgl.

Frage, ob die Offenlegung direkt gegenüber dem Gesamtgremium[898] erfolgen muss, oder ob das Aufsichtsratsmitglied seine Treuepflicht schon durch Meldung an den Aufsichtsratsvorsitzenden[899] erfüllt; letzterer müsste sodann die Entscheidung über eine weitere Information des Gremiums treffen.

Auf den ersten Blick mag es überraschen, das der Aufsichtsrat selbst der Adressat „seiner" Interessenkonflikte sein soll. Dies gilt umso mehr, als in Teil 1 ausführlich aufgezeigt wurde, dass dem konfliktbelasteten Mandatar ein eigenverantwortlicher Umgang mit seinem Interessenkonflikt nicht zuzutrauen ist. Allerdings darf nicht vergessen werden, dass ein Interessenkonflikt *per definitionem* zunächst nur bei natürlichen Personen auftreten kann. Zwar können diese Interessenkonflikte unter weiteren Voraussetzungen auch juristischen Personen und Personenmehrheiten zugerechnet werden. Im Ausgangspunkt handelt es sich beim Interessenkonflikt jedoch um ein Phänomen der menschlichen Psyche. Das bedeutet: In einem Interessenkonflikt befindet sich zunächst stets nur das einzelne Aufsichtsratsmitglied. Unter welchen Voraussetzungen ein Interessenkonflikt der Aufsichtsratsmitglieder das Gesamtgremium korrumpiert, muss gesondert betrachtet werden.

Der Aufsichtsrat setzt sich mindestens aus drei Mitgliedern zusammen.[900] Daher ist nicht von vornherein ausgeschlossen, dass die Gefahr des Interessenkonflikts für die Interessensphäre der Gesellschaft bereits durch eine Offenlegung innerhalb des Gremiums hinreichend gebannt werden kann. Dieser Frage wird im Folgenden nachgegangen.

Entsprechend der Binnenorganisation des Aufsichtsrats kommen als Adressat der Konfliktoffenlegung zwei Akteure in Frage: Der Aufsichtsratsvorsitzende und das Aufsichtsratsgremium.

Lutter, in: FS Priester (2007), S. 417 (420); vgl. *Steinbeck*, Überwachungspflicht und Einwirkungsmöglichkeiten des Aufsichtsrats (1992), S. 63.

898 So *Drygala*, in: Schmidt/Lutter, AktG (2015), § 108 AktG, Rdnr. 15; *Diekmann/Fleischmann*, AG 2013, S. 141 (145); *Seibt*, in: FS Klaus Hopt (Bd. I) (2010), S. 1363 (1374); *Steinbeck*, Überwachungspflicht und Einwirkungsmöglichkeiten des Aufsichtsrats (1992), S. 63; *Priester*, ZIP 2011, S. 2081 (2082); *Lutter*, in: FS Priester (2007), S. 417 (429); *Mertens/Cahn*, in: KölnKomm AktG (2013), § 100 AktG, Rdnr. 18; so wohl auch (Offenlegungsadressat wird nicht weiter spezifiziert): *Hoffmann-Becking*, in: Hoffmann-Becking, Münch. Hdb. GesR. IV (2015), § 33, Rdnr. 83.

899 So *Habersack*, in: MünchKomm. AktG (2013), § 100 AktG, Rdnr. 93; *Hopt/Roth*, in: Großkomm. AktG (2006), § 100 AktG, Rdnr. 164; *Butzke*, in: FS Michael Hoffmann-Becking (2013), S. 229 (231).

900 Nach § 95 S. 2 AktG kann die Satzung eine höhere Anzahl an Mitgliedern festlegen, wobei die nach Grundkapital gestaffelten Höchstgrenzen des § 95 S. 3 AktG (neun, fünfzehn oder einundzwanzig) zu beachten sind. Daneben enthalten die Mitbestimmungsgesetze zwingende Vorgaben zur Größe des Aufsichtsrats, Überblick bei *Lutter/Krieger/Verse*, Rechte und Pflichten des Aufsichtsrats (2014), § 1 Rdnr. 8.

1. *Vorab: Binnenorganisation des Aufsichtsrats und Stellung des Vorsitzenden*

Die Dichte an gesetzlichen Regelungen zur Organisation und Arbeitsweise des Aufsichtsrats ist gering.[901] Dahinter verbirgt sich eine bewusste Entscheidung des Gesetzgebers, der die Ausgestaltung den Gesellschaften aus Gründen der Flexibilität selbst überlassen wollte.[902] Vorgegeben wird in erster Linie, dass der Aufsichtsrat ist ein Kollegialorgan ist, das durch Beschluss entscheidet[903], einen Vorsitzenden sowie Stellvertreter wählen muss[904] und Ausschüsse bilden kann.[905] Es finden sich darüber hinaus die Pflicht zur Anfertigung eines Protokolls[906] und einige rudimentäre Regelungen zur Beschlussfassung,[907] dem Sitzungsteilnehmerkreis[908] sowie der Einberufung von Sitzungen[909]. Daneben obliegt die Regelung der Aufsichtsratsarbeit der Satzung oder dem Aufsichtsrat selbst, der sich innerhalb der von Gesetz und Satzung belassenen Freiräumen eine Geschäftsordnung geben kann.[910]

Für Fragen der Binnenorganisation erweist sich das Fehlen an gesetzlichen Regelungen bisweilen als problematisch.[911] So bleibt der Rechtsanwendung insbesondere überlassen, die Rechte und Pflichten des Aufsichtsratsvorsitzenden zu

---

901 Statt vieler *Lutter/Krieger/Verse*, Rechte und Pflichten des Aufsichtsrats (2014), § 11, Rdnr. 651.

902 RegE vom 03.02.1962 – AktG 1965, BT-Drucks. IV/171, S. 141.

903 Siehe § 108 Abs. 1 AktG.

904 Gem. § 107 Abs. 1 AktG ist die Wahl eines Vorsitzenden und Stellvertreters verpflichtend. Die Vorschrift überlässt die nähere Bestimmung der Vorsitzendenwahl der Satzung. Wegen des bereits angesprochenen Entscheidungsrechts des Vorsitzenden bei paritätischen Abstimmungsergebnissen im mitbestimmten Aufsichtsrat (s. oben, Teil 2: § 3 B. III. 2. c) (= S. 129 ff.)), sehen die Mitbestimmungsgesetze allerdings zwingende Vorgaben vor.

905 Die Ausschussbildung wird vom AktG in § 107 Abs. 3, 4 AktG nur fakultativ vorgesehen, nicht aber vorgeschrieben. Tatsächlich trägt sie aber einem praktischen Bedürfnis Rechnung und ist sehr weit verbreitet, vgl. nur *Habersack*, in: Münch-Komm. AktG (2014), § 107 AktG, Rdnr. 92. Im Übrigen empfehlen der Ziffer 5.3 DCGK und die Empfehlung der EU-Kommission vom 15.02.2005 – (Aufgaben des Aufsichtsrats), ABl. Nr. L 52 v. 25.02.2005, S. 51, insb. Nr. 5–7 , die Einsetzung von Aufsichtsratsausschüssen.

906 Siehe § 107 Abs. 2 AktG.

907 Siehe § 108 Abs. 2–4 AktG.

908 § 109 AktG.

909 § 110 AktG.

910 Vgl. BGH, Urteil vom 25.02.1982 – II ZR 123/81, BGHZ 83, 106–122, zit. n. juris, Rdnr. 27. T.d.L. erkennen in der Selbstorganisation des Aufsichtsrats sogar eine echte Pflicht: *Lutter/Krieger/Verse*, Rechte und Pflichten des Aufsichtsrats (2014), Rdnr. § 11, Rdnr. 654; *Hommelhoff/Mattheus*, AG 1998, S. 249 (254); *Spindler*, in: Spindler/Stilz, AktG (2015), § 107 AktG, Rdnr. 10.

911 Vgl. *Koch*, in: Hüffer, AktG (2014), § 107 AktG, Rdnr. 8 ; vgl. *Börsig/Löbbe*, in: FS Michael Hoffmann-Becking (2013), S. 125 (143 ff.).

konkretisieren, obwohl das Gesetz so gut wie kein normatives Anknüpfungsmaterial zur Verfügung stellt.[912] Neben den wenigen einzelgesetzlich vorgesehenen Aufgaben des Vorsitzenden[913] behilft sich die Rechtspraxis – in Anlehnung an die amtliche Begründung zum AktG 1937[914] – mit einem Verweis auf „all diejenigen Aufgaben, die dem Vorsitzenden eines Gremiums üblicherweise zustehen".[915] In der Gesamtbetrachtung ist der Aufsichtsratsvorsitzende *primus inter pares*[916] und erfüllt im Wesentlichen drei Funktionen: Leitung und Koordination der Aufsichtsratsarbeit, Repräsentation des Aufsichtsrats (insbesondere auch gegenüber den anderen Organen) und Vertretung der Gesellschaft in bestimmten Handelsregisterangelegenheiten.[917]

Aus der Leitungs- und Koordinationsaufgabe folgt die Pflicht, dafür zu sorgen, dass der Aufsichtsrat nicht über unzulässige oder gar rechtswidrige Beschlüsse

---

912 Dieser Befund wird insbesondere durch die EU-Kommission bestätigt. So erachtet sie es im Grünbuch der EU-Kommission vom 05.04.2011, KOM(2011) 164, S. 5 als „nützlich, [...]die Position und die Zuständigkeiten des Verwaltungsratsvorsitzenden genauer zu definieren." Möglicherweise wird die Position des Aufsichtsratsvorsitzenden daher in Zukunft durch das Europarecht weiter ausgeformt.

913 Insb. §§ 29 Abs. 2, 31 Abs. 4 MitbestG (doppeltes Stimmrecht bei Stimmengleichheit im mitbestimmten Aufsichtsrat); § 107 Abs. 2 S. 1 AktG (Unterzeichnung des Sitzungsprotokolls); § 109 Abs. 2 AktG (Bestimmung über Teilnahme von ausschussfremden Aufsichtsratsmitgliedern an Sitzungen eines bestimmten Ausschusses); § 110 Abs. 1 S. 1 AktG (Einberufung des Aufsichtsrats); § 90 Abs. 1 S. 3, Abs. 5 S. 3 AktG (primärer Adressat der Vorstandsberichterstattung mit Verpflichtung zur Weiterleitung an die anderen Aufsichtsratsmitglieder); §§ 184 Abs. 1, 188 Abs. 1, 195 Abs. 1, 207 Abs. 2, 223, 229 Abs. 3; 237 Abs. 2 AktG (Vertretung der Gesellschaft bei bestimmten Handelsregistererklärungen).

914 Amtliche Begründung zu § 92 AktG 1937, abgedruckt bei *Klausing*, Textausgabe des AktG 1937 (1937), S. 78: „[Der Aufsichtsratsvorsitzende] hat das zu tun, was dem Vorsitzer eines Kollegiums üblicherweise obliegt. Dazu wird im Zweifel die Leitung der Aufsichtsratssitzung sowie die Vorbereitung aus Ausführung seiner Beschlüsse gehören".

915 *Lutter/Krieger/Verse*, Rechte und Pflichten des Aufsichtsrats (2014), § 11, Rdnr. 678. So auch *Hopt/Roth*, in: Großkomm. AktG (2006), § 107 AktG, Rdnr. 91; *Mertens/Cahn*, in: KölnKomm AktG (2013), § 107 AktG, Rdnr. 42; *Koch*, in: Hüffer, AktG (2014), § 107 AktG, Rdnr. 8; *Habersack*, in: MünchKomm. AktG (2014), § 107 AktG, Rdnr. 43; *Hoffmann-Becking*, in: Münch. Hdb. GesR. IV (2015), § 31, Rdnr. 22; vgl. auch BGH 2. Zivilsenat, Urteil vom 21.06.2010 – II ZR 24/09, juris, Rdnr. 16 f. (Erfordernis der eigenhändigen Unterzeichnung des Aufsichtsratsberichts an die Hauptversammlung nach § 171 Abs. 2 AktG durch den „Vorsitzenden des Aufsichtsrats als Repräsentanten des Aufsichtsrats").

916 So ausdr. *Tomasic*, in: Grigoleit, AktG (2013), § 107 AktG, Rdnr. 12.

917 Grundlegend *Peus*, Der Aufsichtsratsvorsitzende (1983), S. 16 ff.; so auch *Hoffmann-Becking*, in: Münch. Hdb. GesR. IV (2015), § 31, Rdnr. 19 und *Lutter/Krieger/Verse*, Rechte und Pflichten des Aufsichtsrats (2014), § 11, Rdnr. 678.

abgestimmt.[918] Diese Funktion kann kraft Natur der Sache nicht von dem Gremium selbst übernommen werden, sondern bedarf schon im Vorfeld der koordinierenden Hand einer einzig entscheidungsbefugten Person. Wenngleich die aktiengesetzlichen Vorgaben zur Rechtsstellung des Aufsichtsratsvorsitzenden sehr dürftig ausfallen, lassen sie im Zusammenspiel mit der fortwirkenden Gesetzesbegründung zum AktG 1937 den Schluss zu, dass diese Aufgabe nur dem Aufsichtsratsvorsitzenden zukommen kann. Insofern hat der Aufsichtsratsvorsitzende nicht nur die grundsätzliche Kompetenz zu bestimmten verfahrensleitenden Verfügungen, wozu nicht nur verfahrensformelle Entscheidungen wie die Sitzungsleitung, die Bestimmung der Tagesordnungsreihenfolge oder die Auswahl der Abstimmungsart zählen.[919]

Vielmehr steht ihm nach herrschender Meinung auch die alleinige Entscheidungsbefugnis über Rechtsfragen zu, die im Vorfeld oder im sonstigen Zusammenhang mit Entscheidungen des Aufsichtsratsgremiums aufkommen.[920] Solche Entscheidungen sollen nicht durch das Aufsichtsratskollektiv, sondern von den Zivilgerichten im Wege einer Feststellungsklage[921] überprüft werden können.[922] Im Ergebnis geht

918 *Mertens/Cahn*, in: KölnKomm AktG (2013), § 107 AktG, Rdnr. 42; *Peus*, Der Aufsichtsratsvorsitzende (1983), S. 113 f.; *Vetter*, in: Marsch-Barner, HdB. börsennotierte AG (2014), § 27, Rdnr. 9.

919 Statt aller *Hopt/Roth*, in: Großkomm. AktG (2006), § 107 AktG, Rdnr. 93, m.ausf.w.N.

920 h.M.: *Mertens/Cahn*, in: KölnKomm AktG (2013), § 107 AktG, Rdnr. 42; *Habersack*, in: MünchKomm. AktG (2014), § 107 AktG, Rdnr. 52; *Spindler*, in: Spindler/Stilz, AktG (2015), § 107 AktG, Rdnr. 51; *Bürgers/Israel*, in: Bürgers/Körbers, AktG (2011), § 107 AktG, Rdnr. 9; *Hoffmann-Becking*, in: Hoffmann-Becking, Münch. Hdb. GesR. IV (2015), § 31, Rdnr. 58; *Lutter/Krieger/Verse*, Rechte und Pflichten des Aufsichtsrats (2014), § 11, Rdnr. 706; a.A. jedoch *Hopt/Roth*, in: Großkomm. AktG (2006), § 107 AktG, Rdnr. 94; vgl. auch *Seibt*, in: FS Klaus Hopt (Bd. I) (2010), S. 1363 (1386).

921 Gegen fehlerhafte Aufsichtsratsbeschlüsse ist nur die Feststellungs-, nicht aber die Anfechtungsklage statthaft, ausdr. BGH, Urteil vom 17.05.1993 – II ZR 89/92, BGHZ 122, 342–363, zit. n. juris, Rdnr. 9 ff., m.ausf.w.N. Die Begründung des BGH lässt sich auch auf Anordnungen des Aufsichtsratsvorsitzenden übertragen.

922 Klagebefugnis gegen Maßnahmen des Aufsichtsratsvorsitzenden: BGH, Urteil vom 15.11.1982 – II ZR 27/82, BGHZ 85, 293–300, zit. n. juris, Rdnr. 7 f.; *Mertens/Cahn*, in: KölnKomm AktG (2013), § 107 AktG, Rdnr. 43; *Spindler*, in: Spindler/Stilz, AktG (2015), § 107 AktG, Rdnr. 51.
Vgl. auch die Fälle der Klagebefugnis des einzelnen Aufsichtsratsmitglieds gegen fehlerhafte Aufsichtsratsbeschlüsse: BGH, Urteil vom 25.02.1982 – II ZR 102/81, BGHZ 83, 144–151, zit. n. juris, Rdnr. 7; BGH, Urteil vom 17.05.1993 – II ZR 89/92, BGHZ 122, 342–363, zit. n. juris, Rdnr. 5 f., m.ausf.w.N, Rdnr. 7; BGH, Urteil vom 21.04.1997 – II ZR 175/95 ("ARAG/Garmenbeck"), BGHZ 135, 244–257, zit. n. juris, Rdnr. 9 ff. (mit ausf. Begründung zum Feststellungsinteresse des Aufsichtsratsmitglieds gegen fehlerhafte Aufsichtsratsbeschlüsse). Aus der Lit. statt vieler *Drygala*, in: Schmidt/Lutter, AktG (2015), § 108 AktG, Rdnr. 44; *Mertens/Cahn*, in: KölnKomm AktG (2010), Vorb. zu. § 76 AktG, Rdnr. 6; *Habersack*, in: MünchKomm. AktG (2014), § 108 AktG, Rdnr. 85.

es also um die Frage, wer im Vorfeld einer etwaigen Entscheidung des Gerichts zur verbindlichen Entscheidung über Rechtsfragen befugt ist. Im Ausgangspunkt überzeugt die herrschende Ansicht: Es sind viele Rechtsfragen denkbar, die im Vorfeld der Beschlussfassung geklärt werden müssen, die das Gremium schlicht überfordern würden. Hier ist die Kompetenz eines Vorsitzenden erforderlich, um fruchtlose Diskussionen zu vermeiden und den rechts- und ordnungsgemäßen Gang der Aufsichtsratsarbeit sicherzustellen. Einige Rechtsfragen räumen jedoch einen gewissen Spielraum ein, zum Beispiel wenn sich die Rechtswidrigkeit eines Beschlussgegenstands aus einer generalklauselartig gefassten Gesetzesvorschrift ergeben könnte. Gerade die Interessenkonfliktsmaßnahmen, welche tatbestandlich jeweils abgestuft-qualifizierte Interessenkonflikte fordern, sind hierfür ein gutes Beispiel. Vergegenwärtigt man sich, dass zwischen Selbstorganisationshoheit des Kollektivs und der Leitungskompetenz des Vorsitzenden ein gesetzliches Regel-Ausnahmeverhältnis besteht, ist nicht ersichtlich, warum das Kollektiv bei derartigen Rechtsfragen nicht zumindest eine Letztentscheidungskompetenz in Form einer Überstimmungsbefugnis haben sollte.[923]

2. *Die Zuständigkeit für Stimmrechts- und Teilnahmeausschluss: Problematik und Meinungsstand*

Spätestens bei der Frage nach der Befugnis zur Anordnung der wichtigsten Maßnahmen zur Lösung von Interessenkonflikten – namentlich dem Stimmrechts- und Teilnahmeverbot sowie der Mandatsruhe[924] – offenbart sich das Spannungsverhältnis zwischen Leitungskompetenz des Vorsitzenden und der Selbstorganisationshoheit des Aufsichtsratskollektivs.[925]

Leider fehlt es an Entscheidungen der Gerichte; hinzu kommt, dass die Literaturdiskussion wieder einmal bemerkenswert ungeordnet verläuft. Dabei ist die Problematik von großer Bedeutung: Sie legt nicht nur fest, wer verbindlich über einen Stimmrechtsausschluss, ein Teilnahmeverbot oder eine eventuelle Mandatsruhe entscheidet und wie diese Entscheidung überprüft werden kann. Vielmehr determiniert sie auch den Primäradressaten der Offenlegungspflicht in Bezug auf Interessenkonflikte. Denn in erster Instanz muss nur derjenige Akteur von dem Interessenkonflikt wissen, der die von ihm ausgehende Gefahr durch Interessenkonfliktsmaßnahmen isolieren kann.[926] Angesprochen ist mit anderen Worten

923 Vgl. *Seibt*, in: FS Klaus Hopt (Bd. I) (2010), S. 1363 (1386).

924 Für die anderen Interessenkonfliktsmaßnahmen stellt sich die Frage nicht: Die Pflicht zur Amtsniederlegung ist vom Aufsichtsrat durch ein Abberufungsverfahren nach § 103 Abs. 3 AktG durchzusetzen, für das die Zuständigkeit des Aufsichtsratskollektivs in § 103 Abs. 3 S. 2 AktG ausdrücklich normiert ist. Gleiches gilt für die typengemischten Interessenwahrungsmaßnahmen der §§ 114 f. AktG.

925 Vgl. *Mertens/Cahn*, in: KölnKomm AktG (2013), § 107 AktG, Rdnr. 41.

926 Vgl. *Mertens/Cahn*, in: KölnKomm AktG (2013), § 100 AktG, Rdnr. 18.

die Funktion der Konfliktoffenlegung als Grundbedingung für das Eingreifen der anderen Konfliktlösungsmaßnahmen.[927]

Betrachtet man die Problematik näher, kristallisieren sich drei verschiedene Fragestellungen heraus, die für die Interessenkonfliktsmaßnahmen jeweils beantwortet werden müssen: *Erstens*: Kann der Aufsichtsratsvorsitzende überhaupt wegen eines Interessenkonflikts Stimmrechtsausschlüsse, Teilnahmeverbote oder Mandatsruhen anordnen – oder hat diese Entscheidungsbefugnis von vornherein nur das Gremium? *Zweitens*: Kann das Gremium den Vorsitzenden ggf. überstimmen und eine andere Entscheidung herbeiführen? *Drittens*: Wie kann sich das betroffene Aufsichtsratsmitglied gegen die Entscheidung des Vorsitzenden bzw. des Aufsichtsratskollektivs wehren?

In Bezug auf den Stimmrechtsausschluss herrscht weitgehende Einigkeit:[928] Die Kompetenz für diese Interessenkonfliktsmaßnahme wird ganz herrschend dem Aufsichtsratsvorsitzenden zugeschrieben. Das Kollektiv soll keine Möglichkeit haben, die Entscheidung des Vorsitzenden zu revidieren. Vielmehr ist das betroffene Aufsichtsratsmitglied auf die gerichtliche Feststellungklage verwiesen, wenn es sich gegen einen Stimmrechtsausschluss durch den Vorsitzenden zur Wehr setzen möchte. Betrachtet man die herrschende Begründung des Stimmrechtsausschlusses über § 34 BGB und die – ebenfalls herrschend angenommene – ausschließliche Kompetenz des Aufsichtsratsvorsitzenden zur vorläufigen Entscheidung von Rechtsfragen zusammen, erscheint dieses Ergebnis zumindest konsistent. Denn wie bereits dargelegt[929], folgte das Stimmverbot automatisch aus § 34 BGB. Die Aufgabe des Aufsichtsratsvorsitzenden bestünde folglich nicht in der Anordnung, sondern der bloßen Feststellung des Stimmverbots. Da es sich hierbei wiederum um eine Rechtsfrage handelt, wäre die ausschließliche Kompetenz des Aufsichtsratsvorsitzenden begründet und das betroffene Mitglied könnte sich nur durch Erhebung einer Feststellungsklage dagegen wehren.[930]

In Bezug auf das Teilnahmeverbot herrscht indessen Uneinigkeit. Verbreitet wird zwischen bloß formellen und materiellen Teilnahmeausschlüssen differenziert. Dabei bezwecken formelle Teilnahmeverbote die Herstellung der Sitzungsordnung und sollen der ausschließlichen Leitungskompetenz des Aufsichtsratsvorsitzenden unterfallen. Materielle Teilnahmeausschlüsse hingegen dienen der Wahrung von

---

927 Zu den Funktionen der Konfliktoffenlegung innerhalb des aufsichtsratsspezifischen Spektrum der Interessenkonfliktsmaßnahmen s. oben, Teil 2: § 4 D. 3. d) (= S. 179 ff.).

928 Zu allen drei Fragen: *Mertens/Cahn*, in: KölnKomm AktG (2013), § 108 AktG, Rdnr. 71; *Drygala*, in: Schmidt/Lutter, AktG (2015), § 108 AktG; *Habersack*, in: MünchKomm. AktG (2014), § 108 AktG, Rdnr. 33; *Bürgers/Israel*, in: Bürgers/Körbers, AktG (2011), § 108 AktG, Rdnr. 12. *Kremer*, in: Ringleb/Kremer/Lutter/v. Werder/, DCGK Komm. (2014), Ziffer 5 DCGK, Rdnr. 1106; *Lutter/Krieger/Verse*, Rechte und Pflichten des Aufsichtsrats (2014), § 11, Rdnr. 705.

929 S. oben, Teil 2: § 4 D. 3. e) aa) (3) (= S. 186 ff.).

930 S. oben,Teil 2: § 5 B. I (= S. 206 ff.).

Vertraulichkeit und der Vermeidung von Interessenkonflikten. Es geht folglich nicht nur um Fragen der Sitzungsordnung, sondern um materielle Entscheidungen zur Aufsichtsratsratsarbeit, die der Selbstorganisationshoheit des Kollektivs unterfallen.[931] Möchte sich ein Aufsichtsratsmitglied gegen einen Teilnahmeverbotsbeschluss des Aufsichtsratsgremiums zur Wehr setzen, kann es Feststellungsklage erheben.[932]

3. Eigenes Konzept: Zuständigkeitsordnung an Treuepflicht ausrichten

Nach hier vertretener Ansicht besteht für sämtliche Interessenkonfliktsmaßnahmen eine einheitliche Zuständigkeitsstruktur: Grundsätzlich entscheidet der Aufsichtsratsvorsitzende; er kann jedoch vom Aufsichtsratskollektiv überstimmt werden.[933] Will sich das betroffene Aufsichtsratsmitglied gegen die Anordnung eines Stimmrechtsausschlusses, Teilnahmeverbots oder zeitweiligen Mandatsruhens durch den Vorsitzenden wehren, kann es sich entweder an das Aufsichtsratskollektiv oder das Zivilgericht wenden. Die gerichtliche Feststellungsklage ist ferner auch gegen entsprechende Anordnungen des Aufsichtsratskollektivs statthaft. Schließlich wird man auch den übrigen Aufsichtsratsmitgliedern eine Feststellungsklagebefugnis einräumen müssen, wenn sie die vom Vorsitzenden oder dem Plenum beschlossene Konfliktbehandlung für unzureichend halten. Denn wie oben[934] dargestellt, führt eine unzulängliche Isolierung des Interessenkonflikts für das gesamte Aufsichtsratskollektiv zum Ausschlusses der *business judgment rule.*

Diese Zuständigkeitsordnung ist das Ergebnis einer konsequenten Rückführung aller Interessenkonfliktsmaßnahmen auf die Treuepflicht. Diese gebietet nämlich stets eine Orientierung an der Gefahr des Interessenkonflikts für die Gesellschaft: Jeder Interessenkonflikt muss je nach Stärke, Dauer und Beschaffenheit

---

931 So *Bürgers/Israel*, in: Bürgers/Körbers, AktG (2011), § 109 AktG, Rdnr. 2; *Spindler*, in: Spindler/Stilz, AktG (2015), § 109 AktG, Rdnr. 10; *Drygala*, in: Schmidt/Lutter, AktG (2015), § 109 AktG, Rdnr. 4; *Koch*, in: Hüffer, AktG (2014), § 109 AktG, Rdnr. 2; *Habersack*, in: MünchKomm. AktG (2014), § 109 AktG, Rdnr. 10; *Lutter/Krieger/Verse*, Rechte und Pflichten des Aufsichtsrats (2014), Rdnr. 700; *Vetter*, in: Marsch-Barner, HdB. börsennotierte AG (2014), § 27, Rdnr. 40; *Semler/Stengel*, NZG 2003, S. 1 (4); *Koch*, in: Hüffer, AktG (2014), § 109 AktG, Rdnr. 2.
A.A. (primäre Befugnis des Vorsitzenden mit Abweichungskompetenz des Aufsichtsratskollektivs): *Mertens/Cahn*, in: KölnKomm AktG (2013), § 109 AktG, Rdnr. 15; *Hopt/Roth*, in: Großkomm. AktG (2006), § 109 AktG, Rdnr. 23; *Tomasic*, in: Grigoleit, AktG (2013), § 109 AktG, Rdnr. 5.

932 S. oben, Teil 2: § 5 B. II (= S. 207 ff.).

933 So im Erg. auch *Seibt*, in: FS Klaus Hopt (Bd. I) (2010), S. 1363 (1385 f.); vgl. auch *Marsch-Barner*, in: Semler/Schenck, ArbeitsHdb. für Aufsichtsratsmitglieder (2013), § 13, Rdnr. 105 f.

934 S. oben, Teil 2: § 4 D. 3. c) (= S. 176 ff.).

unter Heranziehung der richtigen Interessenkonfliktsmaßnahme isoliert werden.[935] Primärer Maßstab für die Wahl der Interessenkonfliktsmaßnahme ist die Effektivität der Gefahrenabwehr.

Sofern es die Interessen der Gesellschaft zulassen, ist jedoch Raum für Opportunitätserwägungen. Denn wie bereits erwähnt, wird die Aufsichtsratstätigkeit durch jede Interessenkonfliktsmaßnahme beeinträchtigt: *Erstens* belasten sie den Vorsitzenden bzw. das Kollektiv schlichtweg mit einem Mehraufwand: Der Interessenkonflikt muss erkannt, erforscht und bewertet werden; im Anschluss daran wird eine Entscheidung über die weitere Vorgehensweise. Dieser Aufwand steigt sogar noch, wenn das betroffene Aufsichtsratsmitglied mit dieser Entscheidung nicht einverstanden ist und Feststellungsklage erhebt. Berücksichtigt man die allgemeine Ausgestaltung des Aufsichtsratsmandats als Nebenamt sowie die regelmäßig geringen Sitzungszeiten, darf die praktische Relevanz dieser Zusatzbelastung nicht unterschätzt werden. *Zweitens* enthält jede Interessenkonfliktsmaßnahme ein spezifisches Potenzial bezüglich der Beeinträchtigung der Aufsichtsratstätigkeit zu. So kann ein Stimmrechtsausschluss zu Problemen bei der Beschlussfähigkeit führen und die Parität in mitbestimmten Aufsichtsräten stören. Durch ein Teilnahmeverbot verliert das Aufsichtsratskollektiv zusätzlich das Engagement, die Sachkenntnis und die Mitwirkung eines Mitglieds. Das zeitweilige Ruhenlassen schließlich perpetuiert diese Störungen sogar für einen bestimmten Zeitraum. *Drittens* sind die aufgezählten Konfliktlösungsmittel stets mit einer Konfliktoffenlegung verbunden. Wie bereits ausführlich dargelegt[936], wird das betroffene Aufsichtsratsmitglied bei Offenlegung eines Interessenkonflikts regelmäßig mit der Preisgabe delikater persönlicher oder geschäftlicher Informationen belastet. Zusätzlich besteht das Risiko übermäßiger Zurückhaltung bei der Gremiumsarbeit.

An dieser Stelle schließt sich der Kreis zur Zuständigkeitsordnung für die Anordnung der Interessenkonfliktsmaßnahmen: Die aufgeführten Beeinträchtigungen für die Aufsichtsratstätigkeit und die Intensität des Eingriffs in die persönliche Interessensphäre des konfliktbehafteten Aufsichtsratsmitglieds lassen sich deutlich reduzieren, wenn in erster Instanz nur der Aufsichtsratsvorsitzende entscheiden muss. So erfährt zunächst nur der Vorsitzende von den ggf. delikaten Einzelheiten des Interessenkonflikts. Und statt des Gremiums muss sich zunächst nur eine einzige Person mit dem Interessenkonflikt und seiner Behandlung befassen. Zu berücksichtigen ist dabei, dass der Aufsichtsratsvorsitzende regelmäßig besonders qualifiziert ist und aufgrund der Wahl durch das Aufsichtsratskollektiv typischerweise dessen besonderes Vertrauen genießt. Wenn sich einerseits das Mitglied von dem Aufsichtsratsvorsitzenden nicht angemessen behandelt fühlen sollte oder andererseits der Vorsitzende seine Entscheidung durch einen Beschluss des Gremiums absichern möchte, so besteht die Entscheidungsmöglichkeit des Kollektivs auf einer zweiten Stufe.

---

935 So wohl auch *Marsch-Barner*, in: Semler/Schenck, ArbeitsHdb. für Aufsichtsratsmitglieder (2013), § 13, Rdnr. 107.

936 S. oben, Teil 2: § 4 D. 3. d) dd) (= S. 181 ff.).

Diese gestufte Zuständigkeitsordnung steht im Ausgangspunkt mit der herrschend angenommenen Kompetenz des Aufsichtsratsvorsitzenden zur vorläufigen Entscheidung von Rechtsfragen im Einklang. Jede Interessenkonfliktsmaßnahme kann als Entscheidung der Rechtsfrage gedeutet werden[937], ob die Treuepflicht dem konfliktbehafteten Aufsichtsratsmitglied die Hinnahme eines Stimmrechtsausschlusses, Teilnahmeverbots oder Mandatsruhen gebietet. Lediglich die Abweichungsbefugnis des Aufsichtsratsgremiums steht im Kontrast zur herrschenden Meinung, welche die Entscheidungskompetenz des Vorsitzenden in Rechtsfragen als abschließend betrachtet. Es wurde allerdings bereits oben[938] dargestellt, dass diese Ausschließlichkeitsannahme für Interessenkonfliktsmaßnahmen wegen der erforderlichen Wertungsentscheidung nicht zu überzeugen vermag.

4. *Folgerungen für den Adressaten der Konfliktoffenlegung*

Wie bereits umfassend dargelegt, besteht zwischen der Konfliktoffenlegung und den sonstigen Interessenkonfliktsmaßnahmen ein fundamentaler Zusammenhang: In aller Regel ist die Kenntnis vom Bestehen eines Interessenkonflikts eine Vorbedingung für das Eingreifen des Konfliktlösungsprogramms. Folglich ist diejenige Person Adressat der Konfliktoffenlegung, welche die Entscheidung über die Interessenkonfliktsmaßnahmen trifft. Dies ist – wie dargelegt – in erster Linie der Aufsichtsratsvorsitzende.

Zur Abwehr der interessenkonfliktsspezifischen Gefahr für die Gesellschaft ist es grundsätzlich nicht notwendig, dass andere Personen von dem Konflikt erfahren. Ein Ausnahme von diesem Grundsatz besteht lediglich dann, wenn man die Konfliktoffenlegung in ihrer Funktion als eigenständige Konfliktlösungsmaßnahme[939] betrachtet. Eine Offenlegung gegenüber dem Gremium ist in diesen Fällen nämlich gerade das bezweckte Mittel zur Konfliktlösung.

Im Ergebnis ergibt sich daher folgende Zuständigkeit für die Entgegennahme der Konfliktoffenlegung: In erster Instanz muss ein Aufsichtsratsmitglied Interessenkonflikte dem Aufsichtsratsvorsitzenden melden.[940] Im Interesse einer effektiven Gefahrenabwehr besteht eine Offenlegungspflicht bereits bei schwachen Interessenkonflikten. Das heißt: Im Zweifel muss der Aufsichtsratsvorsitzende über den Interessenkonflikt informiert werden. Ist zunächst nur der Vorsitzende zu informieren, hält sich die Beeinträchtigung der Aufsichtsratstätigkeit sowie der Eingriff in die Interessensphäre des Amtswalters nämlich derart in Grenzen, dass diese weite Offenlegungsverpflichtung angemessen ist. Mit Meldung an den Vorsitzenden erfüllt das konfliktbehaftete Aufsichtsratsmitglied seine Treuepflicht vollständig. Die Entscheidung zum weiteren Vorgehen obliegt nunmehr dem Aufsichtsratsvorsitzenden.

---

937 So im Erg. auch *Seibt*, in: FS Klaus Hopt (Bd. I) (2010), S. 1363 (1386).
938 S. unten, Teil 2: § 5 B. II. 1 (= S. 209 ff.).
939 Vgl. hierzu oben, Teil 2: § 4 D. 3. d) cc) (= S. 180 ff.).
940 So wohl auch, wenngleich ohne Begründung, *Hopt/Roth*, in: Großkomm. AktG (2006), § 100 AktG, Rdnr. 164.

Dieser entscheidet einzelfallbezogen, welche Interessenkonfliktsmaßnahme zur Abwehr der Gefahr erforderlich ist. Bei Unsicherheiten kann er den Konflikt gegenüber dem Aufsichtsratskollektiv offenlegen und eine Beschlussfassung zur weiteren Konfliktlösung veranlassen. Sofern der konfliktbehaftete Amtswalter mit dem Vorgehen des Vorsitzende oder des Gremiums nicht einverstanden ist, steht ihm die gerichtliche Überprüfung im Wege der Feststellungsklage offen.

Abschließend sei auf die Regelung der Ziffer 5.5.2 DCGK eingegangen, die eine Konfliktoffenlegung „dem Aufsichtsrat gegenüber" empfiehlt. Diese Empfehlung enthält zwar weder eine verbindliche Rechtsverpflichtung, noch ist sie für die Auslegung des Aktienrechts relevant. Allerdings ist aufgrund der großen praktischen Bedeutung des Kodexes erwähnenswert, dass eine direkte Offenlegung gegenüber dem Aufsichtsratskollektiv wegen möglicher Nachteile nicht unbedingt im Interesse der guten Corporate Governance liegt. Vielmehr sollte Ziffer 5.5.2 DCGK im hier vertretenen Sinne ausgelegt werden: Der Pflicht zur Offenlegung „gegenüber dem Aufsichtsrat" wird folglich schon durch Information des Vorsitzenden genüge getan.

III. Offenlegung gegenüber den Aktionären

Vorab sei nochmals klargestellt, dass eine Pflicht des Aufsichtsrats zur Offenlegung von Interessenkonflikten gegenüber dem Aktionariat jedenfalls nicht aus einem originären Treueverhältnis zwischen Aufsichtsrat und den Aktionären hergeleitet werden kann. Denn der Aufsichtsrat schuldet dem Aktionariat keine Treue. In Betracht kommt lediglich, dass der Aufsichtsrat aus seiner Treueverpflichtung gegenüber der Gesellschaft zur Offenlegung gegenüber den Aktionären verpflichtet ist. Ungeachtet der rechtlichen Unverbindlichkeit dieser Regelung empfiehlt Ziffer 5.5.3 DCGK eine entsprechender Konfliktoffenlegung im Rahmen des Aufsichtsratsberichts an die Hauptversammlung.

1. *Gefahrenabwehr durch Offenlegung des Interessenkonflikts?*

Es stellt sich damit die Frage, ob die aus dem Interessenkonflikt eines Aufsichtsratsmitglieds resultierende Gefahr für die Interessensphäre der Gesellschaft durch eine Konfliktoffenlegung gegenüber den Aktionären gebannt werden kann. Hierfür lassen sich diverse Pro- und Kontraargumente finden:

a) *Mangelnde Befugnis des Aktionariats für Interessenkonfliktsmaßnahmen, aber Selbstdisziplinierung*

Zunächst erscheint es ungewöhnlich, dass die Aktionäre von dem Interessenkonflikt erfahren sollen, obwohl sie keine originären Interessenkonfliktsmaßnahmen anordnen oder durchsetzen können. Das Aktionariat tritt ganz regelmäßig nur einmal im Jahr zur Hauptversammlung zusammen; davon abweichende Einwirkungsmöglichkeiten des gewöhnlichen Aktionärs auf den Aufsichtsrat sieht das AktG nicht vor. Mithin verbleibt den Aktionären lediglich die Möglichkeit, auf den Interessenkonflikt *ex post* mit Entlastungsverweigerung oder Abberufung zu reagieren. Eine effektive Gefahrenabwehr im virulenten Moment *ex ante* kann die Hauptversammlung jedenfalls nicht sicherstellen.

Möglich erscheint einzig, dass sich der Aufsichtsrat größere Sorgfalt im Umgang mit Interessenkonflikten auferlegt, wenn er den Interessenkonflikt letztlich in der Hauptversammlung offenlegen und über seinen Umgang damit berichten muss.[941] Es entspricht allgemeiner Lebenserfahrung, dass eine anschließende Rechenschaftspflicht den Ausführenden fremder Geschäfte zu größerer Umsicht antreibt. Allerdings muss bezweifelt werden, ob es zusätzlich zu den Haftungsrisiken für Verstöße gegen die Konfliktoffenlegungspflicht gegenüber dem Aufsichtsrat[942] einer weiteren Selbstdisziplinierung bedarf.

b) Spannungsverhältnis zur Aufsichtsratsvertraulichkeit

Jede in der Hauptversammlung getätigte Äußerung gegenüber den Aktionären verlässt den informatorisch geschützten Bereich der Gesellschaft und wird auf diese Weise quasi-öffentlich gemacht. Daher spricht ein gewichtiger Aspekt gegen die Konfliktoffenlegung gegenüber der Hauptversammlung: Gemäß § 116 S. 2 AktG ist der Aufsichtsrat „zur Verschwiegenheit über erhaltene vertrauliche Berichte und vertrauliche Beratungen verpflichtet". Es handelt sich bei dieser Bestimmung um eine Konkretisierung der Treuepflicht des Aufsichtsrats.[943] Zum großen Stellenwert der Verschwiegenheit besteht in Rechtsprechung und Literatur überwiegend Konsens. Dies dürfte nicht zuletzt daran liegen, dass sich der Gesetzgeber des TransPuG 2002 ganz bewusst dazu entschieden hat, die Verschwiegenheitspflicht des Aufsichtsrats mit Aufnahme in § 116 S. 2 AktG besonders hervorzuheben – obwohl sich eine solche Pflicht bereits aus einem Verweis in § 116 S. 1 AktG auf § 93 Abs. 1 S. 3 AktG ergab.[944] In der Gesetzesbegründung bezeichnet er die Verschwiegenheitsverpflichtung als „elementar für die Funktionsfähigkeit des Aufsichtsrats"[945].

In Rechtsprechung und Literatur wird zwischen verschiedenen Sphären der Geheimhaltung unterschieden. Grundsätzlich können sämtliche Informationen, die

---

941 Vgl. *Drygala*, AG 2007, S. 381 (382); vgl. *Pöschke/Hennrichs*, in: MünchKomm. AktG (2013), § 171 AktG, Rdnr. 184; *Portisch*, Überwachung und Berichterstattung des Aufsichtsrats im Stakeholder-Agency-Modell (1997), S. 185.

942 S. hierzu unten, Teil 3: (= S. 227 ff.).

943 BGH, Urteil vom 05.06.1975 – II ZR 156/73 ("Bayer"), BGHZ 64, 325–333, zit. n. juris, Rdnr. 8. Aus der Lit. statt vieler *Habersack*, in: MünchKomm. AktG (2014), § 116 AktG, Rdnr. 49; *Hopt/Roth*, in: Großkomm. AktG (2005), § 116 AktG, Rdnr. 217; *Spindler*, in: Spindler/Stilz, AktG (2015), § 116 AktG, Rdnr. 99, jeweils m.w.N.

944 RegE Transparenz- und Publizitätsgesetz ("TransPuG") vom 11.04.2002, BT-Drucks. 14/8769, S. 18: „[Mit dem Verweis auf § 93 AktG] ist die Verpflichtung zur Verschwiegenheit grundsätzlich geregelt. Das erscheint als nur abgeleitete Verpflichtung jedoch nicht deutlich genug zu sein. Es bedarf daher einer besonderen Hervorhebung […]."

945 RegE Transparenz- und Publizitätsgesetz ("TransPuG") vom 11.04.2002, BT-Drucks. 14/8769, S. 18.

ein Aufsichtsratsmitglied im Rahmen seiner Tätigkeit für die Gesellschaft erhält, der Verschwiegenheit unterfallen. Entscheidend ist, ob ein objektives Geheimhaltungsinteresse der Gesellschaft besteht.[946]

Für Informationen aus der Sphäre der Beratung und Abstimmung wird allerdings ein absolutes Geheimhaltungsgebot angenommen. So urteilte der BGH schon 1975:

> *„Stünde es einem Mitglied frei, alle Vorgänge, die ihm bei den Beratungen des Aufsichtsrats zur Kenntnis kommen, alsbald in die Öffentlichkeit zu tragen, so wären – zum Schaden des Unternehmens – eine vertrauensvolle Zusammenarbeit im Aufsichtsrat und eine unbefangene Meinungsäußerung und Meinungsbildung seiner Mitglieder in Frage gestellt. Solche Vorgänge fallen daher in weitestem Umfang unter die Schweigepflicht."*[947]

In einem aktuellen Urteil äußerte er sich – im Zusammenhang mit einer Auskunftsverweigerung nach § 131 AktG – erneut zum Umfang der Verschwiegenheit in Bezug auf Sitzungsinterna:

> *„Diskussionen im Aufsichtsrat und das Abstimmungsverhalten der Mitglieder des Aufsichtsrats [sind] vertraulich, und zwar unabhängig davon, ob dies auch für den Gegenstand der Beratung selbst gilt. Ob sich das Auskunftsverweigerungsrecht darüber hinaus auch auf den Gegenstand einer Aufsichtsratssitzung oder den Inhalt eines in ihr gefassten Beschlusses erstreckt, kann [hier] offen bleiben. Entscheidendes Kriterium ist insoweit ein objektives Bedürfnis der Geheimhaltung im Interesse des Unternehmens [besteht]."*[948]

Auch die Literatur befürwortet ganz herrschend den absoluten Schutz von Sitzungsinterna, die unabhängig von einem konkreten Geheimhaltungsbedürfnis ganz regelmäßig der Verschwiegenheit unterfallen.[949] Die Erwägungen, die für die Vertraulichkeit angeführt werden, sind dabei durchweg plausibel: Die Aufsichtsratstätigkeit

---

946 BGH, Beschluss vom 05.11.2013 – II ZB 28/12 ("Deutsche Bank"), BGHZ 198, 354–374, zit. n. juris, Rdnr. 47; BGH, Urteil vom 05.06.1975 – II ZR 156/73 ("Bayer"), BGHZ 64, 325–333, zit. n. juris, Rdnr. 12. Aus der Lit. statt vieler: *Drygala*, in: Schmidt/Lutter, AktG (2015), § 116 AktG, Rdnr. 30; *Spindler*, in: Spindler/Stilz, AktG (2015), § 116 AktG , Rdnr. 107; *Mertens/Cahn*, in: KölnKomm AktG (2013), § 116 AktG, Rdnr. 44, 49.

947 BGH, Urteil vom 05.06.1975 – II ZR 156/73 ("Bayer"), BGHZ 64, 325–333, zit. n. juris, Rdnr. 18.

948 BGH, Beschluss vom 05.11.2013 – II ZB 28/12 ("Deutsche Bank"), BGHZ 198, 354–374, zit. n. juris, Rdnr. 47. Vgl. aus der Rspr. außerdem: BVerfG, Kammerbeschluss vom 20.09.1999 – 1 BvR 636/95, juris, Rdnr. 28; BGH, Beschluss vom 14.01.2014 – II ZB 5/12 ("Porsche SE"), juris, Rdnr. 76; OLG Stuttgart, Urteil vom 15.02.1995 – 3 U 118/94, zit. n. AG 1995, 234 (235); LG Mannheim, Urteil vom 07.04.2005 – 23 O 102/04, juris, Rdnr. 74.

949 g.h.L., *Habersack*, in: MünchKomm. AktG (2014), § 116 AktG, Rdnr. 54; *Drygala*, in: Schmidt/Lutter, AktG (2015), § 116 AktG, Rdnr. 35;; *Mertens/Cahn*, in: KölnKomm AktG (2013), § 116 AktG, Rdnr. 53; *Spindler*, in: Spindler/Stilz, AktG (2015), § 116 AktG, Rdnr. 113; *Koch*, in: Hüffer, AktG (2014), § 116 AktG, Rdnr. 10; *Hoffmann-Becking*, in: Hoffmann-Becking, Münch. Hdb. GesR. IV (2015), § 33, Rdnr. 63;

setzt in besonderem Maße eine offene Diskussion und Streitkultur voraus. Wenn die Aufsichtsratsmitglieder befürchten müssen, dass ihre – möglicherweise bewusst provokant formulierten – Äußerungen an die Öffentlichkeit gelangen, werden sie im eigenen Interesse besondere Zurückhaltung zeigen oder ein Aufsichtsratsmandat erst gar nicht in Betracht ziehen. Dies gilt heute umso mehr, als dass sich Informationen über das Internet schnell verbreiten und Persönlichkeiten des öffentlichen Lebens schnell an den medialen Pranger[950] gestellt werden. Vergleichbares gilt für Informationen zum Abstimmungsverhalten: Werden hierüber Details veröffentlicht, entsteht ein schädlicher Rechtfertigungsdruck. Die absolute Geheimhaltung von Sitzungsinterna ist damit eine elementare Grundbedingung für die Funktionsweise des Aufsichtsrats sowie des gesamten aktienrechtlichen Organisationssystems. Im Falle einer Missachtung droht der Gesellschaft großer Schaden in Form von gehemmten Aufsichtsratsmitgliedern.

Folglich stellt sich die Frage, ob der Interessenkonflikt eines Aufsichtsratsmitglieds sowie dessen Behandlung durch den Aufsichtsratsvorsitzenden bzw. das -kollektiv als Gegenstand der Gremiendiskussion oder des Abstimmungsverhaltens einzuordnen ist. Dies ist aus zwei Gründen zu bejahen[951]: *Zum einen* lässt sich anführen, dass der offengelegte Interessenkonflikt zunächst nur zu Entscheidungen des Aufsichtsrats über Stimmrecht, Teilnahme und möglicherweise Abberufung führt. Es handelt sich hierbei folglich um Fragen, die die ordnungsgemäße Gremienarbeit betreffen. *Zum anderen* spricht die dargestellte materielle Begründung der strengen Verschwiegenheit bei Sitzungsinterna dafür: Das betroffene Aufsichtsratsmitglied muss vor einer Preisgabe des Interessenkonflikts geschützt werden. Wenn es befürchten muss, dass seine Interessenkonflikte und die damit ggf. verbundenen persönlichkeits- sowie geschäftsrelevanten Informationen in die Öffentlichkeit getragen und zum Diskussionsgegenstand auf der Hauptversammlung gemacht werden, besteht ein starker Anreiz zum Verheimlichen des Konflikts gegenüber dem Aufsichtsratsvorsitzenden bzw. -gremium. Das gesteigerte Risiko einer Verheimlichung führt wiederum dazu, dass ein Interessenkonflikt in vielen Fällen unbemerkt bleibt und folglich nicht adäquat behandelt werden kann. Wegen der besonderen Gefährlichkeit des Interessenkonflikts für die Gesellschaftsinteressen ist ein offener Umgang mit Interessenkonflikten gegenüber dem Aufsichtsrat essenziell. Im Übrigen dürfte eine Offenlegungsverpflichtung gegenüber den Aktionären viele qualifizierte Kandidaten von der Übernahme eines Aufsichtsratsmandats abhalten.

Betrachtet man die Problematik aus der Gefahrenabwehrperspektive, ergeben sich zusammengefasst folgende Positionen: Die Pflicht zur Offenlegung von

---

Lutter/Krieger/Verse, Rechte und Pflichten des Aufsichtsrats (2014), Rdnr. 266; *Kubis*, ZGR 2014, S. 608 (625); *Priester*, ZIP 2011, S. 2081 (2083).

950 Hierzu instruktiv die Dissertationsschrift von *Fröhling*, Der moderne Pranger – Von den Ehrenstrafen des Mittelalters bis zur Prangerwirkung der medialen Berichterstattung im heutigen Strafverfahren (2014), *passim*.

951 So ausdr. auch *Butzke*, in: FS Michael Hoffmann-Becking (2013), S. 229 (239). Im Erg. dafür auch *Priester*, ZIP 2011, S. 2081 (2083).

Interessenkonflikten gegenüber der Quasiöffentlichkeit unterminiert die offene Diskussionsatmosphäre und Streitkultur des Aufsichtsratskollektivs empfindlich. Die hiermit verbundene Gefahr für die Gesellschaft und das ganze System der aktienrechtlichen Corporate Governance ist derart groß, dass ein nahezu absoluter Schutz der Gremienvertraulichkeit erforderlich ist. Insofern besteht kein Raum für die Berücksichtigung des vagen Zugewinns an Gefahrenabwehrintensität, der durch erhöhte Aufmerksamkeit und Selbstdisziplin des Aufsichtsrats erreicht werden könnte. Somit gelangt man zu dem Ergebnis, dass die Treuepflicht der Aufsichtsratsmitglieder die Offenlegung an das Aktionariat nicht nur nicht fordert, sondern sie im Gegenteil streng verbietet.

c) Formelles Anschlussproblem: Mangelnde Berechtigung des Aufsichtsrats zur Offenlegung von gesellschaftsinternen Informationen

Schließlich darf nicht unerwähnt bleiben, dass die Offenlegung von gesellschaftsinternen Informationen durch den Aufsichtsrat auch im Hinblick auf die aktienrechtliche Zuständigkeitsverteilung problematisch ist. Denn der Aufsichtsrat ist grundsätzlich ein bloßes Innenorgan und die Aufgabe zur Weitergabe vertraulicher Informationen ist in aller Regel Gegenstand der Unternehmensleitung. Als solcher unterfällt sie der Kompetenz des Vorstands, welcher insofern auch als „Herr der Geschäftsgeheimnisse“[952] bezeichnet wird.[953] Die Befugnis des Aufsichtsrats zur Entscheidung über die eigenständige Weitergabe von an sich vertraulichen Informationen wird nur in ganz strengen Grenzen anerkannt. So kann der Aufsichtsrat dann über eine entsprechende Offenlegung entscheiden, wenn er selbst geschäftsführend tätig wird, also zum Beispiel bei Organhaftungsprozessen gegen Vorstandsmitglieder.[954] Die Zuständigkeit des Aufsichtsrats wird aber nicht schon dadurch begründet, dass die vertrauliche Information der Innensphäre des Organs zuzuordnen ist.[955] Denn die Geheimhaltungspflicht besteht in erster Linie nicht zum Schutz des Aufsichtsrats, sondern zum Schutz der Gesellschaft. Die Disposition über

---

952 BGH, Urteil vom 05.06.1975 – II ZR 156/73 (“Bayer”), BGHZ 64, 325–333, zit. n. juris, Rdnr. 13.

953 Soweit ersichtlich g.h.M., BGH, Urteil vom 05.06.1975 – II ZR 156/73 (“Bayer”), BGHZ 64, 325–333, zit. n. juris, Rdnr. 11, 13; ausf. *Wilsing/Linden*, ZHR 178 (2014), S. 419 (432); *Habersack*, in: MünchKomm. AktG (2014), § 116 AktG, Rdnr. 62; *Mertens/Cahn*, in: KölnKomm AktG (2013), § 116 AktG, Rdnr. 51; grundl. *Lutter*, Information und Vertraulichkeit im Aufsichtsrat (2006), S. 225; *Stebut*, Geheimnisschutz und Verschwiegenheitspflicht im Aktienrecht (1972), S. 98; *Linker/Zinger*, NZG 2002, S. 497 (497). Einschränkend jedoch *Hopt/Roth*, in: Großkomm. AktG (2005), § 116 AktG, Rdnr. 239 f.

954 Ausdr. *Wilsing/Linden*, ZHR 178 (2014), S. 419 (433); *Lutter*, Information und Vertraulichkeit im Aufsichtsrat (2006), S. 225; vgl. auch die Nachweise in Fn. 953.

955 So *Wilsing/Linden*, ZHR 178 (2014), S. 419 (433); vgl. auch *Marsch-Barner*, in: Semler/Schenck, ArbeitsHdb. für Aufsichtsratsmitglieder (2013), § 13, Rdnr. 15; a.A. jedoch *Hopt/Roth*, in: Großkomm. AktG (2005), § 116 AktG, Rdnr. 240.

die Gesellschaftsinteressen ist und bleibt daher dem Vorstand vorbehalten, soweit es sich nicht ausnahmsweise um einen Gegenstand handelt, welcher der Geschäftsführungsbefugnis des Aufsichtsrats unterfällt.[956]

d) Zwischenfazit: Keine Konfliktoffenlegung gegenüber dem Aktionariat

Im Ergebnis lässt sich festhalten: Aus der Treuepflicht der Aufsichtsratsmitglieder folgt keine Verpflichtung zur Offenlegung von Interessenkonflikten gegenüber den Aktionären. Im Gegenteil: Interessenkonflikte unterfallen dem besonders geschützten Bereich des Beratungs- und Abstimmungsgeheimnisses und dürfen daher in keinem Fall veröffentlicht werden.

2. Exkurs: Pflicht zur Konfliktoffenlegung aus §§ 131, 171 Abs. 2 AktG?

Die Feststellungen beschränken sich bislang darauf, dass eine Offenlegungspflicht nicht aus der Treuepflicht hergeleitet wurde. Wie aber zu Beginn von Teil 2 ausgeführt wurde, könnte sich eine entsprechende Verpflichtung unmittelbar aus dem Gesetz ergeben, nämlich aus § 131 oder § 171 AktG.

Freilich sind dieselben Vertraulichkeitserwägungen auch in diesem Kontext einschlägig: Jegliche Information zu Interessenkonflikten eines einzelnen Aufsichtsratsmitglieds unterfällt dem quasi-absolut geschützten Bereich des Beratungs- und Abstimmungsgeheimnisses. Für die Auslegung von § 171 Abs. 2 S. 2 AktG bedeutet dies, dass Angaben zu Interessenkonflikten von vornherein nicht zum zwingenden Berichtsumfang gehören. Für das Auskunftsrechts des Aktionärs wiederum ergibt sich ein Auskunftsverweigerungsrecht in Bezug auf sämtliche Fragen, welche das Auftreten und den Umgang des Aufsichtsrats mit Interessenkonflikten betreffen.[957] Im Ergebnis ist insofern unerheblich, ob man dieses als originäres Recht anerkennt oder seine Grundlage in § 131 Abs. 3 S. 1 Nr. 1 AktG erblickt.[958]

Kritikwürdig sind insoweit die Ausführungen des BGH in zwei neueren Entscheidungen. In diesen wird darauf verwiesen, dass der Aufsichtsratsbericht auch nach der Empfehlung der Ziffer 5.5.3 DCGK keine Einzelheiten zu Interessenkonflikten verlange, der Aktionär entsprechende Informationen jedoch im Wege des Auskunftsrechts erfragen könne.[959] Die konkreten Äußerungen des BGH lassen zwar keinen

---

956 Beispiel bei *Wilsing/Linden*, ZHR 178 (2014), S. 419 (433): Mit der Befugnis zur Vorstandsbestellung geht die Annexkompetenz einher, im Namen der Gesellschaft Rechts-, Personal und Vergütungsberater zu beauftragen. In diesem Kontext ist die Entscheidung zur Offenlegung vertraulicher Informationen dem Aufsichtsrat gestattet.

957 *Wilsing/Linden*, ZHR 178 (2014), S. 419 (438 f.); *Butzke*, in: FS Michael Hoffmann-Becking (2013), S. 229 (239 f.).

958 Diese Frage hat auch der BGH offen gelassen, BGH, Beschluss vom 05.11.2013 – II ZB 28/12 ("Deutsche Bank"), BGHZ 198, 354–374, zit. n. juris, Rdnr. 47, m.w.N.

959 BGH, Beschluss vom 14.05.2013 – II ZR 196/12, juris; BGH, Urteil vom 10.07.2012 – II ZR 48/11 ("Fresenius"), BGHZ 194, 14–26, zit. n. juris, Rdnr. 32.

eindeutigen Schluss darauf zu, dass der Vorstand Fragen zu Interessenkonflikten im Aufsichtsrat beantworten müsste. Allerdings erzeugen sie eine nicht notwendige Unklarheit und stehen in eklatantem Widerspruch zur strengen Rechtsprechungslinie in Bezug auf die Vertraulichkeit von Gremieninterna.[960]

Schließlich ist zu bemerken, dass sich die Auskunftsverweigerung nicht zwangsläufig auch auf Nachfragen bezüglich objektiver Umstände bezieht, die einen Interessenkonflikt begründen können. So wird man dem Aktionär – unter der Prämisse, dass dies erforderlich ist[961] – die Nachfrage nach anderen Aufsichtsratsmandaten oder konfliktanfälligen Nebentätigkeiten eines bestimmten Aufsichtsratsmitglieds grundsätzlich beantworten müssen.[962]

3. Exkurs: Pflicht zur Konfliktoffenlegung gem. Ziffer 5.5.3 DCGK

Vor dem Hintergrund der strengen Vertraulichkeitsverpflichtung werden auch die zu Beginn von Teil 2 erwähnten Probleme im Zusammenhang mit der Regelung der Ziffer 5.5.3 DCGK greifbar. Bei unbefangener Betrachtung ruft diese Empfehlung den Aufsichtsrat zu einem Verstoß gegen die Verschwiegenheitspflicht auf und stellt sich damit in einen systematischen Widerspruch zu Ziffer 3.5 DCGK, welche die „entscheidende Bedeutung" der Vertraulichkeit für die offene Diskussion im Aufsichtsrat beschreibt.

Dieser Widerspruch lässt sich nur dadurch auflösen, dass die Angaben zu Interessenkonflikten im Aufsichtsratsbericht auf ein Minimum reduziert werden. Keinesfalls darf das konkrete Aufsichtsratsmitglied benannt und Einzelheiten zum Interessenkonflikt dargelegt werden. Die Darstellung muss sich darauf beschränken, dass Interessenkonflikte aufgetreten sind und vom Aufsichtsrat durch Anordnung von Stimmrechtsausschlüssen, Teilnahmeverboten, Mandatsruhen oder Abberufungsverfahren isoliert wurden.[963]

---

960 Zu Recht kritisch daher *Wilsing/Linden*, ZHR 178 (2014), S. 419 (438 f.).

961 I.S.d. § 131 Abs. 1 S. 1 Hs. 2 AktG.

962 Ausf. *Kubis*, in: MünchKomm. AktG (2013), § 131 AktG, Rdnr. 191, 220, m.w.N.

963 A.A. noch OLG Frankfurt, Urteil vom 05.07.2011 – 5 U 104/10, juris, Rdnr. 74 ff.; bestätigt durch OLG Frankfurt, Urteil vom 15.05.2012 – 5 U 66/11, juris, Rdnr. 112 ff. und OLG Frankfurt, 02.10.2012 vom Urteil – 5 U 10/12, juris, Rdnr. 95 ff.
Hiergegen ausdr. der BGH, Beschluss vom 14.05.2013 – II ZR 196/12, juris; vgl. auch BGH, Urteil vom 10.07.2012 – II ZR 48/11 ("Fresenius"), BGHZ 194, 14–26, zit. n. juris, Rdnr. 30; vgl. schon OLG München, Urteil vom 24.09.2008 – 7 U 4230/07, juris, Rdnr. 44.
So, bzw. in diese Richtung auch die h.L., *Kremer*, in: Ringleb/Kremer/Lutter/v. Werder/, DCGK Komm. (2014), Ziffer 5 DCGK, Rdnr. 1112; *Habersack*, in: MünchKomm. AktG (2013), § 100 AktG, Rdnr. 93; *Heldt/Fischer zu Cramburg*, in: Heidel, Aktien- und KapitalmarktR (2014), Komm. zum DCGK, Rdnr. 74; *Habersack*, in: MünchKomm. AktG (2013), § 100 AktG, Rdnr. 93; *Drygala*, in: Schmidt/Lutter, AktG (2015), § 171 AktG, Rdnr. 18; *Koch*, in: Hüffer, AktG (2014), § 171 AktG, Rdnr. 23. *Hoffmann-Becking*, in: Hoffmann-Becking, Münch. Hdb. GesR. IV (2015),

Freilich ist hiermit für den Aktionär angesichts der besonderen Anfälligkeit des Aufsichtsrats für Interessenkonflikte nicht viel gewonnen. Insofern muss dem *Handelsrechtsausschuss des Deutschen Anwaltsvereins* beigepflichtet werden, der eine Streichung der Ziffer 5.5.3 DCGK empfiehlt und hierzu ausführt:

> *„Der Bericht an die Hauptversammlung sollte unterbleiben. Entweder verletzt er das Beratungsgeheimnis, oder er ist ohne Informationsgehalt für die Aktionäre.“*[964]

C. Zusammenfassung des Kapitels

1. Aus der Treuepflicht des Aufsichtsrats folgt dem Grunde nach die Verpflichtung zur Offenlegung von Interessenkonflikten gegenüber der Gesellschaft.
2. Damit ist dasjenige Gesellschaftsorgan zu bestimmen, an welches von dem Konflikt zu berichten ist. In Betracht kommen Vorstand, Aufsichtsrat oder Aktionariat. Für die Beantwortung der Frage ist ausschlaggebend, wie die interessenkonfliktsspezifische Gefahr für die Gesellschaft am besten abgewehrt werden kann.
3. Der Vorstand ist nicht der richtige Adressat für die Konfliktoffenlegung eines Aufsichtsratsmitglieds.
4. Vielmehr ist der betroffene Organwalter zur Offenlegung an den Aufsichtsrat verpflichtet. Diese Verpflichtung wird von weiten Teilen der Literatur ebenfalls angenommen, wenngleich ohne Begründung oder mit kursorischem Verweis auf die Treuepflicht. Der Mangel an Begründung lässt keine Antwort auf die Frage zu, wer innerhalb des Aufsichtsrats zur Entgegennahme der Konfliktoffenlegung berechtigt und verpflichtet ist.
5. Ausgehend von dem Schutzbedürfnis der Gesellschaft muss nur diejenige Person von dem Interessenkonflikt erfahren, die auch für die Anordnung der Interessenkonfliktsmaßnahmen zuständig ist. Nach hier vertretener Auffassung besteht hierzu eine einheitliche Zuständigkeitsordnung: In erster Linie ist der Aufsichtsratsvorsitzende befugt, kann aber durch Entscheidung des Gremiums überstimmt werden. Denn hierdurch wird eine effektive Gefahrenabwehr sichergestellt, welche die Aufsichtsratstätigkeit gleichzeitig möglichst wenig beeinträchtigt. Ist das konfliktbehaftete Aufsichtsratsmitglied nicht mit der Maßnahme des Vorsitzenden oder des Gremiums einverstanden, kann es eine gerichtliche Feststellungsklage erheben.
6. Daher gilt: Ein konfliktbehaftetes Aufsichtsratsmitglied genügt seiner Treuepflicht durch Offenlegung an den Aufsichtsratsvorsitzenden; die Offenlegungspflicht besteht bereits bei schwachen Interessenkonflikten. Der Vorsitzende

---

§ 45, Rdnr. 17; *Marsch-Barner*, in: Marsch-Barner, HdB. börsennotierte AG (2014), § 2, Rdnr. 49; *Vetter*, ZIP 2006, S. 257 (261); *Priester*, ZIP 2011, S. 2081 (2083 f.); *Linden*, GWR 2011, S. 407 (407 ff.); *Butzke*, in: FS Michael Hoffmann-Becking (2013), S. 229 (241); *Peltzer*, Deutsche Corporate Governance (2004), S. 118.

964 DAV-Handelsrechtsausschuss, NZG 2015, S. 86 (96), anlässlich der Kodexreform 2015.

entscheidet sodann einzelfallbezogen über das weitere Vorgehen und kann in Zweifelsfällen eine Entscheidung durch das Kollektiv einholen. In diesem Sinne sollte auch die Empfehlung der Ziffer 5.5.2 DCGK ausgelegt werden.

7. Aus der Treuepflicht des Aufsichtsrats folgt keine Verpflichtung zur Offenlegung von Interessenkonflikten gegenüber dem Aktionariat. Vielmehr ist eine solche aus Gründen der Verschwiegenheit strikt verboten. Sie würde die Funktionsweise des Aufsichtsrats empfindlich beeinträchtigen und der Gesellschaft auf diese Weise schaden. Darüber hinaus darf der Aufsichtsrat nur in Ausnahmefällen über die Gremienvertraulichkeit disponieren, denn der Vorstand ist der „Herr der Geschäftsgeheimnisse". Für den Vorstand gilt die Pflicht zur Verschwiegenheit im Übrigen in gleichem Umfang. Schließlich kann eine Verpflichtung zur Konfliktoffenlegung auch nicht aus §§ 131, 171 Abs. 2 AktG hergeleitet werden.
8. Die Empfehlung der Ziffer 5.5.3 DCGK steht in einem großen Spannungsverhältnis zur Verschwiegenheitsverpflichtung. Ihr wird bereits Genüge getan, wenn die Angaben der Gesellschaft auf ein Minimum reduziert werden. Keineswegs darf das betroffene Aufsichtsratsmitglied namentlich benannt und/oder Einzelheiten zu dem Interessenkonflikt veröffentlich werden. Die Kodexempfehlung sollte gestrichen werden.

Teil 3:
Verstöße gegen die Offenlegungspflicht

§ 1 Folgen von unmittelbaren Verstößen

Im Folgenden werden im Kürze die Folgen dargestellt, die ein unmittelbarer Verstoß gegen die Pflicht zur Offenlegung gegenüber dem Aufsichtsrat (Vorsitzender bzw. -kollektiv) für das konfliktbehaftete Aufsichtsratsmitglied zeitigen kann.

A. Abberufung aus wichtigem Grund (§ 103 Abs. 3 AktG)

Unterlässt es ein Aufsichtsratsmitglied, seinen Interessenkonflikt gegenüber dem Aufsichtsratsvorsitzenden oder -kollektiv offenzulegen, kann die konfliktspezifische Gefahr nicht abgewehrt werden. Der Amtswalter gefährdet durch seine Unterlassung folglich die Tätigkeit des Aufsichtsrats und die Interessen der Gesellschaft.

Je nach Stärke, Dauer und Beschaffenheit des Konflikts kann daher schon die unterlassene Konfliktoffenlegung eine schwere Pflichtverletzung darstellen, die eine gravierende Unzuverlässigkeit zum Ausdruck bringt. Unterlässt der konfliktbehaftete Amtswalter die Offenlegung in einem besonders schweren Fall oder zum wiederholten Male, kann dies einen wichtigen Grund i.S.d. § 103 Abs. 3 S. 1 AktG darstellen und zur Einleitung eines Abberufungsverfahrens führen.

B. Haftung

Vorab sei klargestellt, dass es an dieser Stelle nur um die Haftung für eine Verletzung der Pflicht zur Offenlegung des Interessenkonflikts gegenüber dem Aufsichtsrat geht. Weitere Haftungsfolgen, die eine konfliktbeeinflusste Handlung – wie etwa die Weitergabe geheimer Informationen – nach sich ziehen kann, bleiben außen vor.

Die Pflicht zur Konfliktoffenlegung ist eine eigenständige Verhaltenspflicht, die aus der Treuepflicht des Aufsichtsratsmitglieds folgt. Eine Verletzung dieser Pflicht kann ohne weiteres einen Schadensersatzanspruch nach § 116 S. 1 i.V.m. § 93 Abs. 2 S. 1 AktG begründen.

Wie bereits ausführlich dargelegt[965], kann sich das Aufsichtsratsmitglied hierbei zum Ausschluss der Pflichtverletzung nicht auf die *business judgment rule* berufen. Hiervon ausgenommen sind allerdings sog. institutionelle Interessenkonflikte, weil die Arbeitnehmervertreter im Aufsichtsrat sonst systematisch benachteiligt würden. Ferner muss der Konflikt eine gewisse Stärke erreicht haben. Zur Beurteilung dessen bietet sich folgender Maßstab an: Der Konflikt muss so beschaffen sein, dass er vom Aufsichtsratsvorsitzenden – wenn er vom ihm wüsste – dem Gremium gegenüber offen gelegt werden müsste. Wird ein derartiger Konflikt nämlich nicht offen gelegt, besteht die Gefahr der Infektion des Aufsichtsratskollektivs und die von

965 S. oben, Teil 2: § 4 D. 3. c) (= S. 176 ff.).

der *business judgment rule* geforderte ideale Entscheidungsvoraussetzung ist nicht mehr gegeben.

Nach § 116 S. 1 i.V.m. § 93 Abs. 2 AktG muss die unterlassene Konfliktoffenlegung schuldhaft erfolgen[966], wofür allerdings das betroffene Aufsichtsratsmitglied die Beweislast trägt.[967]

Schließlich muss der Gesellschaft ein Schaden entstehen, der sich adäquat kausal auf die Verletzung der Konfliktoffenlegungspflicht zurückführen lässt. In aller Regel dürfte ein Haftungsanspruch an dieser Voraussetzung scheitern, da die Auswirkungen einer Nichtoffenlegung häufig nur die Aufsichtsratstätigkeit betreffen. Zu beachten ist allerdings, dass auch ein verdeckter Interessenkonflikt zu einem Stimmrechtsausschluss führen kann. Wurde die Anordnung eines Stimmverbots infolge der Nichtoffenlegung unterlassen, wird ein Aufsichtsratsbeschluss durch die pflichtwidrige Mitwirkung fehlerhaft – und damit nichtig oder vernichtbar.[968] Auf diese Weise ist denkbar, dass sich ein wichtiger Aufsichtsratsbeschluss – wie zum Beispiel die Billigung des Jahresabschlusses – im Nachhinein als unwirksam erweist. Kommt es infolgedessen zu einem Gesellschaftsschaden, ist das Aufsichtsratsmitglied zum Schadensersatz verpflichtet.

---

966 Statt aller *Doralt/Doralt*, in: Semler/Schenck, ArbeitsHdb. für Aufsichtsratsmitglieder (2013), § 14, Rdnr. 45 ff.

967 Statt aller *Doralt/Doralt*, in: Semler/Schenck, ArbeitsHdb. für Aufsichtsratsmitglieder (2013), § 14, Rdnr. 235.

968 S. zum Ganzen ausf. oben, Teil 2: § 4 D. 3. e) aa) (3) (= S. 186 ff.).

§ 2 Mittelbare Verstöße wegen Nichteinschränkung der Entsprechenserklärung

Abschließend sei in Kürze auf die Folgen einer unterlassenen Konfliktoffenlegung eingegangen, wenn diese zur Unrichtigkeit der Entsprechenserklärung nach § 161 AktG führt. Der Verstoß gegen die Pflicht zur Konfliktoffenlegung ist hierbei nur mittelbarer Natur: Sanktioniert wird nicht der Verstoß gegen die Treuepflicht, die ein Aufsichtsratsmitglied bei unterlassener Offenlegung des Interessenkonflikts gegenüber dem Aufsichtsrat begeht. Vielmehr besteht der Gesetzesverstoß darin, dass die Verwaltungsorgane eine unrichtige Entsprechenserklärung abgeben haben oder diese nicht korrigieren. Hierbei spielen die Kodexempfehlungen der Ziffern 5.5.3 und 5.5.2 DCGK eine Rolle, die eine (zu) weitgehende Konfliktoffenlegung fordern.

Wie bereits zu Beginn von Teil 2 erläutert, hat diese Problematik maßgeblich dazu beigetragen, dass das Thema der Interessenkonflikte im Aufsichtsrat in den Fokus der kapitalgesellschaftsrechtlichen Diskussion geraten ist.

A. Vorab: Der Regelungsmechanismus des DCGK i.V.m. § 161 AktG

Das Zusammenspiel von DCGK und § 161 AktG ist im Ursprung recht simpel. Der DCGK ist nicht mehr als die Empfehlung einer Regierungskommission, die vom Bundesministerium der Justiz im Bundesanzeiger veröffentlicht wird. Sie selbst entfaltet keine eigenständige normative Wirkung. Eine solche kommt erst durch § 161 AktG ins Spiel, bei dem es sich um eine klassische Gesetzesregelung im formellen und materiellen Sinne handelt. Die Norm verpflichtet börsennotierte Unternehmen zur Abgabe der sog. Entsprechenserklärung. Hierin müssen Vorstand und Aufsichtsrat angeben, ob sie bei der Unternehmensleitung den *Empfehlungen* des DCGK gefolgt sind. Zu beachten ist hierbei, dass der Kodex nicht nur Empfehlungen („soll"), sondern auch unverbindliche Anregungen („sollte") und schlichte Beschreibungen der geltenden Gesetzeslage enthält.[969] § 161 AktG verpflichtet explizit nur zur Offenlegung der Entsprechung mit den Kodex-Empfehlungen.[970] Dabei ist es den Unternehmen ausdrücklich vorbehalten, diesen Empfehlungen nicht zu folgen. Sie müssen die Abweichung vom Kodex dann allerdings begründen. Die

---

969 Der DCGK führt in dieses System aus Empfehlungen, Anregungen und Gesetzesdarstellungen ausdrücklich in der Präambel (Ziffer 1) ein. Gem. Ziffer 1 Abs. 10 DCGK sind Empfehlungen stets durch Verwendungen des Wortes „soll" und Anregungen durch die Verwendung des Begriffs „sollte" gekennzeichnet.

970 Klarstellend OLG Frankfurt, Urteil vom 01.10.2013 – 5 U 214/12, juris, Rdnr. 36.

Entsprechenserklärung ist gemäß § 161 Abs. 1 AktG binnen Jahresfrist zu erneuern und im Falle vorheriger Abweichungen von einer DCGK-Empfehlung umgehend zu berichtigen.[971]

Das Regelungssystem von DCGK i.V.m. § 161 AktG ist nicht darauf ausgelegt, die Befolgung der Kodexempfehlungen durch „harte" rechtliche Regelungen zu erzwingen. Vielmehr soll „der Markt" – im Wesentlichen also (potenzielle) Aktionäre, andere Investoren sowie sonstige Stakeholder – über die Unternehmen richten. Die Offenlegung der Kodexentsprechung und die Begründungen etwaiger Abweichungen versetzt die Markakteure dabei in die Lage, die hierzu notwendigen Informationen ohne große Agency-Kosten zu gewinnen. Geht man zutreffenderweise davon aus, dass der DCGK tatsächlich nur – bzw. in weit überwiegender Weise – allgemein akzeptierte und sinnvolle Regeln zur guten Unternehmensführung enthält,[972] wird der Markt eine Kodexabweichung sanktionieren; dies gilt zumindest dann, wenn sie nicht nachvollziehbar begründet ist. Die schlechte Corporate-Governance wird zu einem Kursabschlag am Kapitalmarkt führen und so die Kapitalkosten des Unternehmens verteuern.[973] Das System zielt mit anderen Worten auf markt-, nicht aber rechtsförmige Sanktionen. *Tröger* hat das Zusammenspiel von DCGK und § 161 AktG daher als „Informationsmodell" bezeichnet.[974]

Es soll nicht unerwähnt bleiben, dass die Normqualität des DCGK und die Verfassungsmäßigkeit des Zusammenspiels des Kodex mit der Pflicht zur Abgabe der Entsprechenserklärung nach § 161 AktG den Gegenstand einer anhaltenden Diskussion bilden. Die vertiefte Auseinandersetzung mit dieser Frage würde an dieser Stelle jedoch zu weit führen. Es wird im Folgenden mit der herrschenden Ansicht davon ausgegangen, dass der Kodex für sich genommen nichts anderes als die

---

971 BGH, Urteil vom 16.02.2009 – II ZR 185/07 ("Kirch/Deutsche Bank"), BGHZ 180, 9–38, zit. n. juris, Rdnr. 19; BGH, Urteil vom 21.09.2009 – II ZR 174/08 ("Umschreibungsstopp"), BGHZ 182, 272–284, zit. n. juris, Rdnr. 16; BGH, Urteil vom 10.07.2012 – II ZR 48/11 ("Fresenius"), BGHZ 194, 14–26, zit. n. juris, Rdnr. 27; *Bayer/Scholz*, in: Spindler/Stilz, AktG (2015), § 161 AktG, Rdnr. 71 ff., m.w.N.

972 Diverse Spitzenverbände der Wirtschaft haben mehrfach die breite Akzeptanz des Kodexes bestätigt, so etwa Stellungnahme des Deutschen Aktieninstituts zur Kodexanpassung 2013, vom 20.03.2013, S. 2; Positionspapier des BDI vom 08.06.2011: „Herausforderungen für den Deutschen Corporate Governance Kodex", S. 1. Im Übrigen spricht auch die aktuelle durchschnittliche Befolgungsquote von 82,6 % (Quelle: *v. Werder/Bartz*, DB 2015, S. 1357 (1367)) für eine hohe Kodexakzeptanz.

973 Ausführliche modelltheoretische und empirische Nachweise zu diesem Zusammenhang zwischen Unternehmensführung und Kapitalkosteneffekt bei *Tröger*, ZHR 175 (2011), S. 746 (753); zum Kapitalkosteneffekt *Koch*, in: Hüffer, AktG (2014), § 161 AktG, Rdnr. 1, m.w.N.

974 *Tröger*, ZHR 175 (2011), S. 746 (752); s. auch RegE Transparenz- und Publizitätsgesetz ("TransPuG") vom 11.04.2002, BT-Drucks. 14/8769, S. 21; *Kort*, in: FS Karsten Schmidt (2009), S. 945 (946); *v. Werder*, in: Ringleb/Kremer/Lutter/v.Werder/, DCGK Komm. (2014), Vorbemerkung, Rdnr. 26; *Lutter*, in: KölnKomm AktG (2012), § 161 AktG, Rdnr. 3, jeweils m.w.N.

unverbindliche Äußerung einer unabhängigen Expertengruppe[975] ist. Als solcher bedarf er keinerlei staatlicher Legitimation.[976] Der grundrechtsrelevante Eingriff erfolgt erst durch die Regelung des § 161 AktG, die wiederum demokratisch legitimiert und verhältnismäßig ist.[977]

B. Kassationsrechtsprechung

I. Hintergrund und Darstellung der Kassationsrechtsprechung

In zwei berühmten Urteilen aus dem Jahr 2009 hat sich der BGH erstmals mit der nachfolgenden Frage auseinandergesetzt: Welche Folge hat die Abweichung von einer DCGK-Empfehlung, wenn die Entsprechenserklärung nicht entsprechend eingeschränkt und die Abweichung von der Empfehlung nicht begründet wurde? Konkret ging es um Fälle, in denen Vorstand und Aufsichtsrat zwar eine uneingeschränkte Entsprechenserklärung abgegeben hatten, aber entgegen Ziffer 5.5.3 DCGK nicht über einen aufgetretenen Interessenkonflikt im Aufsichtsrat informiert wurde. Die Entsprechenserklärung wurde hierdurch unrichtig.

Der BGH wollte zwar nicht zu den generellen Folgen einer Verletzung von § 161 AktG Stellung nehmen. Er gelangte aber zu dem Schluss, dass die Abgabe einer unrichtigen (bzw. die unterlassene Korrektur einer unrichtig gewordenen) Entsprechenserklärung einen Gesetzesverstoß i.S.d. § 243 Abs. 1 AktG darstelle, der zur Anfechtung des Entlastungsbeschlusses[978] führen könne. Auch wenn eine Abweichung vom Kodex nur eines der beiden Verwaltungsorgane oder auch nur ein einzelnes Organmitglied betrifft, bezieht der BGH die Anfechtung dabei auf den gesamten Entlastungsbeschluss. Denn § 161 AktG richte sich an die Verwaltung

---

975 Ausdrücklich *Lutter*, in: KölnKomm AktG (2012), § 161 AktG, Rdnr. 11; *Bachmann*, WM 2002, S. 2137 (2142); *Kort*, in: FS Karsten Schmidt (2009), S. 945 (952 f.): „private Aufschreibungen einer Kommission".

976 Vgl. BGH, Urteil vom 16.02.2009 – II ZR 185/07 ("Kirch/Deutsche Bank"), BGHZ 180, 9–38, zit. n. juris, Rdnr. 26; OLG München 7. Zivilsenat, Urteil vom 23.01.2008 – 7 U 3668/07, juris, Rdnr. 66; *Goette*, in: MünchKomm. AktG (2013), § 161 AktG, Rdnr. 22, m.umf.w.N.; *Bayer/Scholz*, in: Spindler/Stilz, AktG (2015), § 161 AktG, m.umf.w.N.

977 Dies sehen im Ergebnis insbesondere auch die Gerichte so, die § 161 AktG ohne Äußerung verfassungsrechtlicher Zweifel anwenden, exemplarisch BGH, Urteil vom 16.02.2009 – II ZR 185/07 ("Kirch/Deutsche Bank"), BGHZ 180, 9–38, zit. n. juris, Rdnr. 26; OLG München 7. Zivilsenat, Urteil vom 23.01.2008 – 7 U 3668/07, juris, Rdnr. 66. Aus der Lit.: *Lutter*, in: KölnKomm AktG (2012), § 161 AktG, Rdnr. 23; *Bachmann*, WM 2002, S. 2137 (2142); *Leyens*, in: Großkomm. AktG (2012), § 161 AktG, Rdnr. 59; vgl. *Kort*, in: FS Karsten Schmidt (2009), S. 945 (951); *Bayer/Scholz*, in: Spindler/Stilz, AktG (2015), § 161 AktG, Rdnr. 20. Kritisch zur Verfassungsmäßigkeit jedoch: *Koch*, in: Hüffer, AktG (2014), § 161 AktG, Rdnr. 3, m.w.N.; *Spindler*, in: Schmidt/Lutter, AktG (2015), § 161 AktG, Rdnr. 11.

978 Siehe § 120 Abs. 2 AktG.

insgesamt.[979] Freilich weiß der BGH um die Schwere dieser Rechtsfolge. Daher bejaht er die Entlastungsanfechtbarkeit nur, wenn die Entsprechenserklärung in einem „nicht unwesentlichen Punkt" unrichtig ist.[980] Die Unrichtigkeit muss im konkreten Einzelfall Gewicht haben und es darf sich nicht nur um einen Formalverstoß handeln. Betrifft die Unrichtigkeit der Entsprechenserklärung darüber hinaus inhaltlich eine DCGK-Empfehlung zur Information der Aktionäre, muss die unterbliebene Information für einen objektiv urteilenden Aktionär zur sachgerechten Wahrnehmung seiner Teilnahme- und Mitgliedschaftsrechte relevant sein.[981]

Diese sog. *Kassationsrechtsprechung* hat eine beachtliche Debatte ausgelöst. Die Kontroverse wurde maßgeblich durch einige Urteile aus Frankfurt befeuert: Die Frankfurter Richter legten die von Ziffer 5.5.3 DCGK geforderte Informationstiefe sehr weit aus und erachteten die dem Grunde nach vorhandenen Informationen im Corporate-Governance-Bericht der Gesellschaften als unzureichend.[982] Darüber hinaus wurde die Diskussion außerdem durch ein *obiter dictum* des OLG München angeheizt, nach welchem eine unrichtige Entsprechenserklärung nicht nur zur Anfechtung der Entlastung, sondern auch zur Anfechtung eines Aufsichtsratswahlbeschlusses führen kann.[983] Denn die Auswirkungen der Kassation einer Aufsichtsratswahl sind ungleich gewichtiger als diejenigen eines Entlastungsbeschlusses.

II. Bewertung der Kassationsrechtsprechung

Die folgende Darstellung beschränkt sich auf die Frage, ob die harte Folge der Beschlussanfechtung mit der generellen Funktionsweise des Zusammenspiels von DCGK und § 161 AktG (Informationsmodell) vereinbar ist. Verschiedene Stimmen[984]

979 BGH, Urteil vom 16.02.2009 – II ZR 185/07 ("Kirch/Deutsche Bank"), BGHZ 180, 9–38, zit. n. juris, Rdnr. 26.

980 So schon im ersten Urteil, BGH, Urteil vom 16.02.2009 – II ZR 185/07 ("Kirch/Deutsche Bank"), BGHZ 180, 9–38, zit. n. juris, Rdnr. 19.

981 So die Konkretisierung der einschränkenden Voraussetzungen in BGH, Urteil vom 21.09.2009 – II ZR 174/08 ("Umschreibungsstopp"), BGHZ 182, 272–284, zit. n. juris, Rdnr. 18; bestätigt in BGH, Urteil vom 10.07.2012 – II ZR 48/11 ("Fresenius"), BGHZ 194, 14–26, zit. n. juris, Rdnr. 28 und BGH, Beschluss vom 14.05.2013 – II ZR 196/12, juris.

982 Insb. OLG Frankfurt, Urteil vom 05.07.2011 – 5 U 104/10, juris, Rdnr. 74 ff.; OLG Frankfurt, Urteil vom 15.05.2012 – 5 U 66/11, juris, Rdnr. 112 ff.; OLG Frankfurt, 02.10.2012 vom Urteil – 5 U 10/12, juris, Rdnr. 95 ff.. Beachte mittlerweile aber BGH, Beschluss vom 14.05.2013 – II ZR 196/12, juris, nachdem Ziffer 5.5.2 DCGK keine Darlegung des Interessenkonflikts im Einzelnen verlangt.

983 OLG München, Urteil vom 06.08.2008 – 7 U 5628/07, juris Rdnr. 47; ihm folgend LG Hannover, Urteil vom 17.03.2010 – 23 O 124/09, juris, Rdnr. 124. Der BGH, Beschluss vom 09.11.2009 – II ZR 14/09, juris, hat die Anfechtbarkeit eines Aufsichtsratswahlbeschluss bislang ausdrücklich offen gelassen.

984 Ausführlich *Tröger*, ZHR 175 (2011), S. 746, *passim*.

haben die Vereinbarkeit der Kassationsrechtsprechung mit dem AktG angezweifelt – jedoch zu Unrecht.

Zunächst muss dem Grundsatzargument widersprochen werden, nach welchem sich das Informationsmodell aus Kodex und § 161 AktG allgemein nicht mit einer rechtsförmigen Sanktion wie der Beschlussanfechtung vertrage.[985] Wie bereit dargelegt, hat die Richtigkeit Entsprechenserklärung eine elementare Bedeutung für die Funktionsweise des Regelungskomplexes. Denn wenn sich der Markt nicht auf die Richtigkeit dieser Erklärung verlassen kann, steigen die Kosten des *monitoring* für die Corporate Governance der Unternehmen zu stark an. Im Ergebnis könnte sich die Idee des Regelungsmodells damit nicht entfalten. Die Absicherung der Richtigkeit der Entsprechenserklärung liegt damit sogar im Interesse von Kodex und § 161 AktG.[986]

Ausgangspunkt für die nähere Betrachtung bildet weiterhin das allgemeine Beschlussanfechtungsrecht. Die BGH-Rechtsprechung zur Anfechtbarkeit bei unrichtiger Entsprechenserklärung erweist sich als konform zu den allgemeinen Regeln: § 161 AktG statuiert die gesetzliche Pflicht der Unternehmensverwaltung zur Abgabe einer richtigen Entsprechenserklärung (bzw. zu deren Korrektur). Wird diese Pflicht verletzt, eröffnet § 243 Abs. 1 AktG die Anfechtbarkeit, wobei freilich die für die jeweilige Beschlussart bestehenden Besonderheiten zu beachten sind.[987] Aus gesetzessystematischer Sicht eröffnet sich dann allerdings folgende Fragestellung: Wird auf diese Weise nicht ein Anreiz zur Kodexbefolgung geschaffen, welcher mit dem auf marktförmige Sanktionen angelegten Informationsmodell nicht vereinbar ist?[988] Diese Frage wiederum beruht auf der Annahme, dass die Unternehmen den Kodex „zähneknirschend" befolgen, weil sie den „harten Folgen" einer nicht ordnungsgemäß deklarierten Kodexabweichung entgehen wollen.[989]

Auf Grundlage des aktuellen Stands der Rechtsprechung erweist sich diese Hypothese hingegen als wenig plausibel. Die Gerichte haben bislang keinen Anlass zur Verunsicherung in Bezug auf die Voraussetzungen und Rechtsfolgen einer Abweichung gegeben. Denn in keinem der bislang bekannt gewordenen Anfechtungsprozesse ging es um einen Fall, in dem die Gerichte eine Anfechtung aufgrund mangelnder Abweichungsbegründung oder -begründungstiefe zugelassen haben. Es ist den Kritikern freilich zuzugeben, dass es hierbei unbedingt bleiben muss. Zwar ist es zutreffend, dass eine Entsprechenserklärung nach der derzeitigen Fassung von § 161 AktG auch durch eine mangelhafte Abweichungsbegründung fehlerhaft wird. Sofern es sich allerdings nicht um einen Fall handelt, in dem vollständig auf eine Abweichungsbegründung verzichtet wurde, darf diese Fehlerhaftigkeit nicht

985 Ähnlich *Goette*, in: MünchKomm. AktG (2013), § 161 AktG, Rdnr. 88.

986 Vgl. auch *Habersack*, in: FS Wulf Goette (2011), S. 121: „[die Kassationsrechtsprechung] hat dem DCGK Biss verliehen".

987 So auch *Goette*, in: MünchKomm. AktG (2013), § 161 AktG, Rdnr. 88, m.w.N.

988 *Tröger*, ZHR 175 (2011), S. 746 (760).

989 *Tröger*, ZHR 175 (2011), S. 746 (595 f.).

zur Beschlussanfechtung führen. Denn wenn schon ein formeller oder materieller Mangel in der Abweichungsbegründung für die Beschlussanfechtung ausreichen würde, würden sich die Unternehmen mit jeder Abweichung dem Risiko einer rechtsförmigen Sanktion aussetzen. Damit bestünde ein erheblicher Druck zur Nicht-Abweichung, also der Kodexbefolgung. Ein solcher echter Befolgungsdruck wäre aber mit dem Telos des Regelungsgefüges aus DCGK und § 161 AktG nicht vereinbar, da dieses auf eine Sanktionierung von schlechter Corporate Governance durch die Kräfte des Marktes ausgelegt ist. Abgesehen davon erschiene dann auch die Frage nach der Verfassungsmäßigkeit des Regelungsmechanismus in einem anderen Licht, weil der Staat zur Einhaltung eines nicht-demokratisch-legitimierten Regelwerkes verpflichten würde.[990] Schließlich muss berücksichtigt werden, dass zwischen den bisherigen Fällen der Kassationsrechtsprechung und einer fehlerhaften Abweichungsbegründung ein erheblicher qualitativer Unterschied besteht. Es fehlt das Element des Täuschungshaften[991]: Die Unternehmensleitung gibt nicht an, dem Kodex entsprochen zu haben, obwohl dies letztlich gar nicht zutrifft. Vielmehr offenbart sie die Abweichung, begründet sie aber nicht hinreichend. Es erscheint daher zutreffender, von einer fehlerhaften statt einer unrichtigen Entsprechenserklärung zu sprechen. All diese Erwägungen können ohne weiteres bei der systematischen Auslegung der Normen zur Beschlussanfechtung herangezogen werden, etwa bei der (ggf. entsprechenden) Anwendung des Wesentlichkeitserfordernisses des § 243 Abs. 4 S. 1 AktG[992]. Sie müssen dort zu dem Ergebnis führen, dass eine Anfechtung wegen unzureichender Begründung einer DCGK-Abweichung ausgeschlossen ist.[993]

Legt man also den aktuellen Stand der Kassationsrechtsprechung zugrunde, rührt die Not der Unternehmen mit der Entsprechenserklärung von der Auslegungsbedürftigkeit mancher Kodexempfehlungen her. Sie können sich in diesen Fällen nicht vollständig sicher sein, dass sie die vom Kodex geforderten Verhaltenspflichten tatsächlich eingehalten haben. So kann es vorkommen, dass ein Gericht eine Empfehlung des DCGK anders als das Unternehmen selbst auslegt und somit zu dem Ergebnis gelangt, dass dem Kodex diesbezüglich nicht entsprochen wurde. Hatte die AG ihre Entsprechenserklärung nicht eingeschränkt, wird das Gericht sie dann für unrichtig befinden und die Beschlussanfechtung zulassen. Der Streit um die von Ziffer 5.5.3 DCGK in Bezug auf Interessenkonflikte des Aufsichtsrat geforderte Informationstiefe bietet hierfür ein prominentes Beispiel, da dieser den wesentlichen

---

990 Ähnlich *Goette*, in: MünchKomm. AktG (2013), § 161 AktG, Rdnr. 90.

991 Es wird an dieser Stelle bewusst nicht vom „Täuschungselement" gesprochen. Wie weiter unten in diesem Abschnitt ausgeführt wird, kann sich die Unrichtigkeit einer Entsprechenserklärung durchaus durch eine unterschiedliche Auffassung in Bezug auf den Inhalt einer Kodexempfehlung ergeben. Der Unternehmensleitung kann daher nicht pauschal eine negativ-konnotierte, verwerfliche Täuschungsabsicht unterstellt werden.

992 Vgl. *Leyens*, in: Großkomm. AktG (2012), § 161 AktG, Rdnr. 478.

993 So im Ergebnis auch *Krieger*, ZGR 2012, S. 202 (224); *Goette*, in: MünchKomm. AktG (2013), § 161 AktG, Rdnr. 90.

Urteilen der Kassationsrechtsprechung zugrunde lag.[994] Folglich geht es nicht um Unsicherheiten hinsichtlich der Abweichung, sondern der Entsprechung. Es ist nicht ersichtlich, warum Unternehmen hierdurch zu einer „zähneknirschenden Kodexbefolgung“ motiviert werden sollten; schließlich sind diese in solchen Fällen ja ohnehin zur Kodexanwendung entschlossen.

Plausibel erscheinen vielmehr zwei Verhaltensweisen. Nach *Option 1* kann das Unternehmen eine besonders sorgfältige Corporate Governance pflegen, um der Kodexempfehlung in jedem Fall zu entsprechen und keine Abweichung erklären zu müssen. Insofern liegt dann kein „einfacher“ Befolgungsdruck, sondern ein Druck zur überobligatorischen Kodexbefolgung vor.[995] Eine solche Verhaltensweise erscheint aber aus zwei Gründen nicht sonderlich plausibel: *Erstens* kann das Risiko einer anderen Auslegung der Kodexempfehlungen durch das Gericht auch auf diese Weise nicht vollständig ausgeschlossen werden. *Zweitens* muss angesichts der empirischen Befunde zur tatsächlichen Bestrafung von Abweichungen[996] bezweifelt werden, dass Unternehmen tatsächlich einen solchen Aufwand betreiben, nur um ihre Entsprechenserklärung nicht einschränken zu müssen. Viel wahrscheinlicher ist, dass sie in einem solchen Fall *Option 2* wählen: Sie erklären die vorsorgliche Abweichung. Es liegt also nahe, dass die Kassationsrechtsprechung die Gesellschaften dazu veranlasst, dem Damoklesschwert der Anfechtung durch vorsorgliche Abweichung zu entgehen. Die Kassationsrechtsprechung führt folglich vielmehr zu einem Abweichungs-, als Befolgungsdruck. Freilich werden sie auf diese Weise dazu gezwungen, die marktförmige Sanktion für die Abweichungen in Kauf zu nehmen, um sich der rechtsförmigen Maßregelung durch die Beschlussanfechtung zu entziehen (sog. Ausweich-Abweichung[997]). Dieses Ergebnis dürfte der Akzeptanz des Kodexmodells zwar nicht zuträglich sein,[998] stellt aber weder dessen Verfassungsmäßigkeit noch die Richtigkeit der Kassationsrechtsprechung in Frage. Denn sofern der Bestrafung durch den Markt überhaupt

---

994 Vgl. die Nachweise in Fn. 982.

995 In dieser Hinsicht wird man *Tröger*, ZHR 175 (2011), S. 746 (760) zugestehen müssen, dass „der Grenznutzen der Empfehlungsbefolgung durch das Sanktionengeflecht verändert wird“.

996 Die ersten empirischen Daten zum Zusammenhang zwischen Entsprechenserklärung und Aktienkurs (und damit zum Kapitalkosteneffekt) deuten auf eine eher geringe Bedeutung hin, *Leyens*, in: Großkomm. AktG (2012), § 161 AktG, Rdnr. 48, m.w.N.; *Nowak/Rott/Mahr*, ZGR 2005, S. 252, *passim*; vgl. *Bayer/Scholz*, in: Spindler/Stilz, AktG (2015), § 161 AktG, Rdnr. 21; es gibt sogar Totalverweigerer, *Bayer/Hoffmann*, AG 2012, S. R291-R293, *passim;* vgl. *Koch*, in: Hüffer, AktG (2014), § 161 AktG, Rdnr. 3. Vergleichbares gilt für das tatsächliche Ausmaß der Sanktionierung von Abweichungen, *Böcking/Böhme/Gros*, AG 2012, S. 615, *passim*, und *Nowak/Rott/Mahr*, ZGR 2005, S. 252, *passim*, jeweils mit ausführlicher empirischer Untersuchung.

997 Es handelt sich nicht um einen feststehenden Begriff. Die Bezeichnung erscheint jedoch einprägsam und wird daher an dieser Stelle erstmals verwendet.

998 Vgl. *v. Werder*, in: Ringleb/Kremer/Lutter/v.Werder/, DCGK Komm. (2014), Vorbemerkung, Rdnr. 28.

Relevanz zukommt, dürfte sie durch eine entsprechende Begründung wirksam zu verhindern sein. Nach § 161 AktG steht es dem Unternehmen frei, die Ausweich-Abweichung nach folgendem Muster zu begründen:

> *Nach Auffassung von Vorstand und Aufsichtsrat wurde der Empfehlung nach Ziffer [x] DCGK entsprochen. Diese fordert nach Meinung der Unternehmensleitung nämlich [weitere Ausführungen]. Im Hinblick auf die offene Formulierung der Kodexempfehlung kann jedoch nicht sicher vorausgesagt werden, ob diese Lesart auch der Betrachtungsweise durch etwaig befasste Gerichte entsprechen wird. Da eine unrichtige Entsprechenserklärung nach der Rechtsprechung des BGH zur Anfechtung von Hauptversammlungsbeschlüssen führen kann, erklären Vorstand und Aufsichtsrat höchst vorsorglich die Abweichung von der Empfehlung nach Ziffer [x] DCGK.*

Auf den ersten Blick wird sich dem kundigen Betrachter die Idee aufdrängen, dass über eine derartige Erklärung das Informationsmodell aus DCGK und Entsprechenserklärung vollständig umgangen werden könnte. Abgesehen davon, dass dies *de lege lata* hinzunehmen wäre, sprechen drei Erwägungen entscheidend dagegen. *Erstens* sind nicht alle Kodexempfehlungen auslegungsoffen. Außerdem besteht das Kodexmodell nun bereits seit mehr als 13 Jahren und es ist mittlerweile zu einem gewissen Grad absehbar, welche DCGK-Empfehlungen besonders anfechtungsrelevant sind. Hierbei zeigt sich außerdem die Tendenz bei den Gerichten, behutsam mit dem Instrument der Anfechtung bei nicht-publizierter Kodexabweichung umzugehen.[999] *Zweitens* überzeugen Ausweich-Abweichungen den Markt nur dann, wenn die betreffenden Kodexempfehlungen tatsächlich ein gewisses Maß aus Auslegungsoffenheit überschreiten und die Schilderung der tatsächlich angewandten Corporate Governance überzeugt. Mit anderen Worten ist eine stichhaltige Abweichungsbegründung erforderlich. *Drittens* werden die Unternehmen auf diese Weise dazu angehalten, sich intensiv mit ihrer Corporate-Governance auseinanderzusetzen. Anderenfalls wird ihnen die überzeugende Abweichungsbegründung nicht gelingen. Insofern handelt es sich bei der Ausweich-Abweichung sogar um einen Fall, in dem die Kodexabweichung ganz im Sinne des Ziffer 1 Abs. 10 S. 4 DCGK „im Interesse einer guten Unternehmensführung [liegt]".

Im Ergebnis steht die Kassationsrechtsprechung damit nicht nur im Einklang mit § 161 AktG und den allgemeinen Regeln der Beschlussanfechtung.[1000] Sie führt sogar dazu, dass sich eins der Grundanliegen des Regelungsmechanismus besser verwirklicht.

---

999 *Goette*, in: MünchKomm. AktG (2013), § 161 AktG, Rdnr. 88.

1000 So die h.M.: *Bayer/Scholz*, in: Spindler/Stilz, AktG (2015), § 161 AktG, Rdnr. 91, m.umf.w.N.; *Habersack*, in: Verhandlungen des 69. Juristentages 2012, Bd. I (2012), Teil E, S. 65; *Habersack*, in: FS Wulf Goette (2011), S. 121 (121 ff.); *Koch*, in: Hüffer, AktG (2014), § 161 AktG, Rdnr. 31; *Goette*, in: MünchKomm. AktG (2013), § 161 AktG, Rdnr. 88, 91; *Spindler*, in: Schmidt/Lutter, AktG (2015), § 161 AktG, Rdnr. 64; *Leyens*, in: Großkomm. AktG (2012), § 161 AktG, Rdnr. 475, 484 ff.; a.A.: *Leuering*, DStR 2009, S. 2255, *passim*; *Tröger*, ZHR 175 (2011), S. 746, *passim*; *Krieger*, ZGR 2012, S. 202 (219 ff.).

§ 3 Zusammenfassung des Teils

1. Verstößt ein Aufsichtsratsmitglied gegen seine Verpflichtung zur Offenlegung von Interessenkonflikten gegenüber dem Aufsichtsratsvorsitzenden bzw. -kollektiv, kann hierin ein wichtiger Grund i.S.d. § 103 Abs. 3 AktG liegen, welcher eine Abberufung zu rechtfertigen vermag.
2. Ein Verstoß gegen die Pflicht zur Konfliktoffenlegung hat außerdem haftungsrechtliche Folgen. *Zum einen* führt er zum Entfall des Privilegs der *business judgment rule. Zum anderen* kann er eine haftungsbegründende Pflichtverletzung i.S.d. §§ 116 S. 1 i.V.m. § 93 Abs. 2 AktG darstellen. Eine Haftung ist insbesondere in solchen Fällen denkbar, in denen ein Aufsichtsratsbeschluss nichtig wird, weil der Aufsichtsratsvorsitzende bzw. das -kollektiv in Ermangelung der Kenntnis vom Interessenkonflikt keinen Stimmrechtsausschluss anordnen konnten.
3. Wird ein Konflikt entgegen der Ziffern 5.5.2 oder 5.5.3 DCGK nicht offengelegt, führt dies nur dann zu harten Rechtsfolgen, wenn die Entsprechenserklärung nach § 161 AktG nicht entsprechend eingeschränkt wurde: Ist dies der Fall, kann ein Hauptversammlungsbeschluss (Entlastung oder Aufsichtsratswahl) angefochten werden. Die sog. Kassationsrechtsprechung ist zutreffend. Bis heute wurde eine Beschlussanfechtung noch nicht erfolgreich auf eine mangelhafte Begründung einer Kodexabweichung gestützt. Dies muss so bleiben.

Zusammenfassung der wichtigsten Thesen

Ausführliche Zusammenfassungen des Inhalts finden sich am Ende eines jeden Kapitels.[1001] *Im Folgenden werden lediglich die neun Kernthesen dieser Arbeit dargestellt.*

1. Der Begriff des Interessenwahrungsverhältnisses ist ein Synonym für das Innenverhältnis der Treuhand. Es zeichnet sich durch ein Auseinanderfallen von rechtlichem Dürfen und Können mit überschießender Könnens-Tendenz des Mandatars aus. Hierdurch besteht eine interessenwahrungstypische Gefährdungslage für die Interessen des Mandanten.
2. Die Behandlung von Interessenkonflikten folgt im gesamten Privatrecht einem einheitlichen Muster. Die allgemeine Dogmatik des Interessenkonflikts lässt sich als Gefahrenabwehr-Privatrecht begreifen: Der Interessenkonflikt ist die Gefahr und die Treuepflicht die gefahrenabwehrrechtliche Generalklausel.
3. Die Behandlung von Interessenkonflikten des Aufsichtsrats wird durch das AktG nur punktuell behandelt. Dies führt in der Rechtsanwendung zu zahlreichen Problemen, die bislang nicht befriedigend gelöst wurden. Durch detaillierte Regelungen im DCGK und eine ausgeprägte Konfliktintoleranz des europäischen Gesetzgebers besteht zusätzliches Spannungspotenzial.
4. Der Aufsichtsrat ist kein Aktionärsausschuss. Entsprechende historische Wurzeln wurden bereits 1884 durchbrochen. Der Aufsichtsrat wahrt ausschließlich die Interessen der Gesellschaft. Er schuldet nur der Gesellschaft Treue, nicht auch dem Aktionariat.
5. Der Machtspielraum des Aufsichtsrats ist als groß zu bewerten, was grundsätzlich für eine starke Treuepflichtenbindung spricht.
6. Die aufsichtsratsspezifischen Interessenkonfliktsmaßnahmen (Stimmrechtsausschluss, Teilnahmeverbot, Mandatsruhe oder -niederlegung) finden ihre Rechtsgrundlage sämtlich in der Treuepflicht des Aufsichtsratsmitglieds. Einziger Maßstab für ihre Anwendung ist die von dem Interessenkonflikt ausgehende Gefahr für die Interessen der Gesellschaft. Sie treten nicht automatisch ein, sondern bedürfen stets der Anordnung im Einzelfall. Hierfür besteht eine einheitliche Kompetenzordnung: Zuständig ist stets der Aufsichtsratsvorsitzende, der jedoch vom Aufsichtsratskollektiv überstimmt werden kann. Dem betroffenen Aufsichtsratsmitglied wird durch die gerichtliche Feststellungsklage Rechtsschutz gewährt.
7. Aufsichtsratsmitglieder sind lediglich der Gesellschaft gegenüber zur Offenlegung von Interessenkonflikten verpflichtet. Adressat der Offenlegung ist der Auf-

1001 Teil 1: § 1 C (= S. 12 ff.); Teil 1: § 2 E (= S. 26 ff.); Teil 1: § 3 D (= S. 50 ff.); Teil 1: § 4 F (= S. 58 ff.); Teil 1: § 5 E (= S. 94 ff.); Teil 2: § 2 D (= S. 115 ff.); Teil 2: § 3 D (= S. 151 ff.); Teil 2: § 4 F (= S. 202 ff.); Teil 2: § 5 C (= S. 224 ff.); Teil 3: § 3 (= S. 239 ff.).

sichtsrat. Das Aufsichtsratsmitglied erfüllt diese Pflicht durch Information des Aufsichtsratsvorsitzenden, welchem die Entscheidung zum weiteren Vorgehen obliegt. Bereits schwache Interessenkonflikte begründen die Offenlegungspflicht.

8. Die Aktionäre oder die Öffentlichkeit dürfen unter keinen Umständen nähere Informationen zu Interessenkonflikten von Aufsichtsratsmitgliedern erhalten. Die Empfehlung der Ziffer 5.5.3 DCGK sollte gestrichen werden.
9. Ein Verstoß gegen die Pflicht zu Offenlegung von Interessenkonflikten kann für ein Aufsichtsratsmitglied zur Abberufung aus wichtigem Grund führen und Haftungsfolgen auslösen.

Literaturverzeichnis

Abteilung Wirtschaftsrecht im Deutschen Juristentag, in: Deutscher Juristentag *(Hrsg.)*, Verhandlungen des 70. Deutschen Juristentages in Hannover 2014, München 2014 (*zitiert als: Verhandlungen des 70. Deutschen Juristentages in Hannover 2012, Bd. II*).

Altmeppen, Holger/ Roth, Günter, Gesetz betreffend die Gesellschaften mit beschränkter Haftung – Kommentar, 7. Auflage, München 2012 (*zitiert als: Roth/ Altmeppen, GmbHG*).

Arkes, Hal R./ Blumer, Catherine, The psychology of sunk cost, in: Organizational Behavior and Human Decision Processes 1985, S. 124–140.

Arnold, Arnd, Die Steuerung des Vorstandshandelns – eine rechtsökonomische Untersuchung der Principal-Agent-Problematik in Publikumskapitalgesellschaften, München 2007 (*zitiert als: Die Steuerung des Vorstandshandelns*).

Assmann, Heinz-Dieter, Überlagerung und Komplementierung des Aktienrechts nach dem Aktiengesetz 1965 durch Kapitalmarktrecht, in: AG 2015, S. 597–613.

Bachmann, Gregor, Der „Deutsche Corporate Governance Kodex" – Rechtswirkungen und Haftungsrisiken*, in: WM 2002, S. 2137–2143.

Bachmann, Gregor, Reform der Organhaftung?, in: Deutscher Juristentag *(Hrsg.)*, Verhandlungen des 70. Deutschen Juristentages in Hannover 2014, München 2014, S. E1 – 124 (*zitiert als: Verhandlungen des 70. Deutschen Juristentages in Hannover 2012, Bd. I*).

Bamberger, Heinz/ Roth, Herbert, Kommentar zum Bürgerlichen Gesetzbuch – Beck'scher Online-Kommentar (*zitiert als: Bamberger/Roth, BeckOK BGB*).

Bank, Stefan, Kapitel 3: Prozessführung und Aktivlegitimation, in: *Patzina, Reinhard (Hrsg.)/ Bank, Stefan (Hrsg.)/ Schimmer, Dieter (Hrsg.)/ Simon-Widmann, Michaele (Hrsg.)*, Haftung von Unternehmensorganen, München, München 2010, Kap. 3 (*zitiert als: Patzina/Bank/Schimmer/Simon-Widmann, Haftung von Unternehmensorganen*).

Bartz, Jenny/ Werder, Axel von, Unabhängigkeit von Kandidaten für den Aufsichtsrat – Empirische Befunde zur tatsächlichen Anwendung der Kodexempfehlungen zur Beziehungstransparenz, in: NZG 2014, S. 841–850.

Baumbach, Adolf (Begr.)/ Hopt, Klaus, Hopt, Klaus J./ Kumpan, Christoph/ Merkt, Hanno/ Roth, Markus/ Baumbach, Adolf, Handelsgesetzbuch – Mit GmbH & Co., Handelsklauseln, Bank- und Börsenrecht, Transportrecht (ohne Seerecht), Band 9, 37. Auflage, München 2015 (*zitiert als: Baumbach/Hopt, HGB*).

Baums, Theodor, Der Aufsichtsrat – Aufgaben und Reformfragen, in: ZIP, S. 11–18.

Baums, Theodor, Der fehlerhafte Aufsichtsratsbeschluß, in: ZGR 1983, S. 300–345.

Baums, Theodor, Vollmachtstimmrecht der Banken – Ja oder Nein?, in: AG 1996, S. 11–26.

Bayer, Walter/ Hoffmann, Thomas, „Totalverweigerer" der Empfehlungen des Deutschen Corporate Governance Kodex, in: AG 2012, S. R291-R293.

Bayer, Walter/ Scholz, Philipp, Vertretung durch den Aufsichtsrat nach § 112 AktG und Rechtsirrtümer im Kernbereich des Aktienrechts – Überlegungen anlässlich des BGH-Urteils vom 28.4.2015 – II ZR 63/14, ZIP 2015, 1220, in: ZIP 2015, S. 1853–1861.

BDI, Positionspapier des BDI vom 08.06.2011: „Herausforderungen für den Deutschen Corporate Governance Kodex", *abrufbar unter:* www.bdi.eu *(zitiert als:* Positionspapier des BDI vom 08.06.2011: „Herausforderungen für den Deutschen Corporate Governance Kodex"*).*

Beck, Hanno, Behavioral Economics – Eine Einführung, Wiesbaden 2014 (*zitiert als: Behavioral Economics*).

Becker, Ulrich/ Bär-Bouyssière, Bertold/ Schwarze, Jürgen, EU-Kommentar, 3. Aufl. Baden-Baden 2012 (*zitiert als: Schwarze/Becker/Hatje/Schoo, EU-Kommentar*).

Behr, Volker, Teilnahmerecht und Mitwirkungsmöglichkeit des Aufsichtsratsmitglieds bei der Aufsichtsratssitzung, in: AG 1984, S. 281–287.

Berner, Hans-Joachim, Die Debatte zur Reform des Insolvenzanfechtungsrechts seit 2013 – Kritikpunkte, Reformvorschläge, Gesetzesentwürfe, in: ZInsO 2015, S. 2457–2473.

Bernstorff, Christoph von, Der Trust als Instrument zur Vermögensverwaltung, in: RIW 2007, S. 641–645.

Beyerle, Franz, Die Treuhand im Grundriß des deutschen Privatrechts, Weimar 1932 (*zitiert als: Die Treuhand im Grundriß des deutschen Privatrechts*).

Bisnode Deutschland GmbH, Hoppenstedt-Aktienführer, *abrufbar unter:* http://www.aktienfuehrer.de/ *(zitiert als:* Hoppenstedt-Aktienführer*).*

Bitter, Georg/ Crezelius, Georg/ Scholz, Franz, Kommentar zum GmbH-Gesetz – Mit Nebengesetzen und den Anhängen Konzernrecht sowie Umwandlung und Verschmelzung, Band 2: §§ 35–52, 11. Auflage, Köln 2013 (*zitiert als: Scholz, GmbHG*).

Blasche, Sebastian, Die Anwendung der Business Judgement Rule bei Kollegialentscheidungen und Vorliegen eines Interessenkonflikts bei einem der Vorstandsmitglieder, in: AG 2010, S. 692–699.

Böcking, Hans-Joachim/ Böhme, Jana/ Gros, Marius, Wissenschaftliche Studien zum DCGK und die Notwendigkeit der qualitativen Analyse von Abweichungsbegründungen, in: AG 2012, S. 615–625.

Börsig, Clemens/ Löbbe, Marc, Die gewandelte Rolle des Aufsichtsrats, in: *Krieger, Gerd (Hrsg.)/ Lutter, Marcus (Hrsg.)/ Schmidt, Karsten (Hrsg.),* Festschrift für Michael Hoffmann-Becking zum 70. Geburtstag, München 2013, S. 125–156 (*zitiert als: FS Michael Hoffmann-Becking*).

Bunz, Thomas, Die Business Judgment Rule bei Interessenkonflikten im Kollegialorgan, in: NZG 2011, S. 1294–1296.

Bürgers, Tobias/ Körber, Torsten, Aktiengesetz – Heidelberger Kommentar, 2. Auflage, Heidelberg 2011 (*zitiert als: Bürgers/Körbers, AktG*).

Bürgers, Tobias/ Schilha, Ralph, Die Unabhängigkeit des Vertreters des Mutterunternehmens im Aufsichtsrat der Tochtergesellschaft, in: AG 2010, S. 221–230.

Butzke, Volker, Die Hauptversammlung der Aktiengesellschaft, 5. Auflage, Stuttgart 2008 (*zitiert als: Die Hauptversammlung der AG*).

Butzke, Volker, Interessenkonflikte von Aufsichtsratsmitgliedern als Thema der Hauptversammlung, in: *Krieger, Gerd (Hrsg.)/ Lutter, Marcus (Hrsg.)/ Schmidt, Karsten (Hrsg.),* Festschrift für Michael Hoffmann-Becking zum 70. Geburtstag, München 2013, S. 229–246 (*zitiert als: FS Michael Hoffmann-Becking*).

Cahn, Andreas, Aufsichtsrat und Business Judgment Rule, in: WM 2013, S. 1293–1305.

Cahn, Andreas, Zur Treuepflicht im Arbeits- und Gesellschaftsrecht, in: *Hanau, Peter (Hrsg.)/ Lorenz, Egon (Hrsg.)/ Matthes, Hans-Christoph (Hrsg.),* Festschrift für Günther Wiese zum 70. Geburtstag, Neuwied [u.a.] 1998, S. 71–84 (*zitiert als: FS Günther Wiese*).

Calliess, Christian/ Ruffert, Matthias, EUV/AEUV – Das Verfassungsrecht der Europäischen Union mit Europäischer Grundrechtecharta – Kommentar, 4. Auflage, München 2011 (*zitiert als: Calliess/Ruffert, EUV/AEUV*).

Carrara, Cecilia, Interessenkonflikte bei Interessenwahrungsverträgen – eine rechtsvergleichende Untersuchung nach italienischem und deutschem Recht und unter Berücksichtigung des Common Law, Berlin 2005 (*zitiert als: Interessenkonflikte bei Interessenwahrungsverträgen*).

Cervellini, Marc, Der Bericht des Aufsichtsrats – Element guter Corporate Governance – Eine Untersuchung unter besonderer Berücksichtigung des Spannungsverhältnisses von Transparenz und Verschwiegenheit, Baden-Baden 2012 (*zitiert als: Der Bericht des Aufsichtsrats*).

Conaglen, Matthew, Fiduciary Loyalty – protecting the due performance of non-fiduciary duties, Oxford 2010 (*zitiert als: Fiduciary Loyalty*).

Cooter, Robert/ Freedman, Bradley J., Fiduciary Relationship: Its Economic Character and Legal Consequences, The, in: New York University Law Review 1991, S. 1076.

Dauner-Lieb, Barbara/ Langen, Werner, Nomos-Kommentar zum BGB, Band 2: Schuldrecht, 2. Auflage, Baden-Baden 2012 (*zitiert als: Nomos-Komm. BGB*).

DAV-Handelsrechtsausschuss, Stellungnahme zum Deutschen Corporate Governance Kodex, in: NZG 2015, S. 86–97.

Deutsche Bundesbank, Kapitalmarktstatistik – Februar 2015 (Statistisches Beiheft 2 zum Monatsbericht), *abrufbar unter:* https://www.bundesbank.de/Redaktion/DE/Downloads/Veroeffentlichungen/Statistische_Beihefte_2/2015/2015_02_kapitalmarktstatistik.pdf?__blob=publicationFile *(zitiert als:* Bundesbank Kapitalmarkstatistik 02/2015*)*.

Deutsches Aktieninstitut e.V., Stellungnahme des Deutschen Aktieninstituts zur Konsultation der Regierungskommission Deutscher Corporate Governance Kodex zu den vorgeschlagenen Kodexanpassungen 2013, vom 20.03.2013, *abrufbar unter:* https://www.dai.de/files/dai_usercontent/dokumente/positionspapiere/2013-03-20%20DAI_Stellungnahme_DCGK%202013.pdf *(zitiert als:* Stellungnahme des Deutschen Aktieninstituts zur Kodexanpassung 2013, vom 20.03.2013*)*.

Diekmann, Hans/ Fleischmann, Dermot, Umgang mit Interessenkonflikten in Aufsichtsrat und Vorstand der Aktiengesellschaft, in: AG 2013, S. 141–150.

Doralt, Peter/ Doralt, Walter, Haftung und Schadensersatz, in: *Semler, Franz-Jörg (Hrsg.)/ Schenck, Kersten von (Hrsg.)*, Arbeitshandbuch für Aufsichtsratsmitglieder, 4. Auflage, München 2013, § 14 (*zitiert als: Semler/Schenck, ArbeitsHdb. für Aufsichtsratsmitglieder*).

Dreher, Meinrad, Die gesellschaftsrechtliche Treuepflicht bei der GmbH, in: DStR 1993, S. 1632–1636.

Dreher, Meinrad, Interessenkonflikte bei Aufsichtsratsmitgliedern von Aktiengesellschaften, in: JZ 1990, S. 896–904.

Druey, Jean Nicolas, Unabhängigkeit als Gebot des allgemeinen Unternehmensrechts, in: *Kalss, Susanne (Hrsg.)/ Nowotny, Christian (Hrsg.)/ Schauer, Martin (Hrsg.)*, Festschrift Peter Doralt zum 65. Geburtstag, Wien 2004, S. 151–170 (*zitiert als: FS Peter Doralt*).

Drygala, Tim, Aufsichtsratsbericht und Vertraulichkeit im System der Corporate Governance, in: AG 2007, S. 381–392.

Dubovitskaya, Elena, Sind Vorstandsmitglieder einer AG wirklich Treuhänder?, in: NZG 2015, S. 983–988.

Easterbrook, Frank/ Fischel, Daniel, Corporate Control Transactions, in: The Yale Law Journal 91 (1982), S. 698–737.

Ebenroth, Carsten Thomas, Das Auskunftsrecht des Aktionärs und seine Durchsetzung im Prozeß – unter besonderer Berücksichtigung des Rechtes der verbundenen Unternehmen, Bielefeld 1970 (*zitiert als: Das Auskunftsrecht des Aktionärs und seine Durchsetzung im Prozeß*).

Eidenmüller, Horst, Der homo oeconomicus und das Schuldrecht: Herausforderungen durch Behavioral Law and Economics, in: JZ 2005, S. 216–224.

Engel, Christoph, Behavioural Law and Economics im Urhebervertragsrecht, in: *Riesenhuber, Karl (Hrsg.)/ Klöhn, Lars (Hrsg.)*, Das Urhebervertragsrecht im Lichte der Verhaltensökonomik, Berlin 2010, S. 17–37 (*zitiert als: Das Urhebervertragsrecht im Lichte der Verhaltensökonomik*).

Engel, Christoph, Die Bedeutung der Verhaltensökonomie für das Kartellrecht, in: *Fleischer, Holger (Hrsg.)/ Zimmer, Daniel (Hrsg.)*, Beitrag der Verhaltensökonomie (Behavioral Economics) zum Handels- und Wirtschaftsrecht, Frankfurt am Main 2011, S. 100–121 (*zitiert als: Fleischer/Zimmer, Beitrag der Verhaltensökonomie*).

Englerth, Markus, Behavioral Law and Economics – eine kritische Einführung, in: *Engel, Christoph (Hrsg.)*, Recht und Verhalten, Tübingen 2007, S. 60–130 (*zitiert als: Engel, Recht und Verhalten*).

Esser, Josef/ Weyers, Hans-Leo, Schuldrecht Band II: Besonderer Teil – Teilband I: Verträge, 8. Auflage, Heidelberg 1998 (*zitiert als: Schuldrecht Bd. II – Besonderer Teil*).

Europäische Zentralbank (EZB), Jahresbericht 2014, *abrufbar unter:* https://www.ecb.europa.eu/pub/pdf/annrep/ar2014de.pdf?4376424927c1737b940d5e5cbda2f1bb (*zitiert als:* EZB, Jahresbericht 2014).

Fama, Eugene F./ Jensen, Michael C., Agency Problems and Residual Claims, in: Journal of Law and Economics 1983, S. 327–349.

Fezer, Karl-Heinz, Aspekte einer Rechtskritik an der economic analysis of law und am property rights approach, in: JZ 1986, S. 817–824.

Finn, Paul D., The Fiduciary Principle, in: *Youdan, Timothy G. (Hrsg.)*, Equity, fiduciaries, and trusts, Toronto u.a. 1989, S. 1 (*zitiert als: Equity, fiduciaries, and trusts*).

Fischhoff, Baruch/ Slovic, Paul/ Lichtenstein, Sarah, Knowing with certainty – The appropriateness of extreme confidence, in: Journal of Experimental Psychology 1977, S. 552–564.

Flämig, Christian, Rezension von „Löhnig, Treuhand – Interessenwahrnehmung und Interessenkonflikte", in: WissR 2008, S. 86–90.

Flannigan, Robert, The Fiduciary Obligation, in: Oxford Journal of Legal Studies 1989, S. 285–322.

Fleischer, Holger (Begr.)/ Goette, Wulf, Fleischer, Holger/ Goette, Wulf, Münchener Kommentar zum GmbHG, Band 1: §§ 1–34, 2. Auflage, München 2015 (*zitiert als: Münch. Komm. GmbHG*).

Fleischer, Holger (Begr.)/ Goette, Wulf, Fleischer, Holger/ Goette, Wulf, Münchener Kommentar zum GmbHG, Band 2: §§ 35–52, 1. Auflage, München 2012 (*zitiert als: Münch. Komm. GmbHG*).

Fleischer, Holger, § 9, in: *Fleischer, Holger (Hrsg.)*, Handbuch des Vorstandsrechts, München 2006 (*zitiert als: Fleischer, HdB. Vorstandsrecht*).

Fleischer, Holger, Informationsasymmetrie im Vertragsrecht – eine rechtsvergleichende und interdisziplinäre Abhandlung zu Reichweite und Grenzen vertragsschlußbezogener Aufklärungspflichten, München 2001 (*zitiert als: Informationsasymmetrie im Vertragsrecht*).

Fleischer, Holger, Kompetenzen der Hauptversammlung, in: *Bayer, Walter (Hrsg.)/ Habersack, Mathias (Hrsg.)*, Aktienrecht im Wandel, 1. Auflage, Tübingen 2007, S. 430–461 (*zitiert als: Aktienrecht im Wandel – Bd. II*).

Fleischer, Holger, Zur organschaftlichen Treuepflicht der Geschäftsleiter im Aktien- und GmbH-Recht, in: WM 2003, S. 1045–1058.

Florstedt, Tim, Die Unabhängigkeit des Aufsichtsratsmitglieds vom kontrollierenden Aktionär, in: ZIP 2013, S. 337–344.

Flume, Werner, Allgemeiner Teil des bürgerlichen Rechts – Band I, Teil 2: Die juristische Person, Berlin 1983 (*zitiert als: Allgemeiner Teil des bürgerlichen Rechts, Bd. I, Teil 2*).

Franck, Georg, Jenseits von Geld und Information: Zur Ökonomie der Aufmerksamkeit, in: *Zerfaß, Ansgar (Hrsg.)/ Piwinger, Manfred (Hrsg.),* Handbuch Unternehmenskommunikation, 2. Auflage, Wiesbaden 2014, S. 193–202 (*zitiert als: Handbuch Unternehmenskommunikation*).

Frigg, Roman/ Hartmann, Stephan, Models in Science, in: *Zalta, Edward N. (Hrsg.),* The Stanford Encyclopedia of Philosophy 2012, Stichwort "Models in Science" (*zitiert als: The Stanford Encyclopedia of Philosophy*).

Fröhling, Mareike, Der moderne Pranger – Von den Ehrenstrafen des Mittelalters bis zur Prangerwirkung der medialen Berichterstattung im heutigen Strafverfahren, Marburg 2014 (*zitiert als: Der moderne Pranger – Von den Ehrenstrafen des Mittelalters bis zur Prangerwirkung der medialen Berichterstattung im heutigen Strafverfahren*).

Gächter, Simon/ Orzen, Henrik/ Renner, Elke/ Starmer, Chris, Are experimental economists prone to framing effects? A natural field experiment – Field Experiments in Economics, in: Journal of Economic Behavior & Organization 2009, S. 443–446.

Gantenberg, Philipp, Interessenkonflikte von GmbH-Geschäftsführern nach italienischem und deutschem Recht, Baden-Baden 2009 (*zitiert als: Interessenkonflikte von GmbH-Geschäftsführern*).

Gernoth, Jan/ Wernicke, Thomas, Neue Entwicklungen zum Bericht des Aufsichtsrats an die Hauptversammlung, in: NZG 2010, S. 531–535.

Goette, Wulf/ Habersack, Mathias/ Kalss, Susanne, Münchener Kommentar zum Aktiengesetz, Band 1: §§ 1–75, 3. Auflage, München 2008 (*zitiert als: MünchKomm. AktG*).

Goette, Wulf/ Habersack, Mathias/ Kalss, Susanne, Münchener Kommentar zum Aktiengesetz, Band 1: §§ 1–75, 4. Auflage, München 2016 (*zitiert als: MünchKomm. AktG*).

Goette, Wulf/ Habersack, Mathias/ Kalss, Susanne, Münchener Kommentar zum Aktiengesetz, Band 2: §§ 76–117 AktG, MitbestG, DrittelbG, 4. Auflage, München 2014 (*zitiert als: MünchKomm. AktG*).

Goette, Wulf/ Habersack, Mathias/ Kalss, Susanne, Münchener Kommentar zum Aktiengesetz, Band 2: §§ 76–117, 4. Auflage, München 2014 (*zitiert als: Münch. Komm. AktG*).

Goette, Wulf/ Habersack, Mathias/ Kalss, Susanne, Münchener Kommentar zum Aktiengesetz, Band 3: §§ 118 –178, 4. Auflage, München 2013 (*zitiert als: MünchKomm. AktG*).

Goette, Wulf/ Habersack, Mathias/ Kalss, Susanne, Münchener Kommentar zum Aktiengesetz, Band 3: §§ 1–75, 3. Auflage, München 2008 (*zitiert als: Münch. Komm. AktG*).

Grabitz, Eberhard/ Hilf, Meinhard/ Nettesheim, Martin, Das Recht der Europäischen Union, 2010. Auflage, München 2010 (*zitiert als: Grabitz/Hilf/Nettesheim, Recht der EU*).

Grigoleit, Hans Christoph, Aktiengesetz – Kommentar, 1. Auflage, München 2013 (*zitiert als: Grigoleit, AktG*).

Gross, Leonard E., Are Differences among the Attorney Conflict on Interest Rules Consistent with Principles of Behavioral Economics, in: Georgetown Journal of Legal Ethics 2006, S. 111.

Grossman, Sanford J./ Hart, Oliver D., An Analysis of the Principal-Agent Problem, in: Econometrica 1983, S. 7.

Grundmann, Stefan, Der Treuhandvertrag – insbesondere die werbende Treuhand, München 1997 (*zitiert als: Der Treuhandvertrag*).

Gsell, Beate/ Krüger, Wolfgang/ Lorenz, Stephan/ Mayer, Jörg, Beck-Online Großkommentar zum Zivilrecht, München 2015 (*zitiert als: BO GroßKomm.*).

Habersack, Mathias, „Kirch/Deutsche Bank" und die Folgen, in: *Habersack, Mathias (Hrsg.)/ Hommelhoff, Peter (Hrsg.),* Festschrift für Wulf Goette zum 65. Geburtstag, München 2011, S. 121–134 (*zitiert als: FS Wulf Goette*).

Habersack, Mathias, Managerhaftung, in: *Lorenz, Egon (Hrsg.)/ Habersack, Mathias (Hrsg.)/ Staudinger, Ansgar (Hrsg.),* Karlsruher Forum 2009, Karlsruhe 2010, S. 5–40 (*zitiert als: Lorenz/Habersack/Staudinger, Karlsruher Forum 2009 – Managerhaftung*).

Habersack, Mathias, Staatliche und halbstaatliche Eingriffe in die Unternehmensführung, in: Deutscher Juristentag *(Hrsg.),* Verhandlungen des 69. Deutschen Juristentages in München 2012, München 2012, Teil E (*zitiert als: Verhandlungen des 69. Juristentages 2012, Bd. I*).

Hasselbach, Kai/ Jakobs, Janis, Die Unabhängigkeit von Aufsichtsratsmitgliedern – Betriebs-Berater, in: BB 2013, S. 643–652.

Heck, Philipp, Die Interessenjurisprudenz und ihre neuen Gegner, in: AcP 142 (1936), S. 129–202.

Heidel, Thomas, Aktienrecht und Kapitalmarktrecht, 4. Auflage, Baden-Baden 2014 (*zitiert als: Heidel, Aktien- und KapitalmarktR*).

Hellgardt, Alexander, Abdingbarkeitder gesellschaftsrechtlichen Treuepflicht, in: *Grundmann, Stefan (Hrsg.)/ Haar, Brigitte (Hrsg.)/ Merkt, Hanno (Hrsg.)/ Mülbert, Peter (Hrsg.)/ Wellenhofer, Marina (Hrsg.),* Festschrift fur Klaus J. Hopt zum 70. Geburtstag, Berlin 2010, S. 765–794 (*zitiert als: FS Klaus Hopt (Bd. I)*).

Hellwig, hans-Jürgen, Beratungsverträge des Abschlussprüfers – Genehmigungspflicht analog § 114 AktG und Publizitätspflicht analog § 125 Abs. 1 Satz 3 AktG, in: ZIP 1999, S. 2117–2130.

Henssler, Martin, Treuhandgeschäft. Dogmatik und Wirklichkeit, in: AcP 1996, S. 37–87.

Henssler, Martin/ Strohn, Lutz/ Arnold, Arnd, Gesellschaftsrecht – BGB, HGB, PartGG, GmbHG, AktG, GenG, UmwG, InsO, AnfG, IntGesR, 2. Auflage, München 2014 (*zitiert als: Henssler/Strohn, Gesellschaftsrecht*).

Henssler, Martin/ Wiedemann, Herbert, Die Aktiengesellschaft im System des deutschen Gesellschaftsrechts, in: *Bayer, Walter (Hrsg.)/ Habersack, Mathias (Hrsg.),* Aktienrecht im Wandel, 1. Auflage, Tübingen 2007, S. 1–30 (*zitiert als: Aktienrecht im Wandel – Bd. II*).

Henze, Hartwig, Die Treupflicht im Aktienrecht – Gedanken zur Rechtsprechung des Bundesgerichtshofes von ‚Kali und Salz' über ‚Linotype' und ‚Kochs Adler' bis zu ‚Girmes', in: BB 1996, S. 489–499.

Henze, Hartwig, Leitungsverantwortung des Vorstands – Überwachungspflicht des Aufsichtsrats, in: BB 2000, S. 209–216.

Herkenroth, Klaus, Bankenvertreter als Aufsichtsratsmitglieder von Zielgesellschaften: Zur beschränkten Leistungsfähigkeit des Rechts bei der Lösung von Interessenkonflikten anläßlich der Finanzierung von Übernahmen, in: AG 2001, S. 33–40.

Hirte, Heribert (Begr.)/ Mülbert, Peter (Begr.)/ Roth, Markus (Begr.)/ Hopt, Klaus (Begr.)/ Wiedemann, Herbert, Aktiengesetz – Großkommentar, 4. Auflage, Berlin 2008 (*zitiert als: Großkomm. AktG*).

Hirte, Heribert, Kapitalgesellschaftsrecht, 7. Auflage, Köln 2012 (*zitiert als: Kapitalgesellschaftsrecht*).

Hoffmann-Becking, Michael, Aufgaben des Aufsichtsrats, in: *Hoffmann-Becking, Michael (Hrsg.),* Münchener Handbuch des Gesellschaftsrechts, 4. Auflage, München 2015, § 29 (*zitiert als: Hoffmann-Becking, Münch. Hdb. GesR. IV*).

Hoffmann-Becking, Michael, Auskunftsrecht der Aktionäre, in: *Hoffmann-Becking, Michael (Hrsg.),* Münchener Handbuch des Gesellschaftsrechts, 4. Auflage, München 2015, § 38 (*zitiert als: Hoffmann-Becking, Münch. Hdb. GesR. IV*).

Hoffmann-Becking, Michael, Innere Ordnung des Aufsichtsrats, in: *Hoffmann-Becking, Michael (Hrsg.),* Münchener Handbuch des Gesellschaftsrechts, 4. Auflage, München 2015, § 31 (*zitiert als: Hoffmann-Becking, Münch. Hdb. GesR. IV*).

Hoffmann-Becking, Michael, Münchener Handbuch des Gesellschaftsrechts, Band 4: Aktiengesellschaft, 3. Auflage, München 2007 (*zitiert als: Münch. Hdb. GesR. IV*).

Hoffmann-Becking, Michael, Prüfung des Jahresabschlusses, in: *Hoffmann-Becking, Michael (Hrsg.),* Münchener Handbuch des Gesellschaftsrechts, 4. Auflage, München 2015, § 45 (*zitiert als: Hoffmann-Becking, Münch. Hdb. GesR. IV*).

Hoffmann-Becking, Michael, Rechte und Pflichten der Aufsichtsratsmitglieder, in: *Hoffmann-Becking, Michael (Hrsg.),* Münchener Handbuch des Gesellschaftsrechts, 4. Auflage, München 2015, § 33 (*zitiert als: Hoffmann-Becking, Münch. Hdb. GesR. IV*).

Hoffmann-Becking, Michael, Unabhängigkeit im Aufsichtsrat – Vortrag an der Bucerius Law School vom 12.06.2014, in: NZG 2014, S. 801–809.

Hölters, Wolfgang, Aktiengesetz – Kommentar, 2. Auflage, München 2014 (*zitiert als: Hölters, AktG*).

Hommelhoff, Peter, Satzungsmäßige Eignungsvoraussetzungen für Vorstandsmitglieder einer Aktiengesellschaft, in: BB 1977, S. 322–326.

Hommelhoff, Peter/ Mattheus, Daniela, Corporate Governance nach dem KonTraG, in: AG 1998, S. 249–259.

Hönsch, Robert, Mittelbare Stellvertretung und Treuhand unter besonderer Berücksichtigung des ausländischen Rechts, Düsseldorf 1933 (*zitiert als: Mittelbare Stellvertretung und Treuhand*).

Hoppe, Eva/ Kusterer, David, Behavioral biases and cognitive reflection, Köln 2010 (*zitiert als: Behavioral biases and cognitive reflection*).

Hopt, Klaus, Interessenwahrung und Interessenkonflikte im Aktien-, Bank- und Berufsrecht – Zur Dogmatik des modernen Geschäftsbesorgungsrechts, in: ZGR 2004, S. 1–52.

Huber, Bernd/ Runkel, Marco, Hyperbolisches Diskontieren und Zeit(in)konsistenz, in: WiSt 2005, S. 76–81.

Huber, Michael, Indiztatsachen und ihre Beweiskraft im insolvenzrechtlichen Anfechtungsprozess, in: ZInsO 2012, S. 53–58.

Hueck, Alfred, Der Treuegedanke im modernen Privatrecht – vorgetragen am 6. September 1946, München 1947 (*zitiert als: Der Treuegedanke im modernen Privatrecht*).

Hüffer, Uwe, Der Vorstand als Leitungsorgan und die Mandats- sowie Haftungsbeziehungen seiner Mitglieder, in: *Bayer, Walter (Hrsg.)/ Habersack, Mathias (Hrsg.),* Aktienrecht im Wandel, 1. Auflage, Tübingen 2007, S. 334–388 (*zitiert als: Aktienrecht im Wandel – Bd. II*).

Hüffer, Uwe, Die Unabhängigkeit von Aufsichtsratsmitgliedern nach Ziffer 5.4.2 DCGK, in: ZIP 2006, S. 637–644.

Hüffer, Uwe, Minderheitsbeteiligungen als Gegenstand aktienrechtlicher Auskunftsbegehren, in: ZIP 1996, S. 401–411.

Hüffer, Uwe, Koch, Jens, Aktiengesetz – Beck'sche Kurz-Kommentare, 11. Auflage, München, München 2014 (*zitiert als: Hüffer, AktG*).

Janson, Gunnar, Ökonomische Theorie im Recht – Anwendbarkeit und Erkenntniswert im allgemeinen und am Beispiel des Arbeitsrechts, Berlin 2004 (*zitiert als: Ökonomische Theorie im Recht*).

Jensen, Michael/ Meckling, William H., Theory of the firm – Managerial behavior, agency costs and ownership structure, in: Journal of Financial Economics 1976, S. 305–360.

Jeske, Klaus, Risikoentscheidungsverhalten von Führungskräften – Eine empirische Untersuchung in der deutschen Versicherungswirtschaft 2008 (*zitiert als: Risikoentscheidungsverhalten*).

Jhering, Rudolf von, Der Zweck im Recht – Bd. I – Nachdruck 1997, 3. Auflage, Goldbach 1893 (*zitiert als: Der Zweck im Recht – Bd. I*).

K. Schmidt, Karsten, Gesellschaftsrecht, 4. Auflage, Köln, München [u.a.] 2002 (*zitiert als: Gesellschaftsrecht*).

Kahneman, Daniel, Thinking, fast and slow, 1st ed.New York 2011 (*zitiert als: Thinking, fast and slow*).

Kahneman, Daniel/ Knetsch, Jack L./ Thaler, Richard H., Anomalies – The Endowment Effect, Loss Aversion, and Status Quo Bias, in: Journal of Economic Perspectives 1991, S. 193–206.

Kahneman, Daniel/ Tversky, Amos, Choices, Values, and Frames, in: American Psychologist 1984, S. 341–350.

Kahneman, Daniel/ Tversky, Amos, Choices, values, and frames, New York 2000 (*zitiert als: Choices, values, and frames*).

Kahneman, Daniel/ Tversky, Amos, Prospect Theory: An Analysis of Decision under Risk, in: Econometrica 1979, S. 263–292.

Kern, Christoph, Typizität als Strukturprinzip des Privatrechts – Ein Beitrag zur Standardisierung übertragbarer Güter, Tübingen 2013 (*zitiert als: Typizität als Strukturprinzip des Privatrechts*).

Kiethe, Kurt, Anfechtbarer Beschluss über die Entlastung des Aufsichtsrats der AG durch unzureichende Berichterstattung, in: NZG 2006, S. 888–892.

Kindl, Johann, Analoge Anwendung der §§ 241 ff. AktG auf aktienrechtliche Aufsichtsratsbeschlüsse?, in: AG 1993, S. 153–162.

Kindl, Johann, Die Teilnahme an der Aufsichtsratssitzung, Köln, München u.a. 1993 (*zitiert als: Die Teilnahme an der Aufsichtsratssitzung*).

Kirchhof, Hans-Peter/ Stürner, Rolf/ Eidenmüller, Horst, Münchener Kommentar zur Insolvenzordnung, Band 1: §§ 1–79; InsVV, 3. Auflage, München 2013- (*zitiert als: Münch. Komm. InsO*).

Klausing, Friedrich, Gesetz über Aktiengesellschaften und Kommanditgesellschaften auf Aktien (Aktien-Gesetz) – nebst Einführungsgesetz und Amtlicher Begründung, Berlin 1937 (*zitiert als: Textausgabe des AktG 1937*).

Klöhn, Lars, Der Beitrag der Verhaltensökonomik zum Kapitalmarktrecht, in: *Fleischer, Holger (Hrsg.)/ Zimmer, Daniel (Hrsg.),* Beitrag der Verhaltensökonomie (Behavioral Economics) zum Handels- und Wirtschaftsrecht, Frankfurt am Main 2011, S. 83–99 (*zitiert als: Fleischer/Zimmer, Beitrag der Verhaltensökonomie*).

Knapp, Christoph, Die Treuepflicht der Aufsichtsratsmitglieder von Aktiengesellschaften und Directors von Corporations – Ein vergleichender Beitrag zur Begründung und Konkretisierung der Treuepflicht von Verwaltungsmitgliedern im deutschen und US-amerikanischen Aktienrecht, München 2004 (*zitiert als: Treuepflicht der Aufsichtsratsmitglieder*).

Koch, Jens, Begriff und Rechtsfolgen von Interessenkonflikten und Unabhängigkeit im Aktienrecht, in: ZGR 2014, S. 697–730.

Kock, Martin/ Dinkel, Renate, Die zivilrechtliche Haftung von Vorständen für unternehmerische Entscheidungen – Die geplante Kodifizierung der Business Judgment Rule im Gesetz zur Unternehmensintegrität und Modernisierung des Anfechtungsrechts, in: NZG 2004, S. 441–448.

Köndgen, Johannes/ Schmies, Christian, Investmentgeschäft, in: *Schimansky, Herbert (Hrsg.)/ Bunte, Hermann-Josef (Hrsg.)/ Lwowski, Hans-Jürgen (Hrsg.),* Bankrechts-Handbuch, 4. Auflage, München 2011, § 113 (*zitiert als: Schimansky/Bunte/Lwowski, Bankrechts-HdB.*).

Kort, Michael, Corporate Governance-Grundsätze als haftungsrechtlich relevante Verhaltensstandards?, in: *Bitter, Georg (Hrsg.)/ Lutter, Marcus (Hrsg.)/ Priester, Hans-Joachim (Hrsg.)/ Schön, Wolfgang (Hrsg.)/ Ulmer, Peter (Hrsg.),* Festschrift für Karsten Schmidt, Köln 2009, S. 945–964 (*zitiert als: FS Karsten Schmidt*).

Kort, Michael, Vorstandshandeln im Spannungsverhältnis zwischen Unternehmensinteresse und Aktionärsinteressen, in: AG 2012, S. 605–610.

Krebs, Karsten, Interessenkonflikte bei Aufsichtsratsmandaten in der Aktiengesellschaft, Köln, München 2002 (*zitiert als: Interessenkonflikte bei Aufsichtsratsmandaten in der Aktiengesellschaft*).

Kremer, Thomas/ Werder, Axel von, Unabhängigkeit von Aufsichtsratsmitgliedern: Konzept, Kriterien und Kandidateninformationen, in: AG 2013, S. 340–348.

Krieger, Gerd, Corporate Governance und Corporate Governance Kodex in Deutschland, in: ZGR 2012, S. 202–227.

Krieger, Gerd, Personalentscheidungen des Aufsichtsrats, Köln, Berlin, Bonn, München 1981 (*zitiert als: Personalentscheidungen des Aufsichtsrats*).

Kropff, Bruno, Aufsichtsratsmitglied „im Auftrag“, in: *Baums, Theodor (Hrsg.)/ Wertenbruch, Johannes (Hrsg.)/ Lutter, Marcus (Hrsg.)/ Schmidt, Karsten (Hrsg.),* Festschrift für Ulrich Huber, Tübingen 2006, S. 841–860 (*zitiert als: FS Ulrich Huber*).

Kubis, Dietmar, Auskunft ohne Grenzen? – Europarechtliche Einflüsse auf den Informationsanspruch nach § 131 AktG – Zugleich eine Anmerkung zum Beschluss des BGH vom 5. 11. 2013 (II ZB 28/12), in: ZGR 2014, S. 608–626.

Kuhner, Christoph, Unternehmensinteresse vs. Shareholder Value als Leitmaxime kapitalmarktorientierter Aktiengesellschaften, in: ZGR 2004, S. 244–279.

Kumpan, Christoph, Conflicts of Interest in Securitisation, in: JCLS 2009, S. 261–294.

Kumpan, Christoph, Der Insolvenzverwalter als Interessenwahrer, in: KTS 2010, S. 169–194.

Kumpan, Christoph, Der Interessenkonflikt im deutschen Privatrecht – eine Untersuchung zur Fremdinteressenwahrung und Unabhängigkeit, Tübingen 2014 (*zitiert als: Der Interessenkonflikt im deutschen Privatrecht*).

Kumpan, Christoph, Interessenkonflikte von Organverwaltern, in: *Hopt, Klaus (Hrsg.),* Das europäische Wirtschaftsrecht vor neuen Herausforderungen 2014, S. 119–148 (*zitiert als: Hopt, eur. Wirtschaftsrecht vor neuen Herausforderungen*).

Kuntz, Thilo, Informationsweitergabe durch die Geschäftsleiter beim Buyout unter Managementbeteiligung – Zugleich ein Beitrag zur Treubindung der Geschäftsleiter in Aktiengesellschaft und GmbH, Berlin 2009 (*zitiert als: Informationsweitergabe durch die Geschäftsleiter*).

Lange, Oliver, Das Unternehmensinteresse der Zielgesellschaft und sein Einfluss auf die Rechtsstellung der die Übernahme fördernden Aufsichtsratsmitglieder, in: WM 2002, S. 1737–1747.

Leuering, Dieter, Keine Anfechtung wegen Mängeln der Entsprechenserklärung – Nachlese zu den BGH-Urteilen „Kirch/Deutsche Bank" (DStR 2009, DSTR Jahr 2009 Seite 537) und „Umschreibestopp" (DStR 2009, DSTR Jahr 2009 Seite 2207), in: DStR 2009, S. 2255–2258.

Liebscher, Thomas, § 6 – Vorstand, in: *Müller, Welf (Hrsg.)/ Beckmann, Klaus (Hrsg.),* Beck'sches Handbuch der AG, 2. Auflage, München 2009, § 6 (*zitiert als: Beck'sches Hdb. AG*).

Lieder, Jan, Der Aufsichtsrat im Wandel der Zeit – Leitlinien der geschichtlichen Entwicklung sowie der Fortentwicklung des deutschen Aufsichtsratssystems, Jena 2006 (*zitiert als: Der Aufsichtsrat im Wandel der Zeit*).

Linden, Klaus von der, Darstellung von Interessenkonflikten im Bericht des Aufsichtsrats an die Hauptversammlung, in: GWR 2011, S. 407–410.

Linker, Celina/ Zinger, Georg, Rechte und Pflichten der Organe einer Aktiengesellschaft bei der Weitergabe vertraulicher Unternehmensinformationen, in: NZG 2002, S. 497–502.

Löbbe, Marc/ Reichert, Jochem, Einführung zum Wolfgang Schilling-Gedächtnissymposion, in: ZGR 2014, S. 693–696.

Loewenstein, G./ O'Donoghue, T./ Rabin, M., Projection Bias in Predicting Future Utility, in: The Quarterly Journal of Economics 2003, S. 1209–1248.

Loewenstein, George, Out of Control – Visceral Influences on Behavior, in: Organizational Behavior and Human Decision Processes 1996, S. 272–292.

Löhnig, Martin, Treuhand – Interessenwahrnehmung und Interessenkonflikte, Tübingen 2006 (*zitiert als: Treuhand*).

Lutter, Marcus, Anmerkung zu VG Arnsberg, Urteil vom 13.07.2007 – 12 K 3965/06, in: ZIP 2007, S. 1988–1992.

Lutter, Marcus, Bankvertreter im Aufsichtsrat, in: ZHR 145 (1981), S. 224–251.

Lutter, Marcus, Defizite für eine effiziente Aufsichtsratstätigkeit und gesetzliche Möglichkeiten der Verbesserung, in: ZHR (159) 1995, S. 287–309.

Lutter, Marcus, Der Aufsichtsrat im Wandel der Zeit – von seinen Anfängen bis heute, in: *Bayer, Walter (Hrsg.)/ Habersack, Mathias (Hrsg.),* Aktienrecht im Wandel, 1. Auflage, Tübingen 2007, S. 389–429 (*zitiert als: Aktienrecht im Wandel – Bd. II*).

Lutter, Marcus, Der Aufsichtsrat: Kontrolleur oder Mit-Unternehmer?, in: *Sadowski, Dieter (Hrsg.)/ Beckmann, Jan P. (Hrsg.),* Entrepreneurial spirits, Wiesbaden 2001, S. 225–235 (*zitiert als: FS Horst Albach*).

Lutter, Marcus, Der Bericht des Aufsichtsrats an die Hauptversammlung, in: AG 2008, S. 1–11.

Lutter, Marcus, Information und Vertraulichkeit im Aufsichtsrat, 3. Auflage, Köln 2006 (*zitiert als: Information und Vertraulichkeit im Aufsichtsrat*).

Lutter, Marcus, Interessenkonflikte und Business Judgment Rule, in: *Heldrich, Andreas (Hrsg.)/ Prölls, Jürgen (Hrsg.)/ Koller, Ingo (Hrsg.),* Festschrfit für Claus-Wilhelm Canaris, München 2007, S. 245–256 (*zitiert als: FS Canaris (Bd. 2)*).

Lutter, Marcus, Theorie der Mitgliedschaft – Prolegomena zu einem Allgemeinen Teil des Korporationsrechts, in: AcP 180 (1980), S. 85–169.

Lutter, Marcus, Verhaltenspflichten von Organmitgliedern bei Interessenkonflikten, in: *Hommelhoff, Peter (Hrsg.)/ Rawert, Peter (Hrsg.)/ Schmidt, Karsten (Hrsg.),* Festschrift für Hans-Joachim Priester zum 70. Geburtstag, Köln 2007, S. 417–425 (*zitiert als: FS Priester*).

Lutter, Marcus/ Bayer, Walter/ Hommelhoff, Peter/ Kleindiek, Detlef, GmbH-Gesetz – Kommentar, 18. Auflage, Köln 2012 (*zitiert als: Lutter/Hommelhoff, GmbHG*).

Lutter, Marcus/ Krieger, Gerd/ Verse, Dirk, Rechte und Pflichten des Aufsichtsrats, 6. Auflage, Köln 2014 (*zitiert als: Rechte und Pflichten des Aufsichtsrats*).

Lutter, Marcus/ Quack, Karlheinz, Mitbestimmung und Schadensabwehr, in: *Damm, Reinhard (Hrsg.)/ Heermann, Peter W. (Hrsg.)/ Veil, Rüdiger (Hrsg.),* Festschrift für Thomas Raiser zum 70. Geburtstag am 20. Februar 2005, Berlin 2005, S. 259–270 (*zitiert als: FS Raiser*).

Macaulay, Stewart, Law and the balance of power – The automobile manufacturers and their dealers, New York 1966 (*zitiert als: Law and the balance of power*).

Macaulay, Stewart, Non-contractual relations in business: A preliminary study, in: American sociological review 1963, S. 55–67.

MacNeil, Ian R., A Primer of Contract Planning, in: Southern California Law Review 1974, S. 629–704.

MacNeil, Ian R., Contracts: Adjustment of Long-Term Economic Relations under Classical, Neoclassical, and Relational Contract Law, in: Northwestern University Law Review 1977, S. 854–905.

MacNeil, Ian R., Many Futures of Contracts, The, in: Southern California Law Review 1973, S. 692–816.

MacNeil, Ian R., Restatement (Second) of Contracts and Presentiation, in: Virginia Law Review 1974, S. 589–610.

Maier-Reimer, Georg (Begr.)/ Westermann, Harm Peter (Begr.)/ Erman, Walter, Grunewald, Barbara/ Aderhold, Lutz, BGB – Handkommentar mit AGG, EGBGB (Auszug), ErbbauRG, HauratsVO, LPartG, ProdHaftG, UKlaG, VAHRG und WEG, 14. Auflage, Köln 2014 (*zitiert als: Erman BGB*).

Marsch-Barner, Reinhard, Corporate Governance, in: *Marsch-Barner, Reinhard (Hrsg.)/ Schäfer, Frank (Hrsg.),* Handbuch börsennotierte AG, 3. Auflage, Köln 2014, § 2 (*zitiert als: Marsch-Barner, HdB. börsennotierte AG*).

Marsch-Barner, Reinhard, Schutz der Gesellschaft und der Anteilseigner, in: *Semler, Franz-Jörg (Hrsg.)/ Schenck, Kersten von (Hrsg.),* Arbeitshandbuch für Aufsichtsratsmitglieder, 4. Auflage, München 2013, § 13 (*zitiert als: Semler/Schenck, ArbeitsHdb. für Aufsichtsratsmitglieder*).

Martinek, Michael, Wettbewerbliche Interessenkonflikte von AG-Aufsichtsräten im Lichte der Corporate Governance-Diskussion, in: WRP 2008, S. 51–67.

Maser, Peter/ Bäumker, Michael, Steigende Anforderungen an die Berichtspflicht des Aufsichtsrats?, in: AG 2005, S. 906–910.

Matthiessen, Volker, Stimmrecht und Interessenkollision im Aufsichtsrat, Köln 1989 (*zitiert als: Stimmrecht und Interessenkollision im Aufsichtsrat*).

Meilicke, Heinz/ Heidel, Thomas, Das Auskunftsrecht des Aktionärs in der Hauptversammlung – Teil I, in: DStR 1992, S. 72–75.

Mense, Christian/ Klie, Marcus, Neues aus Brüssel: Empfehlung der Kommission zur Qualität der Berichterstattung über die Unternehmensführung und geplante Vorgaben zur Vorstandsvergütung, in: GWR 2014, S. 232–236.

Mestmäcker, Ernst-Joachim, Verwaltung, Konzerngewalt und Rechte der Aktionäre – eine rechtsvergleichende Untersuchung nach deutschem Aktienrecht und dem Recht der Corporations in den Vereinigten Staaten, Karlsruhe 1958 (*zitiert als: Verwaltung, Konzerngewalt und Rechte der Aktionäre*).

Michalski, Lutz, Kommentar zum Gesetz betreffend die Gesellschaften mit beschränkter Haftung, Band 2: §§ 35–85 GmbHG, §§1–4 EGGmbHG, 2. Auflage, München 2010 (*zitiert als: Michalski, GmbHG*).

Miller, Dale T./ Ross, Michael, Self-serving biases in the attribution of causality – Fact or fiction?, in: Psychological Bulletin 1975, S. 213–225.

Möhrle, Martin, Gablers Wirtschaftslexikon, Stichwort: „Informationsmanagement", *abrufbar unter:* http://wirtschaftslexikon.gabler.de/Archiv/12506/informationsmanagement-v13.html *(zitiert als:* Möhrle, in: Gabler Wirtschaftslexikon, Stichwort „Informationsmanagement"*)*.

Möllers, Thomas, Gesellschaftsrechtliche Treuepflicht contra arbeitnehmerrechtliche Mitbestimmung – Der aktive Streikaufruf durch Frank Bsirske, in: NZG 2003, S. 697–701.

Möllers, Thomas, Interessenkonflikte von Vertretern des Bieters bei Übernahme eines Aufsichtsratsmandats der Zielgesellschaft, in: ZIP 2006, S. 1615–1622.

Müller, Katrin, Die Unabhängigkeit des Abschlussprüfers – Eine kritische Analyse der Vorschriften in Deutschland im Vergleich zu den Vorschriften der Europäischen Union, der IFAC und in den USA, Wiesbaden 2006 (*zitiert als: Die Unabhängigkeit des Abschlussprüfers*).

Nickerson, Raymond, Confirmation bias: a ubiquitous phenomenon in many guises, in: Review of General Psychology 1998, S. 175–220.

Nowak, Eric/ Rott, Roland/ Mahr, Till G., Wer den Kodex nicht einhält, den bestraft der Kapitalmarkt? – Eine Empirische Analyse der Selbstregulierung und Kapitalmarktrelevanz des Deutschen Corporate Governance Kodex, in: ZGR 2005, S. 252–279.

OECD, OECD Principles of Corporate Governance, 2004, *abrufbar unter:* http://www.oecd.org/daf/ca/corporategovernanceprinciples/31557724.pdf *(zitiert als:* OECD Principles of Corporate Governance, 2004 edition*)*.

OECD; G20, G20/OECD Principles of Corporate Governance vom 05.09.2015, *abrufbar unter:* http://www.oecd.org/daf/ca/Corporate-Governance-Principles-ENG.pdf *(zitiert als:* G20/OECD Principles of Corporate Governance vom 05.09.2015*)*.

Oehler, Andreas, „Anomalien", „Irrationalitäten" oder „Biases" der Erwartungsnutzentheorie und ihre Relevanz für Finanzmärkte, in: ZBB 1992, S. 97–124.

Paefgen, Walter, Die Inanspruchnahme pflichtvergessener Vorstandsmitglieder als unternehmerische Ermessensentscheidung des Aufsichtsrats, in: AG 2008, S. 761–769.

Palandt, Otto, Palandt: Kommentar zum BGB, 75. Auflage, München 2016 (*zitiert als: Palandt BGB*).

Pellens, Bernhard/ Schmidt, Andreas, Studie des deutschen Aktieninstituts zum Verhalten und Präferenzen deutscher Aktionäre – Eine Befragung von privaten und institutionellen Anlegern zum Informationsverhalten, zur Dividendenpräferenz und zur Wahrnehmung von Stimmrechten, Frankfurt, M 2014 (*zitiert als: Studie des deutschen Aktieninstituts zum Verhalten und Präferenzen deutscher Aktionäre*).

Peltzer, Martin, Deutsche Corporate Governance – Ein Leitfaden, 2. Auflage, München 2004 (*zitiert als: Deutsche Corporate Governance*).

Peus, Egon, Der Aufsichtsratsvorsitzende – Seine Rechtsstellung nach dem Aktiengesetz und dem Mitbestimmungsgesetz, Köln 1983 (*zitiert als: Der Aufsichtsratsvorsitzende*).

Portisch, Wolfgang, Überwachung und Berichterstattung des Aufsichtsrats im Stakeholder-Agency-Modell, Frankfurt am Main 1997 (*zitiert als: Überwachung und Berichterstattung des Aufsichtsrats im Stakeholder-Agency-Modell*).

Priester, Hans-Joachim, Interessenkonflikte im Aufsichtsratsbericht – Offenlegung versus Vertraulichkeit, in: ZIP 2011, S. 2081–2085.

Raiser, Thomas, Das Recht der Gesellschafterklagen, in: ZHR 153 (1989), S. 1–34.

Raiser, Thomas, Pflicht und Ermessen von Aufsichtsratsmitgliedern – Zum Urteil des OLG Düsseldorf im Fall ARAG/Garmenbeck, in: NJW 1996, S. 552–554.

Raiser, Thomas/ Veil, Rüdiger, Recht der Kapitalgesellschaften – Ein Handbuch für Praxis und Wissenschaft ; Aktiengesellschaft, Kommanditgesellschaft auf Aktien, Gesellschaft mit beschränkter Haftung, Übernahmerecht, Umwandlungsrecht, Konzernrecht, internationales Gesellschaftsrecht, europäisches Gesellschaftsrecht, 5. Auflage, München 2010, Altauflage (*zitiert als: Recht der Kapitalgesellschaften*).

Raiser, Thomas/ Veil, Rüdiger, Recht der Kapitalgesellschaften – Ein Handbuch für Praxis und Wissenschaft, 6. Auflage, München 2015 (*zitiert als: Recht der Kapitalgesellschaften*).

Rathenau, Walther, Vom Aktienwesen – eine geschäftliche Betrachtung, Berlin 1922 (*zitiert als: Vom Aktienwesen*).

Rechenberg, Wolf-Georg von, Die Hauptversammlung als oberstes Organ der Aktiengesellschaft, Heidelberg 1986 (*zitiert als: Die Hauptversammlung als oberstes Organ der AG*).

Reese, Birgit/ Ronge, Christian, Kunde, Lieferant und Kreditgeber als unabhängige Mitglieder des Aufsichtsrats – Überlegungen zu Ziff. 5.4.2 DCGK bei Doppelfunktionen, in: AG 2014, S. 417–427.

Regelsberger, Ferdinand, Zwei Beiträge zur Lehre von der Cession, in: AcP 1880, S. 157–207.

Regierungskomission Deutscher Corporate Governance Kodex, Ausführungen des Vorsitzenden der Regierungskommission Deutscher Corporate Governance-Kodex anlässlich der Veröffentlichung des Entwurfs Deutscher Corporate Governance-Kodex am 18. Dezember 2001 in Düsseldorf, *abrufbar unter:* http://www.dcgk.de/de/kommission/die-kommission-im-dialog/deteilansicht/ausfuehrungen-von-dr-gerhard-cromme-70.html *(zitiert als:* Ausführungen des Vorsitzenden der Reg-Komm. DCGK (Cromme) anlässlich der Veröffentlichung des ersten DCGK-Entwurfs, am 18.12.2001*).*

Reichert, Jochem/ Schlitt, Michael, Konkurrenzverbot für Aufsichtsratsmitglieder, in: AG 1995, S. 241–254.

Rellermeyer, Klaus, Der Aufsichtsrat – Betrachtungen zur neueren Rechtsprechung des Bundesgerichtshofs, in: ZGR 1993, S. 77–103.

Rhein, Tilman, Der Interessenkonflikt der Manager beim Management Buy-out – Zugleich ein Beitrag zu den organschaftlichen Treuebindungen in GmbH und Aktiengesellschaft, München 1996 (*zitiert als: Der Interessenkonflikt der Manager beim Management Buy-out*).

Riehm, Thomas, Abwägungsentscheidungen in der praktischen Rechtsanwendung – Argumentation, Beweis, Wertung 2006 (*zitiert als: Abwägungsentscheidungen*).

Ringleb, Henrik-Michael/ Kremer, Thomas/ Lutter, Marcus/ Werder, Axel v., Kommentar zum Deutschen Corporate Governance Kodex – Kodex-Kommentar, 5. Auflage, München 2014 (*zitiert als: Ringleb/Kremer/Lutter/v.Werder/, DCGK Komm.*).

Rittner, Fritz, Die Ausschließlichkeitsbindungen in dogmatischer und rechtspolitischer Betrachtung, Düsseldorf 1957 (*zitiert als: Ausschließlichkeitsbindungen*).

Roth, Markus, Unabhängige Aufsichtsratsmitglieder, in: ZHR 175 (2011), S. 605–644.

Rubner, Daniel/ Fischer, Jan-Benedikt, Unabhängigkeit des Aufsichtsrats nach Corporate Governance Kodex, in: NJW-Spezial 2012, S. 399–400.

Ruhwedel, Peter/ Epstein, Rolf, Eine empirische Analyse der Strukturen und Prozesse in den Aufsichtsräten deutscher Aktiengesellschaften, in: BB 2003, S. 161–166.

Rusch, Konrad, Gewinnhaftung bei Verletzung von Treuepflichten – Eine rechtsvergleichende Untersuchung zum englischen und deutschen Recht, Tübingen 2003 (*zitiert als: Gewinnhaftung bei Verletzung von Treuepflichten*).

Rüthers, Bernd/ Fischer, Christian/ Birk, Axel, Rechtstheorie mit juristischer Methodenlehre, 8. Aufl.München 2015 (*zitiert als: Rechtstheorie mit juristischer Methodenlehre*).

Säcker, Franz Jürgen (Begr.)/ Rixecker, Roland, Säcker, Franz Jürgen/ Rixecker, Roland, Münchener Kommentar zum Bürgerlichen Gesetzbuch, Band 4: §§ 611–704, EFZG, TzBfG, KSchG, 6. Auflage, München 2012 (*zitiert als: Münch. Komm. BGB*).

Säcker, Franz Jürgen (Begr.)/ Rixecker, Roland, Säcker, Franz Jürgen/ Rixecker, Roland, Münchener Kommentar zum Bürgerlichen Gesetzbuch, Band 5: §§ 705–853, PartGG, ProdHaftG, 6. Auflage, München 2013 (*zitiert als: Münch. Komm. BGB*).

Säcker, Franz Jürgen/ Rixecker, Roland, Münchener Kommentar zum Bürgerlichen Gesetzbuch, Band 1: §§ 1–240, ProstG, AGG, 7. Auflage, München 2015 (*zitiert als: Münch. Komm. BGB*).

Säcker, Franz Jürgen/ Rixecker, Roland, Münchener Kommentar zum Bürgerlichen Gesetzbuch, Band 4: §§ 611–704, EFZG, TzBfG, KSchG, 6. Auflage, München 2012 (*zitiert als: Münch. Komm. BGB*).

Samuelson, William/ Zeckhauser, Richard, Status Quo Bias in Decision Making, in: Journal of Risk and Uncertainty 1988, S. 7–59.

Schäfer, Hans-Bernd/ Ott, Claus, Lehrbuch der ökonomischen Analyse des Zivilrechts, 5. Aufl. 2012Berlin, Heidelberg 2012 (*zitiert als: Lehrbuch der ökonomischen Analyse*).

Schmidt, Karsten/ Ebke, Werner, Münchener Kommentar zum Handelsgesetzbuch, Band 4: §§ 238–342e HGB, 3. Auflage, 2013 (*zitiert als: MüchKomm. HGB*).

Schmidt, Karsten/ Lutter, Marcus, Aktiengesetz – Kommentar, 3. Auflage, Köln 2015 (*zitiert als: Schmidt/Lutter, AktG*).

Schmolke, Klaus Ulrich, Die Aktionärsklage nach § 148 AktG – Anreizwirkungen de lege lata und Reformanregungen de lege ferenda, in: ZGR 2011, S. 398–442.

Schnabel, Julia Marit, Der Aufsichtsrat – Kontrollorgan oder (Mit)geschäftsführungsorgan? – Eine Betrachtung der Entwicklungen im Recht des Aufsichtsrats unter besonderer Berücksichtigung der Entwicklungen seit Ende der 1990er Jahre, Hagen 2015 (*zitiert als: Der Aufsichtsrat – Kontrollorgan oder (Mit)geschäftsführungsorgan?*).

Schneider, Uwe, Interessenkonflikte im Aufsichtsrat, in: *Habersack, Mathias (Hrsg.)/ Hommelhoff, Peter (Hrsg.),* Festschrift für Wulf Goette zum 65. Geburtstag, München 2011, S. 475–485 (*zitiert als: FS Wulf Goette*).

Scholderer, Frank, Unabhängigkeit und Interessenkonflikte der Aufsichtsratsmitglieder – Systematik, Kodexänderungen, Konsequenzen, in: NZG 2012, S. 168–176.

Schubert, Werner/ Hommelhoff, Peter, Hundert Jahre modernes Aktienrecht – Eine Sammlung von Texten und Quellen zur Aktienrechtsreform 1884 mit zwei Einführungen, Berlin, New York 1985 (*zitiert als: Hundert Jahre modernes Aktienrecht*).

Schulz, Dirk, Treuepflichten unter Insolvenzgläubigern, Köln 2003 (*zitiert als: Treuepflichten unter Insolvenzgläubigern*).

Schwedhelm, Rolf/ Wollweber, Markus, A. 6.25 (Geschäftsführerbestellung), Formularbuch Recht und Steuern, 8. Auflage, München 2014 (*zitiert als: Formularbuch Recht und Steuern*).

Seibert, Ulrich, Gesetzentwurf zur Herabsetzung des Mindestnennbetrags der Aktien, in: AG 1993, S. 315–318.

Seibert, Ulrich, Gesetzliche Steuerungsinstrumente im Gesellschaftsrecht, in: ZRP 2011, S. 166–170.

Seibt, Christoph, Interessenkonflikte im Aufsichtsrat, in: *Grundmann, Stefan (Hrsg.)/ Haar, Brigitte (Hrsg.)/ Merkt, Hanno (Hrsg.)/ Mülbert, Peter (Hrsg.)/ Wellenhofer, Marina (Hrsg.),* Festschrift fur Klaus J. Hopt zum 70. Geburtstag, Berlin 2010, S. 1363–1390 (*zitiert als: FS Klaus Hopt (Bd. I)*).

Seiler, Michael J./ Seiler, Vicky L./ Traub, Stefan/ Harrison, David M., Regret Aversion and False Reference Points in Residential Real Estate, in: Journal of Real Estate Research 2008, S. 461–474.

Seiler-Coceani, Viola, Aktie, in: *Hoffmann-Becking, Michael (Hrsg.),* Münchener Handbuch des Gesellschaftsrechts, 4. Auflage, München 2015, § 12 (*zitiert als: Hoffmann-Becking, Münch. Hdb. GesR. IV*).

Semler, Johannes/ Stengel, Arndt, Interessenkonflikte bei Aufsichtsratsmitgliedern von Aktiengesellschaften am Beispiel von Konflikten bei Übernahme, in: NZG 2003, S. 1.

Siebert, Wolfgang, Das rechtsgeschäftliche Treuhandverhältnis – Ein dogmatischer und rechtsvergleichender Beitrag zum allgemeinen Treuhandproblem, Marburg 1933 (*zitiert als: Das rechtsgeschäftliche Treuhandverhältnis*).

Sonnenschein, Jürgen, Organschaft und Konzerngesellschaftsrecht – Unter Berücksichtigung des Wettbewerbsrechts und des Mitbestimmungsrechts, Baden-Baden 1976 (*zitiert als: Organschaft und Konzerngesellschaftsrecht*).

Spindler, Gerald, Die Empfehlungen der EU für den Aufsichtsrat und ihre deutsche Umsetzung im Corporate Governance Kodex, in: ZIP 2005, S. 2033–2045.

Spindler, Gerald, Organhaftung in der AG – Reformbedarf aus wissenschaftlicher Perspektive, in: AG 2013, S. 889–904.

Spindler, Gerald/ Stilz, Eberhard, Kommentar zum Aktiengesetz, Band 1: §§ 1–149, 3. Auflage, München 2015 (*zitiert als: Spindler/Stilz, AktG*).

Spindler, Gerald/ Stilz, Eberhard, Kommentar zum Aktiengesetz, Band 2: §§ 150–410, IntGesR, SpruchG, SE-VO, 3. Auflage, München 2015 (*zitiert als: Spindler/Stilz, AktG*).

Staub, Hermann, Handelsgesetzbuch – Großkommentar, 3. Auflage, Berlin [u.a.] 1967 (*zitiert als: GroßKomm. HGB*).

Staudinger, Julius von, Albrecht, Karl-Dieter/ Habermann, Norbert/ Jickeli, Joachim/ Knothe, Hans-Georg/ Singer, Reinhard/ Staudinger, Julius von/ Stieper, Malte, J. von Staudingers Kommentar zum Bürgerlichen Gesetzbuch – Mit Einführungsgesetz und Nebengesetzen, Band AT 5: §§ 164–240 (Allgemeiner Teil 5), Neubearb.Berlin 2014 (*zitiert als: Staudinger BGB*).

Staudinger, Julius von, Albrecht, Karl-Dieter/ Habermann, Norbert/ Jickeli, Joachim/ Knothe, Hans-Georg/ Singer, Reinhard/ Staudinger, Julius von/ Stieper, Malte, J. von Staudingers Kommentar zum Bürgerlichen Gesetzbuch – Mit Einführungsgesetz und Nebengesetzen: §§ 657–704 (Geschäftsbesorgung), Neubearb.Berlin 2006 (*zitiert als: Staudinger BGB*).

Staudinger, Julius von, Beckmann, Roland Michael/ Busche, Jan/ Coester, Michael/ Martinek, Michael, J. von Staudingers Kommentar zum Bürgerlichen Gesetzbuch – Mit Einführungsgesetz und Nebengesetzen, Band Ergänzungsband: Eckpfeiler des Zivilrecht, 5. Auflage, Berlin 2014 (*zitiert als: Staudinger – Eckpfeiler*).

Staudinger, Julius von, Olzen, Dirk/ Looschelders, Dirk/ Schiemann, Gottfried, J. von Staudingers Kommentar zum Bürgerlichen Gesetzbuch – Mit Einführungsgesetz und Nebengesetzen, Band SchuldR 1: §§ 241–243, 15. Auflage, Berlin 2015 (*zitiert als: Staudinger BGB*).

Stebut, Dietrich von, Geheimnisschutz und Verschwiegenheitspflicht im Aktienrecht, Köln 1972 (*zitiert als: Geheimnisschutz und Verschwiegenheitspflicht im Aktienrecht*).

Steinbeck, Anja/ Lachenmaier, Andreas, Verhaltensökonomik im Gerichtssaal, in: NJW 2014, S. 2086–2091.

Steinbeck, Claudia, Überwachungspflicht und Einwirkungsmöglichkeiten des Aufsichtsrats der Aktiengesellschaft, Berlin 1992 (*zitiert als: Überwachungspflicht und Einwirkungsmöglichkeiten des Aufsichtsrats*).

Steininger, Thomas, Interessenkonflikte des Verwaltungsrates, Zürich 2011 (*zitiert als: Interessenkonflikte des Verwaltungsrates*).

Steinmann, Horst/ Klaus, hans, Zur Rolle des Aufsichtsrates als Kontrollorgan, in: AG 1987, S. 29–34.

Stephan, Klaus-Dieter, 48. Anstellungsvertrag eines Geschäftsführers, in: *Hoffmann-Becking, Michael (Hrsg.)/ Rawert, Peter (Hrsg.),* Beck'sches Formularbuch Bürgerliches, Handels- und Wirtschaftsrecht, 11. Auflage, München 2013 (*zitiert als: Beck'sches Formularbuch Bürgerliches, Handels- und Wirtschaftsrecht*).

Stephanblome, Markus, Der Unabhängigkeitsbegriff des Deutschen Corporate Governance Kodex, in: NZG 2013, S. 445–452.

Stephanblome, Markus, Empfehlungen des DCGK zur Unabhängigkeit von Aufsichtsratsmitgliedern, in: ZIP 2013, S. 1411–1417.

Stober, Rolf/ Kluth, Winfried, Verwaltungsrecht I, 12. Auflage, München 2007 (*zitiert als: Verwaltungsrecht I*).

Sunstein, Cass R., Behavioral Law and Economics: A Progress Report, in: American Law and Economics Review 1999, S. 115–157.

Tebben, Joachim, Unterbeteiligung und Treuhand an Gesellschaftsanteilen, 1. Aufl. Baden-Baden 2000 (*zitiert als: Unterbeteiligung und Treuhand an Gesellschaftsanteilen*).

Tielmann, Jörgen/ Struck, Henning, Handlungspflichten einer börsennotierten Aktiengesellschaft bei Verurteilung eines Aufsichtsratsmitglieds wegen eines (privaten) Steuerstrafdelikts?, in: DStR 2013, S. 1191–1194.

Treitel, G. H./ Peel, Edwin, The Law of Contract, 13. Auflage, London 2011 (*zitiert als: The Law of Contract*).

Tröger, Tobias, Aktionärsklagen bei nicht-publizierter Kodexabweichung, in: ZHR 175 (2011), S. 746–787.

Tversky, Amos/ Kahneman, Daniel, Availability: A heuristic for judging frequency and probability, in: Cognitive Psychology 1973, S. 207–232.

Tversky, Amos/ Kahneman, Daniel, Judgment under Uncertainty: Heuristics and Biases, in: Science 1974, S. 1124–1131.

Tversky, Amos/ Kahneman, Daniel, Rational Choice and the Framing of Decisions, in: The Journal of Business 1986, S. 251–278.

Tversky, Amos/ Kahneman, Daniel, The framing of decisions and the psychology of choice, in: Science 1981, S. 453–458.

v.Werder, Axel/ Bartz, Jenny, Corporate Governance Report 2015 – Kodexakzeptanz und Kodexanwendung, in: DB 2015, S. 1357–1367.

van Aubel, Thomas, Vorstandspflichten bei Übernahmeangeboten, München 1996 (*zitiert als: Vorstandspflichten bei Übernahmeangeboten*).

Velte, Patrick, Wechsel vom Vorstand in den Aufsichtsrat mit oder ohne Cooling Off als „gute" Corporate Governance?, in: WM 2012, S. 537–542.

Verse, Dirk, 50 Jahre Aktiengesetz, in: *Fleischer, Holger (Hrsg.)/ Koch, Jens (Hrsg.)/ Kropff, Bruno (Hrsg.)/ Lutter, Marcus (Hrsg.),* 50 Jahre Aktiengesetz, Berlin 2015, S. 304–324 (*zitiert als: Fleischer/Koch/Kropff/Lutter, 50 Jahre Aktiengesetz*).

Verse, Dirk, Der Gleichbehandlungsgrundsatz im Recht der Kapitalgesellschaften, Tübingen 2006 (*zitiert als: Der Gleichbehandlungsgrundsatz im Recht der Kapitalgesellschaften*).

Vetter, Eberhard, Der Aufsichtsrat, in: *Fleischer, Holger (Hrsg.)/ Koch, Jens (Hrsg.)/ Kropff, Bruno (Hrsg.)/ Lutter, Marcus (Hrsg.),* 50 Jahre Aktiengesetz, Berlin 2015, S. 104–153 (*zitiert als: Fleischer/Koch/Kropff/Lutter, 50 Jahre Aktiengesetz*).

Vetter, Eberhard, Die Berichterstattung des Aufsichtsrates an die Hauptversammlung als Bestandteil seiner Überwachungsaufgabe, in: ZIP 2006, S. 257–265.

Vetter, Eberhard, Innere Ordnung des Aufsichtsrates, in: *Marsch-Barner, Reinhard (Hrsg.)/ Schäfer, Frank (Hrsg.),* Handbuch börsennotierte AG, 3. Auflage, Köln 2014, § 27 (*zitiert als: Marsch-Barner, HdB. börsennotierte AG*).

Vetter, Eberhard, Kompetenzen des Aufsichtsrats, in: *Marsch-Barner, Reinhard (Hrsg.)/ Schäfer, Frank (Hrsg.),* Handbuch börsennotierte AG, 3. Auflage, Köln 2014, § 26 (*zitiert als: Marsch-Barner, HdB. börsennotierte AG*).

Wagner, Claus-Peter, Die Subprime-Krise – vom „Credit Hype" zur „Risk Mania", in: IRZ 2008, S. 163–170.

Wardenbach, Frank, Interessenkonflikte und mangelnde Sachkunde als Bestellungshindernisse zum Aufsichtsrat der AG, Köln 1996 (*zitiert als: Interessenkonflikte und mangelnde Sachkunde als Bestellungshindernisse zum Aufsichtsrat der AG*).

Weinstein, Neil D., Unrealistic optimism about future life events, in: Journal of Personality and Social Psychology 1980, S. 806–820.

Weller, Marc-Philippe, Die Dogmatik des Anlageberatungsvertrags : Legitimation der strengen Rechtsprechungslinie von Bond bis Ille ./. Deutsche Bank, in: ZBB 2011, S. 191–199.

Weninger, Heike, Mitbestimmungsspezifische Interessenkonflikte von Arbeitnehmervertretern im Aufsichtsrat, Köln 2011 (*zitiert als: Mitbestimmungsspezifische Interessenkonflikte im Aufsichtsrat*).

Wiedemann, Herbert, Gesellschaftsrecht Band I – Grundlagen, München 1980 (*zitiert als: Gesellschaftsrecht Bd. I*).

Wilsing, Hans-Ulrich/ Linden, Klaus von der, Selbstbefreiung des Aufsichtsrats vom Gebot der Gremienvertraulichkeit, in: ZHR 178 (2014), S. 419–442.

Wilsing, Hans-Ulrich/ von der Linden, Klaus, Unabhängigkeit, Interessenkonflikte und Vergütung von Aufsichtsratsmitgliedern – Gedanken zur Kodexnovelle 2012, in: DStR 2012, S. 1391–1394.

Winnen, Armin, Die Innenhaftung des Vorstandes nach dem UMAG – Eine Untersuchung des § 93 Abs. 1 S. 2 AktG und der Durchsetzungsmöglichkeiten von Innenhaftungsansprüchen, Baden-Baden 2009 (*zitiert als: Die Innenhaftung des Vorstandes nach dem UMAG*).

Würdinger, Hans, Recht der Personalgesellschaften, Hamburg 1937 (*zitiert als: Gesellschaften, Bd. I*).

Zauberman, Gal/ Lynch, John G., Resource slack and propensity to discount delayed investments of time versus money, in: Journal of experimental psychology. General 2005, S. 23–37.

Zöllner, Wolfgang, Die Schranken mitgliedschaftlicher Stimmrechtsmacht bei den privatrechtlichen Personenverbänden, München 1963 (*zitiert als: Schranken mitgliedschaftlicher Stimmrechtsmacht*).

Zöllner, Wolfgang, Unternehmensinnenrecht: Gibt es das?, in: AG 2003, S. 2–12.

Zöllner, Wolfgang/ Noack, Ulrich, Kölner Kommentar zum Aktienrecht, Band 2/2: §§ 95–117 AktG, 3. Auflage, Köln 2013 (*zitiert als: KölnKomm AktG*).

Zöllner, Wolfgang/ Noack, Ulrich, Kölner Kommentar zum Aktienrecht, Band 3/1: §§ 131–132 AktG, 3. Auflage, Köln 2010 (*zitiert als: KölnKomm AktG*).

Zöllner, Wolfgang/ Noack, Ulrich, Kölner Kommentar zum Aktienrecht, Band 3/2: §§ 142–178 AktG, 3. Auflage, Köln 2015 (*zitiert als: KölnKomm AktG*).

Abkürzungsverzeichnis

ABl.	Amtsblatt (der Europäischen Union)
AcP	Archiv für die civilistische Praxis (Zeitschrift)
ADHGB 1870	Allgemeines Deutsches Handelsgesetzbuch von 1870
AEUV	Vertrag über die Arbeitsweise der Europäischen Union
AG	Amtsgericht
AG	Aktiengesellschaft
AG	Die Aktiengesellschaft (Zeitschrift)
AktG	Aktiengesetz
allg.M.	allgemeine Meinung
AnwBl	Anwaltsblatt (Zeitschrift)
ARSP	Archiv für Recht- und Sozialphilosophie (Zeitschrift)
Art.	Artikel
ausf.	ausführlich/ausführlicher
BB	Betriebs-Berater (Zeitschrift)
BGB	Bürgerliches Gesetzbuch
BGBl.	Bundesgesetzblatt
BGH	Bundesgerichtshof
BGHZ	Offizielle Sammlung der Entscheidungen des Bundesgerichtshofs in Zivilsachen
BilMoG	Gesetz zur Modernisierung des Bilanzrechts (Bilanzrechtsmodernisierungsgesetz, vom 25.05.2009, BGBl. I, S. 1102
BVerfG	Bundesverfassungsgericht
BVerfGE	Offizielle Sammlung der Entscheidungen des Bundesverfassungsgerichts
Bzw.	Beziehungsweise
DAX	Deutscher Aktienindex
DB	Der Betrieb (Zeitschrift)
DCGK	Deutscher Corporate Governance Kodex
DrittelbetG	Drittelbeteiligungsgesetz
EG	Europäische Gemeinschaft (Bis 2009 Rechtsvorgänger der Europäischen Union)
EU	Europäische Union
EuGH	Europäischer Gerichtshof
Fn.	Fußnote

FS	Festschrift
g.h.M.	ganz herrschende Meinung
GbR	Gesellschaft bürgerlichen Rechts
GmbH	Gesellschaft mit beschränkter Haftung
GmbhG	GmbH-Gesetz
h.M.	herrschende Meinung
HdB.	Handbuch
i.S.d.	im Sinne des
i.S.e.	im Sinne einer/eines
i.S.v.	im Sinne von
i.V.m.	in Verbindung mit
Ibid.	Ibidem (lat. für *ebenda*)
insb.	insbesondere
juris	Entscheidungsdatenbank und Rechtsportal „juris", www.juris.de
KG	Kammergericht (Berlin)
Komm./-komm	Kommentar/-kommentar
lat.	lateinische Sprache
LG	Landgericht
m.ausf.w.N.	mit ausführlicher weiterer Nennung
m.V.a.	mit Verweis auf
m.w.N.	mit weiterer Nennung
MitbestG	Mitbestimmungsgesetz
NJW	Neue Juristische Wochenschrift (Zeitschrift)
NZG	Neue Zeitschrift für Gesellschaftsrecht
OLG	Oberlandesgericht
passim	passim (lat. für „überall", „da und dort")
Rdnr.	Randnummer/Teilziffer
RefE	Referentenentwurf
RegE	Regierungsentwurf
RegKomm.	Regierungskommission
RG	Reichsgericht
RGBl.	Reichsgesetzblatt
RGZ	Offizielle Sammlung der Entscheidungen des Reichsgerichts in Zivilsachen
RIW	Recht der Internationalen Wirtschaft (Zeitschrift)
RL	Richtlinie
s.	siehe

S.	Seite
Slg.	Offizielle Sammlung der Rechtsprechung des Gerichtshofes und des Gerichts Erster Instanz
sog.	sogenannte/-r/-s/-n/-m
T.d.L.	Teile der Literatur
TransPuG	Gesetz zur weiteren Reform des Aktien- und Bilanzrechts, zu Transparenz und Publizität, vom 19.07.2002, BGBl. I, S. 2681
vgl.	vergleiche
VO	Verordnung
Vorb.	Vorbemerkung(en)
WissR	Wissenschaftsrecht (Zeitschrift)
WiSt	Wirtschaftswissenschaftliches Studium (Zeitschrift)
WM	Wertpapier-Mitteilungen (Zeitschrift)
WRP	Wettbewerb in Recht und Praxis (Zeitschrift)
ZBB	Zeitschrift für Bankrecht und Bankwirtschaft (Zeitschrift)
ZGR	Zeitschrift für Unternehmens- und Gesellschaftsrecht (Zeitschrift)
ZHR	Zeitschrift für das gesamte Handels- und Wirtschaftsrecht (Zeitschrift)
ZInsO	Zeitschrift für das gesamte Insolvenzrecht (Zeitschrift)
ZIP	Zeitschrift für Wirtschaftsrecht (Zeitschrift)
ZRP	Zeitschrift für Rechtspolitik

Saarbrücker Studien zum Privat- und Wirtschaftsrecht

herausgegeben von
Prof. em. Dr. Johann Paul Bauer
Prof. Dr. Dr. Dr. h.c. mult. Michael Martinek
Prof. Dr. Dr. h.c. Helmut Rüßmann

Die Schriftenreihe "Saarbrücker Studien zum Privat- und Wirtschaftsrecht" bildet in erster Linie ein Forum für rechtswissenschaftliche Doktorarbeiten der Universität des Saarlandes auf zwei juristischen Schwerpunktgebieten. Zum einen sollen Dissertationen im klassischen Privatrecht, vor allem im bürgerlichen Vermögensrecht der ersten drei Bücher des BGB und ihrer Nebengesetze vorgestellt werden. Zum anderen findet das Wirtschaftsrecht im Sinne des Wirtschaftsprivatrechts besondere Berücksichtigung, womit namentlich die Gebiete des Handelsrechts einschließlich des Bilanzrechts, des Personen- und Kapitalgesellschaftsrechts einschließlich des Konzernrechts, des Gewerblichen Rechtsschutzes sowie des Wettbewerbs- und Kartellrechts bezeichnet sind. Es versteht sich, dass nicht nur rechtsdogmatische Studien, sondern auch rechtstatsächlich, rechtspolitisch oder interdisziplinär angelegte Arbeiten in die Schriftenreihe Aufnahme finden. Denn die Rechts- und Wirtschaftswissenschaftliche Fakultät der Universität des Saarlandes vereinigt unter *einem* Dach die Fachbereiche Rechtswissenschaft und Wirtschaftswissenschaft und regt damit Studenten und Hochschullehrer in besonderer Weise zu fachübergreifender Lehre und Forschung an. Die Schriftenreihe steht aber nicht nur sehr guten und ausgezeichneten Dissertationen, sondern auch anderen "Studien" zu privat- und wirtschaftsrechtlichen Themen offen, bis hin zu Materialien und Skripten des akademischen Unterrichts. Die drei Herausgeber, die zugleich stellvertretend für ihre anderen Saarbrücker Fakultätskollegen des Privat- und Wirtschaftsrechts handeln, verbinden mit den "Saarbrücker Studien zum Privat- und Wirtschaftsrecht" den Wunsch, dass die hier veröffentlichten Arbeiten die verdiente Resonanz in der breiteren juristischen Fachöffentlichkeit finden.

Saarbrücker Studien zum Privat- und Wirtschaftsrecht

Herausgeber:
Johann Paul Bauer, Michael Martinek und Helmut Rüßmann

Band 1 Susanne Jaschinski: Die Haftung von Schwestergesellschaften im GmbH-Unterordnungskonzern. Ein Beitrag zum Konzernverfassungsrecht. 1997.

Band 2 Roman Sascha Ahnert: Die *actio individualis*. Ein Beitrag zur verfassungsrechtlichen Fundierung der Aktionärsklage bei sogenannten Aktien-Interessenverbänden. 1997.

Band 3 Torsten Peters: Der Cateringvertrag. Rechtstatsachen, Rechtsnatur und Rechtsprobleme eines modernen Dienstleistungsvertrags. 1998.

Band 4 Michael Meissner: Persönlichkeitsschutz juristischer Personen im deutschen und US-amerikanischen Recht. Eine rechtsvergleichende Untersuchung des allgemeinen Persönlichkeitsrechts juristischer Personen. 1998.

Band 5 Thomas Tegen: Joint Venture-Vertrag und Projektträgergesellschaft im amerikanischen und deutschen Recht. 1998.

Band 6 Gerhard Wolter: Treuhandrecht im Umbruch? Ein Blick nach Frankreich, Luxemburg, in die Schweiz und in den Libanon sowie auf das Haager Trust-Übereinkommen. 1999.

Band 7 Thomas Dehlfing: Das Recht der irreführenden Werbung in Deutschland, Großbritannien und Frankreich. 1999.

Band 8 Hanno Dornseifer: Börsentermingeschäfte und Börsentermingeschäftsfähigkeit. Zur börsengesetzlichen Behandlung von finanzwirtschaftlichen Festgeschäften, Options- und Optionsscheingeschäften. 1999.

Band 9 Patrick Lenz: Absatzförderung durch *zinssubventionierte* Darlehen. Eine wettbewerbs- und kartellrechtliche Studie zur Zulässigkeit von Niedrigzins-Kreditangeboten unter besonderer Berücksichtigung des Automobilmarktes. 1999.

Band 10 Mansur Pour Rafsendjani: Der Goodwill-Ausgleichsanspruch des Franchisenehmers. Ein Vergleich des deutschen, französischen und US-amerikanischen Franchiserechts. 1999.

Band 11 Jörg Hartmann: Juristische und ökonomische Regelungsprobleme des Insiderhandels. Eine rechtsvergleichende Darstellung USA – Deutschland. 1999.

Band 12 David Altmeier: Rückstellungsbilanzierung in Deutschland und Frankreich. Eine vergleichende Untersuchung der französischen Rückstellungsbilanzierung aus der Perspektive des deutschen Bilanzrechts. 1999.

Band 13 Barbara Günther: Aktivische Bilanzierungshilfen im deutschen und französischen Bilanzrecht. 1999.

Band 14 Bernhard Glasow: Vertikale Preisbindung, Wettbewerbstheorie und Wettbewerbsrecht in den USA, Deutschland und Europa. Bestandsaufnahmen, Kritik und Zukunftsperspektiven. 2000.

Band 15 Dorota Nowak-James: Der Börsenzugang für Anleger in Deutschland und Polen. Eine rechtsvergleichende Untersuchung zum deutschen Finanzkommissionsgeschäft und zum polnischen Brokerauftragsvertrag. 2000.

Band 16 Mathias Queck: Der Nießbrauch am Anteil einer offenen Handelsgesellschaft. Eine Form der (un-)mittelbaren Unternehmensbeteiligung. 2000.

Band 17 Ina Roth: Umweltbezogene Unternehmenskommunikation im deutschen und europäischen Wettbewerbsrecht. 2000.

Band 18 Jörg Preiss: Die Anwendung des markenrechtlichen Erschöpfungsgrundsatzes auf Dienstleistungsmarken. 2000.

Band 19 Kevin M. McDonald: Der Begriff der Dienstleistung im europäischen Binnenmarkt und WTO-System (GATS). 2001.

Band 20 Carolin Opgenhoff: Die europäische Fusionskontrolle zwischen Wettbewerbsrecht und Industriepolitik. 2001.

Band 21 Susanne Schäfer: Die Deliktsfähigkeit juristischer Personen. Eine rechtsvergleichende Untersuchung zur Übertragbarkeit des englischen Modells. 2001.

Band 22 Kay Diedrich: Die Interventionswirkung – Ausprägung eines einheitlichen Konzepts zivilprozessualer Bindungswirkung. 2001.

Band 23 Michael Fröhlich: Zentrale Institutionen des deutschen Urheberrechts und des französischen Droit d'auteur auf dem Prüfstand der elektronischen Netzwerke. 2001.

Band 24 Joël Benjamin Münch: Abtretungsverbote im deutschen und französischen Recht. Rechtsvergleichende Untersuchung der Übertragungshindernisse im deutschen und französischen Forderungsverkehr als Beitrag zu einer weiteren Schuldrechtsvereinheitlichung in Europa. 2001.

Band 25 Monika Prieß: Der Begriff des Sachmangels im deutschen und englischen Kaufrecht. Reformbedarf aufgrund der Verbrauchsgüterkauf-Richtlinie 1999/44/EG. 2001.

Band 26 Katharina Siegel: Produkthaftung im polnischen, tschechischen und slowenischen Recht. 2001.

Band 27 Carolin Kühne: Die gesetzliche Form der Rechtsgeschäfte im deutschen und italienischen Recht. Eine rechtsvergleichende Untersuchung. 2002.

Band 28 Nina Scherf: Die Nachschußpflicht im Gesellschaftsrecht. Eine rechtsformübergreifende Bestandsaufnahme, Analyse und Kritik. 2002.

Band 29 Marc Laukemann: Fernsehwerbung im Programm. Die zunehmende Kommerzialisierung des Fernsehprogramms im Zeitalter einer Ökonomisierung der Aufmerksamkeit als verfassungs-, wettbewerbs- und rundfunkrechtliches Problem. 2002.

Band 30 Michael Bo Jaspers: Nachträgliche Rechtswahl im internationalen Schuldvertragsrecht. Unter besonderer Berücksichtigung der Rechtspraxis in England, Frankreich, Dänemark und Deutschland. 2002.

Band 31 Christina Pernice: Die Insolvenzverschleppung durch das Geschäftsführungsorgan der kleinen Kapitalgesellschaft im deutschen, französischen und englischen Recht. Eine rechtsvergleichende Untersuchung zur Entwicklung eines europäischen Lösungsansatzes. 2002.

Band 32 Anne Christine Janert: Der sachliche und persönliche Anwendungsbereich des deutschen Verbraucherkreditrechts und des britischen Consumer Credit Act 1974. Ein Beitrag zu den Möglichkeiten und Grenzen verbraucherrechtlicher Harmonisierung in Europa. 2002.

Band 33 Annette Trost: Faktische Sitzverlegung unter Sitz- und Gründungstheorie im Vergleich. Unter besonderer Berücksichtigung ihrer gesellschafts- und zivilrechtlichen Folgewirkungen. 2003.

Band 34 Esther Cordula Hilpert: Die Gründerhaftung in der Gesellschaft mit beschränkter Haftung in Deutschland, Frankreich und England. 2003.

Band 35 Wei-ming Liao: Die Schiedsgerichtsbarkeit in Taiwan. Unter besonderer Berücksichtigung der internationalen Handelsschiedsgerichtsbarkeit und mit Hinweisen zu der Entwicklung in Deutschland. 2003.

Band 36 Stefan Stork: Sitzverlegung von Kapitalgesellschaften in der Europäischen Union. Zur Reichweite der Niederlassungsfreiheit unter Berücksichtigung der positiven und der negativen Integration. 2003.

Band 37 Marc Pfeffer: Interbrand-Kartellverbot und Intrabrand-Vereinbarungen. Die Ablösung horizontaler und vertikaler Eingriffsmerkmale im GWB zu Gunsten einer Betrachtung produktexterner und -interner Wettbewerbsfaktoren. 2003.

Band 38 Nicole Burkardt: Der arbeitsrechtliche Aufhebungsvertrag. Einvernehmliche Beendigung von Arbeitsverhältnissen unter Berücksichtigung der Rechtslage nach der Schuldrechtsreform. 2004.

Band 39 Christian Schmeling: Die Entlastung von Mitgliedern geschäftsführender Organe im Recht der Kapitalgesellschaften. Eine rechtsvergleichende Studie zum deutschen, schweizerischen und französischen Recht. 2004.

Band 40 Andreas Wolf: Wege zur virtuellen Haupt- und Gesellschafterversammlung. Eine vergleichende Untersuchung über die Einbeziehung elektronischer Medien in die Hauptversammlung einer Aktiengesellschaft und die Gesellschafterversammlung einer GmbH. 2004.

Band 41 Bianca Natalie Baldus: Der elektronisch geschlossene Vertrag mit Schiedsabrede. Zulässigkeit und anwendbares Recht in nationalen und internationalen Schiedsverfahren. 2004.

Band 42 Vania Dilek: Der Wettbewerbsschutz in Bulgarien und in der Russischen Föderation während des Übergangs vom Dirigismus zur Privatautonomie. 2004.

Band 43 Rudolf Lenders: Treuhand am Gesellschaftsanteil. Die Einbindung des Treugebers in das gesellschaftsrechtliche Organisationsgefüge. 2004.

Band 44 Weizuo Chen: Rück- und Weiterverweisung (Renvoi) in staatsvertraglichen Kollisionsnormen. 2004.

Band 45 Stefan Hahn: Neue Ansätze im Anlegerschutz durch die Ad-hoc-Publizität des § 15 WpHG. 2004.

Band 46 Pietro Graf Fringuelli: Internet TV. Filmurheberrecht im Internet. 2004.

Band 47 Caspar Frhr. v. Schnurbein: Missbrauch von Minderheitsrechten im deutschen und italienischen Aktienrecht. 2005.

Band 48 David Kereselidze: Der allgemeine Teil des Georgischen Zivilgesetzbuches von 1997. Eine rechtsvergleichende Untersuchung. 2005.

Band 49 Miguel A. García Mateos: Das neue Recht der Namensaktie. Bestandsaufnahme, Analyse und Kritik. 2005.

Band 50 Christine Eckstein-Puhl: Prozessbetrug im Schiedsverfahren. Eine Studie zu den vom erschlichenen Schiedsspruch aufgeworfenen Fragen des Aufhebungsverfahrens gemäß § 1059 ZPO. 2005.

Band 51 Steffen Paulmann: Wirksamkeit von Haftungsausschlüssen und -begrenzungen im deutsch-französischen Warengeschäftsverkehr. Unter besonderer Berücksichtigung der UNIDROIT-Principles und der Principles of European Contract Law. 2005.

Band 52 Ina Krischek: Wirtschaftsmediation als alternatives Streitbeilegungsverfahren. Gerichtsverfahren, Schiedsverfahren und Mediation im Vergleich. 2005.

Band 53 Olaf Pick: Verkehrspflichten und Handlungsfreiheit des „Schädigers". 2005.

Band 54 Thomas Paul: Die Gesellschafterfähigkeit von Gesamthandsgemeinschaften. 2005.

Band 55 Dieter Friedrich Unger: Das Recht der Kapitalaufbringung und -erhaltung bei der Aktiengesellschaft im Rechtsvergleich Deutschland, Österreich und Schweiz. Eine Analyse des Kapitalsicherungsrechts in Deutschland, Österreich und der Schweiz. 2006.

Band 56 Nicole Schröder: Perspektiven der Europäisierung des GmbH-Rechts und der Europäischen Privatgesellschaft vor dem Hintergrund der Europäischen Aktiengesellschaft. 2007.

Band 57 Ivo du Mont: Die Kombination von Rücktritt und Schadensersatz im neuen Schuldrecht. Eine ökonomische und rechtsvergleichende Analyse am Beispiel des Kaufvertrags. 2007.

Band 58 Matthias Kühn: Umweltschutz durch Privatrecht. Eine Studie zur ökologischen Analyse der privatrechtlichen Schutzrechte und des Vertragsrechts in Deutschland und England. 2007.

Band 59 Komninos Komnios: Die elektronische Signatur im deutschen und griechischen Recht. 2007.

Band 60 Matthias Kühl: Die Gewinnzusage nach § 661a BGB. Dogmatische Einordnung und rechtsvergleichende Untersuchung. 2007.

Band 61 Barbara Jeanne Attinger: Der Mittelpunkt der hauptsächlichen Interessen nach der EuInsVO – erfolgreiches Konzept oder Quelle der Rechtsunsicherheit? Eine Auseinandersetzung mit dem Zuständigkeitskriterium der Europäischen Insolvenzverordnung unter Heranziehung der Erkenntnisse der ökonomischen Analyse des Rechts. 2008.

Band 62 Dorothee Stober: Der deutsch-schweizerische Erbfall. Eine rechtsvergleichende und international-privatrechtliche Analyse. 2009.

Band 63 Daniel Marc Protz: Das zivilrechtliche Anforderungsprofil mezzaniner Strukturen der Unternehmensfinanzierung. 2009.

Band 64 Manuela Schäfer: Die Verträge zur Durchführung des Schiedsverfahrens. Analyse und Vergleich zweier Lösungsmodelle am Beispiel des deutschen und US-amerikanischen Rechtsraums. Teil I und Teil II. 2010.

Band 65 Ionut Raduletu: Der Schutz von Minderheitsaktionären nach rumänischem und deutschem Aktienrecht unter Berücksichtigung des EU-Acquis. 2010.

Band 66 Christoph Köhler: Lastschriftverfahren in der Insolvenz des Schuldners. Im Lichte der neuen BGH-Rechtsprechung. 2010.

Band 67 Stefan Weiland: *Par condicio creditorum*. Der insolvenzrechtliche Gleichbehandlungsgrundsatz und seine Durchbrechungen zugunsten öffentlich-rechtlicher Gläubiger. 2010.

Band 68 Philipp Ehring: Die Due Diligence im Spannungsverhältnis zwischen kaufrechtlichem Haftungssystem und vertraglicher Gestaltung. 2010.

Band 69 Jochen Hell: GmbH-Mantelverwendung. Haftung und Verantwortlichkeit jenseits der „wirtschaftlichen Neugründung". 2010.

Band 70 Ge Jiang: Das GmbH-Recht in China aus rechtsvergleichender Sicht. Analyse, Kritik und Verbesserungsvorschläge. 2011.

Band 71 Michael Helmut Wildscheck: Das Recht des Unternehmenskaufs in Deutschland und Frankreich unter besonderer Berücksichtigung von Garantieklauseln. Eine rechtsvergleichende Studie zur deutschen und französischen Kautelarpraxis. 2011.

Band 72 Britta Wagner: Haftungsrisiken aus Liquiditätszusagen und Patronatserklärungen in der Unternehmenskrise. 2011.

Band 73 Manuel Karb: Energiepreiskontrolle. Eine Untersuchung der Entgeltkontrolle auf den verschiedenen Energiemärkten nach Energiewirtschaftsrecht, deutschem und europäischem Wettbewerbsbeschränkungsrecht und allgemeinem Zivilrecht. 2011.

Band 74 Bernd Steffen Bertelmann: Das BGB-Zahlungsdiensterecht im Kontext der Single Euro Payments Area. Leitlinien zur richtlinienkonformen Auslegung unter vergleichender Berücksichtigung des britischen und französischen Rechts. 2011.

Band 75 Susanne Niesse: Die leistungsstörungsrechtlichen Grundstrukturen des deutschen, französischen und englischen Unternehmenskaufrechts im Vergleich. 2012.

Band 76 Zhong Ren: Wahrheitspflicht und Kooperationsmaxime im Zivilprozess in Deutschland, Japan und China. 2013.

Band 77 Giga Gabrichidze: Der Prozess der Angleichung des georgischen Wettbewerbsrechts an das Recht der Europäischen Union. 2013.

Band 78 Stephan Wachs: Flucht aus der kartellrechtlichen Bußgeldverantwortung? Unternehmensrestrukturierung und Haftungsnachfolge im deutschen und europäischen Bußgeldrecht. 2013.

Band 79 Max Jakob Rösch: Gesellschafterfremdfinanzierung, Gläubigerschutz und Gläubigerrisikoverantwortung. Die insolvenzrechtliche Sonderbehandlung der Gesellschafterfremdfinanzierung als Ausdruck von Gläubigerschutz und Gläubigerrisikoverantwortung der Gesellschafter. 2013.

Band 80 Sinan Okur: Eine kritische Untersuchung zu den Rechtsbehelfen des Käufers im alten und im neuen türkischen Warenkaufrecht. Zugleich ein Beitrag zu der Harmonisierung des türkischen Warenkaufrechts im Lichte des CISG, BGB und der europäischen Vertragsrechtsharmonisierung. 2013.

Band 81 Dagmar Julia Mathieu: Der Kampf des Rechts gegen erpresserische Aktionäre. Bestandsaufnahme, Kritik und Perspektiven. 2014.

Band 82 Matthias Michael Kappel: Der Grundschuldsicherungsvertrag als Wandlung eines Treuhandverhältnisses. Ein Beitrag zur Überwindung der Dichotomie von Sicherung und Treuhand. 2014.

Band 83 Norman Konecny: Der Verordnungsentwurf über ein Gemeinsames Europäisches Kaufrecht. Meilenstein der europäischen Integration oder Irrlicht der europäischen Politik? 2014.

Band 84 Anna Feilen: Verträge über die Lieferung herzustellender beweglicher Sachen und deren rechtliche Einordnung – eine rechtsvergleichende Untersuchung. 2015.

Band 85 Zeynep Dönmez: Das Widerrufsrecht bei Fernabsatzverträgen. Online-Verträge im türkischen und deutschen Recht. 2015.

Band 86 Martin Kienzler: Die Partnerschaftsgesellschaft mit beschränkter Berufshaftung (PartG mbB) als gesetzgeberische Zwischenstation der Liberalisierung des Gesellschaftsrechts Freier Berufe. 2015.

Band 87 Philipp J. Gergen: Rechtsfragen der Regulierung außerbörslicher derivativer Finanzinstrumente. Zur neuen Marktinfrastruktur in der Europäischen Union, den Vereinigten Staaten von Amerika und Singapur. 2015.

Band 88 Birgit Schmeyer: Franchising als wettbewerbs- und verbraucherrechtliche Regelungsaufgabe in Europa und Südafrika. 2016.

Band 89 Julia Lorenz: Die Abgrenzung von Marken. Eine Untersuchung zur Wirksamkeit und Gestaltung markenrechtlicher Abgrenzungsvereinbarungen. 2016.

Band 90 Sven C. Stumm: Die Kapitalverfassung der Unternehmergesellschaft (haftungsbeschränkt). 2016.

Band 91 Hanno Gorius: Kollektive Kartelldeliktsrechtsdurchsetzung in den USA, Frankreich und Deutschland. 2016.

Band 92 Daniel Schrembs: Die Haftung des Kunstexperten. 2017.

Band 93 Hans-Joachim Berner: Die Pflicht des Aufsichtsrats zur Offenlegung von Interessenkonflikten. Betrachtet im Lichte der allgemeinen Dogmatik des Interessenkonflikts im Privatrecht. 2017.

www.peterlang.com

www.ingramcontent.com/pod-product-compliance
Ingram Content Group UK Ltd.
Pitfield, Milton Keynes, MK11 3LW, UK
UKHW022102051026
15623UKWH00003B/637

9 783631 717431